아동과 권리

이재연 · 안동현 · 황옥경 공동 편집

창지사

머리말

자기가 원해서 이 세상에 태어난 아동은 아무도 없다. 우리는 너무나 오랫동안 이러한 사실을 간과해 왔다. 아동 탄생에 얽힌 이와 같은 사실만으로도 아동은 사회와 국가로부터 성인과는 다른 특별한 보호를 받을 수 있어야 한다.

예로부터 아동들은 사회적 약자로서의 위치를 감내해 왔다. 성인에 비해서 아동은 사회적으로 중요하게 존재하지 않았고 배려를 받지도 못했다. 거의 모든 정책이 아동의 삶에 영향을 미치고 있음에도 불구하고 내제로 정부는 정책수립과 실행과정에서 아동의 요구와 필요를 고려하지도, 이들의 의견을 청취하지도 않는다. 아동 이익은 성인의 이익에 의해서 쉽사리 간과되고, 경제적 제약으로 아동의 이익에 제동이 걸리는 사례도 종종 발견된다.

사회변동 상황 또한 아동들에게 그리 달갑지만은 않다. 만성적인 빈곤, 가정 파괴의 압력, 한부모 및 조부모 등과 같은 다양한 가족의 출현, 가족 폭력, 저출산, 아동학대, 교육에의 과도한 노출, 가치관의 혼란, 의학의 발달 등 다양하고도 중대한 사회적 변화들은 아동들을 위험에 빠뜨리거나 발달상의 심각한 문제를 야기할 수 있다. 이러한 변화는 아동에게 기회로 작용하기보다는 아동을 위기로 몰아넣을 수 있다.

아동이 처한 이와 같은 상황을 인식하고 아동들에게 성인과 동일한 존재로서의 사회적 가치를 부여해야 한다는 것을 주창하기 위해서 지금으로부터 10년 전에 한국아동권리학회가 창립되었다. 아동의 입장이 배려되지 않는 우리나라의 사회적, 제도적 상황이 개선되어야 하며, 아동권리 향상을 위해 사회적 책임을 수행할 수 있어야 한다는 당시 아동 관련 전문가들의 인식은 아동권리학회의 탄생으로 이어졌다.

지난 10년 동안 한국아동권리학회는 우리나라에서 아동권리에 대한 학문적 토대를 공고히 하였고, 한국 아동의 권리를 증진하는 데 적극적인 역할을 수행해 왔다. 특히 아동권리를 일반대중에게 이해시키는 것이 녹록치 않은 우리나라 상황에서 「한국아동권리학회」는 아동권리에 대한 대중의 인식을 확산시키는 데 크게 기여하였다. 모니터링의 준거가 되는 아동권리 지표를 우리나라 최초로 개발하였고, 이 연구결과는 지표 개발에 대한 정부의 관심을 이끌어 내었다. 아동권리 보호를 위한 연구윤리를 제안하였고, 유엔아동권리협약의 이행 상황을 모니터링하였다. 학회 창립 후 10년 동안 아동권리와 관련한 사회적 이슈들을 학술대회 및 연구

모임 등을 통해 제기, 논의하였고, 필요한 조치를 국가와 각 지역사회에 제안해 왔다. 특히 아동권리 침해에 적극적으로 대응할 수 있는 옴부즈기구와 같은 아동권리 모니터링을 위한 기구의 설치를 꾸준히 요구해 왔다. 이와 같은 일련의 학회 활동은 정부정책의 변화를 유발하는 데 기폭제가 되었다.

이제 2007년 학회 창립 10주년을 맞아 지난 10년 동안의 한국 아동권리 보호 현황을 되짚어 보고, 앞으로 10년 동안 아동권리 향상을 위한 다양한 과제를 논의하고 계획을 수립하기 위해 그동안 학회에서 다루었던 주요한 연구 주제들을 정리해 보았다. 이 책은 모두 3부 12장으로 구성되어 있다. 제1부에서는 '권리의 주체로서의 아동'을 다루고 있다. 이를 위해 1장 아동권리와 아동 최선의 이익은 이재연 교수, 2장 소파 방정환과 한국의 아동권리는 우남희 교수가 집필하였다. 제2부는 우리나라 아동권리 보호의 실제를 다루었다. 이의 내용에 해당하는 3장 학대와 방임 아동의 권리 보호는 안동현 교수, 4장 아동의 놀 권리와 멀티미디어는 정채옥 교수, 5장 가족체계의 변화와 아동의 권리는 정현숙 교수, 6장 소외계층 아동빈곤의 실태와 권리 보호는 조홍식 교수, 7장 외국인 근로자 자녀의 현실과 권리 보호는 설동훈 교수, 8장 새터민 아동의 현실과 권리 보호는 이부미 교수가 집필하였다. 제3부는 아동정책와 아동권리 보호를 포함하였다. 9장 각 국의 아동정책과 아동권리협약 실천 상황은 이양희 교수, 아동권리 모니터링 이행: 옴부즈기구는 황옥경 교수, 11장 아동권리 교육 프로그램은 구정화 교수, 12장 사회 속의 아동: 아동권리 옹호를 위한 접근은 안동현 교수가 집필하였다.

이 책은 아동권리 개념과 아동권리 현황, 그리고 아동권리 증진을 위한 과제를 정리하였기 때문에 대학이나 대학원에서 아동 관련 학과를 전공하고 있는 학생들에게 도움이 될 것이다. 아울러 아동 관련 정부부처가 정책을 개발하거나 아동 관련 민간단체들이 사업을 수행하는 과정에서 참고할 수 있을 것이다.

처음의 계획에 비하여 부족한 점이 많이 보여 아쉽지만, 추후 연구들을 통해 채워질 수 있기를 바란다. 이 책이 출간되기까지 도움을 주신 여러분께 감사드리며, 기꺼이 출판을 맡아 주신 창지사 관계자 여러분께도 진심으로 감사의 말씀을 드린다.

2007년 4월 편저자 일동

차례

제1부 권리의 주체로서의 아동

제2부 우리나라 아동권리 보호의 실제

제3부 아동정책과 아동권리 보호

제1부

권리의 주체로서의 아동

1장

유엔아동권리협약과 아동 최선의 이익

유엔아동권리협약은 아동의 권리를 지키는 수단이자 기준이 되는 문서이다. 아동권리협약은 아동이 가정에서 성장하고, 학대로부터 보호받으며, 자신의 견해를 표현하며, 부모의 양육과 사회의 제도가 아동 최선의 이익에 의해 이루어지도록 공식화하였다.

아동기는 역사적으로 커다란 변화를 맞이해 왔다. 오랜 세월 동안 사회적 약자로서 위치를 감내해 오던 아동에 대해 1차대전 후 큰 각성이 일게 되었다. 이것은 극심한 혼란 속에서 미래에 대한 희망을 담은 '아동에 관한 권리 선언' 이 계기가 되었다. 그러나 이러한 선언이 아동에게 실제적인 변화를 가져오지는 않았다. 이후 1989년 유엔 총회에서 만장일치로 채택한 '아동권리협약(Convention on the Rights of the Child, 이하 협약)' 은 국가로 하여금 아동의 권리 실현을 위해 법적 구속력을 갖추게 하여 아동권리에 커다란 진전을 가져오게 하는 계기가 되었다. 이 협약은 세계 모든 국가의 아동들에게 큰 변화를 약속하는 국제적인 문서로서, 아동들이 적절한 생활수준을 누리는 세상을 만들기 원하는 국제사회의 염원을 담고 있다(유니세프, 2002).

협약은 4개의 기본원칙을 가지고 있다. 그것은 아동의 최선의 이익 원칙(제3조)과 무차별의 원칙(제2조), 생존 및 발달의 원칙(제6조), 그리고 참여의 원칙(제12조)이다. 이 중에서도 협약의 핵심은 아동 최선의 이익 원칙이라고 볼 수 있다. 왜냐하면 협약의 모든 조항은 궁극적으로 아동의 이익을 증진시킬 수 있어야 하는 것이기 때문이다.

아동에 관한 사안에 있어서는 '아동 최선의 이익' 의 원칙에 의해 다루어져야 함에 이의를 표하는 사람은 없다. 그러나 말만 그렇게 하고 아동 최선의 이익은 성인의 이익에 의해서 간과되어 버리는 경우가 허다하다. 이처럼 아동의 권익을 대변하는 데 미흡한가 하면, 아동권익에 반하거나 경제석 제약으로 아동의 이익에 제동이 걸리는 사례도 종종 발견된다(김정래, 2002). 현실적으로는 갈등이 빈번하게 일어난다. 그러므로 법적 개념으로서의 아동 최선의 이익은 그 판단 기준을 필요로 한다. 즉 누구의 관점에서 무엇이 아동에게 최선의 이익인가를 판단할 수 있는 기준이 필요하다(이기범, 1997). 따라서 본 장에서는 아동 최선의 이익에 대한 해석과 판단 기준 그리고 적용 방법에 관하여 탐색하고자 한다.

1. 아동권리협약과 아동 최선의 이익

'아동 최선의 이익' 개념은 협약의 다른 어느 개념보다도 더 학술적인 연구주제로 다루어지고 있다(기타 아키토, 2004). '아동 최선의 이익' 의 원칙을 보다 잘 이해하기 위해서는 협약에 나와 있는 표현들을 잘 검토해 볼 필요가 있다. 아동권리협약 제3조는 다음과 같다.

1. 공공 또는 민간 사회복지기관, 법원, 행정당국, 또는 입법기관 등에 의하여 실시되는 아동에 관한 모든 활동에 있어서 아동의 최선의 이익이 최우선적으로 고려되어야 한다.
2. 당사국은 아동의 부모, 법정 후견인, 또는 여타 아동에 대하여 법적 책임이 있는 자의 권리와 의무를 고려하여 아동복지에 필요한 보호와 배려를 아동에게 보장하고, 이를 위하여 모든 적절한 입법적, 행정적 조치를 취하여야 한다.
3. 당사국은 아동에 대한 배려와 보호에 책임 있는 기관, 편의 및 시설이 관계당국이 설정한 기준, 특히 안전과 위생 분야 그리고 직원의 수 및 적격성은 물론, 충분한 감독 면에서의 기준에 따를 것을 보장하여야 한다.

이 조항은 제1항에서 아동과 관련되는 모든 활동에 있어서 사회복지기관은 물론, 국가의 입법과 사법 그리고 행정기관은 '아동 최선의 이익'을 일차적으로 고려해야 한다는 것을 담고 있다. 제2항에서는 국가가 아동의 복지에 필요한 사항을 실현하기 위하여 입법상·행정상 조치를 취할 것을, 그리고 제3항에서는 국가는 아동의 보호 등을 담당하는 시설이 그의 물적·인적 조건을 유지하고 향상하기 위하여 일정한 기준에 따르도록 준수시킬 것을 각각 규정하고 있다(정태수, 1991). 이를 구체적으로 살펴보면 다음과 같다.

1) '아동에 관한 모든 활동'에 적용해야 하는 원칙

아동 최선의 이익 원칙은 협약에 나타난 여러 기본적인 사상들에서 유래한 것이다. 즉 아동도 성인처럼 존엄성을 가졌으나 취약하기 때문에 특별한 보호가 필요하다는 것이다. 여기에 아동이란 자기에게 영향을 주는 의사결정에 참여할 충분한 역량이 있는 존재라는 관점이 더해진다.

어느 국제협약에도 아동권리협약의 제3조와 같은 조항이나 구절은 없다. 이 조항은 아동에 관한 모든 행위에 있어서 아동 최선의 이익이 우선적으로 고려되어야 한다는 것을 뜻한다. 그것은 아동과 청소년에 영향을 주는 모든 공적인 의사결정이나 사적인 의사결정 모두에 적용되어야 한다.

2) 모든 아동에게 적용

다른 조항에서는 단수인 아동(child)으로 표현되는 데 비해, 협약 제3조 1항은 복수인 아동(children)집단이나 모든 아동, 즉 우리나라의 모든 아동을 말한다. 이것은 가족법뿐만 아니라 사회에서 아동에게 영향을 주는 모든 수준의 계획을 할 때에도 적용된다. 여기에는 교통, 문화, 여가, 미디어, 아동교육, 그리고 아동의 건강과 복지 등의 계획이 포함된다.

3) '아동 최선의 이익'에 큰 비중이 주어짐

제3조와 유엔아동위원회는 이 원칙이 언제나 고려되어야 하고 중요하게 다루어져야 함(shall always be taken into consideration and carry a great deal of weight)을 강조하고 있다. 따라서 아동의 이익이 거의 언제나 우선권이 있어야 한다. 즉 아동 최선의 이익이 '최우선적으로 고려되어야 한다'(the best interests of the child shall be a primary consideration). 그러나 다른 이익이 더 중요해서 우선적으로 고려되는 상황이 있을 수 있다. 이러한 종류의 이익은 예로 국가경제나 안보와 관한 것일 수 있다.

그러나 협약은 '아동 최선의 이익' 원칙이 절대적이자 우선적으로, 즉 '아동 최선의 이익이 최상의 이익'으로 적용되어야 하는 상황을 규정하고 있다. 이처럼 '아동 최선의 이익'이란 표현은 구체적인 조항, 예로 제21조 입양에 관한 조항에서는 "'아동 최선의 이익'이 최상으로 고려되어야 한다(the best interest of the child shall be the paramount consideration)"고 기술되어 그 표현이 보다 강하다.

4) 개별 평가의 필요

정부나 혹은 정부에 의해 의사결정을 부여받은 사람은 의사결정 과정에서 아동 최선의 이익이 진술되었나를 확인해야 한다. 국가나 혹은 국가에 의해 의사결정권을 위임받은 자는 의사결정 과정에서 항상 아동의 이익이 최대한 반영될 수 있도록 보장하여야 한다. 아동에게 영향을 미치는 의사결정을 할 때에는 관련된 이익의 요인과 아동 최선의 이익에 대한 평가를 포함하는 상세한 분석이 선행되어야 한다. 만약 아동의 이익보다는 다른 사람의 이익이 우선될 때는 그 이유를 분명히 밝히고 이를 기록해야 한다. 그리고 중요한 결정을 하기 이전에 다른 대안이 되는 결정이 아동에게 가져올 결과분석 또한 선행되어야 한다(이기범, 1997).

협약에서 아동 최선의 이익이 아주 자세히 정의되어 있지 않다는 이유로 의사결정자가 독립적으로 아동이나 아동집단의 최선의 이익에 대해 개별적으로 평가하는 책임을 면할 수는 없다. 또한 경우에 따라서 다른 사회적인 이익이 아동 최선의 이익보다 우위에 있는 경우에도 의사결정자는 개별평가를 해야 하는 의무를 여전히 이행해야 한다. 이리하여 협약 제3조는 각 결정에 앞서 아동 최선의 이익을 개별적으로 평가할 것을 요구하고 있다(Hodgkin & Newell, 2002).

5) 분명한 정의의 부재

협약 제3조는 의도적으로 아동 최선의 이익에 대해 확실한 정의를 피하고 있다. 다른 여러 상황에서도 아동 최선의 이익에 대해 명백한 기술을 하고 있지 않다. 그리고 모든 문화권이나 분야에서 통용될 수 있는 준거를 제시하는 것이 가능하거나 바람직하다고 판단되지도 않는다(김정래, 2002).

'아동 최선의 이익' 이란 표현에는 다양한 해석이 가능할 수 있다. 이것은 사회마다 혹은 한 국가 안에서도 문화나 사회 경제적인 구조에 따라 달라질 수 있다. 더구나 어느 상황에서 한 아동이나 아동집단에게 최선이라 판단된 것이 유사한 상황에 있는 다른 아동에게는 전혀 최상이 아닐 수도 있다.

그리하여 대부분의 사람들은 아동 최선의 이익이라는 말이 진실로 의미하는 바가 무엇인지, 그리고 어느 특정 상황에서 아동 최선의 이익을 어떻게 추론해 볼 수 있는지 의문이 갈 것이다. 그에 대한 답은 몇 개의 사항을 같이 고려해서 내려야 한다. 그것은 협약의 기본 원칙과 국가의 입법체계와, 아동이란 주제에 대해 기존 사회의 지식과 연구 결과 그리고 아동이나 청소년들 자신이 얘기하고자 하는 바이다.

6) 일반 안내

협약의 여러 조항들이 아동 최선의 이익을 실제적으로 평가하지는 않아도 협약은 대체로 일반적인 안내를 하고 있다. 아동 최선의 이익 원칙은 협약에 있는 여러 권리들을 실현시키는 데 있어서 윤리적이고 도덕적인 기본 지침으로 간주된다. 다른 중요한 안내는 제12조에 있는 아동의견에 관한 것이다. 이것은 아동 최선의 이익을 최상으로 고려하는 협약 제3조와 밀접하게 연결되어 있다(Hodgkin & Newell, 2002).

협약의 이 두 원칙은 사회의 모든 일에 적용되고 사회의 한 구성원인 아동의 권리에 관한 표현에 적용된다. 아동 최선의 이익이 되기 위한 평가가 이루어지기 위해서는 아동이 자기의 견해를 표현해 낼 수 있어야 한다. 아동 최선의 이익에 따라 무엇인가를 아동에게 제공하기 위해서는 아동 자신의 의견이 중요하게 고려되어야 한다. 아동 자신이 자기의 의견을 표현하도록 하고 그 의견이 결정에 포함되어야만 진정한 의미의 아동 최선의 이익이 분명하게 그리고 최상으로 고려될 수 있다.

협약의 다른 원칙, 즉 차별 금지(제2조)와 생존과 발달의 권리(제6조)에 대한 원칙도 아동 최선의 이익의 평가에 아주 적절하다. 게다가 협약의 41개 각 조항들도 아동의 욕구와 이익에 관련되고 보편적인 권리들을 정의하고 있다. 이러한 방식으로 협약은 여러 다양한 상황에서, 즉 보건이나 교육, 혹은 여가, 혹은 취약한 상황에서 아동 최선의 이익이 되기 위해서는 어떠해야 하는지에 대해 일반적인 정의를 하고 있다.

이에 더해서 협약 4조는 의사결정자가 아동 최선의 이익을 위해 이용 가능한 자원을 최대한 활용하도록 조처할 것을 명기하고 있다. 이것은 아동을 위해 한 국가의 자원을 최우선적으로 조처해야 함을 의미한다. 아동 개인이나 아동집단의 최선의 이익이 다른 이익에 의해 연기될 때는 보완적인 조처가 취해져야 한다.

7) 보다 나은 안내의 필요

협약은 다양한 상황에서 아동 최선의 이익이 무엇인지에 대해 일반적인 안내만을 하고 있다. 그러므로 의사결정자가 정치적으로나 행정적으로 안내를 분명하게 하기 위해서는 명백한 정의가 필요하다. 즉 사회의 다양한 분야에서 아동 최선의 이익을 적용시킬 수 있는 국가 수준의 평가원칙과 준거가 필요하다. 이러한 예는 입법이나 법률문서와 조례 그리고 정책 자료를 통하여 달성할 수 있다(Miller, 2002). 그러나 무엇보다도 아동과 이들의 경험에 관한 연구결과가 평가원칙을 만드는 중요한 자료가 된다.

2. 아동 최선의 이익 판단하기

협약을 일관성 있게 이행하기 위해서는 의사결정을 위한 계획과 문서에 대해 새로운 시도가 필요하다(Miller, 2002). 현재와는 다른 방식으로 아동의 관점을 중앙정부차원이나 지방정부차원에서 의사결정에 의식적으로 반영시켜야 한다. 이러한 상황에서 고려할 사항들은 다음과 같다.

1) 의사결정자의 증명의 부담

협약은 아동의 이익을 조사하고, 아동의 필요와 권리를 중요하게 고려할 것을 요구한다. 아동의 이익이 항상 중요한 영향력을 가질 수는 없지만 다른 이익이 더 비중을 지닌다고 판단될 때 의사결정자는 의사결정 과정에서 아동 최선의 이익이 고려되어 왔음을 보여야 하는 책임이 있다. 또한 의사결정자는 다른 이익이 아동의 그것보다 우선하는 이유를 보여 줘야만 한다. 다시 말해서 의사결정자는 의사결정 과정에서 아동 최선의 이익에 대한 고려가 있었음을 보여 주는 근거를 제시해야 하는 책임이 있다.

2) 아동영향 분석

아동 최선의 이익을 최우선으로 고려하도록 하는 협약의 요구사항에 효과를 주는 하나의 방법은 아동영향을 분석하는 것이다. 즉 계획과 의사결정을 하기 전에 아동 최선의 이익을 조사해 보는 것이다. 아동영향 분석은 어떠한 결정이 아동 또는 아동집단에게 끼칠 수 있는 결과를 미리 평가해 보는 사전평가라 할 수 있다. 아동영향 분석과 관련된 모든 활동에서 분석의 대상이 되는 아동에 대한 영향으로 어떠한 주제를 설정하고 어떠한 방식으로 측정할 것인지 하는 것도 명확히 정해져야 할 사항이다. 다음은 아동영향 분석 수행에 있어서의 전문적인 접근방식과 분석 목록의 예를 살펴보고자 한다.

(1) 경험적인 근거

아동영향 분석의 수행은 아동에게 영향을 미치는 의사결정 과정에 대한 전문적인 접근이 요구된다. 이러한 상황에서 전문성은 성인이 생각하는 아동의 관점에 기초하지 말고 그보다 아동 자신의 관점을 이해하고 찾아내는 능력과 아동의 발달, 욕구, 권리와 관련해 일반적으로 인정된 지식을 결합하는 능력에 기초하는 것이 바람직하다.

또한 아동의 이익을 위해 일하려는 사람은 사물을 보는 방식과 관점을 인식하는 것이 필요하다. 이것은 경험에 바탕을 두고 비판적인 접근을 하기 위해 필요하다(황옥경, 2003). 또한 이익 간의 갈등이 있는지를 파악해 내고 자신의 관점을 제시하는 데도 지식이 필요하다.

(2) 분석 목록의 예

아동영향 분석을 수행하는 데 보편적인 모델은 없는 듯하다. 그것은 아동에 대한 영향 분석이 시행될 활동에 따라 융통성 있게 적용해야 하기 때문이다(한국아동권리학회, 2002). 따라서 영향 분석에 포함해야 하는 목록이 개발되어야 하는데, 다음의 내용이 포함될 수 있다.

- 사회는 아동의 욕구, 이익과 권리를 어떻게 정의하고 있는가? 이에 대한 기본적인 지식과 그리고 이러한 사항들이 법과 협약에 담겨진 방식에 대한 지식도 필요하다.
- 특정 분야에서 아동의 욕구, 이익과 권리에 대해 알아야 한다. 아동영향 분석이 실시될 분야에서 아동의 욕구, 이익과 권리에 대한 지식이 있어야 한다.
- 특정 아동의 상황이 어떠해 보이는가? 물론 아동도 분석의 과정과 결정들의 결과에 대해 연령과 발달수준에 알맞게 적절하고 충분한 정보를 제공받을 필요가 있다. 만약 아동이 이러한 종류의 정보, 즉 아동이 쉽게 이해할 수 있게 제공된 정보에 접근할 수 있다면 이들은 자신들의 환경과 상황에 대해 결정하는 데 참여할 수 있을 것이다. 참여자로서 아동의 권한에 대한 존중을 보여 주는 것은 중요하다.
- 아동은 자신의 욕구와 관심 그리고 권리에 대해서 어떻게 보는가? 아동의 관점을 파악하기 위하여 성인은 아동의 눈으로 세상을 보려고 노력해야 한다. 즉 적극적으로 아동의 관점을 찾고, 아동의 감정과 경험을 이해하려고 노력하며, 아동에게 귀기울이고, 아동의 시각에서 사물을 보려고 노력하는 것이 중요한데 이것은 꽤 복합적인 임무이다. 이러한 일에는 아동에 대한 지식, 아동 면접 기술에 대한 지식이 요구된다.

그리고 이것은 아동에게 영향을 주는 결정에 책임이 있는 모든 집단에 강력하게 요구된다.

- 대리인을 통해 아동의 견해를 밝힐 때 이러한 아동의 견해는 어떻게 해석해야 하는가? 어떠한 이유로 인해 아동은 자신의 견해와 의견을 말하는 장면에서 대리자의 도움을 필요로 한다. 그러므로 대리자의 발언은 누구의 이익이 표현된 것인지 확실히 볼 수 있도록 분석되어야 한다. 예를 들어 대리자가 부모인지, 전문가 그룹인지, 아니면 어느 성인 혹은 아동 자신인지를 명확히 밝혀야 한다.

협약에 의하면 아동을 대표하는 성인은 스스로가 아동의 상황과 특성 그리고 아동의 견해에 익숙해질 의무가 있다. 대리인은 상황에 대한 아동의 견해를 명확하게 파악하여 이를 의사결정자에게 전달할 책임을 지닌다. 아동은 자신에게 친숙한 언어를 사용할 자격이 있으며, 성인은 아동의 진정한 견해를 이해하기 위해 노력하고, 이러한 사항을 고려하였음을 보증해야 한다.

- 의사결정자 자신의 아동관점은 어떠한가? 아동 최선의 이익에 대한 해석은 해석자 자신의 개인적 경험, 이데올로기, 그리고 아동에 대한 지식에 의해 크게 좌우된다. 대개 아동에 대한 결정은 아동 최선의 이익에 관한 자신의 관점과 같은 의사결정자의 주관적인 견해에 의해 결정된다. 주관적인 요소는 제거해야 하지만 해석자가 자신의 판단에 영향을 주는 것이 무엇인지 분명히 파악하는 것이 중요하다. 개인 혹은 개인의 의사결정은 개인적인 가치, 선호, 아동기, 아동교육의 원칙 등에 의해 영향 받을 수 있다는 것을 고려해야 한다.
- 아동 최선의 이익의 종결 평가와 분석이 반드시 수행되어야 한다. 아동 최선의 이익은 아동과 아동집단에게 영향을 주는 모든 결정들에서 고려되어야 한다. 아동 최선의 이익은 가족, 주거계획, 직업, 여가, 문화, 소통을 위한 상황을 포함하는 사회 대부분의 일에 영향을 미치는 개념이다. 이 개념은 아동도 시민권을 가진 한 사람으로서 아동의 경험과 견해 그리고 선호하는 바가 아동에게 영향을 주는 의사결정에 고려되어야 한다는 것이다.

아동의 이익을 우선으로 고려하는 것은 기본적인 규칙이다(안동현, 1997). 그러므로 앞서 언급했던 상대적인 이익들은 아동의 이익이 중점적으로 고려되고 수행되며 아동 자신의 견해가 수용될 수 있는 방법으로 면밀히 분석되고 균형이 맞춰져야 한다.

- 만약 다른 이익이 아동 최선의 이익보다 더 중요하게 고려되어 결정이 내려질 때는 이에 대한 이유를 제시해야 한다. 우선권을 지니는 다른 이익은 무엇이며, 왜 아동 최선의 이익보다 중요시되었는지를 제시해야 한다.
- 아동 최선의 이익이 우선적으로 고려되지 못한 결정이 내려졌을 때는 보상적 조치가 제공될 수 있는 방안을 고려해야 한다. 아동의 필요, 이익 또는 권리가 보상적 조치를 통해서라도 보장될 수 있는 방안을 확보하고 이를 평가해야 한다.

3. 아동 최선의 이익에 대한 갈등

아동에 대한 협약의 관점은 일반 성인들, 그리고 특히, 정책결정자들에게 도전적인 것일 수 있다. 협약에 비준하면서 당사국들은 아동과 청소년에 대한 신중한 관점을 공공정책결정에 반영할 것을 결의하였다(양정자, 2004). 이러한 결의는 당사국의 현실 상황과는 상당히 다른 것일 수 있다. 그러나 정부는 정책결정에 있어서 더 이상 성인이 갖는 현실 기준만으로 결정하지 않기로 하였다.

1) 아동의 입장을 취하기

아동의 목소리에 귀를 기울이고 아동의 관점을 존중해야 한다는 아동의 권리는 다른 권리에 대한 충분한 고려 없이 주장될 수 있다. 따라서 아동과 청소년의 목소리를 경청하고 무엇이 아동 최선의 이익인지에 대한 것을 바탕으로 결정하다 보면 현실적으로 이해관계의 충돌 속에서 아동과 청소년의 입장을 취해야 한다는 것을 의미하여서 때때로 친숙하지 않거나 불편한 결론에 도달하기도 한다. 다음은 고려해야 할 사항의 일부이다(한국아동권리학회, 2002).

(1) 아동 최선의 이익에 있어서 위기

이해관계에 있어서 근본적인 충돌은 부모의 책임감 그리고 권리와 관련된 아동 최선의 이익에 관한 것이다. 사회는 아동 최선의 이익과 명백하게 일치하지 않는 것을 제외하고는 일반적으로 부모의 요청을 유지하는 선에서 아동에 대한 결정을 한다. 그러나 아동의 욕구는 항상 아동의 부모가 최선으로 고려하는 것과 완전하게 일치되지는 않는다.

그러므로 "아동 최선의 이익"에 대한 질문은 부모가 동의하지 않거나 혹은 법적 보호자로서 적절하지 못하다고 판명되면 위기에 봉착할 수 있다. 심지어 당국이 진심으로 아동 최선의 이익을 우선적으로 고려하려고 해도, 그 결정이 부모의 이익과 상충될 수 있다. 예를 들면 위험에 처해 있는 아동을 위한 사회적 서비스의 조치는 부모의 사생활 침해를 초래하게 할 수 있다.

(2) 아동 최선의 이익 남용

"아동 최선의 이익"의 의미는 성인에 의해 다양한 관점과 기준 그리고 가치로 해석되거나 이행될 수 있다. 여러 상황에서 아동 최선의 이익에 대한 본질과 아동을 위한 최적의 조건 형성에 대해서 수많은 다른 관점, 의견 그리고 대립되는 이해관계가 있다. 다양한 이익 집단은 자신의 특정한 관점과 의견을 전달할 목적으로 '아동 최선의 이익'이라는 표현을 사용하며, 때때로 각 이익집단의 관점이 다른 집단과 서로 상반되기도 한다. 다른 정당 간에 혹은 학문분야 간의 갈등과 같이 정치적인 갈등이 있는가 하면 전문가와 일반인 사이의 갈등도 있다. 만약 아동의 요구와 권리를 보장하는 것이 아닌 다른 목적으로 협약을 사용하는 집단이 있다면, 이는 명백하게 협약을 오용하는 것이다.

(3) 명확성이 필요한 예

협약의 오용을 피하기 위해서는 분쟁의 영역이 공적인 논쟁 과정 속에서 가능한 한 명백하게 설명되고, 조명될 필요가 있다. 입법과 준비문건, 법률 문서, 그리고 사회 다양한 분야를 고려한 규제 및 실행과 행동 계획에서 그러한 사안이 명확해질 필요가 있다. 이러한 갈등의 일부는 다음과 같다.

① 입법과정에서 아동 최선의 이익에 대한 해석

협약 자체는 우리에게 다양한 상황에서 아동 최선의 이익에 대해 말해주지 않기 때문에, 국가의 법률이 해당 분야에서 아동 최선의 이익 이행에 대해 안내를 해야 한다. 예를 들어 입법준비 작업이나 다른 가이드라인을 통해서 그러한 일을 할 수 있다. 그렇게 되면 의사결정자는 좀 더 식견을 가지고 근본적으로 아동 최선의 이익이나 욕구와 일치하게 해야 하는 자신의 의무에 대해 인식할 것이다.

② 아동 최선의 이익과 다른 사회 이익 간의 갈등

아동 최선의 이익과 다른 공공 이익 간의 갈등이 있다. 협약은 아동 최선의 이익에 대한 원칙보다 더 비중있게 실행될 수 있는 공공 이익이 있다는 점을 명시하고 있다. 이러한 종류의 이익은 사회경제적인 이익이나, 국가 안보정책의 이익, 혹은 이민정책에 대한 이익의 형태이다. 이 외에 아동 최선의 이익과 관련하여 비중 있게 다루어져야 하는 이익은 어떠한 것이 있는지 그리고 이들 간의 비중이 어떠한지에 대한 분석은 현재 존재하지 않는다.

③ 아동 최선의 이익과 부모의 보호 책임 긴의 갈등

아동 최선의 이익으로 고려되는 3조항과 부모의 권리 및 책임 간의 갈등이 어떻게 다루어져야 할 것인지는 분명하게 파악되어야 한다. 예를 들어, 부모의 요구와는 상반되는 의학적 진단 또는 복지상의 강제명령의 이행 상에서 갈등이 생기는 경우가 있다. 이때 부모의 책임은 부양하는 아동과의 관계에서 어떠한 비중을 가져야 하는지는 분명하지 않다.

④ 아동 최선의 이익과 다른 집단들의 이익 간의 갈등

아동 최선의 이익은 다른 집단들의 이익과의 갈등을 유발할 수 있다. 예를 들어, 동성애자들이 해외입양의 권리가 부여되어야 하는지, 또는 동성애자에게 인공수정에 의한 임신이 허용되어야 하는지에 대한 의문이 있다. 다른 예로는 지역사회 내에서 어느 곳이 아동을 위한 최적의 장소인지의 문제로 고용주가 어린이집 설립을 반대하는 경우에 아동들의 이익과 고용주의 이익 사이의 갈등이 있을 수 있다.

⑤ 아동 개인의 최선의 이익과 아동집단 최선의 이익 사이의 갈등

다른 상황은 아동 개인과 아동집단 사이에 연관되어 문제를 발생시킬 수 있다. 예를 들어 한 학생때문에 학급 전체의 수업진행이 방해받는다면, 학급 전체를 위한 최선의 이익을 위해 그 학생을 다른 학급으로 보내야 한다. 그렇지 않으면 이는 수업 진행을 방해하는 학생의 이익을 위한 것일 수 있다. 아동 집단의 최선의 이익과 아동개인의 최선의 이익 사이에서 이러한 갈등이 일어날 수 있다.

⑥ 부모가 반대하는 아동의 의견표현 권리

또 다른 상황은 아동의 의견을 표현하는 권리에 대한 협약 12조항과 부모의 권리와 의무 사이에 갈등이 일어날 수 있다. 예를 들어, 부모가 반대하는 사회적인 아동조사나 의료적인 검사에서 아동의 의견청취는 아동에게 어떠한 이점이 있는지 명확히 해야 한다.

⑦ 12조항에서 아동을 대표하는 시기와 방법

성인이 아동을 대표로 하는 상황이 있을 수 있다. 어느 아동을 어느 상황에서 대표하고, 어떠한 역할을 지울 것인가에 대한 분석이 필요하다. 그때의 대표는 아동의 관점인가 아니면 아동을 대신해서 성인의 관점이 전달되는 것인가?

⑧ 권리 간의 대비

협약은 인권의 전문용어 '아동 최선의 이익' 이란 표현을 만들었다. 그것은 오늘날 모든 아동들의 욕구와 흥미를 인권의 관점에서 공식화하여 아동 최선의 이익으로 불리는 경향이 있다. 이에 대한 높은 기대에서 위험이 따를 수 있다. 즉 모든 것이 각기 하나의 권리라고 할 때 권리는 효력이 약해지고 개인적인 권리는 가치를 잃게 될 수 있다(이재연, 2004). 오늘날 아동과 관련된 인권에 관하여 더욱 많이 얘기되면서 아동의 다른 권리들이 서로 간에 대비될 때 야기되는 자기 모순적인 상황이 발생한다. 예를 들면, 이것은 최상의 건강을 추구할 수 있는 아동의 권리, 즉 건강하게 태어날 수 있는 권리가 생명에 대한 고유의 권리와 대비되었을 때 일어난다. 이러한 일은 앞으로 더 증가될 것이다. 그러므로 아동과 청소년의 상황과 관련된 질문에 초점을 맞추고 있는 사회의 모든 집단에서 협약을 적절하게 사용하는 것이 중요하다.

4. 아동 최선의 이익을 실현시키기

협약은 아동의 권리를 지키는 수단이자 기준이 되는 문서이다. 협약은 아동이 가정에서 성장하고, 학대로부터 보호받으며, 자신의 견해를 표현하며, 부모의 양육과 사회의 제도가 아동 최선의 이익에 의해 이루어지도록 공식화하였다.

무엇이 아동에게 좋은가 하면서 성인들이 아동에 대해 일반적으로 갖는 관대함이나 믿음으로는 협약을 이행하는 데 충분하지 않다. 협약을 이행하기 위해서는 어떠한 방법을 사용해야 할지에 대한 설명이 있어야 한다. 협약은 아동에게 책임이 있는 모든 사람들에게 확실한 요구를 하고 있다. 그리하여 아동의 권리는 확실하게 정치적인 사안이 되었다(International Federation of Social Workers, 2002).

국제적인 아동권리 모니터링 기구로 유엔아동권리위원회가 있다. 협약에 비준한 국가는 비준 후 첫 2년 안에 국가보고서를 제출하고, 이 후에는 매 5년마다 국가보고서를 제출하게 되어 있다. 이러한 모니터링은 특정 국가를 평가하자는 취지가 아니라 국가와의 건설적인 대화를 통해서 협약이 도모하는 아동권리를 증진하는 데 도움을 주자는 것이다(이재연, 1997).

1) 국가의 책임

앞서 언급했듯이 협약은 비준한 국가들에게 구속력이 있는 문서이다. 이러한 의미에서 협약은 국내의 법과 차이가 없다. 예를 들어, 국가들은 아동과 관련하여 많은 영역을 중앙정부와 지방자치단체, 그리고 지방의회에 위임하며, 협약이 의도하는 효과를 달성하기 위한 책임은 상당부분 이러한 주체에 맡겨진다. 그러나 협약이 국내에서 효과를 발휘하게 하는 책임은 궁극적으로 중앙정부에 있다(이재연 등, 2006).

2) 변화의 필요

협약은 변화를 요구하고 있다. 협약이 목표하는 바는 각종 법에 적절하게 적용되어야 한다. 나아가서 국가와 지방의 모든 수준에서 진행되는 계획과 의사결정 과정에 최우선적인 고려사항으로서 아동 최선의 이익이라는 원칙은 반드시 적용되어야 한다. 그리고 아동에게 영향을 주는 모든 활동은 아동 관점에서 이루어져야 한다.

이러한 변화의 과정은 아동의 관점을 신중하게 배려해야 한다는 특징이 있다. 즉 아동 발달과 욕구에 관한 이해, 특히 그 중에서도 아동 자신의 견해와 이해하는 바를 배려해야 한다. 아동 관점 중에서도 아동들이 원하는 세상에 대한 지식이 주축이 된다. 이러한 이해를 위해서 아동과 청소년의 의견은 경청되어야 하고, 변화의 과정에 보다 영향을 가져올 수 있도록 해야 한다. 이러한 사항들은 협약의 제12조와 일치한다.

아동의 권리 증진을 위한 변화 전략은 아래의 요점들을 포함해야 한다.

- 협약은 정부의 아동과 관련한 모든 의사결정에 적용한다.
- 아동 관점은 정부위원회의 참조의 차원에서 적정한 정도로 포함되어야 한다.
- 아동과 관련된 국가정부 결정에 아동영향 분석은 시행되어야 한다.
- 아동통계는 개발되어야 한다.
- 아동과 관련된 일하는 전문적 분야 훈련 프로그램에는 협약이 다양한 방법으로 포함되어야 한다.
- 아동과 관련된 업무를 하는 공무원은 아동과 협약에 관한 자신들의 인식을 높일 수 있도록 직무연수를 받아야 한다.
- 직무연수는 비슷하게 지방자치단체와 지방의회의 차원에서도 제공되어야 한다.
- 또한 지방자치단체와 지방의회는 아동 최선의 이익이 실현되는가 하는 것을 모니터링하기 위한 장치를 구축해야 한다. 이러한 모니터링에는 아동계획, 아동예산, 아동영향 분석 등이 포함될 수 있다.
- 도시계획과 교통계획에 아동을 참여시키고 영향을 줄 수 있도록 한다.

3) 아동 관련 종사자의 역할

아동 관련 종사자가 아동 최선의 이익을 보급할 수 있도록 하기 위해 어떻게 해야 할까? 개별사례에서, 종종 아동 최선의 이익을 보호하기 위한 일은 아동 관련 종사자에게 떨어진다(International Federation of Social Workers, 2002).

이들은 상황을 평가하여야 하고, 아동을 관찰하고, 경청해야 하며, 아동의 바람이 아동 최선의 이익과 상반되는 점이 있는지를 조사해야 한다. 그러므로 아동 관련 종사자는 아동과 청소년의 발달에 대한 깊은 지식이 필요하다. 이들은 이를 통해 성인기에 이르기까지 어떻게 아동이 자라고 발달하는지를 이해해야 하고, 자신의 의견이 비록 아동과 다르더라도 아동의 의견에 귀를 기울일 수 있어야 한다. 아동 최선의 이익이 직접적으로 그들의 양육이 관계된 성인 최상의 이익과 일치하지 않을 수 있음을 깨달아야 한다.

아동 관련 종사자는 종종 법적내용, 판례, 정부기관에 아동의 상황을 설명하는 위치에서 있다. 이들은 이 역할을 객관적으로 하도록 노력해야 한다. 사실에 기반을 두고 의견을 제시하고, 아동 최선의 이익은 선봉에 서야 한다.

예로 경제적인 어려움이나 사회체제의 모순으로 유기되어 대규모 시설에 있는 아동이 국내에서 뾰족한 해결책이 없을 때 해외입양의 대상이 되는 경우가 있다. 이때 아동이 부모로부터 억지로 분리되지 않았고, 친인척 보호의 가능성은 어떤지 아동을 위해 항상 조사되어야 한다.

참고문헌

기타 아키토(2004). 일본의 아동권리협약의 이행과 NPO 시민활동의 역할, 한국아동권리학회 추계학술대회.

김정래(2002). 아동권리향연, 교육과학사.

설정곤(2004). 정부의 UN아동권리협약 이행 추진 상황, 한국아동권리학회 추계학술대회.

안동현(1997). 아동의 권리-필요성, 역사성 및 과제, 아동권리연구, 1, 9-22.

양정자(2004). 한국의 아동권리 증진을 위한 법적 과제, 한국아동권리학회 추계학술대회.

어린이 청소년의 권리연대회의(1991). 아이들의 인권 세계의 약속. 내일을 여는 책.

유니세프한국위원회(2002). 세계아동현황보고서.

이기범(1997). 유엔 아동 · 청소년 권리조약의 원리와 이행방안, 아동권리연구, 1, 24-34.

이재연(2004). 아동권리모니터링의 방향-아동권리모니터링을 위한 공개토론회, 사단법인 한국아동단체협의회.

이재연 등(2006). 한국의 유엔아동권리협약 이행 모니터링. 보건복지부, 한국아동단체협의회, 한국아동권리학회.

이재연(1997). 각 나라의 아동권리협약 실천상황. 아동권리연구, 1(2), 5-20.

이양희(2004). 유엔아동권리위원회 활동과 아동권리쟁점, 한국아동권리학회 추계학술대회.

정태수(1991). 아동의 권리협약: 청소년의 권리. 예지각.

한국아동권리학회(2002). 아동권리중심 프로그램, 한국아동권리학회 2002년도 추계학술대회.

황옥경(2003). 아동권리증진을 위한 옴부즈맨 제도 수립방안, 아동권리연구, 7(1), 1-19.

Miller, G. H.(2002). The psychological best interest of the child is not the legal best interest. *Journal of the American Academy of Psychiatry and the Law*, 30, 196-200.

Hodgkin, R., & Newell, P.(2002). *Implementation Handbook for the Convention on the Rights of the Child*, UNICEF.

International Federation of Social Workers(2002). *Social Work and the Rights of the Child.*

2 장

소파 방정환과 한국의 아동권리

방정환이 벌인 소년운동은 단순한 민족운동이나 친목운동이 아니었고 비참했던 조선시대의 어린이들에게 희망을 주고 빼앗긴 그들의 권리를 찾아 주기 위한 것이었다. 어린이날의 제정도 단순한 사회운동이 아니라 억압받고 소외당해 왔던 어린이의 인격을 인정하고 어린이들의 삶의 질을 높이고자 했다는 의미에서 이 운동도 아동권리운동의 차원에서 이해되어야 할 것이다.

아동의 권리에 대한 국제적인 관심은 1920년대에 유럽에서 출발하여 국제기구를 중심으로 확대되어 왔다. 1924년 국제연맹총회에서 처음으로 "아동의 권리에 관한 제네바 선언"이 채택되었으며 아동은 생명의 보호를 받아야 하고 발달에 맞게 양육되어야 함이 천명되었다. 그 뒤 1959년에는 이 선언을 기초로 국제연합총회에서 10개 항목의 "아동권리 선언"을 채택하였고, 1989년에 이르러 국제연합총회에서 "아동의 권리에 관한 협약(Convention on the Rights of the Child)"이 채택되었다. 이 협약은 아동의 생존, 보호, 발달, 참여의 권리 등 어린이 인권과 관련된 모든 권리를 규정해 놓은 국제적인 인권조약으로, 법적인 구속력을 가지며 현재 191개국이 이 협약에 비준하였다. 우리나라도 1991년 12월 20일 국제연합이 채택한 아동의 권리에 관한 협약의 당사국이 되었다.

그러나 실제 우리나라에서는 아동권리에 관한 제네바선언이 채택된 1924년보다 1년 앞서, 1923년에 이미 어린이선언문과 아동권리 공약 3장이 소파 방정환에 의해 발표되었다. 소파 방정환은 우리나라가 일제의 침략으로 국권을 잃고 비참한 생활을 하며 어린아이들이 어려운 상황에서 제대로 인간적인 대우를 받지 못하던 시절, 어린아이들에게 꿈과 희망을 심어 준 사람으로서 아이들의 인권을 위하여 다양한 활동을 하였다.

그동안 방정환에 대한 연구가 많이 진행되었으며, 특히 방정환의 출생 100주년을 맞았던 1999년에는 그의 문학작품들이 많이 정리되어 출간되었고, 그의 업적에 관한 논문도 상당히 많이 출판되었다(안경식, 1999). 그러나 그에 대한 대부분의 연구는 아동문학가로서의 업적을 주로 부각시켜 왔으며 어린아이들의 비참한 삶을 개선하고 아동의 권리를 찾아 주기 위한 그의 노력은 소홀히 다루어져 왔다. 특히 아동의 권리 차원에서 그의 업적을 다룬 연구는 별로 많지 않다. 물론 그는 어린아이들을 위해 손수 글을 썼을 뿐 아니라 번역을 통하여 우리나라의 어린아이들에게 외국 작품을 소개함으로써 아동문학가로서의 분명한 역할을 하였다. 그러나 그는 문학가로서만이 아니라 교육자로서, 사회운동가로서, 특별히 아동의 권리 옹호자로서 어린이의 삶의 질을 바꾸어 보려고 노력을 한 사람이다(우남희, 1999). 이 장에서는 방정환의 삶과 그의 업적을 아동의 권리 차원에서 살펴보고자 한다.

1. 방정환 시대의 아이들과 아동의 권리

어린이에 대한 소파 방정환의 생각과 행동이 어떠한 역사적 의미를 가지고 있는지 제대로 이해하기 위해서는 그가 살았던 당시의 시대적, 사회적 상황을 알아야 한다. 특히 그 당시 사회와 가정 안에서의 아이들의 위치와 대우, 그리고 그들이 어떠한 생각을 하고 있었는지를 알아야만 할 것이다. 방정환이 살았던 19세기 말부터 20세기 초의 조선은 외세의 압력으로 정치적으로 극히 불안한 상황이었으며, 경제적으로도 매우 힘든 시기였다. 이러한 어려운 상황 속에서 어린아이들은 그들의 발달과 연령에 맞는 대우를 받을 수 없었으며, 제대로 교육도 받지 못하고 자랄 수밖에 없었다.

1) 격동기의 조선과 방정환의 어린 시절

소파 방정환이 태어난 시기는 조선 말기로서 정치적 혼란과 갈등의 시대였다. 그는 1899년 11월 9일 서울에서 부유한 상인의 손주로 태어났다. 그가 태어난 1890년대의 조선은 대원군과 명성황후의 세력다툼으로 나라가 심히 어지러웠고 대외적인 정책에서도 혼란이 극심했다. 특히 1894년에 일어난 동학농민운동을 막기 위하여 청나라의 원조를 청하게 되면서 외국의 세력이 조선의 정치에 본격적으로 개입되기 시작하였다. 농민과 동학교도들을 진압하기 위하여 청나라의 군대가 조선에 들어오게 되고 일본은 자국민을 보호한다는 구실로 조선에 군대를 파견하게 됨으로써 청나라와 일본 간에는 갈등이 본격화되었고, 이 갈등은 결국 청일전쟁으로 확대되었다. 1895년 명성황후는 일본인들에 의하여 시해되었고, 그 후 고종과 왕세자가 1896년 2월 11일부터 약 1년간 왕궁을 버리고 러시아 공관에서 거처함으로써 친러파 정부가 구성되게 되었다. 이로 인하여 조선은 완전히 자주성을 잃게 되고 국력이 손상되었으며 열강들의 정치적, 경제적 침략이 심화되었다.

그러나 주체성을 잃어가는 조국을 위해서 한편으로는 국내에 많은 우국지사들이 일어났으며, 1896년에는 미국 유학생들을 중심으로 일본이나 러시아에 의존하지 않는 자주적인 개혁과 독립을 주장하는 독립협회가 결성되었고 독립신문이 발간되었다. 1897년 2월 25일, 고종은 러시아 공관을 떠나 경운궁(慶運宮: 덕수궁)으로 환궁하고 국호를 대한제국, 연호를 광무(光武)로 고치고 왕을 황제라 칭하여 중외에 독립제국임을 선포하였다. 1898년에는 대원군의 죽음으로 왕실의 정치적 세력다툼은 일단락되는 듯하였으나 친청파, 친일파, 친러파 등이 서로 대립하게 되었다.

방정환은 이와 같이 왕실의 갈등이 일단락되고 고종이 러시아 공관에서 다시 궁월로 돌아와 독립 국가를 선포한 후에 태어났지만 그때까지도 시민들의 생활은 복잡한 정치적 세력다툼으로 몹시 피폐하였다. 1904년에는 일본과 러시아 사이에 러일전쟁이 일어났고 일본의 승리로 일본은 한국의 지배권을 확립하게 되었다. 일본은 1905년 11월 17일에 을사조약을 강제체결하여 외교권마저 강탈하였고, 1910년 8월 22일에는 한일병합조약이 체결됨으로써 대한제국은 멸망하게 되었다. 결국 방정환은 러일전쟁 후 나라가 일본에게 넘어가는 쓰라린 경험을 하면서 어린 시절을 보내야만 했다.

방정환은 서울 토박이로서 4대가 함께 사는 대가족의 장손으로 집 안팎에서 귀여움을 받으며 자랐다. 장난기가 많은 아이였으나 만 3세때 이미 천자문을 줄줄 외웠다는 기록을 보면 어려서부터 배우 총명하였넌 것 같다. 그 당시는 주로 서당에서 글을 배우던 시절이었지만 그는 1905년에 새로 설립된 신식학교인 보성소학교의 유치반에 다녔다.

> 그때의 그 학교에는 반이 모두 여덟 반이 있었습니다. 맨 처음 천자를 배우는 반이 유치반이고, 그 위에 계몽편을 배우는 곳이 반년급, 즉 2년급의 반 토막쯤 되는 정도라는 말입니다.
>
> 이 반년급을 마치고야 비로소 초등과 1년급이 되어야 동몽선습을 배우고 초등과 2년급, 3년급을 마치면 또 고등과 1년급, 2년급, 3년급까지 마쳐야 졸업장을 타 가지고 보성전문학교로 넘어가는 것이었습니다.
>
> 나는 그때 높은 반이 좋은지 낮은 반이 좋은지 그것도 알지 못하고 손목을 잡고 갖다 앉히는 대로 앉았는데 물론 그 반은 맨 밑에 반 토막 년도 못 되는 유치반, 천자 배우는 반이었습니다. (방정환, 1974, 32)

이러한 기록을 통해 보면 방정환의 어린 시절에는 서양식학교가 설립되었지만 학교에서 배우던 내용은 서당에서 배우던 것과 유사하였음을 알 수 있다.

그는 가족 몰래 두 살 위의 삼촌을 따라 보성소학교에 갔다가 교장선생님이 학교에 다니려면 머리를 깎아야 한다고 하여 교장선생님의 집에 가서 댕기머리를 싹둑 자르고 왔다고 한다. 그 일로 할아버지에게 종아리를 맞고 할머니는 통곡을 하였다는 일화가 있다. 댕기머리를 쉽게 잘라 버렸다는 것은 그가 학교에 가고 싶은 마음이 간절하였기 때문이었는지, 아니면 어른인 교장의 강요에 못 이긴 것이었는지는 알 수 없으나 머리를 자르면 큰일이 나는 줄 알던 그 시절에 아무튼 어린 방정환은 엉뚱한 짓을 잘 했던 것으로 보인다.

일곱 살 되던 해 봄에 천자문을 읽고, '하늘 천(天), 따 지(地)'하던 것이 '온 호(乎), 이끼 야(也)'까지 졸업하고, 다시 첫머리로 돌아가, 천지 현황(天地玄黃)이요, 우주 홍황(宇宙洪荒)이라.'하고 소리쳐 읽으면, 사랑에 오는 손님들이 2전 5리짜리 동전 한 푼씩 주던 때였습니다.

따뜻한 봄날이었는데, 하루는 서당에 다니던, 나보다 두 살 위(9세)인 아저씨가, 서당을 그만두고 오늘부터는 학교에 간다고 자랑을 하기에, 학교가 무엇인지도 모르면서 "나도 학교에 넣어 달라."고 졸라 보았더니, "너는 이 다음에 가라."고 조부님이 말리시므로, 넌지시 밖에 나가 숨어 있다가 아저씨 뒤를 따라, 학교라는 곳에 가 보았습니다.

물론 그때는 머리를 깎으면 죽는 줄 아는 때였으니까, 아저씨도 머리를 땋고 댕기꼬리를 드리고, 나도 땋은 머리에 댕기꼬리를 달았고, 집안 어른도 모두 상투를 틀었습니다…….(중략)

"그놈 귀엽다! 너 학교에 안 다니련?"

하면서 내 뺨을 자꾸 주무르기에

"다닐 테야요."

하였습니다. 그랬더니 교장님도 기뻐하면서

"그래. 학교에 다녀라. 그런데 학교에 다니려면 머리를 깎아야지. 자아, 나를 보아라. 나처럼 머리를 깎아야지. 머리를 깎을 테냐? 응?"

나는 '머리를 깎아야 공부가 되나요?'하거나 '이 학교에는 아무도 머리 깎은 이가 없는데요?'하지도 못하고 그냥 철모르고

"네-."

하였습니다.

교장은 무슨 큰 수나 난 듯이 나를 번쩍 안아다가 인력거 위에 안고 타고서 새문 밖 자기 집으로 가서 식혜를 한 그릇 준 후에 하인을 시켜 내 머리를 댕기 달린 채 가위로 썩둑썩둑 자르고 다시 기계로 빨갛게 깎고 그리고(중략)

머리만 깎으면 꼭 죽는 줄로 아는 때였는데 일곱 살 먹은 어린애가 넌지시 나가서 머리를

> 홀라당 깎아서 댕기에 달린 머리를 파단 같이 대롱대롱 들고 집에를 들어가 놓았으니 집안 어른의 눈에는 귀여운 손자가 모가지를 댕강 잘라서 손에 들고 들어오는 것 같이 보였을 것이 분명합니다.
> 그래 그만 나는 조부님께 피가 나도록 종아리를 맞고 증조모님과 조모님은 밤새도록 베어논 머리를 붙들고 통곡을 하시면서
> "어떤 몹쓸 놈이 남의 집 어린애의 머리를 깎아놓았단 말이냐?"
> 고 고함을 치시고(중략) (방정환, 1974, 25-32)

머리를 깎고 보성소학교를 다닌 후에 방정환이 받은 학교교육은 1909년에 매동보통학교에 입학하고 1910년에 미동보통학교로 전학하여 1913년에 4년제 보통학교를 졸업하였다. 그는 경제적으로 부유한 집안에서 태어났으나, 1907년 집안의 사업실패로 초가집으로 이사를 가면서부터 경제적으로 매우 어려운 어린 시절을 보내야만 했다. 그는 도시락 없이 학교에 다니기 일쑤였고, 쌀을 꾸러 다녀야만 했다고 한다. 그뿐 아니라,

> "쌀 꾸러 다니기, 전당포 다니기, 그런 것 외에 또 한 가지 고생스러운 일은 물 길어 오기였습니다.(중략) 물을 길어 올 사람은 열 살 먹은 나 하고, 여덟 살 먹은 사촌 동생 밖에 없었습니다.(중략) 날은 차고 바람은 살을 애일 듯이 부는데, 배가 고프고 몸은 떨리고.(중략) 우물 옆에서 두 발을 동동 구르고 울던 일이 해마다 겨울마다 몇백 번씩인지 모릅니다." (방정환, 1928, 『어린이』 6권 3호)

라고 하듯이 물을 길어 나르는 일도 하면서 힘든 어린 시절을 보냈다.

그러나 그는 어려서부터 기발한 생각을 잘하고 친구들과 어울려 노는 것을 좋아했다. 어머니의 경대 주위에 홑이불로 휘장을 둘러 연극놀이를 하였다는 기록도 있으며(이상금, 2005), 만 8세 때에는 소년입지회를 만들어 친구들과 함께 토론을 하기도 했다고 한다. 토론을 하기 위하여 석유궤짝에 먹칠을 하여 칠판을 만들기도 하고 토론할 장소가 없으면 그 칠판을 들고 아무 집이나 들어가서 사랑을 빌려달라고 떼를 쓰기도 했다고 한다. 이러한 행동을 통해 보면 방정환은 창의적인 생각을 많이 하였고 손재주가 있었으며 쉽게 포기하지 않고 집념도 강했던 것 같다. 특히 그는 그림을 잘 그렸으며 말재주도 놀라와 천재적인 이야기꾼으로 알려지기도 했다. 기록에 의하면 우리나라 최초의 서양화가인 고

희동에게 서양화를 배우기도 하였으며 고희동이 환등기를 사주어 환등기에 비친 그림을 설명하는 변사 노릇을 하기도 했다고 한다. 변사인 그의 이야기를 듣기 위하여 어린아이들뿐만 아니라 어른들을 포함하여 수많은 사람들이 몰려들었다는 기록을 보면 그의 말재주가 대단했던 것으로 보인다.

그는 만 13세에 아버지의 권유로 선린상업학교에 입학하였으나 졸업 1년 전에 중퇴를 해 버리고 말았다. 집안에서는 방정환이 상업학교를 졸업하여 가업인 상업을 이어나가기를 바랬겠지만 그는 상업이 적성에 맞지 않았고 글쓰기를 좋아했으며 예술적인 소질이 많았으므로 상업학교를 중도에 그만두고 말았던 것 같다. 학교를 그만둔 후 조선총독부 토지조사국에서 장부를 베끼는 사자생(寫字生) 일자리를 얻어 잠시 돈을 벌었고, 그 후 1917년 19살에 의암 손병희의 셋째 딸과 결혼을 하였다(이상금, 2005).

2) 조선시대의 아이들과 아동의 권리

소파 방정환이 살았던 조선시대의 일반 백성이 살던 모습은 참으로 참담하고 절망적이었다. 방정환 자신의 표현을 빌어 보면,

> "못 살게 되었네 못 살게 되었네, 어느 구석을 보아도 못 살게 된 형편뿐인 지금 우리의 살림은 참말로 누구나가 하는 말과 같이 살 수 있어 사는 것이 아니요, 죽기보다도 더 괴로운 생활이다." (방정환, 1969. 58)

라고 하였다.

죽지 못해 사는 괴롭고 절망적인 세태 속에서 어른들은 자신들의 삶을 영위하기도 벅찬 생활을 하면서 아이들에 대하여 관심을 가졌을리 없었으며, 따라서 아이들의 삶 역시 절망적이었고 어린아이들에 대한 대우는 말할 나위 없었을 것이다. 그러나 방정환은 그러한 상황 속에서도 절망하기보다는 현실을 분석하고 우리 사회의 문제점을 지적함으로써 보다 나은 삶을 추구하려고 노력하였다. 그 당시의 어린아이들의 비참한 모습에 대해 방정환은 1926년 5월에 발간된 『어린이』 제4권 제5호에서,

> "돈 없고 세력 없는 탓으로 조선 사람들은 여태까지 내리 눌리고 짓밟혀서 아프고 슬픈 생

활만 하여 왔습니다. 그러나 그 불쌍한 사람 중에서도, 또 한층 내리눌리고 학대받으면서 무참하게 짓밟혀만 있어 온 참담한 중에 참담한 인생이 우리들 조선의 소년소녀였습니다."

라고 설명하고 있다.

한편, 『어린이』 잡지에 실린 신영철(1931)의 글을 보면,

"우슴이 업는 조선의 가정, 우슴이 업는 가정의 부형 밑에서 커나는 조선의 어린이! 그들은 정말 가엽습니다. 간신이 학교를 간대야 월사금이나 학용품 몇 개만 사랴해도 쳐다보게 되고 그나마 학교라고 가보지도 못하는 수만흔 어린이들은 부형들의 꾸지람과 걱정미테서 땀을 흘려가며 어린 뼈가 휘도록 일하지 안흐면 할 수 없는 형편에 잇는 것이 오늘 조선소년의 처지입니다."

라고 하였다.

이러한 글을 통해 볼 때 대부분의 조선 어린아이들은 메마른 가정 속에서 정서적인 지지나 보살핌을 받지 못하고 자랐으며, 비록 교육을 받는 아이들이라 할지라도 여유 있는 형편이 못 되고 매우 열악한 환경에서 근근이 학교를 다녔던 것 같다. 대부분의 아이들은 제대로 교육을 받지 못했을 뿐 아니라 오히려 어른들에게 야단을 맞아 가며 고된 일을 해야만 했다.

그 당시는 서구식의 학교가 설립되기 시작하던 때로서 방정환은 1905년에 신설된 보성소학교를 다녔다고 하지만, 우리나라 전체 아동의 취학률은 매우 저조하였다. 특히 일본의 우민화(愚民化)교육으로 학교제도상으로도 일본에 비해 교육기간이 짧았다. 초등교육의 경우 일본은 6년제 소학교였지만 조선은 4년제 보통학교가 있었고, 일본은 5년제 중학교가 있었으나 우리나라는 4년제 남자고등보통학교가 있었으며, 일본은 4년제 여학교였으나 우리나라는 3년제 여자고등보통학교 제도가 있었다.

이상금(2005)에 의하면 학교 수가 부족하여 1919년에는 3면에 보통학교를 1개교씩 세우는 계획이 진행되었지만 학생을 모두 수용할 수 없어 입학시험을 치러 희망자의 반 정도만이 입학을 하였다고 한다. 이때의 보통학교는 한 달에 50원의 월사금을 내야 했다. 이러한 상황 속에서 취학률은 1919년에 4%, 1926년에 17.6%, 1932년에 18.9%로 매우 저조하였다. 여기에 비하여 일본은 이미 1907년에 기본교육이 이루어지는 소학교가 6년제 의

무교육으로 취학률이 97.38%였다. 조선시대의 어린이들은 이와 같이 취학률이 저조했을 뿐 아니라, 실제로 입학을 하여서도 졸업하는 경우가 반 정도에 불과했다고 한다. 1924년의 졸업률은 51.6%였고, 1928년에는 44.9%였는데 이는 대부분 가정형편이 어려워 월사금을 낼 돈이 없었고, 특히 학교에 다니는 어린아이들이 일손으로 동원되었기 때문에 학교를 마치는 것이 사실상 쉽지 않았던 것이다(이상금, 2005).

우리나라에서 최초로 '아동노동법규'를 제정·시행한 것이 1946년 9월 18일이었고, '미성년자 노동보호법'을 제정하여 공포한 것은 1947년 5월 16일이었다. 그러므로 방정환 시대의 아이들은 부당한 노동에 대하여 어떠한 법적 보호도 받을 수가 없었다. 특히 민생자체가 빈궁으로 허덕이는 상태에서 어린아이들은 미성년자로서 자신들의 권리를 주장할 수 없었으며, 먹고 살기 위해 노동을 하지 않으면 안 되는 형편이었다.

이와 같은 조선시대의 아동학대와 부당 노동은 유엔아동권리협약에서 제시하고 있는 어린아이들을 위험한 환경으로부터 보호하여야 한다는 보호의 권리와 발달에 맞게 교육을 받고 여가를 즐기도록 해 준다는 발달의 권리 등을 완전히 무시하고 있는 상황이었다.

2. 방정환의 아동관

조선시대의 어린이는 어른으로부터 사랑을 받고 보호를 받기보다는 학대를 받았고, 특히 효를 강조하던 유교적 가치관 속에서 부모를 공경하고 부모에게 효를 행하도록 강요되어졌다. 이러한 상황 속에 놓여 있는 불쌍한 조선의 어린아이들이었지만 방정환은 그들에게서 앞으로 세상을 이끌어 갈 힘을 보았고 그러한 그들에게 꿈과 희망을 심어 주려고 노력을 하였다. 특히 그는 현실과는 전혀 다른 각도에서 어린이들을 평가하고 어린이에 대해 대단한 기대를 하였다. 그가 생각하고 있었던 아동관은 그 시대에서는 상상하기 어려운 획기적인 것이었다.

1) 어린이는 무한한 가능성을 지닌 존재이다.

비록 우리나라가 일본의 침략 하에서 정치적, 경제적, 사회문화적으로 참담한 삶을 살고 있고 그 참담한 삶 속에서 어린아이들의 삶은 비참하기 그지없었지만, 방정환은 암담한 현실 속에서도 어린아이들은 무한한 발전 가능성이 있는 존재이며 한없이 뻗어 나갈 우리의 희망임을 선언하였다.

> "새로 피어날 새싹이 어느 때까지든지 내리눌려만 있을 때, 조선의 설움과 아픔은 어느 때까지든지 그대로 이어만 갈 것입니다. 그러나 한이 없이 뻗어날 새 목숨 새싹이 어느 때까지든지 눌려 엎드려만 있던 조선의 어린이는 이 날부터 고개를 들고 이 날부터 외치기 시작하였습니다." (『어린이』 제4권 제5호, 1926년 5월)

이처럼 그는 조선의 어린이를 눌려 있는 새싹에 비유하였다. 그는 어린아이들이 지금은 눌려 있지만 눌려 있는 싹 속에는 한없이 뻗어날 새 힘이 있음을 시사하였으며, 어린아이들은 억눌린 조선의 설움과 아픔을 끊어 버릴 수 있는 새로운 힘을 가진 존재로 보았다. 특히 그는 아이들이 지니고 있는 무한한 힘 속에는 무한한 예술적 가능성이 있음을 강조하였다. 어린이들은 이야기 세상, 노래 세상, 그림 세상 속에서 모든 것을 미화시키는 예술가라고 하였으며(방정환, 1974), 그래서 아무리 평범한 일도 어린이의 세상에서는 그것이 예술화하여 찬란한 아름다움과 홍미를 더하여서 어린이 머릿속에 다시 전개된다고 하였다.

> "어린이는 모두 시인이다. 본 것 느낀 것을 그대로 노래하는 시인이다. 고운 마음을 가지고, 어여쁜 눈을 가지고, 아름답게 보고 느낀 그것이 아름다운 말로 굴러 나올 때, 나오는 모두가 시가 되고 노래가 된다.(중략)
> 어린이는 그림을 좋아한다. 그리고 또 그리기를 좋아한다. 아무런 기교가 없는 순진한 예술을 낳는다. 어른의 상투를 재미있게 보았을 때 어린이는 몸뚱이 보다 큰 상투를 그려 놓는다. 순경의 칼을 이상하게 보았을 때, 어린이는 순경보다 더 큰 칼을 그려 놓는다. 얼마나 솔직한 표현이냐! 얼마나 순진한 예술이냐!" (방정환, 1974, 12-14)

이와 같이 방정환은 어린아이들을 보면서 그들이 지니고 있는 가능성을 인지하고 그들의 예술성을 찬미하였다. 하루의 끼니도 이어 가기 어렵고 죽지 못해 살아가고 있던 그 당시의 비참한 상황 속에서 방정환은 어린아이들에게 관심을 두었고 그 아이들에게서 무한한 가능성을 발견하였다. 이는 방정환 자신이 참으로 앞을 내다볼 수 있는 사람이었으며 진정으로 아이들을 사랑하였던 사람임을 보여 준다.

특히, 천도교 신도였던 그는 어린아이들 속에서 하느님을 보고 있다.

> "우리가 종래에 생각해 오던 하느님의 얼굴을 여기서 발견하게 된다. 어느 구석에 먼지만큼이나 더러운 티가 있느냐? 어느 곳에 우리가 싫어할 것이 한 가지 반 가지나 있느냐? 죄 많은 세상에 나서 죄를 모르고, 더러운 세상에 나서 더러움을 모르고 부처보다 예수보다도 하늘 뜻 그대로의 산 하느님이 아니고 무엇이랴!" (방정환, 1924)

그는 어린아이들을 지고지순한 존재로 보았으며, 또한 위대한 신과 같은 존재로 보았다.

> "오! 어린이는 지금 내 무릎 앞에서 잠을 잔다. 더할 수 없는 참됨과 더할 수 없는 착함과 더할 수 없는 아름다움을 갖추고, 그 위에 게다가 또 위대한 창조의 힘까지 갖추어 가진, 어린 하느님이 편안하게도 고요한 잠을 잔다." (이상금, 2005, 312, 재인용)

하느님은 무한한 능력을 가지고 있다. 그러므로 그는 어린이들을 하느님이 가지고 있는 무한한 가능성을 지닌 존재로 보았다.

2) 어린이는 부모의 소유가 아니다.

조선시대는 철저한 장유유서의 유교적 가치관 속에서 '아이'는 '작은 어른'일 뿐 대수로운 존재로서 여겨지지 않았다. 어른 중심의 사회에서 효(孝)가 강요되었으며 효는 아이들에게 가르쳐야 할 가장 귀한 덕목이었다. 그 당시 어린아이들의 중요한 교재였던 소학의 입교편에 보면, 공자는 다음과 같이 이야기하고 있다.

> 公子(공자)왈 弟子入則孝(제자입즉효)하고 出則弟(출즉제)하며 謹而信(근이신)하며 汎愛衆(범애중)하되 而親仁(이친인)이니 行有餘力(행유여력)이어든 則而學文(즉이학문)이니라.
>
> 공자가 말하기를 "자제된 자는 집에 들어가면 부모에게 효도하고 밖에 나가면 어른에게 공손하며, 근신하고 믿음이 있으며, 널리 뭇사람을 사랑하되, 특히 어진 사람을 친애한다. 이

런 일들을 실천하고도 남는 힘이 있으면 곧 글을 배워야 한다."

(이기석, 1997, 30)

이와 같이 어린아이들에게 있어서 학문은 우선이 아니고 무엇보다도 먼저 효도를 하고 어른을 공경하는 일을 한 후, 힘이 남으면 그때에는 공부를 해야 한다고 가르치고 있다. 현재는 자녀들의 교육을 위해 어른들이 희생을 하고 아이들 중심, 아이들 우선의 생활이 보편적이지만 그 당시에는 어른 중심으로서 아이들은 당연히 어른들을 존중해야 하고 자식은 마치 부모를 위해서 태어난 부모의 소유물처럼 생각되어졌다. 그러나 방정환은 이러한 생각이 잘못되었음을 지적하고 있다.

"어린이는 어른보다 더 새로운 사람입니다. 내 아들놈, 내 딸년하고 자기의 물건 같이 여기지 말고, 자기보다 한결 더 새로운 시대의 새 인물인 것을 알아야 합니다.

어린이를 어른보다 더 높게 대접하십시오."

(조선소년운동협회 주최 제1회 어린이날 선전문, 동아일보, 1923. 5. 1)

그 당시에도 '어린이'라는 말이 있기는 하였으나 주로 '애녀석', '어린애', '아해놈'이라는 비칭(卑稱)을 사용하였으며, 마치 자식은 부모가 막 다루어도 되는 소유물처럼 취급을 하였다. 그러나 방정환은 이러한 사고방식에서 벗어나야 하며 아이들은 독립된 인격체로서 아이 나름대로 특성을 갖고 있으며 독특한 사람으로 성장하여야 한다고 주장하였다.

"어린이는 결코 부모의 물건이 되려고 생겨 나오는 것도 아니고 어느 기성 사회의 주문품이 되려고 나오는 것도 아닙니다. 그네는 훌륭한 한 사람으로 태어나오는 것이고 저는 저대로 독특한 사람이 되어갈 것입니다. (중략) 몇 곱의 위압과 강제에 눌려서 인형 제조의 주형(鑄型) 속을 휩쓸려 들어가는 중인 소년들을 구원하여 내지 아니하면 안 됩니다."

(방정환, 1923)

이와 같이 방정환은 어린이를 어른들이 예속물로 생각하던 그 시대의 보편적인 사고에서 벗어나 전혀 다른 시각에서 어린아이들을 보고 있었으며 다른 사람들도 생각이 바뀌어지기를 기대하고 있었다. 그가 1924년『어린이』제5호 권두언에서 밝힌 내용을 보면,

> "학대 받았다 하면 오히려 한목 사람값이나 있었다할까(중략). 갓나서는 부모의 재롱감 장난감 되고 커서는 어른들 일에 편하게 쓰이는 기계나 물건이 되었을 뿐이요, 한 목 사람이라는 값이 없었고 한 목 사람이라는 수효에 치우지 못하였습니다. (중략) 어른보다 10년 20년 새로운 세상을 지어낼 새 밑천을 가졌을망정 결단코 결단코 어른들의 주머니 속 물건만 될 까닭이 없습니다." (이상금, 2005, 314, 재인용)

라고 하였다. 학대를 받는 것은 오히려 한 사람으로서 인정을 받는 것이라고 설명할 만큼 이 시기에는 어린아이들의 인권이란 것이 인정되지 않았다. 그러나 그는 어린이들이 어른들의 예속물이 되어서는 안 된다는 것을 강조하고 계속 어린아이들의 무한한 가능성을 제시하였으며 어린이들에게 주의를 기울여야 한다고 어른들을 환기시키고 있다.

3) 어린이는 존중되어져야 한다.

조선시대는 어른 중심의 사회로서 어른이 중심이 된 전통적인 우리 사회의 인간관계 속에서는 어린아이들은 별 볼일 없고 귀찮은 존재였으며, 말썽이나 부리고 어른을 힘들게 하는 존재였다. '어린이' 라는 말 자체가 '어리석은 이' 로 이해되었으며, 어린아이들은 '작은 어른' 에 불과한 존재였다. 그러나 방정환은 조선시대의 전통적인 유교사상 속에서 유교적 장유유서(長幼有序) 문화의 실태를 한탄하고 늙은이가 아니라 어린 사람을 호주로, 터줏대감으로 모셔야 한다는 엄청난 시대역행적 선언을 하였다. 그는 어른 중심의 생활이 어린이 중심으로 변하여야 하고, 어른의 존재가 오히려 어린이의 성장에 방해가 되지 않도록 하여야 하며, 나아가 어른이 아이들의 심부름꾼이 되어야 한다며 그 당시로서는 상상도 하기 힘든 주장을 펴고 있다.

> "호주를 바꾸어야 한다. 터주를 바꾸어야 한다. 옛날에 터줏대감을 위하여야 잘 산다고 믿고 정성을 바치듯, 어린 사람을 터줏대감으로 믿고 거기다 정성을 바쳐야 새 운수가 온다. 늙은이 중심의 살림을 고쳐서 어린이 중심의 살림으로 만들어야 우리에게도 새살림이 온다. 늙은이 중심의 생활이었던 까닭에 이때까지는 어린이가 말썽꾼이요, 귀찮은 것이었고 좋게 보아야 심부름꾼이었다. 그것이 어린이 중심으로 변하고 어른의 존재가 어린이의 성장에 방해가 되지 말아야 하고 어린이의 심부름꾼이 되어야 한다." (안경식, 1999, 18-19, 재인용)

일제의 압박 속에서 우리 민족이 절망으로 허덕일 때, 방정환은 성장하는 힘을 가진 어린아이들에게서 희망을 찾았고 그 성장의 힘을 키워 주어야만 우리나라가 다시 살아날 수 있다고 생각을 하였다. 그리하여 그는 어른과 아이와의 관계를 뿌리와 싹에 비유하여 무엇이 정상적인 인간관계인지를 설명하고 있다.

> "뿌리는 싹을 위하여 땅 속에 들어가서 수분과 지기(地氣)를 뽑아 올려주기 위하여 필요한 것이요, 귀중한 것이다. 그러나 한국의 모든 뿌리란 뿌리가 그 사명을 잊어 버리고 뿌리가 근본이니까 상좌에 앉혀야 한다고 싹 위에 올라앉았다. 뿌리가 위로 가고 싹이 밑으로 가고 이렇게 거꾸로 서서 뿌리와 싹이 함께 말라죽었다." (방정환, 1930, 7)

이와 같이 그는 우리 사회의 어른과 아이의 위치가 잘못되었음을 지적하며, 어린아이와 어른의 이러한 인간관계뿐만 아니라 조선의 가족 구조, 가옥의 형태 등도 모두 어른 중심으로 되어 있음을 한탄하였다.

> "한국 사람의 가옥을 보아라. 모두 늙은 호주의 집일뿐이지 어린 새 사람의 방이라고는 단 한 간도 없지 않은가. (중략) 음식을 장만하여도 늙은이를 위하여서뿐이지 어린 새 인물을 위해서 장만하는 것은 아니다. 이때까지의 부녀자들은 시부모를 위하여 조석을 지었지 어린 새 인물을 위해 지은 적이 없었다. 한국 사람처럼 아들딸의 덕을 보려고 욕심내는 사람이 없는데도 불구하고, 그 덕 보려는 명일의 호주를 한국 사람처럼 냉대, 학대하는 사람도 없다. 새로 자라는 어린 인물들뿐만이 우리의 기둥감이요 들보감이건마는, 그들을 위하지 아니하고, 아끼지 아니하고, 존중하지 아니하고 어떻게 덕만 바라는 것이냐?"
>
> (방정환, 1974, 60)

이 글은 그 당시 한국의 가정 안에서 어린아이들이 어떠한 대우를 받았는지를 잘 보여주고 있다. 사회 전체가 어린아이들을 통하여 이 다음 덕을 보려고는 하지만 실제 자라날 어린이들을 위해서 어른이 무엇을 하여야 하는지에 대한 인식이 전혀 없으며 어린이들에 대한 배려나 존중은 전혀 찾아볼 수 없다. 그러한 세태 속에서 어린이들에 대한 존중을 주장하는 것은 시대의 흐름과는 전혀 다르지만 이치적으로 보면 그의 말은 모두 옳으며 현재의 시각으로 볼 때 너무나 당연한 주장인 것이다. 방정환이 시대에 앞선 생각을 하게 된 것은 그의 선각자적인 성향도 있었겠지만, 특히 그가 일본 유학을 통하여 외국의 문물을 접할 기회를 가졌었기 때문에 조선에서만 살았던 사람과는 차이가 있다고 본다. 일본에 살면서 그는 아동에 대한 견해나 대우가 우리와 다르다는 것을 직접 경험하게 되었고, 토오요오대학(東洋大學) 철학과에서 아동심리학과 아동문학을 공부하면서 아동에 대한 일본인의 견해만이 아니라 서구의 이론과 서구의 상황까지도 배울 수 있었다고 본다. 그가 전국을 돌아다니며 아동문제에 대해 경연을 했던 자료를 보면,

> "외국사람을 보아라. 그들은 완전히 어린이 중심으로 생활을 하고 있다. 집도 어린이를 위하여, 음식도 어린이를 위하여, 정원도 어린이 비위를 맞추어서, 심지어 산보도 놀이도 어린이 중심으로, 그리고 그것도 부족하여서 어린이만의 공원이 있고, 유원지가 있고, 어린이를 위한 책이 수없이 나오고........." (방정환, 1974, 61)

라고 하고 있다. 이와 같이 외국의 실정을 파악하고 있던 그에게 그 당시 우리나라는 어린아이들을 존중하고 그들을 길러 주는 앞을 향해 나아가는 발전적 문화가 아니라 무덤으로 달려가는 뒷걸음질의 문화로 보였다.

> "앞을 보고 살자. 앞을 향하고 나아가자. 30살에 아들을 낳았으면 아버지는 벌써 30년 뒤진 사람이요 아들은 30년 앞선 사람이다. 아무리 잘 났어요 아버지는 발 뒤로 밀리우는 사람이요, 과거의 명부에 들어가는 사람이요, 아무리 아직 코를 흘리고 아무 것도 모르는 것 같아도 그는 일찍 이 아버지가 못하던 모든 일을 할 수 있는 앞사람이다. 어린이는 앞으로 나아가는 사람이요 아버지는 뒤로 밀리는 사람이다. 조부가 아무리 잘 났어도 램프불 밖에 켜지 못하고 자동차, 비행기란 몽상도 못하고 죽었다. 그러나 그 앞에서 코를 흘리면 자라던 어린이는 전등을 켜고 자동차를 타고 라디오를 듣고 있다. 사람은 어린이를 앞장세우고 어린이를 따라가야 억지로라도 앞으로 나아가지, 어른이 어린이를 잡아끌고 가면 앞으로 나갈 사람을 뒤로 끄는 것이다." (방정환, 1974, 58)

방정환에게 있어서 어린이는 미래를 살아갈 존재이며 이 나라를 이끌어 나갈 위대한 존재였다. 그는 그 시대 속에서 어른들이 어린이를 보던 시각에서 완전히 벗어나 학대받고 짓밟히고 있는 어린이야말로 우리의 잃어버린 나라를 되찾을 수 있는 힘의 원동력이

되리라고 믿었다. 그는 뻗어 나갈 힘이 있는 어린이를 앞세워야 나라가 발전할 수 있다는 주장을 통하여 비참했던 어린이들의 가치를 드높였으며, 그 당시 아동을 얕잡아 부르던 풍조에서 벗어나 어린이 존중사상을 펼쳤다.

그는 어린이라는 말을 본격적으로 보급하여 사용하게 하였을 뿐 아니라 더 나아가 어린이들에게 존댓말을 쓰도록 권유하였다. 1923년에 발표한 어린이선언문에서 '어른들에게' 하는 선언에서 제일 첫째가 "어린이를 내려다보지 마시고 치어다보아 주시오"라고 어린이들을 존중할 것을 선언하였다. 세 번째는 "어린이에게 경어를 쓰되 늘 보드랍게 하여 주시오"로서 어린아이들에게 어른들이 존댓말을 써 주기를 요구하였다. 〈별건곤〉이라는 잡지에 실은 글 속에서도 그는 어린 사람에게 존대를 하자고 주장하고 있다.

> "나이가 나보다 어리다는 이유로 남에게는 '하십시오', '하셨습니까'하는 말을 그 사람에게는 '하여라', '했느냐'하는 것은 아무 까닭 없는 차별이요. 지난날의 나쁜 윤리가 시킨 가장 큰 잘못입니다." (안경식, 1999, 277)

그는 이러한 주장을 통하여 어린아이들을 비하하는 그 시대의 잘못을 지적하였다. 사람들이 자기보다 나이가 많은 사람에게 존대어를 사용하는 것은 우리 사회에서는 자연스러운 일이다. 그러나 어른들더러 어린아이들에게 존댓말을 사용하라는 것은 그 당시 어린아이들을 무시하고 학대하던 풍토 속에서는 사회적으로 용납하기 힘든 일이며 실행하기도 어려운 일이었다. 그러나 방정환은 이러한 시대역행적 주장을 펼치고 손수 실천함으로써 아이들을 소홀히 하지 않고 차별하지 않도록 하는 데 그치지 않고 아동을 존중하고 아동의 지위를 높이는 계기를 마련하였으며 아동에게도 권리가 있음을 사람들에게 주지시키고 있다(이재연, 1999).

어린이를 터줏대감으로 모셔야 한다고 주장한 그의 생각은 19세기 영국의 시인 윌리엄 워즈워드가 무지개라는 그의 시에서 "어린이는 어른의 아버지"라고 역설적인 주장을 한 것과 일맥상통한다고도 볼 수 있다. 아직까지 우리에게 감동을 주는 워즈워드의 주장은 어른들도 아이들과 같은 순수한 마음으로 세상을 보고 세상을 받아들여야 한다고 표현하고 있으나, 방정환은 그러한 생각을 뛰어넘어 어린아이들을 보다 적극적이고 능동적이며 힘이 있는 존재로 부각시켰다. 그는 장유유서의 경직된 조선의 사회 속에서 억눌려 있는 어린이들이 오히려 이 세상을 이끌어 갈 존재라고 외치면서 어린이의 위상을 높였으며, 아동의 보호 차원을 넘어 아동의 권리를 천명한 선구자적인 역할을 하였다고 본다.

3. 아동의 권리를 위한 소파의 공헌

소파 방정환은 당시의 어린이의 억눌린 현실을 분석하고 비판만 한 것이 아니라, 실천가로서 어린이들의 삶을 개선하고 어린이들의 권리를 찾아 주기 위한 구체적인 활동을 많이 하였다. 그는 1899년 11월 9일에 태어나 1931년 7월 23일까지 31년 8개월의 짧은 삶을 살았지만 그가 그동안 어린이를 위해 이룩해 놓은 수많은 업적들은 그를 현재까지 우리 곁에서 살아 숨쉬게 하고 있다.

방정환이 주로 활동을 하였던 1920년대는 우리나라가 일본의 침략을 받고 있었을 당시였으므로 그가 벌인 소년운동은 주로 민족운동으로서 평가를 받고 있다. 그러나 방정환은 독립을 위한 민족운동으로서만이 아니라 전통적인 조선사회의 가부장제도 속에서 억압받고 차별을 당하는 어린이들의 권리를 찾아 주기 위하여 다양한 활동을 하였다.

1) 소년입지회 활동과 아동의 참여 권리

방정환은 성인이 되기 전에도 10살 때에 보성소학교에 다니던 친구들 8~9명을 모아 소년입지회(少年立志會)라는 토론회를 만들어 활동을 하였다. 이 모임은 어른들에 의하여 조직된 것이 아니라 방정환의 주도로 어린아이들 스스로가 일주일에 한 번씩 자발적으로 모여 여러 가지 주제를 놓고 옳고 그름을 논하는 모임이었다. 방정환은 친구의 집을 빌어 토론방을 만들었으며 석유궤짝으로 칠판을 만들어 걸어 놓고 토론을 하였다고 한다. 문제를 칠판에 써 놓고 한 사람씩 차례로 나가 옳고 그른 것을 토론하였다는 이 토론회는 회를 조직한 것도, 토론의 주제를 정하는 것도 모두 어린이 자신들이었다. 이와 같이 방정환은 어려서부터 조직적으로 소년운동을 전개하여 스스로 어린이 자신의 참여 권리를 추구한 셈이다.

서양에서는 18세기에 이미 계몽주의 사상가인 루소를 중심으로 아동중심의 교육사상이 싹트고 있었다. 17세기의 경험주의에서는 어린아이들이 백지장과 같은 상태로 태어나서 어떠한 환경에서 어떻게 자라게 되느냐에 따라 달라진다는 수동적 인간의 모습을 그리고 있지만, 루소는 어린아이들을 수동적인 학습자로 보지 않고 아이들의 내적 가능성을 인정하고 아이들의 자발적인 충동을 신뢰하여야 한다고 하였다. 그는 아동의 발달단계에 맞고 아동이 중심이 되는 교육을 하여야 한다고 주장하며 교육의 내용과 방법에 대한 결정권이 교사가 아닌 아동에게 있어야 한다고 보았다. 그러나 방정환이 살던 시대의 우리나라는 루소의 시대가 100여 년이 더 지난 다음이지만 장유유서(長幼有序)라는 유교적 가치관이 팽배해 있어 사회의 모든 인간관계가 어른 중심이었다. 특히 어린아이들은 어른으로부터 가르침과 훈계를 받고 자라야 올바로 자랄 수 있다고 생각하던 시대였으므로 아동중심이라는 말이 사회적으로 받아들여지기 매우 어려운 상황이었다. 이러한 상황 속에서도 방정환은 어려서부터 아동중심의 교육에 대한 생각이 철저하였으며 스스로 아동중심의 교육을 실천한 셈이다. 소년입지회의 활동은 어린이들의 자발적인 실천에 의하여 이루어졌으므로 심정의(1999)는 이 활동을 '소년에 의한 운동' 이었다고 하였다.

친구의 집이 이사를 가서 토론회를 할 장소가 없어지자 방정환은 친구들과 함께 칠판을 들고 다니면서 사랑방이 있는 집이면 어느 집이든지 들어가 방을 빌려달라고 하였다고 한다. 그는 소년입지회를 자발적으로 결성하였을 뿐 아니라 토론을 할 수 있는 장소를 마련하기 위하여 적극적으로 탐색을 하며 돌아다녔다는 기록을 볼 때 방정환은 몸소 아동참여의 본보기가 되었다.

2) 소년운동과 아동의 권리

한국 어린이운동의 선구자로 불리는 방정환이 아동권리운동을 펼친 시점이 국제연맹에서 아동권리에 대한 선언을 한 시점보다 빠르고, 활동내용에서도 아동권리운동의 세계적인 선구자라 할 수 있을 정도로 다양하였다. 방정환은 부친이 동학의 분파인 시천교(侍天教)인이었고 자신도 천도교인이었으며, 특히 천교도 대종단을 총괄하는 3대 교주, 손병희의 사위로서 그의 다양한 활동은 천도교로부터 많은 영향을 받았다고 본다. 그가 본격적으로 소년운동을 시작한 것은 일본 유학 중 방학 동안 귀국하여 천도교인들과 함께 천도교소년회를 조직한 것이다. 1922년에 5월 1일에 개최된 제1회 어린이날 행사는 천도교소년회 창립 1주년 기념으로 이루어진 것이며, '어린이날' 이라는 제목으로 이날 배포된 인쇄물의 내용도 1921년 5월에 선포된 '천도교소년회 행동강령' 을 기초로 한 것이라고 김정의(김정의, 1999)는 주장한다. 그는 이 천주교소년회 행동강령은 우리나라가 세계 최초의 소년인권

선언국임을 인정받을 수 있는 자료라고 하였는데, 그 당시 신문에 게재된 글을 보면,

> "천도교 소년회에서는 어린이를 위하여 도움이 더욱 도탑기를 바라는 마음으로 금 일 일을 기회하여 어린이날 이라는 이름으로 '항상 10년 후의 조선을 생각하십시오'라고 쓴 네 가지의 인쇄물을 시내에 배포하여 그 소년회원이 거리거리에 늘어서서 취지를 선전할 터라는데 이러한 일은 조선 소년운동의 처음이라고 하겠으며, 다른 사회에서도 다수히 응원하여 '조선 사람의 10년 후의 일을 위하여' 노력하기 바란다더라." (동아일보, 1922. 5. 1)

라고 하였다.

우선 이러한 천도교소년회 행동강령을 보면,

1. 회원 상호간에 서로 경어(敬語)를 사용하여 애경(愛敬)을 주(主) 한다.
2. 회원 상호간의 우의를 심히 존중하여 질병이면 반드시 상문(相問)하고 경사(慶事)인 경우 반드시 상하(相賀)하되 그 해 혹 불행(不幸)하는 동무가 있거든 추도회 같은 일까지를 설행(設行)하여 소년의 인격(人格) 자중심(自重心)을 기른다.
3. 일요일이나 기타 휴일에는 반드시 단체로 명승고적을 심방하여 그 심지(心志)를 고상순결(高尙純潔)케 한다.
4. 매 주간(週間)에 2차의 집합을 행하여 사회적 시련(試鍊)을 게을리 한다(『개벽』, 1921. 10).

로 되어 있다.

한편, 1922년에 배포된 '어린이날' 에 씌여진 내용을 보면 다음과 같다.

1. 어린 사람을 헛말로 속이지 말아 주십시오.
2. 어린 사람을 늘 가까이 하시고 자주 이야기하여 주십시오.
3. 어린 사람에게 경어를 쓰시되 늘 부드럽게 하여 주십시오.
4. 어린 사람에게 수면과 운동을 충분히 하게 하여 주십시오.
5. 이발이나 목욕 같은 것을 때맞춰 하도록 하여 주십시오.
6. 나쁜 구경을 시키지 마시고 동물원에 자주 보내 주십시오.
7. 장가와 시집보낼 생각 마시고 사람답게만 하여 주십시오.

(동아일보, 1922. 5. 2)

이러한 내용들은 아동의 생존, 보호, 발달, 참여의 권리 등 어린이 인권과 관련된 모든 권리를 규정해 놓고 있는 유엔아동권리협약(Convention on the Rights of the Child)의 내용에 구체적으로 잘 반영되어 있다고 보겠다. 그러므로 이 일곱 가지 당부의 말은 1922년 세계아동헌장을 선언한 영국과 더불어 세계 최초의 소년인권선언국임을 입증할 수 있는 자료가 된다고 김정의는 보았다(김정의, 1999). 특히 이 당부의 말과 천도교소년회 행동강령에서 공통으로 볼 수 있는 것은 어린이에게도 경어를 사용하도록 하자는 것으로써 어린이들의 생존이나 보호를 넘어 어린이들을 인격적으로 대우해 주자는 내용이 명백하게 나타나 있다.

방정환은 보성전문학교 시절인 1919년 3·1 운동 당시 천도교의 지하신문인 〈조선독립신문〉을 제작하고 배포한 혐의로 경찰에 연행되는 경험을 하였다. 비록 3·1 운동은 실패로 끝나고 말았지만 그 후에도 독립운동은 비밀리에 계속 진행되고 있었고 요주의 인물이 된 방정환은 조선을 떠나 일본으로 유학을 가게 되었지만 소년운동을 통한 독립운동은 계속되었다(안경식, 1999). 1923년 조선소년운동협회 주최 제1회 어린이날 선언문에서도 국가와 민족이 어려움에 처해 있을 때 "우리의 희망은 오직 한 가지, 어린이를 잘 키우는 데 있을 뿐입니다"라고 역설하였듯이 그는 소년운동을 통하여 나라의 독립을 위한 필요한 인물을 키우려는 생각을 하였다.

그의 절친한 친구였던 유광렬의 회고담에 보면,

> "소파는 동경 유학생 사이에도 좌익(左翼)과 민족주의자가 대립되었을 뿐 아니라, 민족주의자 사이에도 분열이 심하니 이대로 가서는 독립운동의 앞길이 염려된다고 하면서, 이제는 30대 이상의 성인에게는 기대할 수 없으니 10대의 성인들을 그 싹부터 길러야 독립운동의 전도를 기대할 수 있다고 하였다. '우리는 항상 10년 후를 내다보자'는 표어를 내걸겠다고 하였다. 지금 10대의 소년을 잘 기르면 10년 후에는 20세의 청년으로 무슨 일이나 앞장설 수 있고, 20대의 청년을 잘 지도하여 그들이 10년 후면 30세로 이 사회의 새로운 주인이 될 수 있다고 하였다."
>
> (소파 방정환 선생 기념사업회, 1997, 121)

라고 했듯이 방정환의 소년운동은 민족의 독립과 번영을 위한 수단이었다(안경식,

1999: 이상금, 2005; 차호일, 1997). 그러나 그가 염원하였던 것은 단순히 독립투사를 키우는 것이 아니라 새로운 사회의 주역이 될 수 있도록 어린이들이 인격적으로 대우를 받고 아동의 권리를 실현할 수 있도록 하자는 것이었다.

3) 아동권리 공약 3장과 아동권리에 관한 제네바선언

방정환은 1923년 4월에 40여 개의 소년회를 연합하여 조선소년운동협회를 창립하고, 1923년 5월 1일 제1회 어린이날 기념식을 거행하였다. 이날 역사적인 「아동권리 공약 3장」을 선포하였는데, 이 공약을 우리나라 최초의 아동권리선언으로 보는 학자들이 많다(이상금, 2005; 이재연, 1999). 이 선언에서는 아동의 인격과 권리를 보호하기 위하여 3가지의 항목을 제시하고 있다. 3가지 조항은,

> 첫째, 어린이를 재래의 윤리적 압박으로부터 해방하여 그들에 대한 완전한 인격적 예우를 허하라
>
> 둘째, 어린이를 재래의 경제적 압박으로부터 해방하여 만 14세 이하의 그들에 대한 무상 또는 유상의 노동을 폐하라
>
> 셋째, 어린이에게 그들이 고요히 배우고 즐거이 놀만한 각양의 가정 또는 사회적 시설을 행하라

이다. 방정환은 이와 같이 어린이에게 완전한 인격적 예우를 하고 14세 이하의 어린이에게 노동을 폐지하며 어린이에게 배우고 놀 수 있는 시설을 마련하도록 역설하였다.이 선언은 비록 내용이 3개 항에 불과하지만, 우리나라에서 처음으로 아동의 인권에 대해 공식적으로 언급된 선언이라는 데에 의의가 있다. 특히 이재연(1999)은 이 선언이 1924년에 채택된 아동권리에 관한 제네바선언보다 아동권리를 더 포괄적으로 천명하고 있다고 주장하고 있다. 그는 첫째 조항은 아동의 인격적인 독립을 선언하고 있으며, 둘째 조항은 아동의 노동 금지를 담고 있고, 셋째 조항은 문화적인 권리를 표방하고 있는데, 이러한 권리는 제네바선언과 비교해 보면 아동의 인격적인 존중과 문화적인 권리의 보장차원에서 훨씬 더 진보적이라는 주장이다.

한편, 1924년 국제연맹에서 채택된 아동권리에 관한 제네바선언(Declaration of Geneva)은 5가지 조항을 제시하고 있는데 이는 다음과 같다.

제1조 아동의 신체적, 정신적인 면에서 정상적으로 발달하는 데에 필요한 모든 수단들은 아동에게 반드시 제공되어야 한다.

제2조 굶주린 아동에게는 음식이 제공되어야 하고, 병든 아동은 치료받아야 하고, 발달이 늦은 아동은 도와주어야 하며, 비행 아동은 갱생되도록 하여야 하며, 고아와 부랑자는 주거와 원조를 받도록 하여야 한다.

제3조 아동은 위험에 처한 경우 제일 먼저 구제를 받아야 한다.

제4조 아동은 생계를 연명할 수 있는 위치에 있어야 하며, 또한 모든 형태의 착취로부터 보호받아야 한다.

제5조 아동은 아동이 지닌 재능의 개발이 결국 인류 동포에게 공헌한다는 인식 아래서 양육되어야 한다(김정래 역, 1999).

이 아동권리 제네바선언은 1922년 아동복리회(Save the Children Fund)를 창설한 애글랜타인 젭(Eglantyne Jebb) 여사가 1923년에 제정한 아동권리선언(Declaration of the Rights of the Child)으로부터 시작되었다. 젭 여사는 아동권리선언에서 5개의 조항을 통하여 아동의 신체적, 도덕적, 정서적 발전을 돕는 것이 국가의 의무이며 이를 위해 필요한 요소를 제공받아야 한다고 선언하였다. 이 선언문이 이듬해인 1924년 국제연맹(League of Nations)에 의해 아동권리에 관한 제네바선언으로 채택이 됨으로써 아동의 권리에 대한 최초의 세계적인 선언이 되었다.

이와 같이 아동의 권리에 대한 세계적인 관심을 모아 국제연맹이 제네바선언을 한 것은 1924년이었으나, 우리나라에서 방정환이 아동권리 공약 3장을 발표한 것은 이보다 1년 앞선 1923년이었다. 그 당시 우리나라는 정치적인 독립성을 잃고, 사회적, 문화적으로 구미의 여러 나라와는 비교할 수 없는 참담한 실정이었다. 이러한 어려운 상황 속에서도 방정환은 세계 어느 나라보다도 앞서 어린이들의 인권에 대한 관심을 보이고 적극적으로 그의 생각을 천명하고 실천하였다. 이러한 사실은 우리로 하여금 아동의 권리 보호에 대한 소파의 기여를 단순히 국내 차원에서 평가하는 것을 뛰어넘어 세계 속의 인물로 그를 평가하여야 함을 일깨워 준다.

3) 『어린이』 잡지와 아동의 권리

방정환이 살던 시대는 어린아이들을 부모의 예속물로 보거나 아직 미성숙한 어른으로 보았기 때문에 아동의 인권에 대한 인식조차도 제대로 되어 있지 않았다. 그러나 방정환은 어린아이들을 인격적으로 대우하고 어린이의 권리를 찾아 주고자 여러 가지 소년운동을 벌였다. 특히 『어린이』라는 잡지를 통하여 그는 어린이를 위한 소년운동을 실천하였으며, '어린이' 라는 말 자체를 우리 사회에 적극적으로 보급하였을 뿐 아니라, 비참한 어린이의 삶을 구하고자 하였다. 이 『어린이』 지는 방정환이 중심이 되어 시작되었지만 1923년에 발족한 색동회뿐만 아니라 천도교소년회와도 긴밀한 연결을 가지고 있었다.

『어린이』 지는 천도교소년회의 지원을 받아 1923년에 창간되었고 색동회 회원들이 주축이 되어 발간되었으며, 1934년 7월에 통권 122호로 중지된 아동전문 종합잡지였다. 방정환의 『어린이』 지를 필두로 『신 소년』(1923~1934), 『새 벗』(1925~1933), 『아이생활』(1926~1944), 『별나라』(1926~1935), 『소년 조선』(1928~1929) 등 아동을 대상으로 하는 잡지들이 연이어 발간되기 시작하였다. 이러한 잡지들은 단순한 문예지나 종합교양지가 아니라 민족적 소년문화운동의 성격을 띠었으며, 방정환의 『어린이』도 이러한 성격을 짙게 띠고 있었다. 방정환은 그의 글 속에서,

> "짓밟히고 학대받고, 쓸쓸스럽게 자라는 어린 혼을 구원하자. 이렇게 외치면서 우리들이 약한 힘으로 일으킨 것이 소년운동이요 각지에 선전하고 충동하여 소년회를 일으키고 또 소년문제연구회를 조직하고 한편으로 『어린이』 잡지를 시작한 것이 그 운동을 위하는 몇 가지의 일입니다." (『어린이』 제1호, 1923년 3월)

라고 『어린이』 지의 특성을 잘 설명하고 있다. 이 글을 통해 볼 때 방정환은 단순한 민족운동의 일환으로서만이 아니라 짓눌리고 가난하고 웃음을 잃은 어린이에게 슬픔을 달래 주고 역경을 극복하는 슬기를 가르치기 위하여 이 잡지를 발간하였음을 알 수 있다(남미영, 1999).

『어린이』 지에는 어른들이 쓴 창작글뿐만 아니라 외국동화의 번역, 번안 작품도 많이 소개되어 어린아이들에게 기쁨을 주고자 하였으며, 아이들이 스스로 쓴 글을 실어 아이들로 하여금 참여의 기쁨도 누리게 하였다. 물론 이 잡지는 주로 문예작품으로 이루어졌

지만 단순히 문예지나 종합교양지라고 보기 어렵다. 이 『어린이』 지의 발간은 방정환 자신이 밝혔듯이 소년운동의 일부이며 동시에 소년운동을 통하여 어린이들의 본연의 모습을 찾아내고 그들의 권리를 회복해 주기 위한 노력이었다고 보아야 할 것이다.

4. 맺는 말

그동안 소파 방정환에 대한 연구는 주로 아동문학가로서의 업적을 부각시켜 왔으며, 한편으로는 그의 소년운동에 초점을 맞추어 소년운동가로 부각을 하였다. 따라서 그의 많은 문학작품들이 정리되어 책으로 출판되었으며, 그의 사회운동이 소개되었다. 그러나 그의 업적이 아동의 권리차원에서 다루어진 연구는 별로 없다. 현재까지의 이러한 연구들은 그에 대한 평가를 올바르게 하고 있다고 볼 수 없어 이 장에서는 방정환이 살던 시대적 배경 속에서 그가 이룩해 놓은 업적을 우리나라 아동의 권리차원에서 살펴보았다.

방정환은 일제의 치하에서 나라를 잃고 죽지 못해 생명을 연장해 가야만 했던 비참한 생활 속에서 성인의 인권조차 생각하기 어렵던 때에 어린아이들의 소중함을 인식하고 그들의 인격과 권리를 찾아 주고자 노력을 하였다. 그는 당시의 어린이의 억눌린 현실을 분석하고 어린이들의 삶을 개선하고 어린이들의 권리를 찾아 주기 위하여 이념만이 아닌 실천가로서 구체적인 활동을 많이 하였다.

어린이의 인권과 관련된 모든 권리를 규정해 놓고 있는 유엔아동권리협약(Convention on the Rights of the Child)은 1989년에 유엔에서 채택되었으나 방정환은 그보다 이미 오래 전에 이 협약에서 제시하는 아동의 생존의 권리, 발달의 권리, 보호의 권리, 참여의 권리 등에 대하여 관심을 가지고 어린아이들의 이러한 권리 보호를 위하여 적극적인 노력을 하였다. 방정환이 중심이 되어 우리나라에서 제1회 어린이날 기념식이 있었던 1923년 5월 1일에 선포한 「아동권리 공약 3장」은 실질적으로 어린이의 인권을 위하여 우리나라에서 공식적으로 선포된 최초의 선언으로서 비록 내용이 3개 항에 불과하지만, 1924년에 국제연맹에서 채택된 「아동권리에 관한 제네바선언」 보다 더 포괄적인 내용을 담고 있다. 이와 같이 방정환의 「아동권리 공약 3장」의 선포가 국제연맹에서 아동권리에 대한 선언을 한 시점보다 빠를 뿐 아니라, 그 밖의 여러 가지 활동내용으로 보아 방정환은 아동권리운동의 세계적인 선구자라 해도 손색이 없다고 본다.

그는 그동안 사회운동가로서 널리 알려져 왔지만 그가 벌인 소년운동은 단순한 민족운동이나 친목운동이 아니었고 비참했던 조선시대의 어린이들에게 희망을 주고 빼앗긴 그들의 권리를 찾아 주기 위한 것이었다. 어린이날의 제정도 단순한 사회운동이 아니라 억압받고 소외당해 왔던 어린이의 인격을 인정하고 어린이들의 삶의 질을 높이고자 했다는 의미에서 이 운동도 아동권리운동의 차원에서 이해되어야 할 것이다.

특히, 소파는 수많은 글을 쓰고 번역을 하여 아동문학가로 널리 알려져 있으나, 그는 자신의 글을 통하여 어린아이들에게 기쁨을 주었을 뿐 아니라, 『어린이』 등의 잡지를 발간하여 어린아이들이 직접 글을 써서 발표할 기회를 주어 어린아이들의 참여의 권리를 부여하였다.

소파 방정환은 31년 8개월의 짧은 삶을 살았지만 그가 그동안 어린이를 위해 이룩해 놓은 수많은 업적들은 어린아이들의 인격과 권리에 대한 우리나라 사람들의 시각을 바꾸어 놓았다. 소파(小派)는 잔물결을 의미하지만 그가 어린이들을 위하여 일으켰던 잔물결이 이제는 큰 물결이 되어 나라 전체가 어린아이들의 삶의 질을 향상시키기 위하여 노력을 하게 되었다. "어린이를 두고 가니 잘 부탁하오"라고 친구들에게 남기고 간 소파의 유언을 기억하며 우리는 아직도 우리의 손길을 기다리고 있는 소외되고 학대받는 어린이들에게 새로운 세상을 안겨 주고 그들의 권리를 찾아 줄 수 있는 구체적인 물결도 모색해 보아야 할 것이다.

참고문헌

권오순(1977). 『어린이』 영인본 앞에서. 신인간, 5월호.

권형준(1998). 어린이의 기본권에 관한 고찰: 특히 UN어린이 권리조약을 중심으로. 헌법학연구, 4(2), 98-125.

김상련(1972). 소파연구(상). 신인간, 295, 77-92.

김재은(1997). 어린이운동의 기점과 그 정신. 소파 방정환 선생 서거 66주년 기념심포지엄. 한국방정환기금, 33-40.

김정래 역(1999). 아동권리제네바 선언. 아동권리연구, 3(1), 아동권리학회, 111.

김정의(1988). 한국근대소년운동연구. 한양여자대학 논문집, 11, 53-73.

김정의(1989). 한국근대소년운동고찰. 한국사상, 21, 한국사상연구회, 155-182.

김정의(1992). 한국소년운동사. 서울: 민족문화사.

김정의(1997). 어린이운동의 기점과 그 정신. 소파 방정환 선생 서거 66주년 기념심포지엄. 한국방정환기금, 25-2.

김정의(1999). 사회운동의 측면에서 본 소파 방정환. 아동권리연구, 3(2), 121-144.

남미영(1999). 문학의 측면에서 본 작가 방정환. 아동권리연구, 3(2), 167-183.

방정환(1920). 어린이 노래. 개벽, 8, 88-89.

방정환(1923). 소년의 지도에 관하여. 텬도교회월보, 3.

방정환(1924). 어린이 찬미. 신여성, 2(6).

방정환(1928). 나의 어렷슬 때. 어린이, 6-3, 44-46.

방정환(1930). 아동문제 강연자료. 학생. 2-7, 8-12.

방정환(1974). 소파수필선. 서울: 을유문화사.

손인수(1985). 인내천사상과 어린이운동의 정신. 신인간, 428, 5월호.

안경식(1999). 소파 방정환의 아동교육운동과 사상. 서울: 학지사.

오세창(1992). 일제하 한국소년운동사 연구. 민족문화논총, 13, 영남대학교 민족문화연구소 159-191.

우남희(1999). 어린이의 삶의 질적 향상을 추구한 소파 방정환에 대한 다각적 분석. 아동권리연구, 3(2), 101-106.

유광열(1983). 소파와 나. 나라사랑, 49, 외솔회, 66-70.

윤석산(2004). 천도교의 가르침과 어린이 교육. 동학학보, 9(2), 377-404.

윤석중(1962a). 동심으로 향했던 독립혼. 사상계, 5월호, 261-267.

윤석중(1974b). 천도교소년 운동과 그 영향. 한국사상, 12, 한국사상연구회.

윤석중(1976). 『어린이』 잡지풀이, 어린이(영인본), 1, 서울: 보성사, 1-4.

이기석 역(1997). 소학. 서울: 홍신문화사.

이상금(2005). 사랑의 선물: 소파 방정환의 생애. 서울: 한림출판사.

이상현(1981). 소파 방정환 연구: 소년운동의 새로운 해석과 작품의 재평가를 중심으로. 연세대학교 교육대학원 석사학위청구논문.

이윤미(1999). "소파를 통하여 보는 교육사"-소파 방정환 교육론의 교육사적 의미. 아동권리연구, 3(2), 145-165.

이재연(1999). 소파 방정환과 한국아동의 권리. 아동권리연구, 3(2), 107-119. 아동권리연구, 3(2), 145-165.

이재철(1983). 소파 방정환론. 나라사랑, 49, 외솔회, 17-29.

이재철(1986). 아동잡지 어린이 연구. 신인간, 438.

이재철(1997). 소파 방정환과 어린이운동. 소파 방정환 선생 서거 66주년 기념심포지엄. 한국방정환기금, 15-23.

이정호(1923). 어린이를 발간하는 오늘까지. 어린이, 1.

이정호(1975). 파란 많던 방정환 선생의 일생. 신인간, 5-6월호.

정인섭(1975). 색동회 어린이 운동사. 서울: 학원사.

정혜정(202). 일제하 천도교의 소년교육운동과 소파 방정환. 한국교육사학, 24(1), 247-270.

정혜정 · 배영희(2004). 소파 방정환의 아동교육사상과 제6차 유아교육과정. 문맹연지, 5(3), 143-175.

조찬석(1973). 일제하의 한국소년운동. 인천교육대학 논총, 4, 61-95.

조찬호(1997). 어린이운동의 기점과 그 정신. 소파 방정환 선생 서거 66주년 기념심포지엄. 한국방정환기금, 5-13.

조채영(1997). 소파 방정환의 유아교육사상과 실천연구. 부산대학교 대학원 석사학위청구논문.

한상규 · 이은하(2005). 소파 방정환의 아동교육사상 연구. 유아교육논총, 14(1), 1-17.

제2부

우리나라 아동권리 보호의 실제

3장

학대와 방임 아동의 권리 보호

실질적인 학대 및 방임 아동의 권리 보호를 위해서는 관련된 많은 영역에서 다양한 전문가들의 활발한 학술 연구를 바탕으로 풍부한 인력 양성 및 교육, 효과적인 국가 운영체계의 확립, 그리고 실질적인 수행을 위한 법적, 제도적, 재정적 지원이 필요하다.

1. 들어가는 글

안동현(1997) 등이 이미 논의했듯이 아동의 권리에 대해서, 유엔아동권리협약(이하 협약)에서 최근에 대두된 아동에 관한 "3P"로 대변되는 3가지 원칙—제공(provision), 보호(protection), 참여(participation)에서, 특히 마지막 참여를 강조한 것이 매우 중요한 의미를 갖는다. 하지만 기본적으로 아동의 생존 및 발달을 위한 제공과 보호의 원칙은 가장 기본적인 원칙이다.

협약은 다음의 일반 원칙을 약정한다. 즉, ① 무차별의 원칙(Non-discrimination)(제2조), ② 아동 최선의 이익(Best interests of the child)(제3조), ③ 생명권, 생존과 발달의 보호(The right to life, survival and development)(제6조), ④ 자기 표명권(Respect for the views of the child)(제12조)이 그것이다. 이 가운데 아동이 살해당하지 않는 것은 물론, 아동의 생존과 발달을 가능한 최대 수준으로 보장하도록 부모를 포함한 가족, 국가, 사회 및 전 인류적 과제임을 제시하고 있으며(안동현, 1999), 이같은 가장 기본적인 생명권 및 생존과 발달의 보호뿐 아니라, 아동은 다양한 측면에서 보호를 받을 권리를 갖는다. 따라서 협약에서 제시하는 기본적인 원칙 가운데 학대 및 방임으로부터의 아동권리 보호가 가장 그 밑바탕을 이루는 영역이다.

특히 협약에서는 가정환경 및 부모(혹은 대리)의 돌봄(양육받을 권리, 양육권)이라는 주제 아래 부모를 중심으로 하는 가정의 역할을 매우 강조하고 있다. 협약에서는 여기에 부모의 지도(제5조), 부모의 책임(제18조), 부모로부터의 분리(제9조), 가족 재결합(제10조), 아동 양육비의 회수(제27조, 4항), 가족환경이 박탈된 아동(제20조), 입양(제21조), 아동의 불법 이송 및 미귀환(제11조), 학대 및 방임(제19조), 심리적 · 신체적 회복과 사회복귀(제39조), 양육 지정 조치된 아동의 정기적 심사(제25조)를 포함한다. 이러한 여러 조항에서 규정하고 있는 학대 및 방임 아동의 권리 보호에 대해 논의한다.

2. 부모의 역할과 양육의 최소 기준

우선 부모의 지도 및 책임에서 문제가 되는 가장 극단적인 경우는 아동학대 및 방임이라고 할 수 있다. 1999년 개정된 아동복지법에 의하면 아동학대는 "보호자(保護者)를 포함한 성인에 의하여 아동의 건강, 복지를 해치거나 정상적 발달을 저해할 수 있는 신체적·정신적·성적 폭력 또는 가혹행위 및 아동의 보호자에 의하여 이루어지는 유기(遺棄)와 방임(放任)"으로 규정하고 있다. 이러한 학대 및 방임을 방지하고 아동을 보호하기 위해서는 우선 가정 내에서 적절한 양육이 이루어져야 할 것이고, 만일 이것이 여의치 못하거나 역기능을 할 경우에는 국가나 사회가 개입을 할 수 있다.

부모를 포함한 보호자 혹은 주양육자가 아동을 보호하는 데 있어 적절하게 기능하지 못하거나 역기능하는 것에 대해 Munkel(1998)은 4가지 영역에서 논의하고 있다. 구체적으로 열거하면 첫째, 물리적 환경에서 부적절한 주거환경, 부적절한 수면 배치, 비위생적인 환경, 구조적인 위험 요소, 집안 살림의 위해 요소들이 아동을 위험에 빠뜨릴 수 있다. 둘째, 환경적 요인으로 화재 위험, 약이나 위험 물질의 용이함, 화상의 위험성이 포함된다. 셋째, 부적절한 양육에 관련된 것으로 영양, 의복, 개인위생, 건강 관리, 감독에 관한 것들이다. 넷째, 발달학적 사항에서 아동에 대한 적절한 교육과 정서발달을 촉진하기 위한 부모의 적절한 양육을 필요로 한다. 이것은 아동을 보호하기 위한 적절한 물리적 환경, 안전 교육 및 지도, 기본적인 돌봄, 적절한 교육과 정서 함양에 관한 부모의 역할을 강조하고 있다. 이것을 안동현(1999)은 "양육의 최소 기준"이라는 개념으로 제시하였다. 즉, 부모를 포함한 주양육자가 이러한 양육의 최소 기준을 충족하지 못할 때 아동이 방임 혹은 학대를 받고 있다고 규정할 수 있으며, 아동의 권리를 보호하기 위해 국가 혹은 사회가 양육에 개입하여야 한다.

3. 국가 및 사회의 역할

국가는 아동의 권리 보호에 필요하기 때문에 가정환경이나 부모의 역할을 적절히 유지하기 위해 자국의 기본 법령, 제도적·행정적 조치에서 "아동 최선의 이익"과 "아동의 자기 표명권"의 원칙이 어떻게 반영되고 있는지에 대한 적절한 조치를 취하여야 한다. 이와 함께 국가는 매년 연령, 성별, 인종, 도시 및 지방으로 나누어 아동의 수를 파악하고, 또한 집이 없는 아동, 학대 및 방임 아동, 요보호시설의 아동, 위탁보호 아동, 국내 및 해외 입양 아동의 수를 파악하여야 할 뿐 아니라 이에 대해 적절하고 필요한 조치를 시행하여야 한다. 이에 대해서 국내에서도 가장 기초적인 통계 자료 및 관련 지표를 2000년 이후부터 시행하여 파악되고 있을 뿐 아니라 일부 구체적인 보호 조치를 시행하고 있다.

협약의 제5조에서 부모의 지도에 관한 조항에서 부모나 확대 가족이 아동의 능력에 맞는 적절한 지도를 할 수 있도록, 그들의 권리와 책임을 국가는 존중해야 한다는 점을 강조하고 있다. 하지만 아동의 권리가 부모나 가족에 의해서 일방적으로 결정되도록 할 수는 없다는 점이 지적되었고, 이것은 아동의 권리와 부모의 권리가 상호 관련하여 균형을 이루어야 함을 강조하게 되었다. 아동양육과 보호에 대한 일차적인 책임과 권리를 부모와 가족에게 강조하고 있지만, 이것을 지키기 위해 국가는 적극적으로 심지어 타 국가와도 협상을 해야 한다는 점을 명시하고 있다. 하지만 최근의 경제 위기로 말미암아 실직 및 빈곤 가정이 증가하고, 가족해체 등 결손가정이 증가함에 따라 보호받지 못하는 아동이 급격히 증가하였다. 또한 여전히 소위 "소년소녀가장"이 사회문제가 되고 있으며, 부모의 이혼 시 아동의 양육이나 배치에 대한 보장이 여전히 미흡한 민법 규정(김상용, 2000) 등은 아직도 우리 사회나 국가가 아동보호에 관해 충분히 기능하지 못하고 있음을 여실히 보여 주고 있다.

그 외에 협약에서는 가족환경이 박탈된 경우, 아동의 유괴 및 실종, 불법 이송, 입양, 학대 및 방임 아동에 대한 적극적 보호를 천명하고 그들을 보호하고 양육하는 시설의 모든 사항을 정기적으로 검사할 것을 규정하고 있다. 그뿐 아니라 이러한 아동을 보호하기 위해 국가의 적극적인 개입과 노력을 강조하고 있다. 이것에 대해서도 최근 아동복지법의 개정(1999년), 아동보호전문기관의 설치 및 확대(2000년), 실종 아동의 해결을 위해 전문기관을 설치, 운영하는 등의 노력도 이루어지고 있다.

해외 입양을 줄이기 위한 다각적인 노력에 의해 국내 입양이 늘고, 해외 입양은 줄어드는 추세(1995년 1,025명/2,180명(국내/해외); 1996년 1,229명/2,080명; 1997년 1,412명/2,057명)를 보이는 것은 반가운 현상이다. 또한 이와 함께 외국인과의 국제결혼을 통해 태어난 혼혈 아동에 대한 차별이나 사회적 편견을 줄이기 위한 민간기관들의 노력이 차츰 제도적으로 정착되어가는 추세를 보인다. 물론 여기에 대한 사회 및 민간단체, NGO의 역할은 아직 다른 영역에서의 사회 및 민간단체의 역할만큼 활발하지 못하다. 일부 [수양부모회] 등을 통한 아동의 대리양육, 국내 입양을 원활하고 활성화하기 위한 민간단체들의 노력, [아동보호전문기관]을 지정받아 운영하는 여러 민간단체들, 그 외에 기존의 여러 아동보호시설이나 관련 단체들의 역할이 돋보이고는 있지만, 이혼 시 아동의 양육을 명시해야만 이혼이 성립할 수 있도록 하는 민법 조항의 개정의 작업이 우선순위에서 낮게 취급되는 것과 같이 아직도 대부분의 민간단체의 아동보호 활동은 다소 미흡한 실정이라고 할 수 있다.

4. 요보호 아동과 아동학대

국내에서 '요보호 아동'의 발생은 1990년 5,721명에서 1995년 4,576명, 1996년 4,951명으로 줄어들고 있다가, 1997년 IMF 경제 위기 이후 급격하게 증가하여 2002년에는 10,057명으로 2배 이상 증가하였다(한국아동단체협의회, 2005).

〈표 3-1〉 요보호 아동 발생 및 보호 내용 (단위: 명)

	계	발생 유형					보호 내용			
		기아	미혼모 아동	미아	비행, 가출, 부랑아 등	빈곤, 실직, 학대 등	시설 보호	위탁 보호	입양	소년소녀 가장
1999	7,693	1,432	3,058	216	2,987	-	4,683	1,249	1,181	580
2000	7,760	1,270	2,938	144	3,363	-	4,453	1,406	1,337	564
2001	12,086	717	4,897	98	728	5,646	6,274	3,090	1,848	874
2002	10,057	634	4,337	79	749	4,263	4,663	2,177	2,544	673
	비율	6.3%	43.1%	0.8%	7.5%	42.4%	46.4%	21.7%	25.3%	6.7%

〈자료출처: 보건복지부, 보건복지통계연보, 2003〉

〈표 3-1〉에서 주목할 것이 2000년과 2001년 사이에 비행/가출/부랑아 등으로 유형 구분되던 많은 아동들이 빈곤/실직/학대 등 유형으로 분류된 것으로 추정되는 통계가 제시되어 있다. 아마도 이것은 2000년 아동복지법이 개정되면서 그동안 정부 공식통계에서 인정하고 있지 않던 학대 아동의 존재, 그리고 경제 위기 등으로 인한 절대 빈곤의 문제를 공식적으로 인정하고 구체적 자료를 제시한 것으로 판단된다.

이와 함께 기아, 미아 등 다른 유형은 줄어드는 대신 미혼모에 의해 출산된 아동 수와 빈곤/실직/학대 등에 의한 요보호 아동이 급증하고 있다는 사실이다. 이와 함께 시설보호 아동의 수나 비율이 감소하는 추세를 보이고, 위탁보호 혹은 입양이 증가하는 것은 바람직한 현상이라고 여겨진다. 하지만 아직도 시설보호 아동의 비율이 46.4%를 차지하는 것은 앞으로 그 비율을 감소시키기 위한 노력을 더욱 기울여야 할 것이다. 비율을 줄여나가는 것과 함께 시설을 가정적인 분위기와 같이 아동친화적으로 바꿔나가는 질적 변화도 유도해야 할 것이다.

이 가운데 2000년 아동복지법 발효 이후 아동학대 및 방임에 대한 조치는 괄목할 만한 성장을 이루었다고 할 수 있다. 2000년에 처음으로 전국 약 20여 개의 거점 아동보호전문기관이 설치되고, 이후 점차 확대하여 최근 소규모 지역아동학대예방센터가 약 20여 개 추가 설립되어 활발한 활동을 하고 있다. 하지만 이들 대부분이 민간기관에 위탁되어 운영되고 있고, 대부분의 업무 및 예산이 중앙정부가 아닌 지방자치단체로 이관되었으며, 학대 가해자에 대한 보호 혹은 치료를 강제하는 법적 규정의 미비, 지속적인 치료를 담당할 전문가의 부족 등으로 인하여 외형적인 성장에도 불구하고 그 한계를 드러내고 있는 실정이다.

이재연 등(2005)에 의하면 협약의 이행을 점검한 결과, 아동학대 및 방임에 관해 많은 진전이 있음을 알 수 있었지만 다음의 몇 가지에서 아직 미흡함이 있음을 지적하고 있다. 첫째, 아동보호전문기관 상담원 이외에 신고의무자들에 대한 전문적 교육이 미흡하다. 둘째, 아동학대 피해자, 가해자에 대한 상담 및 지원이 명시는 되어 있지만 강제 치료 혹은 실질적 예산 확보의 근거가 미비하다. 셋째, 아동학대 및 방임을 다루는 국가 시스템이 아직 체계적이고 종합적이지 못하다. 이 세 번째 영역에서 종합적이고 체계적 통합체계의 필요성, 협력체계 구축, 재정적 지원의 확대 및 현실화, 아동보호전문기관의 기능 및 인력보강, 상담원 업무의 분담, 학대 및 방임 사례에 대한 사후 관리에 대한 명시, 사례판정위원회의 기능 강화 등이 지적되고 있다. 따라서 이미 앞서 논의하였지만 지금까지 상당한 외적 성장에도 불구하고 아직도 실절적인 아동권리 보호에는 미흡한 실정일 수밖에 없다. 따라서 학대 및 방임 아동의 실질적 권리 보호를 위해서 이러한 사항들의 실질적 대책이 빠른 시일 내에 수립, 수행되어야 한다.

5. 결론

아동학대 및 방임으로부터 아동의 권리를 보호하는 것은 가장 기본적인 아동의 생존 및 발달을 위한 조치이다. 그동안 국내에서 아동정책의 기본 목표가 소위 "요보호 아동"의 최소한의 보호 조치에 머물렀다가, 1999년 아동복지법의 개정으로 인하여 학대 및 방임 아동의 보호로 확대 발전한 것은 상당한 진전을 이룬 것으로 인정할 만하다. 하지만 이것이 단지 학대 및 방임의 최소한의 조치에 머무르지 않기 위해서는 보다 실질적으로 확대, 발전할 수 있어야 한다. 이에 대해 학대 및 방임뿐 아니라 이를 포함한 몇 가지 제언을 하고자 한다.

첫째, 2005년 보건복지부에서 [아동백서]에 관한 준비과정을 거쳐 용역사업으로 백서 발간에 착수한 것은 대단히 큰 의미를 지닌다고 하겠다. 저자는 이미 수년 전부터 아동백서의 발간에 대한 필요성을 역설하였는데, [한국의 아동지표(한국아동권리학회, 2001)], [아동권리지표 개발에 관한 연구(서문희 등, 2003)], [어린이 보호 · 육성 종합계획 평가 및 아동백서 발간에 관한 연구(서문희 등, 2004)] 등이 그 준비과정이라고 할 수 있다. 여기서 공통적으로 지적하고 있는 것이 바로 아동들의 고유한 특성을 반영할 수 있는 통계와 지표가 필요하다는 지적이었다. 아동백서에서 그러한 자료들을 얼마나 생산하고, 또 생산하지 못하더라도 얼마나 광범위하게 조사하여 백서에 반영하는가? 하는 것이 매우 중요할 것이고, 또한 필요하다면 정책 제언을 통해 앞으로 생산할 수 있도록 적극적으로 노력하여야 할 것이다. 특히 아동학대 및 방임과 관련한 통계 자료 및 지표들에 대한 검토가 요망된다. 이것을 토대로 중장기적으로 구체적인 정책 수립이 필요하다. 그 예로 보건복지부의 [Health 2010]을 들 수 있다. 이것은 향후 10년 간의 보건정책을 영역별로 구체적인 지표를 설정하고, 그 목표를 달성하기 위한 구체적 집행 내역을 제시하고, 매년 그 성과를 점검한다. 아동학대 및 방임과 관련해서 이러한 구체적인 행동계획(action plan) 수립이 요망된다.

둘째, 지금까지 국가의 아동정책이 소위 "요보호 아동", 그 가운데 주로 시설보호에 주력해 오던 것에서 "일반 아동"으로 커다란 정책적 전환이 이루어져야 한다는 점이다. 물론 좁은 의미의 요보호 아동의 범주를 확대하고(예로 2000년부터 실직/빈곤/학대 아동 유형을 추가한 점), 시설보호를 위탁보호 혹은 입양을 확대하기 위한 노력을 하는 등의 변화가 감지되고는 있지만 이것은 한계가 있다. 특히 국가적 과제로 떠오른 저출산/고령화는 아주 심각한 문제이다. 전체 일반 아동을 대상으로 해야 함에도 불구하고 여전히 요보호 아동 위주의 정책에만 머무른다면 아주 커다란 국가적 위기가 닥칠 수 있다. 따라서 "요보호 아동"이라는 좁은 범주에서 아동학대 및 방임만을 국한하지 않고, 일반 아동들에서 적절한 양육이 무엇이고, 앞에서 논의한 양육의 최소 기준을 설정하여 부모 및 주양육자가 기능하지 못하거나 역기능할 때 아동들을 보호하기 위한 구체적인 정책 목표를 가져야 할 것이다. 또한 이러한 정책 목표를 수립하고 수행을 위한 전문가들의 학술적 뒷받침이 당연히 선행되어야 한다.

셋째, 한국뿐 아니라 전 세계가 최근에 공통적인 문제로 고민하는 저출산, 가족 형태의 변화, 아동양육에 대한 관점 변화 등에 따른 아동정책의 변화가 있어야 할 것이다. 현대 가족의 특성은 가족 크기의 감소, 가족의 불안정성 및 유형의 다양화로 요약할 수 있다(Utting & Pugh, 2004). 이러한 가족 변화로 인하여 아동양육이 가정 내에서 더욱 어려워짐에 따라 아동학대 및 방임의 위험성이 점점 더 증가한다(Patel, 2000). 따라서 위기에 처한 아동과 가족을 위해 사회 및 국가가 적절한 아동양육을 위한 지원책을 정책적으로 수립해야 한다. 물론 국가에서도 [건강가정기본법]의 제정, [모자보건법], [영유아보육법]의 개정 등 여러 노력을 통해 이러한 시대적 변화에 대비하고는 있지만 앞으로의 변화에 효과적으로 대비하기에는 미흡하다.

넷째, 국가 간 비교가 가능한 지표를 생산하고, 이에 적절한 정책 수립을 하는 것이 필요하다. 특히 국적관련법, 국내거주 외국인 아동들에 관한 법률 및 정책, 장애 아동 및 보건의료에 관한 정책, 안전에 대한 정책, 아동들의 교육정책 등은 매우 부실하다. 이것을 위해서는 국내뿐 아니라 세계화를 위한 관점에서 정책을 수립하는 열린 마음이 요구되며, 또한 아동정책을 결정하는 아동정책조정위원회를 비롯한 실무위원회 등 정책 수립 및 집행 과정에 다양한 전문가들이 참여하여야 할 것이다. 예로 아동정책을 결정하는 최고자문기관인 아동정책조정위원회를 보면 교육부, 여성부, 청소년위원회 등에 관련된 전문가들이 거의 포함되고 있지 않다. 또한 아동정책 수립에 있어 건강/보건, 생존/생명에 관한 정책을 보면 그 계획이나 대책이 매우 지엽적이고 전문적이지 못하다. 또한 국제 간 비교를 위한 자료도 적절하게 제시되고 있지 못하다. 아동학대 및 방임에 관한 정책 수립에서도 포괄적인 국가 체계와 협력이 필요함을 제시하였듯이 여러 분야의 전문가가 협력하고 포함되는 것이 필요하다.

다섯째, 아동의 권리를 옹호하기 위해 그 주체가 누가되어야 할 것인가? 하는 점이 불분명하다. 우선 정부 부처에서도 보건복지부, 청소년위원회, 교육인적자원부, 여성부, 법무부, 노동부 등 여러 부처에 각각 흩어져 있어 아동보호 및 육성에 관한 종합계획을 수립하였다고는 하지만 여전히 혼란스럽고 중복되거나 누락하는 수가 적지 않으며, 또한 부처 간 폐쇄적인 행태 또한 여전하다. 이와 함께 여러 관련 법령에서도 이 사업의 주체는 00학과 출신자에 한 한다는 등 전문학제 간의 폐쇄성도 여전하고, 때로는 중복, 누락이 정부부처의 행태와 마찬가지로 보여 진다. 이러한 점은 민간단체의 경우도 예외는 아니라고 보여 진다. 따라서 위기에 처한 아동들의 권리를 옹호하기 위해서는 너무나도 당연한 "아동에게 최선의 이익"이 되는 관점에서 접근하여야 할 것이다.

마지막으로 학대 및 방임 아동을 위한 권리 보호를 위해 보다 구체적이고 실질적인 접근이 이루어져야 한다. 이미 앞에서 이재연 등(2005)이 지적한 협약 이행의 모니터링 사항에 대한 연구에서도 지적하였지만 그 내용을 포함하여 몇 가지 요약한다.

첫째, 아동학대에 관련한 전문가 혹은 종사자들을 위한 지속적이고 심화된 교육 및 학술연구가 보다 활발히 진행되어야 한다. 현재 아동보호전문기관에 근무하는 상담원들은 100시간의 교육을 마치고 현장에 투입되지만, 이후 정기적이고 지속적인 연수교육으로 연결되지 않고 있으며, 관련 학계의 전문가 및 연구자들이 활발하게 발표하는 학술대회도 구심점을 잃고 있다. 물론 관심은 많아 많은 기관, 학회, 단체에서 이루어지고는 있지만 체계적이고 포괄적이며 정기적이지 못하다. 예로 많은 아동학대 관련 논문이 발표되지만 국제아동학대예방협회에서 발간되는 잡지와 같이 이들 논문을 전문적으로 게재하는 곳이 아직 국내에 있지 않다. 또한 이미 논의한 바와 같이 법적으로 규정된 신고의무자들에 대한 전문적 교육이 어느 정도 시행되고 있는지에 대해서도 구체적으로 밝혀진 바가 없다. 따라서 앞으로 이러한 것을 보다 확대해 나가는 것도 중요하지만 이들을 점검하여 적절하게 시행되도록 하는 것이 필요하다.

둘째, 아동학대 피해자 및 가해자에 대한 상담 및 지원이 법적으로 명문화는 되어있지만, 상담이나 지원을 거부하는 가해자에 대한 강제 치료 규정의 미비, 또한 이들을 상담하고 지원할 수 있는 실질적 예산 확보의 근거 미비로 인하여 실질적으로 이들에 대한 상담이나 지원이 지속적이고, 효과적으로 시행되고 있지 못하다. 따라서 이러한 것이 실질적으로 수행되기 위해 규정 정비 및 보완이 필요하다.

셋째, 아동학대 및 방임을 다루는 국가 시스템이 아직 체계적이고 종합적이지 못하다는 점은 그동안 많이 지적되어 왔다. 특히 아동학대 및 방임에 관해 실질적인 역할을 담당하는 중앙아동보호전문기관이 민간기관에 위탁되어 운영되다보니 타 국가기관이나 지방자치단체 혹은 민간기관과의 협력, 연계에 제한을 갖는다. 물론 국가에 따라 국가가 직접 운영하기도 하고 혹은 민간기관에 위임하기도 하지만 국내에서는 그 권한, 위상에 대해 많은 지적이 있어 왔다. 국가적인 시스템을 효과적으로 구축하기 위해서 중앙아동보호전문기관의 민간기관 위탁 여부는 보다 심도 있게 논의해야 할 것이다.

1999년 아동복지법의 개정 이후, 2000년 실질적으로 법이 발효되고 지금까지 상당한 외적 성장을 이루었다. 불과 10여 년밖에 되지 않았음에도 불구하고 많은 노력들이 모여 이만큼의 발전을 이룬 것은 아동권리 보호 측면에서는 물론 대단한 성과이다. 하지만 아직도 실절적인 아동권리 보호에는 미흡한 실정이다. 실질적인 학대 및 방임 아동의 권리 보호를 위해서는 관련 많은 영역에서 다양한 전문가들의 활발한 학술 연구를 바탕으로 풍부한 인력 양성 및 교육, 효과적인 국가 운영체계의 확립, 그리고 실질적인 수행을 위한 법적, 제도적, 재정적 지원이 필요하다.

참고문헌

김상용(2000). 부모의 권리와 아동 최선의 이익(자녀의 복리). 아동권리연구, 4(2), 25-56.

보건복지부(2003). 2003년도 보건복지통계.

서문희 · 안현애 · 이삼식(2003). 아동권리지표 개발에 관한 연구. 서울: 한국보건사회연구원.

안동현(1997). 아동의 권리 : 필요성, 역사성 및 과제. 아동권리연구, 1, 9-23.

안동현(1999). 유엔아동권리협약의 의의와 과제. 아동권리연구, 3(2), 27-42.

이재연 등(2005). 한국의 유엔아동권리협약 이행 모니터링. 서울: 보건복지부 연구보고서.

조홍식(2000). 국가정책 측면에서의 아동 최선의 이익. 아동권리연구, 4(2), 7-24.

한국아동권리학회(2001). 한국의 아동지표. 서울: 학지사.

한국아동단체협의회(2005). 통계로 본 한국 아동상황-2004. 서울: 한국아동단체협의회.

Federal Interagency Forum on child and Family Statistics(2002). America' s Children: Key National Indicators of Well-Being 2002.

Lansdown G(2000). Implementing children' s rights and health. Archives of Diseased Children June, 286-288.

Munkel WI(1998). Neglect and abandonment. IN : Child Maltreatment: A Clinical Guide and Reference. Second Ed., Ed. by Monteleone JA, St. Louis, G.W. Medical Publishing, Inc., pp 339-356.

Patel RM(2000). Family life in historical and sociological perspective. IN: Marital and Family Therapy, 4th ed., Ed. by Glick ID et al., Washington DC, American Psychiatric Press, Inc., pp 29-51.

UNICEF(2004). The State of the World' s Children: Childhood Under Threat. United Nations Children' s Fund, www.unicef.org

Utting D, Pugh G(2004). The social context of parenting. IN: Handbook pf Parenting: Theory and research for practice. Ed. by Hoghughi M and Long L, London, SAGE Publications, pp 19-37.

4장

아동의 놀 권리와 멀티미디어

아동의 놀 권리는 단순히 노동으로부터 해방되어서 휴식을 취할 권리에 국한되지 않고, 나이에 알맞은 놀이를 하며 문화와 예술에 적절히 참여하는 것과 같은 적극적인 권리이다. 국가는 아동이 문화적 생활에 안전하게 참여할 수 있도록 아동의 권리를 존중하고 촉진시켜야 하며, 경제 · 사회적으로 어려운 환경에 있는 아동들도 여가활동에 균등하게 참여할 수 있도록 장려해야 하는 의무를 지니고 있다(아동권리협약 제31조).

1. 아동과 놀이

호이징가는 인간을 놀이하는 존재(Homo Ludens)로 보고 놀이를 인간의 본질, 문화의 근원으로 파악하였다. 즉, 인간문화는 놀이의 연속이며 놀이는 문화보다 우선한다는 것이다(서태양 · 차석민, 1996: p. 34; 이용교, 1997, 재인용). 그는 인류문화의 모든 형태가 놀이에서 비롯되었다고 가정하고, 인류의 출발에서부터 놀이가 시작되었으나 사회의 발전에 따라 놀이가 크게 변질, 놀이의 본질적인 의미를 상실하게 되었다고 비판하였다(김원인, 2004).

놀이를 한마디로 정의하기는 매우 어렵다. 놀이에 대한 정의를 명확히 하기 위해 놀이와 대비되는 개념으로 일을 생각할 수가 있는데, 놀이는 일에 비해 능동적이며 자발적이고 재미가 있으며 과정중심적이며 목표가 따로 없으며 스스로 시작하고 진지함을 지니는 특성을 가지고 있다(이기숙 외, 2004). 놀이가 무엇인지를 밝히기 위해 많은 학자들이 지속적인 연구와 노력을 기울여 왔으며 놀이의 본질을 규정하는 여러 가지 입장이 있다. 즉, 놀이는 인간이 기본적인 욕구를 충족시켜 나가기 위해 자신의 에너지를 사용하고 남은 잉여에너지가 목적 없이 소비되는 것(F. Schiller)이며, 또한 놀이는 피로감을 풀고 휴식을 하고 싶을 때 하는 것이다(M. Lazarus). 그리고 놀이는 인류의 진화과정이 재현되어 나타나는 것이며, 이전의 역사가 반복적으로 나타나는 것이고(G. S. Hall), 성인기 생존에 필요한 기본적인 기술을 연습하기 위해 놀이가 존재한다(K. Groos)는 등의 다양한 주장이 있다(이기숙 외, 2004).

20세기에 들어서면서 현대 심리학의 영향을 받아 놀이에 관한 입장도 새로운 관점을 갖게 되었다. 프로이드(Freud, 1920)에 의하면 아동은 무의식 속에 잠재해 있는 내적 충동을 감소시키기 위해서 놀이를 하며, 현실에서 불가능한 역할을 스스로 해 보면서 만족을 느끼게 되고, 실생활에서 일어나는 불안, 갈등과 불만을 해소시키는 수단이 된다고 한다. 에릭슨(Erikson, 1950)은 놀이가 주위 상황과 내적인 자아의 통합에 기여한다고 보았다. 인지론적 관점에서의 놀이는 아동이 이 세상을 이해하는 데 도움을 주는 매개체이며, 인지발달의 지표 또는 부산물이다. 피아제(Piaget, 1962)는 놀이가 세 단계를 거쳐 발달한다고 보았다. 처음에는 인지발달단계의 감각운동기인 0~2세 유아들은 신체의 감각운동을 연습하는 즐거움 때문에 행동을 반복하는 놀이를 하며, 2~7세 전조작기 유아들은 내적인 사고와 생각을 가상 형태로 표현하는 놀이를 한다. 7세 이후의 구체적 조작기에 속하는 아동들은 규칙 있는 게임을 통해 현실 세계의 정해진 규칙과 질서를 잘 이해하게 되고, 놀이 세계에서도 실제 세계에서 하는 것처럼 규칙과 질서에 자신의 사고를 적용시켜 가며 놀이를 하게 된다(Johnson, Christie & Yawkey, 1999). 비고스키(Vygotsky, 1976)는 인지발달에 미치는 놀이의 역할을 피아제보다 더 적극적으로 지지하였다. 즉 상징적인 놀이는 추상적 사고발달에 결정적인 역할을 한다고 하였다. 이렇듯이 놀이를 통해 아동은 자신의 내적 충동을 감소시키며, 불가능한 현실의 욕구를 충족시켜 주고, 실생활에서 일어나는 불안과 갈등을 해소시켜줄 뿐만 아니라 환경과 내적인 자아의 통합에 기여한다. 그리고 현실 세계의 규칙이나 질서를 이해함으로써 이 세상을 더 폭넓게 이해하고, 한 인간으로서 그리고 사회의 한 구성원으로서 자신을 적응해 나가는 데 결정적인 기능을 하는 것이다. 아동에게 놀이는 생활 그 자체이며 인간다운 삶을 살아가는 데 필수 불가결한 것이다.

2. 아동의 놀 권리

아동권리협약 제31조 1항, 2항에는 놀이권, 레크리에이션권을 규정하고 있다. 아동의 놀 권리란 소극적인 의미로 일로부터 해방될 권리(아동권리협약 제32조)이고, 적극적으로는 일을 즐길 권리라고 볼 수 있다. 역사적으로 볼 때 아동의 놀 권리에 대한 자각은 오랜 시간에 걸쳐 노력한 결과이다. 놀 권리는 산업혁명 이후 노동으로부터 해방된 시간을 확보하려는 사회적 노력과 밀접하게 관련되어 있다(이용교, 1997). 자본가들이 임금이 싼 아동과 여성을 장시간 비위생적인 환경에 고용하는 상황 속에서 19세기 초 로버트 오웬은 자신이 경영하는 방직공장의 가난한 어린노동자들과의 고용계약을 폐기하고 어린이의 생활환경 개선에 힘을 기울였다. 특히 성격형성학원(Institution for the Formation of Character)을 설립하여 6세 미만의 아동을 위한 성격형성에 관심을 쏟았다. 그는 생활환경이 지닌 역할을 중시하고 배움과 함께 집단놀이가 지닌 교육적 의의에 주목하였다. 어린아동의 노동을 제한하고 친구들과의 놀이와 배움을 보장하는 것이 어린아동들의 풍부한 인격형성에 관계가 있다는 관점을 가지고 실험한 결과 아동의 놀이권과 교육권을 보장한 선구적인 역할을 하게 되었다(김문환, 1997). 20세기에 들어서서 마침내 놀이권에 관한 규정화가 시도된 그 첫 예는 1922년에 발표한 '세계아동헌장' 이다. 세계아동헌장 제25조에는 모든 학교는 놀이터를 제공하도록 명시되어 있고, 1930년에 발표한 '미국아동헌장' 제9조에도 놀이와 레크리에이션을 위한 안전하고도 건강한 장소를 제공할 것을 명시함으로써 아동의 놀 권리에 대한 구체적인 언급을 시도하고 있다. 이후로 가장 명확하게 놀이권을 규정하고 있는 것이 1959년에 발표한 유엔의 '아동권리선언' 이며 제7조 3항에 놀이권이 규정되어 있는데, 즉 "어린이는 놀이 및 레크리에이션을 위한 충분한 기회를 부여받을 권리를 갖는다. 놀이 및 레크리에이션은 교육과 똑같은 목적을 지향하지 않으면 안 된다. 사회 및 공공기관은 이 권리의 향유를 추진하기 위해 노력하지 않으면 안 된다" 고 명시하고 있다. 이를 구체화하기 위한 노력으로 1977년 '아동의 놀 권리 선언' 을 제정하고 세계 각국이 아동의 놀 권리를 보장하기 위한 구체적인 프로그램을 작성해 나가도록 촉구한 바 있다. 이는 모든 아동의 잠재능력을 발달시키기 위해 놀이가 불가결하다고 규정하고, 아동은 놀이를 통해 심신과 정서를 성장, 발달시키며 사회성을 몸에 익히게 된다는 의미에서 놀이를 '살아가는 것을 배우는 기술이다' 라고 까지 말하고 있다. 즉 아동의 놀 권리는 아동이 살아가는 데 반드시 필요한 것으로 인식하고 있는 것이다. 이러한 과정을 거치면서 아동권리협약에 이르러서는 아동의 놀 권리가 더욱 확실하게 규정되었다(김문환, 1997).

아동의 놀 권리는 단순히 노동으로부터 해방되어서 휴식을 취할 권리에 국한되지 않고, 나이에 알맞는 놀이를 하며 문화와 예술에 적절히 참여하는 것과 같은 적극적인 권리이다. 국가는 아동이 문화적 생활에 안전하게 참여할 수 있도록 아동의 권리를 존중하고 촉진시켜야 하며, 경제 · 사회적으로 어려운 환경에 있는 아동들도 여가활동을 균등하게 참여할 수 있도록 장려해야 하는 의무를 지니고 있다(아동권리협약 제31조). 놀이는 교육과 동일한 목적을 가지고 지도되어야(아동권리선언 7조) 한다. 따라서 이러한 권리를 아동들이 향유하게 하기 위한 국가, 사회 및 공공기관들의 노력이 요구된다.

3. 아동과 멀티미디어

최근에 우리가 겪게 되는 정보화 시대는 과거에 인류사회가 경험하지 못한 사회이므로 스스로 만들어 가는 능력이 필요하며, 창의적인 아이디어와 새로운 정보 활용능력이 요구되는 시대이다(토플러, 1996; 홍혜경, 2000, 재인용). 정보화 시대에 요구되는 인간은 정보를 활용하여 새로운 지식을 창출하고 새로운 가치를 창출해 내는 인간이다. 더 나아가서 새로운 사회에서의 인간형을 사물의 단면만 보고도 입체를 그릴 수 있는 입체인간,

전공 외의 부전공에도 전문성이 있으면서 폭넓은 지식을 함께 갖춘(general specialist) T자형 인간, 긴 안목을 가진 시각이나 인식의 폭이 넓어 큰 흐름을 읽을 수 있는 장파인간을 구분하여 제시하기도 한다(한국경제신문, 1999년 1월15일; 홍혜경, 2000, 재인용). 이는 과거와는 다른 인식체계를 가진 인간형을 요구하며, 보지 않아도 실제를 유추하고 경험하지 못한 것을 추리하며 미래의 방향을 조망할 수 있는 창조적인 인간을 요구한다고 하겠다. 특히, 불가측의 미래사회에서는 분석, 논리적 사고보다는 감성, 직관, 유추적 사고를 할 수 있어야 하며, 논리적으로 조망되지 않은 변화의 사회에서는 논리와 분석력을 측정하는 IQ보다는 직관과 추리를 측정하는 AQ(Analogy Quotient; 유추지수)를 사용하여야 한다(한국경제신문, 1999년 1월15일).

유추지수란 '연관성 없어 보이는 여러 가지 사실들에서 어떤 유사성을 찾아내 새로운 의미를 부여하고 또 다른 가치를 만들어 내는 능력'을 말한다. 1994년 외국의 심리학자들에 의해 소개되기 시작한 이 이론은 정서능력에 이성적 사고능력을 포함시킨 것으로 컴퓨터 공학의 인공지능 연구에 응용되는 이론이기도 한다. 즉, 많은 정보를 응용해 자신만의 독특한 방식으로 해석해 내는 일은 거대 용량을 가진 컴퓨터도 해 낼 수 없는 인간의 영역이고, 이에 필요한 인간의 유추능력과 직감 역량이 바로 AQ라는 것이다

아이들의 유추능력은 생후 6개월 정도에서 성장하기 시작해 만 5~6세가 되면 어른과 비슷한 수준에 이른다. 하지만 만 5세 경에 체계적으로 유추하는 능력을 사용하려면 먼저 사물의 단순한 속성을 파악할 줄 알아야 하고, 이러한 속성들을 연결 지어 나름대로 이해하는 틀을 만들어 낼 줄 알아야 한다(경기 에듀케어, 2004). 따라서 유추지수를 높이려면 자유롭고 모험적인 환경이 필요하며 이러한 환경이 바로 놀이환경이다. 놀이를 통해 아이들은 여러 사물을 탐색하고 새로운 사실을 도출해 내며 스스로 배워나간다. 아동이 정보를 받아들이는 속도나 양이 다르므로 자신의 능력에 맞게 배우고 경험하는 것이 중요하며 이는 놀이상황에서라야 가능하다. 이렇게 경험하여 얻은 정보는 아동의 머릿속에 저장되고 머릿속에 저장된 기억이나 지식이 바로 유추능력의 보고이다. 따라서 아동들이 처한 상황 속에서 스스로 탐구하도록 기다려 주는 지혜가 필요하다. 이렇게 하여 유추능력이 생기면 정서, 인성, 사회성이 길러지는데, 타인의 감정을 이해할 줄 아는 품성을 가진 훌륭한 아이가 된다. 또한 논리 추리력이 높아지고 창의성, 사고의 융통성이 향상되며 은유와 유머능력이 생긴다(베비라, 2005).

정보화사회에서의 교육은 학교가 양육과 교육의 기능을 모두 담당하게 되고 학생 중

심-교사 주도 교육과정, 학교-부모의 파트너십이 강화되는 교육방식으로 변화될 것이다. 이로써 정보화시대로의 전환에 따른 교육패러다임의 변화는 개인특성 육성, 협동적 팀성과 초점, 창의적 사고력 증진과 학습하는 능력 함양, 다양한 학습자료 활용, 자기주도적 학습태도, 능력 중시, 역동적, 허용적 분위기, 개인복지, 국가발전의 수단으로서의 교육, 평생을 통한 끊임없는 학습으로 시공간의 제약을 받지 않는 교육으로 드러난다(Elkind, 1991). 시대의 흐름과 함께 아동과 컴퓨터의 문제를 집중적으로 다룬 볼리비아의 1987년 국제세미나 보고서는 정보과학기술에 대한 학습과 활용에 대한 학습의 교육적 요구가 지속될 것이라고 전망하였다. 그리고 정보과학기술은 풍부하고 다양한 학습환경에 대한 잠재성을 제공할 뿐만 아니라 정보과학기술을 활용한 학습환경은 정보로부터 지식을 획득하도록 도운다. 나아가 새로운 지식을 창출하도록 지원할 수 있다고까지 내다 보았고, 컴퓨터는 지적 교육환경의 일부가 된다고 보았다(Hubbard, 1998). 이처럼 앞으로 컴퓨터 사용이 필수적이므로 유아에게 일찍부터 컴퓨터를 소개해야 한다는 입장도 적극 수용되고 있는 추세라고 하겠다(Haugland, 2000).

컴퓨터 활용에 대한 유아전문가들의 초기 관점은 컴퓨터 활동이 유아의 가치 있는 활동을 대치하게 되고 놀이 경험보다는 학습을 강조하는 부담을 주어 유아기를 상실케 할 것을 염려하였다. 그리고 컴퓨터 활동이 유아에게 너무 추상적이고 비현실적 이미지를 제공함으로 인해 또래와의 상호작용이 감소하게 되어 신체발달과 사회성발달, 언어발달의 위축을 가져오고, 정서나 창의성발달을 저해할 것이라는 부정적인 입장이었다(Barnes & Hill, 1983; Elkind, 1987; Haugland & Wright, 1997). 그러나 최근 컴퓨터 활동이 유아발달이나 학습에 미치는 많은 관련연구들의 결과와 컴퓨터 테크놀로지의 발전으로 긍정적인 관점으로 바뀌기 시작하였다. 반복이나 연습 위주의 소프트웨어의 사용은 여전히 우려되는 점이 있으나 발달적으로 적합한 소프트웨어를 사용한다면 보다 긍정적인 효과가 있음을 일관성 있게 밝히고 있다(Davidson, 1989; Haugland, 1992; Clements & Nastasi, 1993; 홍혜경, 2000, 재인용).

한편, 정보혁명의 사회에서는 사용자의 얼굴이 보이지 않으며, 종이를 사용하지 않고 자유로이 움직이며 많은 대상을 한 번에 다루고, 많은 양의 정보를 빠르고 효과적으로 검색, 관리, 분배할 수 있는 특징을 가지고 있다. 이로 말미암아 사회가 범죄 활동, 윤리 · 문화적인 규범을 위반하는 데 적절히 대처할 수 없게 된다는 지적도 있으며 아동이 인터넷을 통해 음란문서에 접할 수 있다는 우려도 있다(임길진, 2000).

4. 아동의 놀 권리와 멀티미디어

아동에게는 연령에 적합한 놀이가 주어져야 하며 이 놀이는 교육의 목적과 동일한 방향으로 지도되어야 함을 이미 아동권리선언과 아동권리협약의 내용에서 살펴본 바 있다. 이렇듯 아동들의 놀 권리를 규정하고 있으나 과연 후기 현대를 살아가는 아동들에게 그 연령에 적합한 놀이가 주어지고 있으며 교육의 목적과 일치하는 건전한 방향으로 지도되고 있는지, 아동의 놀 권리와 관련된 멀티미디어의 문제는 무엇이고 어떤 방향으로 지도하며 그들의 권리를 보장해야 하는지를 생각해 보고자 한다.

1) 멀티미디어의 정의와 범위

멀티미디어는 'Multi + Media' 의 합성어로서 문자의 의미는 다양한 미디어, 즉 사진, 그래픽, 음성, 소리, 동영상 등의 데이터를 컴퓨터 내에서 통합하는 것을 말한다. 이러한 개체의 미디어가 컴퓨터를 통해 인간이 원하는 정보를 선택 및 편집할 수 있게 한다. 뿐만 아니라 통신의 발전으로 컴퓨터 간의 연결뿐 아니라 방송매체, 가전제품이 하나로 통합되어 종합적으로 서비스를 받을 수 있는 정보 전달의 총체적 시스템이라고 하겠다(이영제, 2006). 전술하였듯이 현대사회의 변화에 따라 이루어진 정보혁명의 특징(종이를 사용하지 않고 자유로이 움직이며 많은 대상을 한 번에 다루며 많은 양의 정보를 빠르고 효과적으로 검색, 관리, 분배할 수 있는)을 감안하여 여러 대중매체 중에서 종이를 사용한 인쇄매체를 제외한 TV와 인터넷, 전자게임, 휴대폰 등을 중심으로 살펴보고자 한다.

2) 아동의 놀 권리와 멀티미디어

탭스콧트는 디지털혁명이 가속화되는 가운데 인터넷을 일상생활의 동반자처럼 활용하는 세대를 N세대로 지칭하고, 이들은 자신의 의견을 적극적으로 개진하고 상대방보다 상호작용적으로 의사소통하는 웹(web)을 선호하며 독립성, 지적 개방성, 포용성, 자기 주장력, 혁신지향적이란 특성을 갖고 있다고 하였다(Tapscott, 1998; 68-78). N세대란 1999년도에 2세에서 22세에 이르는 이들을 총칭하는데, 인터넷을 적극적으로 활용하는 사람에 국한된 것이 아니며 이 연령층에 속하는 이들은 인터넷 접속 인구가 아닐지라도 디지털

매체에 대한 어느 정도의 지식을 갖추고 있는 존재라고 정의할 수 있다(허운나 · 유영만 역, 2000; 채동석, 2005, 재인용). N세대의 특징은 현실세계만큼이나 사이버 공간을 삶의 중요한 공간으로 인식하며, 뛰어난 정보 해독력을 가지고 있으며, 천편일률적인 라이프 스타일을 좋아하지 않으며, 다중 인격적 특징을 가지고 채팅, 게임 등 네트워크 상에서 다른 사람으로의 변신이 가능하기도 하다. 또한 일과 학습, 오락의 경계가 모호하며 고유의 새로운 언어 형식으로 채팅과 게시판에 그들만의 언어로 커뮤니케이션을 한다. 타인의 간섭을 싫어하는 강력한 자기의존적인 독립심을 가지며 사회에 대해서는 포용적 성향을 갖는다. 네트워크를 통해 독식, 독점, 권위, 논리, 이성보다는 공유, 자유, 개방, 감성, 또래의식을 터득하고 호기심이 강하며 자기주장이 뚜렷하기 때문에 다른 세대와의 마찰을 빚기도 한다. 또한 N세대는 연령이나 성별에 대한 선입견을 갖지 않고 정보의 소유나 의사표현을 기본권으로 생각한다(연민흠, 2001; 채동석, 2005, 재인용). 한편 N세대에 속하면서 처음부터 네트워크 환경에 노출된 디지털 키드라는 개념이 등장하고 있는데, 이는 '문자습득이 안 된 상태에서부터 컴퓨터에 노출된 세대로 대략 2세에서 13세, 즉 초등학교에서 고학년 어린이까지의 연령층으로 본다. 이들은 놀이, 커뮤니케이션, 학습, 문제해결 등의 생활중심에 컴퓨터가 놓여 있어 모국어처럼 본능적으로 컴퓨터를 사용하는 것이 특징이다. 따라서 디지털 키드는 디지털매체에 둘러싸여 성장하는 세대로 다른 세대보다 자연스럽게 디지털문화에 적응하고 새로운 디지털문화를 창출할 세대로 기대되는 집단으로 N세대와 구별된다(김유미, 2001; 채동석, 2005, 재인용). 이들 역시 인터넷을 친숙하게 받아들여 인터넷에 지나치게 몰입함으로 인해 부정적인 결과를 초래할 가능성이 매우 높다(구은정, 2003).

아동권리협약 제17조 (a)항에는 대중매체가 아동에게 사회 · 문화적으로 유익하고 제29조[1]의 정신에 부합되는 자료를 보급하도록 장려해야 한다고 명시되어 있다. 동 협약 17조 (e)항에는 제13조[2]와 제18조[3]에 유념하여 아동의 복지를 해치는 정보와 자료로부터 아동을 보호하기 위한 적절한 지침의 개발을 장려하여야 한다고 제시하고 있다.

아동의 놀 권리가 아동에게 적합한 방식으로 주어져야 하며 아동에게 사회 · 문화적으로 유익하고 아동의 교육목적과 같은 맥락에서 지도되어야 한다는 아동권리협약의 정신은, 놀이야말로 아동이 살아가는 데 도움이 되고 아동의 발달에 긍정적인 영향을 끼치는 것이 되어야 함을 말한다. 또한 아동의 복지에 반하여 피해가 되는 매체는 아동의 놀 권리를 침해하는 것이 되므로 반드시 차단되어야 한다. 그러나 정보사회를 살고 있는 아동에게 접근성이 용이하고 이미 아동의 생활의 일부가 되어 버린 멀티미디어를 부정적이고 소극적으로 차단하려고 하기보다는 멀티미디어와 아동의 밀접한 관계를 현실적으로 수용하고 아동에게 도움이 되는 방식으로 접근할 수 있도록 적극적인 환경을 마련하여야 할 것이다. 그러므로 본 연구에서는 현재 우리 아이들이 접하고 있는 TV와 인터넷 그리고 전자게임 등의 매체가 아동에게 미치는 영향을 알아보고자 한다. 또는 사회 · 문화적으로 유익하며 아동교육의 목표(아동권리협약 제29조)와 부합되는 방향을 모색함으로써 현재 멀티미디어가 아동의 발달에 미치는 부정적인 요소를 제거할 뿐만 아니라 나아가 미래에 진정한 아동의 놀 권리를 충족시켜 주는 바람직한 환경으로 자리매김하기 위한 적극적인 방안을 제시하고자 한다.

---

1) 아동권리협약 제29조: ① 당사국은 다음과 같은 아동교육의 목표를 달성하여야 한다는 데 동의한다. (a) 아동의 인격, 재능 및 정신적, 신체적 능력에 있어 최대한의 잠재력을 개발. (b) 인권과 기본적 자유 및 국제연합헌장에 규정된 원칙에 대한 존중심의 함양. (c) 아동의 부모, 문화적 정체성, 언어 및 가치, 아동이 생활하는 국가와 출신 국가의 국내 이념, 서로 다른 문명에 대한 존중심의 개발. (d) 인종적, 민족적, 종교적 집단 및 원주민 등 모든 사람과의 관계에 있어서 이해, 평화, 관용, 성 평등 및 우정의 정신에 입각하여 아동이 자유사회에서 책임 있는 삶을 영위하기 위한 준비를 하는 것. ② 본조 또는 제28조의 어떠한 부분도 개인 및 단체가 교육기관을 설립, 지도하는 것을 방해하기 위한 목적으로 해석되어서는 안 되며 그러한 개인과 단체는 항상 본 조의 1항에서 규정하는 원칙을 준수해야 하며 그런 기관에서 제공하는 교육은 국가가 설정한 최소한의 기준에 부합하여야 한다.

2) 아동권리협약 제13조: ① 아동은 표현의 자유에 대한 권리를 가진다. 이 권리는 국경에 상관없이 구두, 필기, 인쇄, 예술의 형태 혹은 아동이 선택하는 기타 매체 형태를 통하여 모든 종류의 정보와 사상을 추구하고 받고 나누는 자유를 포함한다. ② 이 권리의 행사 시 어떠한 제한을 받을 수 있지만, 그런 제한은 법률에 규정된 경우나 다음의 경우에만 필요하다. (a) 타인의 권리와 명성을 존중하기 위해. (b) 국가 안부, 공공질서, 공중보건 또는 도덕의 보호를 위해.

3) 아동권리협약 제18조: ① 당사국은 아동의 양육과 발달에 대한 부모공동 책임의 원칙이 인정받을 수 있도록 최선의 노력을 기울여야 한다. 부모 또는 경우에 따라 법적 후견인이 아동의 양육과 발달에 대해 일차적인 책임을 진다. 아동 최선의 이익이 그들의 기본적 관심이 될 것이다. ② 본 협약에 규정된 권리를 보장하고 증진시키기 위하여 당사국은 아동의 양육책임 이행에 있어서의 적절한 지원을 부모와 후견인에게 제공해야 하며 또한 아동양육을 위한 기관, 단체, 편의시설의 개발을 보장해야 한다. ③ 당사국은 취업부모의 아동이 그들이 이용할 자격이 있는 아동보호시설과 단체들로부터 이익을 얻을 권리가 있음을 보장하기 위해 적절한 조치를 취해야 한다.

(1) TV

시청자시민운동본부(2005)는 13세에서 18세 사이의 청소년 519명을 대상으로 매체이용실태를 조사한 결과 TV시청 시간은 평일에 1시간 이상 시청하는 청소년이 가장 많았고(49.2%), 다음으로 2시간 이상(26.9%) 시청한 것으로 나타나 평일에 1시간 이상 TV를 시청하는 청소년이 76.1%였다. 주말에는 3시간(26.9%), 5시간(13.6%), 4시간(12.9%)의 순으로 좀 더 긴 시간 동안 시청하는 것으로 나타났다. 시청하는 장소는 주로 거실(67.2%)이어서 가족과 같은 공간에서 시청하며, 시청 시간대는 평일 청소년 시청보호시간을 벗어난 심야 시간인 10시에서 새벽 1시 사이가 60.6%였고 주말에는 심야 시간이 아닌 청소년 시청보호시간대에 골고루 분포되어 있었다.

시청률 편성백서의 시청량과 시청률 데이터분석을 보면 22시부터 24시까지의 시간대에 다른 어느 시간대보다도 청소년들이 집중적으로 TV를 시청하는 것으로 나타났다. 즉, 2시간 동안에 약 27분여 분간 TV를 시청하며 이는 일일시청 시간의 30% 안팎에 해당되는 시간으로서 시간대별 집중도는 하루 시간대 중 최고 수준임을 제시하고 있다. 즉 청소년이 하루에 가능한 TV시청 시간의 7.7% 동안 시청을 해서 총 시청 시간의 27~28%의 시청량을 심야 시간대에 소비한다는 것이다(박웅진, 2005). 또한 YMCA에서도 케이블TV 모니터링을 통해 나타난 결과에 따라서 청소년 시청보호시간대를 조정해야 한다는 주장이 나오고 있다(YMCA, 2005).

또 하나의 특성으로는 해마다 지상파와 케이블 간의 시청량과 시청률의 격차가 줄어들고 케이블 매체가 청소년 사이에서 다른 시청자 층에 비해 상대적으로 각광을 받고 있다(박웅진, 2005). 선호하는 케이블 채널은 게임(15.6%)이 가장 많았고 다음으로 음악, 드라마 순이었다.

TV를 시청하는 이유는 대부분이 그냥 재미있어서(71.9%)로 응답하였다(시청자시민운동본부, 2005). 이는 청소년의 TV시청 선호 장르와 시청률 상위 프로그램에 대한 분석을 통해 청소년들이 정보적 기능이나 교육적 기능보다는 오락적 기능으로 주로 이용한다는 보고(박웅진, 2005)와도 상통하는 점이 있다. 청소년이 인식하고 있는 채널은 음악채널(28.5%), 교육채널(26.5%), 교양정보(14.3%)의 순으로 나타났다. 프로그램의 내용 중 인기 연예인 출연 프로그램을 더 많이 요구(25.6%)하였고, 청소년을 대상으로 하는 드라마(23.3%)나 청소년이 참여할 수 있는 VJ형식 프로그램(12.2%)을 요구하는 등 자발적 참여의 욕구를 나타내었다. 또한 시사정보 프로그램, 소외계층을 돌아보는 프로그램 등 사회현상 및 주변을 알아가는 것에 대한 욕구도 있음을 보였다(시청자시민운동본부, 2005).

이상의 자료를 통해 TV가 청소년들에게 유익한 놀이환경으로 자리매김을 하기 위한 몇 가지 방안을 생각해 보면 다음과 같다.

첫째, 지상파에 비해 케이블 매체가 청소년 사이에서 각광을 받고 있음을 감안하여 케이블 매체의 프로그램의 건전성을 확보해야 한다.

둘째, 평일과 주말의 청소년들의 시청 시간을 고려하여 청소년 보호시간대를 평일에는 22시에서 24시까지를 청소년 보호시간대로 설정하되 주말에는 기존의 청소년 보호시간대를 유지하도록 조정한다.

셋째, 대다수의 드라마가 '15세 이상 시청자' 임을 고려할 때 일일 또는 주말드라마의 제작진들은 청소년을 염두에 두고 소재나 표현의 선정성, 폭력성에 보다 주의를 기울여야 할 것이다.

넷째, 지상파의 대다수 해당 프로그램들은 등급제시 의무를 성실히 이행하고 있으나 일부 영화나 특선 프로그램 편성에 있어서 방송사의 세심한 배려가 필요하며, 청소년이 해당 등급 이외의 프로그램을 시청할 가능성을 원천적으로 막을 수 있는 제도적 · 기술적 방안(V-chip)이 모색되어야 한다(박웅진, 2005).

청소년들은 TV시청 외에 인터넷, 온라인게임, MP3(음악), 영화 등 미디어 이용이 1~3시간 정도(51.1%)로 과거에 비해 다른 미디어에 분산되므로 TV시청 시간이 줄어드는 추세이나 아직도 TV의 영향에서 벗어나기는 어려운 실정이다.

한편 초등학생들은 하루 평균 2시간 이상 텔레비전을 시청하며 컴퓨터게임을 30분 동안 하는 것으로 나타나 수면과 학교수업을 제외한 나머지 시간은 대부분 TV시청과 컴퓨터 게임으로 시간을 보내고 있음을 알 수 있다. 유아들은 독서(35.8%)나 운동(28.8%)을 하는 유아에 비해 TV를 시청하는 유아의 비율이 92.1%임을 볼 때 유아들의 생활에 비디오나 텔레비전의 비중이 큰 것을 볼 수 있다(이기숙 외, 2004; 361). 따라서 청소년에 비해 초등학생이, 초등학생에 비해 유아가 TV시청으로 인한 영향을 가장 많이 받고 있는 것으로 볼 수 있으므로 TV가 유아에게 유익하고 적합한 놀이환경이 되도록 하기 위한 노력이 필요하다. 이에 유아에게 미치는 영향과 지도 방안을 제시하고자 한다.

유아에게 미치는 TV의 긍정적인 영향은 주로 정보제공이나 간접경험의 효과를 준다는 인지적 측면에 대한 것으로 우리가 경험하지 못하거나 할 수 없는 다양한 문화를 알려준다. 생활에 필요한 많은 정보를 제공해 주며, 새로운 단어나 문장을 경험함으로써 어휘나 이해력 증가와도 관련이 있으며, 사회나 단체 속에서 개인이 수행해야 할 역할을 학습하며 친사회적 행동 형성이나 평화적 갈등해결 기술 형성에 도움이 된다(Huesmann, 1986). 또한 성이나 인종에 대한 사회적 편견이나 고정관념을 극복하는 데도 도움이 될 수 있으며(Kyle, 1994), 환상적인 이야기나 영상을 경험함으로써 감성이 풍부해지고 꿈과 환상의 세계를 맛볼 수 있다(이기숙 외, 2004; 363). 그러나 이러한 긍정적인 효과를 얻기 위해서는 TV 프로그램을 신중하게 제작, 선택해야 하는 전제가 필요하다.

시청의 부정적인 영향은 주로 두뇌와 신체발달에 관한 것과 폭력적 행동이나 학습, 과잉 시청으로 인한 학습놀이 시간의 부족 등에 관한 것이다. 즉 많은 시간의 TV시청은 뇌발달의 필수적인 자극을 받지 못하고 현란한 화면 때문에 뇌신경 회로 형성을 저해하며 수동적인 뇌를 만들 위험이 있다(DeGaetano, 1998; 이기숙 외, 2004, 재인용).

최근 '젖먹이 비디오 증후군'으로 명명되는 증상에 관한 문제가 제기되고 있는데, 이는 유아들의 뇌세포 형성이 정상적으로 이루어지지 못해 주의력 결핍증, 언어발달 장애, 사회적 적응 장애, 과잉행동증 등의 증상을 나타내는 것으로 이런 유아들은 엄마와 눈을 마주치지 않고 혼자 노는 것을 즐긴다(이기숙 외, 2004; 364). 또한 우리 사회의 다양한 사건이나 사고를 있는 그대로 보도하는 TV뉴스는 유아에게 혼돈을 줄 수도 있으며(Kyle, 1994), 유아의 생활에 유익한 정보보다는 유해한 정보를 제공하는 경우도 많다. 과잉 TV 시청은 책에 대한 관심을 떨어뜨리며 읽기능력이나 언어 이해력, 언어적 유창성을 저해한다(Clement & Nastasi, 1993). TV를 통한 지나친 자극으로 인해 자극에 무감각해지고 호기심이나 문제해결력이 저하되며 모든 선택이나 판단을 스스로 하기보다 외부에 의해 지시되는 매체문화에 익숙해질 우려가 있다(DeGaetano, 1998; 이기숙 외, 2004, 재인용). 그리고 폭력 장면의 시청은 유아의 공격적 행동에 직접적인 영향을 준다(Levin, 1998).

이상과 같이 긍정적인 면과 부정적인 면이 공존해 있어서 한마디로 단언하기는 어렵지만 TV를 비롯한 전자매체의 부정적 효과는 미디어 그 자체에 있기보다 그것을 활용하는 방식에 있다고 밝히고 있다(Greenfield & Retschitzki, 1998; 이기숙 외, 2004, 재인용). 따라서 부모나 교사는 유아의 텔레비전 시청을 적절히 개입하고 통제함으로써 유아에게 유익한 기회로 활용해야 한다.

NAEYC(1997)는 다음과 같이 TV의 효과적인 활용과 유아들의 바람직한 시청습관 형성과 유해성으로부터 보호하기 위한 지침을 제시하고 있다.

첫째, 가족이 함께 시청 시간을 정하고 일정한 원칙에 따른 프로그램 시청의 내용을 정한다.

둘째, 거실이나 유아의 방에 TV를 두지 말고 하루 시청 시간을 1~2시간으로 제한한다. 식사 시간에는 TV를 보지 않고 식사 예절이나 가족 간의 대화 시간으로 가진다.

셋째, 유아에게 책을 읽어 주거나 놀이 기회나 놀잇감을 제공해 주고, 창의적 활동이나 다른 유아들과 함께 활동할 수 있는 기회를 갖게 한다. TV를 많이 시청하는 것은 습관을 형성하므로 주의해야 하며 적극적인 방법으로 다른 종류의 활동을 많이 제공해 주어야 한다.

넷째, 유아가 TV를 시청할 때에는 반드시 부모와 함께 보면서 프로그램의 내용에 대해 이야기해 준다. 즉 유아가 가치 판단력이 완전히 형성되지 않은 상태여서 TV 프로그램의 내용을 무분별하게 받아들일 수 있으므로 부모와 함께 시청하면서 대화하는 시간을 갖는다면 그로 인한 부정적인 행동의 모방을 줄일 수 있다.

다섯째, TV의 상업성, 특히 광고의 과장성이나 허위성을 유아들과 함께 찾아보고 문제점이 무엇인지 생각해 보게 한다.

(2) 인터넷

컴퓨터 활용을 중심으로 하는 정보화 사회의 발전은 우리의 일상생활은 물론, 기업 활동과 조직운영, 정부의 역할, 그리고 즐거움과 건강, 학습의 개념과 목적 방법 등에 이르기까지 모든 것을 변화시키고 있다(Dertouzos, 1997). 인터넷은 이미 청소년을 위한 교제 장소, 여가 활동과 놀이의 공간, 의견을 교환하는 토론 공간이 되고 있다(청소년보호위원회, 2000).

전 세계 인터넷 인구는 약 4억 7백만을 넘어섰고(Nua, 2001년 1월 현재), 최근 조사보고서(한국인터넷정보문화센터, 2003년 6월 현재)에 따르면 우리나라의 인터넷 이용 인구는 국내 20,277,000명이고 6~19세의 사용 인구는 4,294,000명이다. 한국청소년단체협의회가 1,015명의 청소년을 대상으로 조사한 결과 95%의 청소년들이 인터넷을 이용하고 있다(조준형, 서울연합뉴스, 2001년 4월 24일자). 2004년 3월 제8차 인터넷 이용 실태 보고서에서도 만 7세~65세까지의 5,000명을 대상으로 조사한 결과 전체의 69.9%가 인터넷을 이용하고 있으며, 초등학생의 94.9%, 중학생의 97.9%, 고등학생의 98.9%가 인터넷을 이용하고 있다(코리안 클릭, 2004). 인터넷 조사기관인 닐슨/넷레이팅스에 의하면 세계 28개국 가정의 7월 중 인터넷 이용률을 조사한 결과 한국이 월간 인터넷 접속 횟수(26회), 이용 시간(19시간 20분)에서 1위였다고 한다(중앙일보, 2001년 9월 1일자). 또한 우리나라 7~19세의 인터넷 이용률이 81.6%로 타 연령층에 비해 인터넷 이용이 월등히 높으며, 특히 2001년 3월 한 달간 인터넷을 이용한 20세 미만의 네티즌은 41.63%로 일본의 18.41% 보다 2배 이상 높고, 유럽 국가들의 16~27%보다 크게 높아 우리나라 청소년의 인터넷 이용이 세계적으로도 높은 실적을 보이고 있다. 이는 시청자시민운동본부가 조사한 청소년 매체 이용실태조사서(2005)에서 519명을 대상으로 조사한 내용 중 복수선정 표기에 의해 TV 이외에 이용하는 미디어가 인터넷(341명)으로 가장 많은 수를 나타낸 것과 일치함을 볼 수 있다. 이는 청소년이 TV시청으로부터 점차 인터넷으로 옮겨가고 있는 추세이며 따라서 인터넷의 영향에 노출될 수밖에 없음을 알 수 있다. 다양한 기능을 가진 인터넷은 예전의 세대들은 전혀 접하지 못했던 새로운 놀잇감으로 세상의 어떤 정보들이라도 손에 넣을 수 있는 도구로 등장하였고 이것은 청소년들에게 심리 · 정신적으로 영향을 끼치게 되었다.

청소년의 사이버 일탈은 인터넷을 이용한 음란, 복제물 판매와 사이버 성폭력으로 나타나는 성관련 일탈 행위와 해킹, 바이러스 유포, 허위정보의 유포라는 컴퓨터 범죄로 나타나는 사회규범 해체적 일탈 행위, 몰래 카메라를 통한 개인의 프라이버시를 침해하는 개인권리 침해의 일탈 행위로 유형화할 수 있다(김옥순, 2000).

사이버 일탈의 특성을 자세히 살펴보면 인터넷 중독은 사이버 일탈의 대표적인 유형 중의 하나이다. 이는 주로 청소년에게서 많이 나타나고 컴퓨터 게임 몰두와 장시간의 인터넷 사용으로 정신건강을 해치고 심리적 불안감, 우울증을 유발하며 현실 세계의 대인관계의 소외와 문제를 경험하는 부작용을 겪게 된다는 점에서 일탈행위로 볼 수 있다(이소희 · 성윤숙, 2001). 청소년 2,400명을 대상으로 수집된 데이터 분석결과 인터넷, PC통신 이용경력과 빈도가 증가할수록 음란정보에의 노출이 증가하고 청소년에게 음란정보가 노출되었을 때는 의식과 행동적인 측면에서 상당히 부정적인 영향을 받는 것으로 나타났다(이소희 · 성윤숙, 2001).

정보통신부가 2001년 발표한 인터넷 중독 전국 실태조사결과에 따르면 인터넷 이용자의 6.5%, 전체 국민의 4.8%가 인터넷 중독이었다. 청소년들의 41.7%는 일주일에 1~3회 인터넷을 이용하고 1회 이용 시간은 30분에서 1시간 정도(44.8%)가 가장 많았고, 청소년들이 인터넷이나 PC이용 시간대는 오후 4시에서 8시까지(41.0%)로 주로 방과 후에 이용하는 것으로 나타났다(정보통신부, 2001; 한국청소년상담원, 2006, 재인용).

청소년들이 인터넷을 이용하는 이유는 학습의 요구, 관계 욕구, 독립의 욕구가 큰 것으로 나타났다. 청소년들의 PC통신과 인터넷 이용 동기가 사이버 포르노그래피 노출에 상당한 영향을 미치는 것으로 나타났는데, 즉 이성에 대한 호기심이나 외로움을 달래기 위한 동기로 인터넷을 이용하는 청소년이 사이버 포르노그래피에 노출되면 성충동이나 성개방 성향이 강화되는 경향이 있었다. 그러나 정보추구의 목적으로 인터넷을 이용하는 청소년에게는 이러한 경향이 보이지 않았다(이소희 · 성윤숙, 2001). 그리고 중독경향성이 높을수록 인터넷을 통해 보상받는 경험이 더 많았다. 즉 사이버 공간에서 긍정적인 경험을 상대적으로 많이 하는 것으로써 중독경향의 청소년들이 스트레스를 해소하고 자신감을 느끼거나 외로움을 해결하는 등의 욕구충족의 수단으로 사이버 공간에 더 많이 의존하고 있는 것이다.

따라서 중독경향성의 청소년들은 일상생활에서 더 많은 문제를 경험하게 되는데, 즉 과도한 컴퓨터 사용으로 인해 학교수업 시간에 졸거나, 숙제나 다른 일을 더 못한 적도 있으며 끼니도 거른 경험을 상대적으로 많이 하는 것(정보통신부, 2001; 한국청소년상담원, 2006, 재인용)으로 나타났다. 또한 채팅으로 성매매 제의를 받아(30%) 이 중의 일부는(16%) 성매매에 응한 것으로 응답했고, 인터넷의 음란물 접촉경험은 66.3%에 달하며 이들 중 절반 가량(30%)이 성추행을 하고 싶어진다는 질문에 그렇다고 응답을 하거나 약간 그렇다(24%)라고 대답하였다. 한국청소년단체협의회가 조사한 청소년 1,015명의 95%가 인터넷을 이용하고 있으며 청소년의 43.7%가 음란 인터넷에 접속한 경험이 있다고 한다(조준형, 서울연합뉴스, 2001년 4월 24일자). 자살사이트의 접속경험도 34%로 나타났으며, 접속 동기는 71%가 호기심이었으나 자살동반자를 구하기 위해서라고 대답한 청소년도 8%나 되어(서울 가정법원 소년자원보호자협의회, 2002; 한국청소년상담원, 2006, 재인용) 청소년들이 인터넷을 통해 해로운 환경에 대책 없이 노출되어 있음을 알 수 있다.

최근 중독 증상이 약물이나 화학물질 이외에 특정한 행위에 대한 과도한 집착, 행위를 하고자 하는 충동조절 문제에 의해 생길 수 있다고 주장하면서 그 범위를 확대하게 되었는데, 병적도박, 방화광, 도벽광 등의 충동조절 장애를 비롯하여 섹스, 쇼핑, 운동 등의 의존적 행동 장애를 중독으로 개념화하였다(Marks, 1990; 김태평, 2002, 재인용). 최근 행동중독의 하나로 인터넷 중독이 주목받고 있다(김하나, 2004).

인터넷 이용과 관련된 문제행동의 하나인 인터넷 중독 장애(Internet Addiction Disorder: IAD)는 Goldberg(1996)에 의해 처음 제안된 용어로 병리적이고 강박적인 인터넷 사용을 말한다. 이 외에도 인터넷 증후군((Internet Syndrome), 웨바홀리즘(Webaholism), 가상 중독(Virtual Addiction), 병리적 인터넷 사용(Pathological Internet Use) 등 다양한 용어로 지칭된다(김종범, 1999; 김하나, 2004, 재인용). 정신과 전문의들은 인터넷 중독은 수면 부족, 체력 저하, 우울한 기분, 대인기피 경향 등 비교적 가벼운 증상으로부터 우울증, 강박증, 충동조절 장애, 사회공포증 등의 심한 정신질환까지 초래한다고 경고한다(한국청소년상담원, 2006).

인터넷 중독에 대하여 DSM-IV(Diagnosis and Statistical Manual of Mental Disorders-IV)에는 정식으로 기재되어 있지는 않으나 이후에는 하나의 정신과적 장애로 추가될 가능성이 매우 높다(Zenhansen, 1995; 송명준, 2000; 채동석, 2005, 재인용). Goldberg(1995)는 DSM-IV의 병리적 도박이나 약물남용 장애의 진단 준거에 근거하여 인터넷 중독 장애(Internet Addiction Disorder: IAD)의 공식적인 진단 준거[4]를 제시하였다(Goldberg, 1995).

인터넷 중독의 원인은 인터넷 자체의 속성에서 비롯되는 것과 인터넷 이용자의 특성에서 원인되어지는 것이 있다. 먼저 인터넷 자체의 속성인 개방성(접근가능성), 익명성, 유희성, 쌍방향성에서 중독의 원인을 찾아볼 수 있다. 인터넷은 사이버 공간의 시공간적 초월성으로 공간에 존재하는 거의 모든 정보와 교류가 누구에게나 접근가능하게 하는 개방성, 공유성을 지니고 있으며 실제생활의 제약이 없어지고 인터넷 속에서 즉각적인 만족을 추구할 수 있다(Young, 1999; 문정혜, 2000; 채동석, 2005, 재인용). 또한 익명성으로 인한 억압해제 효과(Reid, 1994; 청년의사인터넷중독치료센터, 2002; 채동석, 2005, 재인용)와 정서적 투사 효과(emotionally-laden projection effect)가 있다. 정체성이 드러나지 않으므로 자신의 감정을 마음대로 표현할 수 있다는 점이 중독적 행동을 유발하는 원인이 된다(King, 1995; 청년의사인터넷중독치료센터, 2002; 채동석, 2005, 재인용). 또한 인터넷은 모든 미디어 통합의 장으로 인간의 마음을 빼앗는 유희적 요소가 모두 있어서 점차 인터넷상에서의 활동이 증가되고, 강화의 양은 인터넷 상에서 소비하는 시간의 정보와 비례하게 되므로 한 번 매료되면 쉽게 빠져나오기 어렵게 되는 것이다(King, 1996; 송원영, 1998; 채동석, 2005, 재인용). 그리고 인터넷에서의 능동적인 상호작용의 쌍방향적인 특성은 사용자가 지루함을 느낄 틈도 없이 지속적으로 인터넷에 빠져들게 된다(이송선, 2000).

그러나 인터넷의 이러한 특성에도 불구하고 모든 인터넷 사용자가 인터넷 중독에 빠지는 것은 아니며 개인의 심리적 특성과 인구통계학적 요인에 따라 인터넷 중독의 양상은 다르게 나타난다. Griffiths(1997)는 인터넷 중독에 빠지기 쉬운 전형적인 특성의 이용자는 십대 남성으로 사회생활에서 자신감이 심히 결핍된 사람이 주로 인터넷 채팅과 역할게임에서 중독 성향이 높은 편이라고 하였다. Suler(1996)는 인터넷에 빠지게 되는 것이 인간의 욕구를 충족시켜 주기 때문이라고 하면서 Maslow의 이론을 인터넷 이용에 접목시켜 중독의 원인을 설명하려 하였다. 인간의 자아실현 욕구는 인터넷 이용자가 자신의 정체성에 대한 질문을 해결할 기회를 갖게 되고 자신의 내적인 관심과 태도, 이전에 알 수

---

4) 〈Ivan Goldberg의 인터넷 중독 장애 진단 준거〉

*12개월 기간 동안에 다음의 항목 중 적어도 세 가지 이상을 만족시키는 인터넷 사용에서의 비순응적인 행동 유형을 보여 임상적으로 유의한 장애 혹은 고통을 유발하는 경우에 인터넷 중독으로 간주한다.

I. 내성(다음 중 한 항목에서라도 해당하는 경우를 정의한다)

1. 더 많은 시간을 인터넷에서 소모해야 만족을 얻을 수 있는 경우
2. 인터넷 상에서 지속적으로 같은 시간을 소모해도 그 효율은 현저히 저하되는 경우

II. 금단(다음 중 한 항목이라도 해당하는 경우로 정의한다)

1. 특징적인 금단 증상

1) 장기간의 심한 인터넷 사용을 중지하거나 감소시킨 경우

2) 항목1) 이후 수일에서 한 달 사이에 다음 중 두 항목 이상을 만족시키는 경우

① 정신운동 초조(psycho-motor agitation).

② 불안(anxiety)

③ 온라인에서 무슨 일이 일어나고 있을 것 같은 강박적인 사고

④ 온라인에 대한 환상 혹은 백일몽 작용(과도한 상상)

⑤ 손가락의 수의적 혹은 불수의적 자판 두드리기 운동

3) 항목(2)의 증상들이 사회적, 직업적, 혹은 다른 기능상의 중요한 영역에서 장애 혹은 고통을 유발하는 경우

4) 금단 증상의 해소를 위해 인터넷 혹은 유사한 통신망을 사용하는 경우

III. 계획했던 것보다 온라인 사용의 빈도 및 사용 기간이 더 길어지는 경우

IV. 온라인 사용을 중지하거나 줄이고자 하는 지속적인 욕구, 혹은 성공하지 못하는 노력

V. 상당량의 시간을 온라인 관련 행동에 소모함(온라인 서적 구입, 새로운 계속 프로그램의 사용 시도, 온라인 관련 상품 판매의 검색, 다운 받은 파일들의 정리)

VI. 중요한 사회, 직업 혹은 여가 활동이 온라인 사용을 위해 포기되거나 감소됨

VII. 온라인 사용에 의해 유발 혹은 악화된 지속적이거나 반복적인 신체적, 사회적, 직업적, 혹은 심리적 문제를 소유하고 있음을 자각하고 있음에도 불구하고 지속되는 온라인 사용

출처: Goldberg, I. K.(1995). IASG(Internet Addiction Support Group) official criteria.
http: // Plazal. snu. ac. kr./-psyber/iad.htm

없었던 자신의 성격측면을 깨닫게 됨으로써 충족될 수 있다고 하였다(송명준 · 허유정 · 이은정 · 권정혜, 2000).

인터넷 중독의 인구통계학적 요인에 따른 다른 양상을 보면 성별에 따라 차이가 나타나는데, 대부분 인터넷 중독은 남성에게서 더 많이 나타났다(Anderson, 1999; Kandell, 1998; 김교헌, 2001; 양희정, 2001; 서주현, 2001; 채동석, 2005, 재인용; 채동석, 2005). 연령에 따른 차이는 결과가 다양하게 나타나 인터넷 중독자가 다양한 연령층에서 나타나고 있음을 볼 수 있으나 성인층보다 청소년에게서 중독률이 더 높게 나타났고(윤재희, 1998; Pitlow & Kehoe, 1997; Scherer & Bost, 1997; 채동석, 재인용), 남성은 젊은층, 여성은 나이가 들수록 인터넷 중독 정도가 높게(김선우, 2001) 나타났다. 종합해 보면 젊은층인 청소년 남자에게 인터넷 중독이 많은 것을 알 수 있다.

인터넷 중독의 개인 심리적인 요인을 살펴보면 충동적이고 감각추구 성향이 강하며 우울하고 대인예민성이 높고 불안, 공격성이 높으며 자존감이 낮고 문제해결력이 낮은 사람이 인터넷 중독에 빠질 가능성이 많다(최민정, 2000; 임효정, 2000; 이소영, 2000). 사회심리적인 요인으로는 소외감을 느끼고 대인관계가 어려워 의사소통에 어려움을 느끼고 부모의 양육태도가 비합리적이며 통제가 거의 없을수록 인터넷 중독의 비율이 높아진다(김선우, 2001; 이소영, 2000).

이상과 같이 인터넷의 이용이 증가하는 추세에서 인터넷의 이용 목적이 흥미 위주의 편향된 사용 경향으로 치닫고 있는 현실을 바라볼 때 바람직한 인터넷 이용을 위한 교육이 필요하다. 이는 단지 인터넷 이용교육에 국한하지 말고 바람직한 이용의 소양교육으로 방향을 확대하고 전환하여 실시해야 할 것이며 가정과의 지속적인 연계를 통해 인터넷 중독의 위험으로부터 예방차원의 노력이 필요하다. 특히 어린 연령부터 인터넷 중독 예방교육을 시작해야 할 필요가 있으며 남학생에 대한 관심을 가져야 한다. 인터넷 중독 아동일수록 컴퓨터를 다양한 용도로 이용하지 않고 오락 게임으로 오랜 시간 이용한다. 이로 인해 가정에서 가족 간의 진지한 대화가 부재하게 됨으로서 이 문제를 더욱 적극적으로 해결해 나가기 위한 노력이 필요하다(채동석, 2005).

(3) 인터넷 및 전자 게임

인터넷 게임 중독은 인터넷 중독의 하위 장애이며 게임 이용자가 지나치게 컴퓨터를 사용하여 일상생활에 심각한 사회적, 정신적, 육체적 및 금전적 지장을 받고 있는 상태이다. 게임 중독으로 인해 나타나는 증상은 인터넷 중독 증상과 중복되는 부분이 대부분이지만 "가끔 현실과 게임 공간이 구분이 안 될 때가 있다"는 것이 게임 중독만이 가지는 특징이다(김하나, 2004). 청소년들이 하고 있는 게임은 폭력성이 매우 높으며 소수이기는 하나 일부 청소년들은 엽기놀이를 하고 있으며 청소년의 11%가 1주일에 1회 이상 습관적으로 엽기사이트를 이용한다. 특히, 중학생 집단의 습관적 엽기사이트 이용율이 가장 높다. 청소년들이 엽기사이트를 이용하는 것은 호기심(34%)과 심심할 때(22%)로 별 목적 없이 접속하지만 엽기사이트를 이용한 후에 49.7%가 영향을 받는 것으로 나타났다. 엽기놀이의 폐해는 즐길수록 자극에 대한 내성이 강화되어 보다 극단적인 자극을 주어야만 재미있어진다는 것이다(한국청소년상담원, 2006a).

게임에 빠지게 되는 특징은 첫째, 게임을 통해 맺은 대인관계는 청소년들에게 강한 유대감을 갖게 하며 둘째, 게임은 끝없는 목표가 설정되어 있고 셋째, 성공에 대한 보상이 즉각적이며 넷째, 가상 공간에서 이상적 자신을 표현할 수 있다는 점이다(김하나, 2004).

2006년 현재 만 5세 인터넷 사용자가 64.3%라고 하며 그 나이에 할 수 있는 것은 게임밖에 없다(권장희, 2006c). 어린 나이에 게임을 시작할수록 의존성이 높게 나타나는데 의존적으로 게임을 하는 사람은 더 나쁜 기분상태와 흥분감을 가지고 있었다. 게임을 하기 전이나 하는 동안에는 좋은 기분상태가 드러났고 게임을 그만두고 싶어 하지 않았으며, 그만둔 후에도 여전히 게임을 하고 싶어 하였다(이소영, 2000). 아동들은 실제 사회에서 자신에게 부족하다고 생각하는 측면을 가상 공간에서 채우면서 대리만족을 얻는다. 이러한 면은 일시적으로는 좋을 수 있지만 장기적으로 볼 때 아동들에게 좌절감, 우울감을 줄 수 있다(이소영, 2000; 김유정, 2002; Young & Rodgers, 1998; 임효정, 2000).

인터넷 공간에서 청소년들은 하루 평균 2시간 이상(청소년보호위원회 2004년 1월 18일 조사 발표)을 보내고 있다. 그 중 폭력적인 온라인 게임을 하는 데 100분을 할애하고 있으며, 청소년들이 컴퓨터를 사용하는 목적이 주로 게임이나 오락을 위해서(41.4%)라고 나타났다(정보통신부, 2001). 학습의 유용한 도구이거나 정보획득 등 여러 가지 컴퓨터기능의 장점을 충분히 활용하지 못하고 주로 오락의 도구로 이용되고 있음을 알 수 있다. 여학생에 비해 남학생이, 고등학생에 비해 중학생이, 농어촌 지역의 청소년에 비해 도시 청소년이 게임을 많이 이용하였다(정보통신부, 2001).

청소년 매체 이용실태조사(2005)에서 모바일 서비스 중 가장 많이 집중하고 있는 것이 게임다운로드(183명; 복수선정표기)임을 볼 수 있다. 경찰청 사이버테러 대응센터에 따르면 2003년 인터넷 공간에서 온라인 게임 등을 하면서 청소년들이 저지른 범죄로 벌금 이상의 실형을 선고받은 것이 무려 10,187건이나 되었다. 하루에 28명의 청소년들이 매일 범죄자로 낙인이 찍히고 있는 것이다.

이처럼 이루 헤아릴 수 없는 많은 사건 사고들이 인터넷과 온라인 게임으로 말미암아 발생하고 있다(권장희, 2006a). 인터넷 중독의 경향이 높은 청소년일수록 게임하는 시간이 월등히 많았으며 고난도 게임들을 가장 선호하였다. 이는 초등학생을 중심으로 한 연구(채동석, 2005)결과에서도 동일하게 나타났다. 우리나라 청소년의 경우 입시 중압감으로 인한 놀이 시간의 부족과 사회적으로 제공되는 놀이 공간의 부족은 청소년들에게 사이버 공간을 또 다른 놀이 공간으로 만들도록 하고 있다. 그래서 청소년은 사이버 공간을 개인적 욕구를 충족시키는 오락용으로 생각하는 경향이 나타난다(천정웅, 2000). 그런데 인터넷 게임환경 모니터결과 내용을 보면 총기류를 이용하여 1인칭 시점에서 살상하는 스페셜포스, 서든 어택 등의 게임들이 대부분 등급 표시가 제대로 이루어지지 않고 있다. 18세 등급임에도 불구하고 청소년에 대한 인증 장치가 없어 PC방 등에서 청소년들이 많이 하고 있고, 사행성 게임도 어린이, 청소년에 대한 접근 차단 장치가 전혀 마련되어 있지 않은 채 노출되어 있으며, 청소년들이 주로 접속하는 게임 포털 사이트에도 이러한 불법 사행성 게임물에 대한 광고와 사이버머니 안내들이 넘쳐나고 있다(학부모정보감시단, 2006; 한미영, 2006). 이러한 사실은 많은 시간을 게임하며 보내는 많은 아동과 청소년의 성장발달에 미칠 부정적인 영향을 우려하지 않을 수 없게 한다.

이에 초등학생이 가장 많이 접속하는 온라인 게임 30개 사이트의 열악한 수준의 환경 속에서 청소년을 보호하기 위한 방안을 제시하면(게임물 등급제도 개선연대, 2006) 다음과 같다.

- 폭력적, 사행적인 청소년 이용불가 게임을 청소년 유해 매체물로 지정 고시한다.
- 게임물의 메인화면, 리스트, 검색 시, 게임다운로드 시, 게임실행 시, 게임광고 시 등급 및 내용정보를 확인할 수 있도록 내용정보를 표기한다.
- 불법 사행성 게임의 접근을 차단하기 위해 검색 포털에 막고 현금 게임, 리얼 게임, 등의 단어를 금칙어로 지정하고, 불법 사행적 도박 게임 사이트는 폐쇄조치하며, 해외에 서버를 둔 경우에는 국내 지불 결재수단을 차단하여 원천적으로 사이트를 봉쇄

한다.

- 아이템 거래 사이트의 청소년의 접근 금지와 게임 아이템의 현금화를 불가능하게 한다.
- 아이템 거래에 대한 법 제정을 조속히 시행한다.
- 게임사는 아이템의 거래를 근본적으로 금지해야 한다.

또한 70%에 가까운 학생들이 부모 명의의 이메일 및 휴대폰을 이용해 스스로 부모의 사전 동의 절차를 밟고 게임을 이용해 온 것으로 조사되었다. 그러나 대다수 부모들은 자녀가 어떠한 게임을 즐기는지 얼마만큼의 비용이 소요되는지 제대로 알기 어려운 실정이므로 부모의 알 권리 보장을 통해 자녀의 게임의 몰입을 예방할 수 있다(서정근 기자, 아이뉴스24, 2006년 12월 14일자). 게임물 등급제도 개선연대는 국가 정책적 과제는 여러 측면이 검토되어 추진되어야 할 것을 강조하며 어린이, 청소년 보호라는 인터넷 게임 정책의 공공성을 강화하기 위한 제도와 기업의 사회적 책임을 부과하는 정책, 그리고 가정에서 학부모의 역할을 지원하기 위한 정책으로 나누어 제안하였다(게임물 등급제도 개선연대, 2006).[5)]

한국청소년개발원(2003)에서도 2,306명의 청소년들을 대상으로 한 온라인 게임 이용

---

5) 1. 청소년 보호라는 공공성 강화를 위한 제도

1) 게임물 등급제도 개선-위원구성원칙에 있어 청소년, 학부모, 교육기관의 추천으로 구성.

2) 수면권 확보를 위한 심야 시간 접속 제한.

3) 어린이, 청소년이 부모 동의 없이 직접 결제 가능한 현행 방식 폐지.

2. 기업의 사회적 책임을 강화하는 법규정 신설

1) 폭력적인 게임(18세 등급)의 회원 가입 시 실명 인증, 신용카드, 공인인증서 수준으로 강화.

2) 14세 미만 어린이, 청소년의 회원 가입 시 부모 동의 절차도 같은 수준의 실명 인증이 필요하다.

3) MMORPG 게임의 '피로도' 시스템 전면 도입 의무화.

3. 가정에서 학부모의 역할을 강화하는 정책 제안

1) 회원가입 정보를 부모에게 통보하도록 의무화-(회원가입)인터넷 회원 가입 시 그 사실을 서면, 전화, 핸드폰, 문자 등을 통해 반드시 고지해야 한다.

2) 인터넷 게임 사용 시간 정보를 부모에게 고지하도록 의무화-(사용 시간) 주간 혹은 월간 단위로 인터넷 사업자는 19세 미만의 청소년이 해당 사이트에 로그인한 시간을 부모에게 서면, 전화, 핸드폰 문자 등을 통해 반드시 고지해야 한다.

3) 캐쉬 아이템 구입 및 게임비 결제 내역 의무 고지-(캐쉬 충전 내역)해당 사이트에서 월 단위로 얼마의 결제를 하고 있는지 고지해야 한다.

실태조사결과에 근거하여 온라인 게임 이용의 부정적인 영향을 예방하고 대응하기 위한 방안을 제시했다. 즉, 청소년 게임에 대한 사회적 인식의 전환과 부모의 관심, 그리고 기성세대가 청소년 게임문화 이해를 위한 다양한 프로그램 및 가족이 함께하는 게임체험 프로그램을 통해 청소년을 이해하고 올바르게 지도할 수 있도록 유도한다. 게임에 흥미를 느끼는 청소년들이 자신의 적성을 계발하고 진로를 탐색할 수 있도록 전문적인 교육의 기회를 부여할 것과 게임의 부정적인 측면에 집중하여 규제와 통제를 하기보다는 게임의 긍정적인 기능을 강화하기 위한 우수 게임 인증제 등의 적극적인 정책 대안 도입 검토를 제시하고 있다. 또한 게임에 대한 청소년들의 높은 선호도를 고려하여 오락적 기능뿐만 아니라 교육적 · 치료적 기능을 갖는 게임의 개발을 지원하고 학교와 청소년 관련 기관에서 활용될 수 있도록 추진할 필요가 있다(이종원 · 유승호, 2003)고 하였다. 우리 아동들이 손쉽게 접하는 인터넷 · 전자오락 게임이 진정 놀 권리를 보장하는 유익한 것이 되기 위한 노력과 아울러 현재 열악한 인터넷 게임환경의 늪에서 건져 내야 할 필요성을 인식하고 이를 위해 가정과 사회, 국가가 혼연일체가 되어 노력하여 나아가야 할 것이다.

(4) 휴대폰

최근 휴대폰이 아이들 손에 쥐어지면서 미디어에 매여 사는 정도는 점점 심해지고 있다. 2001년 핸드폰이 본격적으로 10대들의 액세서리로 보급되기 시작해 불과 3~4년 만에 핸드폰은 세상의 모든 것을 담는 요술램프가 되었다. 지상파 DMB, 위성 DMB 등이 라디오와 텔레비전 방송 프로그램을 핸드폰으로 송출하기 시작하고 인터넷도 핸드폰 속으로 들어오고 있다(권장희, 2006). 2007년부터는 핸드폰으로 초고속 유선 인터넷에 버금가는 속도로 인터넷을 이용하게 되는데, '와이브로(Wireless Broadband)' 와 '유비쿼터스' 가 바로 그것이다. 새로운 IT 패러다임인 '유비쿼터스 컴퓨팅(Ubiquitous Computin-g)' 에 대한 관심이 갈수록 높아지고 있다. 유비쿼터스 시대는 전문가들이 농업혁명과 산업혁명, 정보혁명과 맞먹는 제4의 혁명이라고 비유할 만큼 향후 일상생활과 미래 정보통신 시장에 커다란 변화를 가져올 것으로 예상되고 있다. 유비쿼터스의 기본개념은 다양한 종류의 컴퓨터가 현실 세계의 사물과 환경 속으로 스며들고 상호연결되어 언제 어디서나 이용할 수 있는 인간 · 사물 · 정보 간의 최적 컴퓨팅을 말한다. 유비쿼터스에 대한 관심이 증대됨에 따라 유비쿼터스를 실현하기 위한 연구가 정부와 각 연구기관 및 기업 등에서 진행되고 있다.

유비쿼터스는 '언제 어디서나', '동시에 존재 한다', '편재하는' 등의 의미를 지닌 라틴어에서 유래되었다. 이 용어는 일반적으로 물과 공기처럼 도처에 편재한 자연자원이나, 종교적으로 신이 언제 어디서나 시공을 초월해 존재한다는 것을 말할 때 사용한다.

유비쿼터스 개념은 1998년 미국 제록스 팰러앨토연구소 마이크 와이저가 처음 제안한 유비쿼터스 컴퓨팅이 효시이다. 유비쿼터스 환경은 컴퓨터화의 새로운 패러다임으로 유비쿼터스 컴퓨팅과 유비쿼터스 네트워크를 기반으로 물리 공간을 지능화함과 동시에 인터넷이 책상에 홀로 떨어져 있던 컴퓨터를 연결시킨 것과 같이 물리 공간에 펼쳐진 모든 사물들을 네트워크로 연결하려는 노력으로 정의할 수 있다.

따라서 유비쿼터스화는 사물들의 네트워크화를 지향하며 이는 결국 사람 · 사물 · 컴퓨터 모두를 유 · 무선으로 연결하고 센싱과 트레킹을 통해 장소나 시간에 따라 변화하는 내용의 특화된 정보를 주고받을 수 있음을 의미한다. 유비쿼터스 공간의 특징은 사람 · 컴퓨터 · 사물이 언제(any-time), 어디서나(any-where), 어떠한 네트워크(any-network), 어떠한 서비스(any-services), 어떠한 기기장치(any-devices)와도 연결이 가능한 것이다. 이러한 유비쿼터스 개념을 토대로 미국과 유럽 및 일본 등은 이를 향후 국가 경영비전으로 제시할 것으로 알려지고 있고, 우리나라도 새 국가경영전략인 '유비쿼터스 코리아(u-Korea)' 구상이 공식 제안되어 2007년까지 유비쿼터스 네트워크 기반을 위한 형성단계, 2008년에서 2013년까지를 발전단계, 2013년 이후를 성숙단계로 정해 정부의 각 부처 및 특정 영역 단위별로 이를 추진하고 있다(이상택, 2007).

언제, 어디서나, 누구나, 어느 장비에 상관없이 인터넷을 이용할 수 있는 휴대 인터넷은 유비쿼터스 환경의 꽃이라 할 수 있다. 특히 와이브로 서비스는 기술 개발에서부터 표준에 이르기까지 모두 순수 국내 기술로 개발되어 세계시장을 선도했던 CDMA 서비스에 이어 제2의 신화 창조를 꿈꾸고 있다.

우리나라의 정보통신산업은 OECD 국가들 가운데에서 가장 앞서는 것으로 평가받고 있다. 특히 정보통신 장비 생산과 서비스 활용 측면에서는 선두적인 지위를 차지하고 있다(허필선 · 권성혁, ETRI, 2005년 5월 24일자).

정보통신의 놀라운 발전이 이루어지는 가운데 우리 청소년들은 전자 음란물로부터 안전하지 않다. 최근 이동통신사와 콘텐츠 업체가 휴대전화를 이용, 음란 소설(속칭 야설)을 버젓이 판매한 것이 드러났다. 이처럼 자녀들이 휴대전화와 인터넷을 통해 음란, 폭력

물에 손쉽게 접근할 수 있는 상황 속에 우리 아이들이 놓여 있는 것이다. 최근 정보통신윤리위원회가 전국 13~18세 청소년 1,014명을 대상으로 조사한 결과 휴대전화 무선 인터넷으로 성인물을 이용했다는 청소년이 6.5%나 되었다. 46.5%는 성인물 접속을 유도하는 스팸 광고를 받아본 경험이 있다고 했다. 이러한 현상을 볼 때 청소년에게 해로운 정보가 여과 없이 전달되는 것을 막을 수 있는 장치가 필요하다. 우선 부모가 휴대전화를 개통해 줄 때는 이동통신사에 실제 사용자가 미성년자임을 알려야 한다. 이동통신 3사는 모두 미성년자가 휴대전화로 성인물을 접속할 수 없도록 원천 차단을 해 준다. 그러나 때로는 자녀가 부모의 주민번호를 도용 접속하는 경우가 있으므로 부모 것도 아예 성인물 차단조치를 하면 된다. 그러나 성인인증을 거치지 않고 접속하게 해주는 불법서비스도 있으므로 자녀와 자신의 요금 고지서를 꼼꼼히 살펴 점검할 필요가 있다(최우규, 2006).

5. 아동의 놀 권리 보호를 위한 접근

1959년에 발표한 유엔의 아동권리선언 제7조 3항에는 "어린이는 놀이 및 레크리에이션을 위한 충분한 기회를 부여받을 권리를 갖는다. 놀이 및 레크리에이션은 교육과 똑같은 목적을 지향하지 않으면 안 된다. 사회 및 공공기관은 이 권리의 향유를 추진하기 위해 노력하지 않으면 안 된다"고 명시하고 있다. 아동권리협약에서도 아동의 놀 권리는 단순히 노동으로부터 해방되어서 휴식을 취할 권리에 국한되지 않고 나이에 맞는 적절한 놀이를 하며, 문화와 예술에 적절히 참여할 수 있는 것과 같은 적극적인 권리이며, 국가는 아동이 문화적 생활에 안전하게 참여할 수 있도록 아동의 권리를 존중하고 촉진시켜야 하고, 경제 · 사회적으로 어려운 환경에 있는 아동들도 여가활동을 균등하게 참여할 수 있도록 장려해야 하는 의무를 지니고 있다고 명시하고 있다(아동권리협약 제31조). 즉 아동에게 주어진 놀 권리는 놀이 및 레크리에이션을 위한 충분한 기회가 주어져야 하되 노동으로부터 휴식을 취하는 소극적인 수준이 아닌 문화와 예술에 적절히 참여할 수 있는 적극적인 권리와 연령에 적합하고 교육의 목적과 똑같은 방향을 지향해야 하며 이를 위해 사회와 공공기관, 그리고 국가가 노력해야 함을 명시하고 있음을 볼 수 있다.

연령에 적합한 놀이가 주어지기 위해 아동에게 발달적으로 적합한 소프트웨어의 특성을 알아보면 개방적, 탐색적, 조절 가능, 시행착오를 통해 의사결정과 문제해결을 할 수 있는 것으로 보고 있다. 발달에 적합한 컴퓨터 활동의 긍정적인 측면은 아동의 능동적 참여와 탐색을 통해 스스로의 관계성을 찾아보도록 하는 참여적 학습을 가능케 하며, 도전성, 환상, 조절성, 신기함을 통해 아동의 학습 동기를 자극하여 내적 동기화를 가능케 한다. 또한 개념획득뿐 아니라 비계화(scaffolding)를 위한 기회를 제공하여 추상적인 세계와 구체적인 세계를 연결하며, 아동과 넓은 세계를 연결하여 보다 정확하고 현실적인 정보를 제공받을 수 있으며, 의사소통이 용이하여 개인, 지역사회와 문화 등에 폭넓은 이해와 기회를 갖게 함으로써 아동의 발달과 학습을 지원하는 점 등을 들 수 있다(홍혜경, 2000).

놀이는 교육과 똑같은 목적으로 지도되어야 하므로(아동권리선언 7조) 교육목적을 먼저 살펴보면(아동권리협약 29조) 다음과 같다.

- 아동의 인격, 재능 및 정신적, 신체적 능력에 있어 최대한의 잠재력을 개발
- 인권과 기본적 자유 및 국제연합헌장에 규정된 원칙에 대한 존중심의 함양
- 아동의 부모, 문화적 정체성, 언어 및 가치, 아동이 생활하는 국가와 출신 국가의 국내 이념, 서로 다른 문명에 대한 존중심의 개발
- 인종적, 민족적, 종교적 집단 및 원주민 등 모든 사람과의 관계에 있어서 이해, 평화, 관용, 성 평등 및 우정의 정신에 입각하여 아동이 자유사회에서 책임 있는 삶을 영위하기 위한 준비를 하는 방향에 적합한 지도가 필요하다.

즉, 아동의 잠재력 발달과 세계시민으로서의 자질과 인간을 존중하는 건전한 인격에 도움이 되는 것이라야 한다. 또한 이러한 놀이의 기회는 누구에게나 차별 없이 충분히 주어져야 하며 이를 실현하기 위하여 사회와 공공기관, 그리고 국가가 함께 노력해야 한다. 따라서 정보화 시대를 넘어 제4의 혁명 시대를 향하는 삶을 살아가는 우리 자녀들의 놀권리 보호를 위해 생태학적인 다양한 체계의 영향을 고려하여 미시적인 체계와 거시적인 체계에서의 노력과 대안을 제시하고자 한다.

1) 미시적 차원의 노력

(1) 아동

50% 이상의 청소년들이 수업 중에 핸드폰을 사용한 경험이 있다는 통계는 많은 학생들이 살아가고 있는 세계와 학교수업이 거리가 있다는 것으로 생각하고 있는 듯하다(권장희, 2006c). 첨단의 정보사회에 사는 청소년들에게 이미 생활 속에 깊이 파고 든 미디어환경은 그들을 새로운 형태의 사이버 공간에서의 삶으로 이끌어 가고 있다. 인터넷이나 온라인 게임 등 청소년들이 생활하는 사이버 공간에서의 유해 환경은 어른들의 접근이 어려운 곳이기 때문에 어른들이 나서서 보호해 주고, 막아 주는 데는 한계가 있다. 따라서 아동 스스로 분별하고 방어할 수 있는 힘을 기르는 것이 중요하며 아이들 스스로 유해한 환경으로부터 자신을 지킬 수 있는 면역능력을 키워 주는 것이 그 어느 때보다도 절실한 시대가 되었다.

2006년 현재 16개 시 · 도 교육청 지정 YP(청소년스스로지킴이) 시범학교 사업은 이러한 시대의 요청에 부응하는 프로그램이다. YP의 본래 의미는 청소년 순찰대를 의미하는 'Youth Patrol'의 약자지만, YP의 뜻은 의역을 해서 '청소년스스로지킴이'이다.

YP는 전통적인 패러다임인 부모들이 아이들을 보호해 주는 방식의 활동이 아니다.

'스스로'라는 단어를 넣어 청소년지킴이가 '청소년스스로지킴이'가 되면, 지킴이의 주체가 어른들에게서 청소년 자신들로 바뀌게 된다. 청소년들이 자신들이 살아가면서 접하는 문화환경 속에서 누군가의 도움이 아니라 스스로 판단하고, 분별하고, 극복해 갈 수 있도록 역량을 키워 가는 것이 YP이다.

YP 프로그램은 자기통제(조절능력) 기르기와 선택능력 기르기 등을 들 수 있다(권장희, 2006a).

① 놀이미디어 공간에서 자기통제(조절)능력 키우기(PKC)

아이들에게 미디어를 제공할 때, 스스로 브레이크를 밟는 훈련을 먼저 시켜야 한다.

아이들이 스스로 미디어를 조절할 수 있는 역량을 키우는 다양한 활동 중의 하나인 PKC는 가정과 학교에서 적용해 볼 수 있는 좋은 방법이다.

■ 욕망을 조절하는 PKC 프로그램(Promise & Keep & Commitment)

Promise 첫째는 약속을 하는 것이다.

미디어 사용 시간, 요일 정하기, 프로그램, 장르 정하기

Keep 둘째는 약속한 것을 실천하는 것이다.

1) 내가 정한 약속은 가족 모두가 알도록 알려 주고, 기록하여 컴퓨터 앞의 볼 수 있는 위치에 부착해 놓는다.
2) 약속을 지키지 못했을 경우에는 반드시 벌칙이 주어집니다. 한 번에 한 주 또는 한 달 동안 미디어 금식하기 등.
3) Keep이 잘 되었을 경우, 적절한 보상에 대한 약속을 한다(부모님, 선생님).

Commitment 셋째는 반복적인 훈련이다.

1) 함께 약속을 이행할 친구들을 만든다.
2) 지속적인 헌신을 통해 약속을 수정해 간다.

〈자료출처: 놀이미디어 교육센터〉

② 좋은 것을 선택하는 분별(선별)능력 기르기

오염된 문화 콘텐츠를 버리거나 부분만을 도려낼 방법이 없으므로 어쩔 수 없이 우리는 위험 요소가 가득한 놀이문화와 생활환경 속에서 살아갈 수밖에 없다. 그러나 폭력적인 미디어에 접하더라도 그것을 분별해 낼 수 있는 가치와 원칙이 있다면 오염된 문화 콘텐츠는 특별히 걱정할 필요가 없지만, 자기 안에 기준이 없으면 모방 충동과 일탈로 발전할 것이다.

위해한 환경들에 의해 부정적인 영향을 받는 것이 아니라, 반대로 청소년들이 유해한 환경들을 평가하고 자신의 생활환경 영역에서 몰아내는 능력을 키워 주는 것이다(권장희, 2006a).

(2) 부모

청소년들에게 좋은 환경을 제공해야 하고, 위해적 요소들을 방어해 주는 1차적인 책임이 어른들에게 있기 때문에 부모의 관심이 무엇보다 중요하다. 즉 가정에서 부모는 자녀의 게임 이용 행태에 주의 깊은 관찰과 게임 중독의 징후가 발견될 경우 조기에 대처하는 것이 중요하며, 게임에 과도하게 몰두하는 것은 현재 고민이나 문제를 안고 있다는 무언의 징표이므로 대화를 통해 무엇이 문제인지를 발견하고 올바른 대처를 하는 게 중요하

다. 또한 기성세대의 청소년 게임 문화 이해를 위한 다양한 프로그램 및 가족이 함께하는 게임체험 프로그램을 통해 청소년을 이해하고 올바르게 지도할 수 있도록 유도하는 게 필요하다(이종원 · 유승호, 2003). 대화를 많이 하는 가정과 애정 어린 가정, 자녀에게 간섭을 하지 않는 가정의 자녀들이 인터넷 중독 위험이 낮은데(권장희, 2006d), 이는 허용형(permissive style)이나 모범형(nurturant style)의 부모를 둔 자녀들로, 자신의 행위를 부모에게 알리고 무슨 일이 있으면 부모들과 상의함으로써(성윤숙, 2000; Baumrind, 1989, 1991) 인터넷의 불건전 정보가 끼치는 영향을 완화시킬 수 있다(이소희 외, 2001)는 것이다. 따라서 이런 부모의 자녀는 아무리 위해한 환경에 놓여 있다 할지라도 부모와의 애정 어린 충분한 대화를 통해 스스로를 지킬 수 있다는 것을 알 수 있다. 또한 인터넷의 역기능을 막으려고 애쓰거나 엄격한 전근대적 부모가 되지 않도록 노력해야 한다(이종원 · 유승호, 2003). 인터넷의 역기능을 막으려고 엄격하게 제한하고 통제하는 방식은 아동에게 거부감을 줄 뿐만 아니라 부모와의 좋은 관계를 유지하는 데 걸림돌이 되므로 허용적인 분위기에서 옳고 그른 것을 분별하고 함께 문제를 풀어 가도록 하는 게 바람직하다. 먼저 자녀의 인터넷 사용패턴을 분석하고 자녀의 상태를 이해하고 수용한 후에 부모가 개입하는 과정을 밟는 것이 좋다. 그러나 부모의 개입은 자녀의 자발적인 동기가 수립된 후에야 효과적일 수 있으며 자녀의 동기가 생기기 전에 부모가 일방적으로 개입을 추진한다면 오히려 자녀의 반발을 일으킬 수 있다(한국청소년상담원, 2006b). 부모 개입의 방법을 소개하면 먼저 자녀의 컴퓨터 사용 시간을 분석하여 그 시간에 다른 활동을 계획함으로써 컴퓨터 사용의 습관화를 막는다. 자녀와 함께 컴퓨터 사용 시간의 한계를 정하고 정해진 시간을 확인한다. 인터넷 사용 시간을 점차로 줄여 가는 계획을 세우고 자녀가 과도하게 많이 사용하는 프로그램을 파악하여 다른 프로그램으로 대치함으로써 중독된 프로그램에는 접근하지 못하게 한다. 또한 현실 세계에서 지지그룹을 만들어 부정적인 정서 상태를 유발하는 부적응적 인지를 다루고 실제생활에서 즐거운 관계를 형성하는 기회를 주어 인터넷에의 동료를 필요로 하는 욕구를 감소시켜 준다(한국청소년상담원, 2006b). 온 가족이 함께하는 가족행사나 여행을 계획하여 미디어 이외의 활동에서도 즐거움을 느낄 수 있도록 분위기와 환경을 마련하는 것도 좋으며, 가족치료를 통해 가족의 지지를 강하게 느끼게 함으로써 컴퓨터를 과도하게 사용하는 것에서 회복될 수 있도록 힘을 준다(한국청소년상담원, 2006b). 아직 성인의 지도와 도움이 필요한 미성년자인 아동이지만 모든 문제를 부모가 다 해결해 줄 수는 없으므로 인터넷의 유해물을 스스로 판단하고 분별하면서 처리하는 방법을 배우도록 도와야만 한다. 그 외에 자녀들이 정보화 시대에 미디어의 유해환경으로부터 보호하기 위해 컴퓨터를 밀실에 두지 말고 거실로 옮겨 함께 공유하도록 하는 섬세한 배려가 요구된다.

2. 거시적 차원의 노력

먼저 TV시청에 관한 아동의 놀 권리를 보호하기 위해서는 아동의 자발적인 참여욕구와 사회 현상 및 주변을 알아가는 욕구가 있음을 알고 이에 부응하는 보다 창의적이고 풍부한 프로그램을 개발하는 것이 필요하다. 또한 주중의 청소년 TV시청 시간대가 밤 10시에서 새벽 1시 사이임을 감안하여 청소년 보호시간대의 조정이 필요하며 방송등급제의 시행이 성실히 지켜져야 한다. 현재 지상파 방송의 방송등급제는 비교적 성실하게 지켜지고 있지만 케이블 방송은 청소년 보호시간대의 방송등급제가 보다 더 잘 지켜지도록 노력해야 할 것이다. 특히 지상파 방송에 비해 케이블 방송의 시청률이 점차 높아지고 있는 현실에서 더욱 엄격한 시행이 요청된다.

다음으로 인터넷의 이용과 관련하여 아동의 놀 권리를 보호하기 위한 방안을 제시하면 다음과 같다.

첫째, 정보사회에서 제4의 혁명으로 이어지는 시대에 살고 있는 청소년에게 있어서 인터넷 이용과 게임은 그들의 일상생활에 불가결한 하나의 문화이며 생활양식으로서 인정하고 청소년에게 미치는 영향력을 고려한 사회적 인식의 전환이 필요하다.

둘째, 게임에 흥미를 느끼는 청소년들이 자신의 적성을 계발하고 진로를 탐색할 수 있도록 전문적인 교육의 기회를 부여해야 할 것이다(이종원 · 유승호, 2003). 아동권리협약(제29조)이 제시하고 있는 교육의 목적 중 제1항인 아동의 잠재력 개발은 아동의 적성에 따라 자신의 능력을 개발할 수 있는 기회가 주어질 때 보다 효과적인 결과를 이끌어 낼 수 있기 때문이다.

셋째, 게임에 대한 청소년들의 높은 선호도를 고려하여 오락적 기능뿐만 아니라 교육적 · 치료적 기능을 갖는 게임의 개발을 지원하고 학교와 청소년 관련 기관에서 활용될 수 있도록 추진할 필요가 있다(이종원 · 유승호, 2003). 청소년들의 놀 권리는 단지 아동의 오락적 선호만을 규정하여 보장하는 것이 아니다. 놀이는 아동의 인격, 재능 및 정신적 · 신체적 능력에 있어 최대한의 잠재력 개발과 아울러 인권에 대한 존중심 개발, 아동의 문화적 정체성 및 다른 문명에 대한 존중심 개발과 자유사회에서 책임 있는 삶을 영위하기 위한 준비를 목적으로 하는 교육과 방향을 같이하는 것이므로 아동에게 유익한 교육적 · 치료적 기능을 갖는 게임 개발을 통해 진정한 놀 권리가 보장되어야 할 것이다.

넷째, 청소년을 위한 네티켓 교육을 실시해야 한다. 부적절한 인터넷 이용은 청소년의 학교부적응과 상관이 있으므로 인터넷을 활용하는 교육뿐만 아니라 인터넷 윤리와 정신교육으로 전환하여 인터넷의 중독과 같은 문제의 위험을 줄여 나가야 할 것이다(김선숙, 2004).

다섯째, 음란물 정보로부터 청소년을 보호하기 위한 기술적, 제도적 장치를 마련해야 한다. 즉 인터넷 내용 선별 소프트웨어의 개발, 청소년 관련 법들을 사이버 공간 일탈 행위에도 적용될 수 있도록 적절히 보완하는 것이 필요하며, 음란정보 노출방지를 위한 안전한 정보환경을 구축하고 정보복지 정책의 수립과 지속적인 시행이 필요하다(이소희 외, 2001).

여섯째, 유용하고 우수한 정보를 많이 제공하고 이를 손쉽게 이용할 수 있는 정보환경을 구축하여 인터넷을 훌륭한 정보교환의 장으로 만들고 올바른 인터넷 이용의 풍토를 만들어야 한다. 청소년 전용 안전 웹사이트를 구축하고 제공하는 것을 의무화하는 싱가포르 방송청(SBA)의 사례를 참조하여 적극적인 노력이 경주되어야 할 것이다(이소희 외, 2001).

일곱째, 청소년 보호의 공공성을 확보하기 위해 게임물 등급제도를 개선하고(이를 위해 소년, 학부모, 교육기관의 추천으로 위원회를 구성), 청소년 수면권 확보를 위한 심야시간 접속제한과 어린이, 청소년이 부모 동의 없이 직접 결제 가능한 현행 방식을 폐지해야 한다(게임물등급제도 개선연대, 2006).

여덟째, 청소년 보호를 위한 부모의 역할을 강화하기 위해서는 부모의 알 권리를 찾아야 한다. 즉, 인터넷 회원가입 정보 및 인터넷 게임이용 시간 정보, 캐쉬 아이템 구입 및 게임비 결제내역을 의무적으로 부모에게 통보하도록 하는 것이다. 인터넷 회원 가입 시 그 사실을 서면, 전화, 핸드폰, 문자 등을 통해 반드시 고지해야 한다. 인터넷 사업자는 19세 미만의 청소년이 해당사이트에 로그인한 시간, 인터넷 게임이용 시간 정보를 주간 혹은 월간 단위로 부모에게 서면, 전화, 핸드폰 문자 등을 통해 반드시 고지해야 하며, 캐쉬 아이템 구입 및 게임비 결제내역(캐쉬 충전 내역)도 해당 사이트에서 월 단위로 얼마의 결제를 하고 있는지 고지해야 한다(게임물등급제도 개선연대, 2006).

아홉째, 공짜게임, 유료 아이템 판매방식이 중독을 부추기므로 고려해야 한다. 온라인의 중독이 수년 사이에 급속히 증가하고 6~7세 아동부터 초등학생, 중학생들이 게임에 빠져들게 된 가장 큰 원인 중의 하나는 이들 게임들이 대부분 인터넷에 접속만 하면 돈을 내지 않고 공짜로 이용한다는 것이다. 그러나 게임의 시작은 공짜지만 게임에 빠져들면 돈을 지불하고 아이템을 구매하지 않을 수 없다. 온라인 게임에 빠져드는 아이들은 금단현상, 집착, 지나친 의존, 현실감각 결여, 강박관념, 조절능력 상실 등 중독 현상으로 고통을 겪는다. 이러한 아동들의 게임 중독을 예방하기 위해서 그 핵심에 공짜 게임제도를 제도적으로 규제하는 것이 검토되어야 하며 돈으로 문제를 해결하는 잘못된 게임의 룰이 야기하는 문제도 고려해야 한다(권장희, 2006e).

열 번째, 연령에 맞는 온라인 게임을 위해 연령 확인 방식이 개선되어야 한다. 즉, 폭력적인 게임(18세 등급)의 회원 가입 시 실명 인증, 신용카드, 공인인증서 수준으로 강화하고, 14세 미만 어린이, 청소년의 회원 가입 시 부모 동의 절차도 같은 수준의 실명 인증을 함으로써 청소년을 인터넷의 폐해로부터 보호하고 연령에 맞는 놀이를 제공함으로써 아동의 놀 권리를 보장해야 한다. 초등학생들이 즐기는 게임인 넷마블에서 서비스하는 '건즈'는 선혈묘사로 18세 이용 등급을 받은 것인데 선혈을 녹색처리해서 15세 등급으로 받은 게임이다. 이 게임은 5세 주민등록번호로 접속해도 게임을 진행하도록 되어 있으며 실명 확인이 불가능하므로 많은 어린 게이머들이 자유로이 드나들게 되어 있다. 연령에 상관없이 어린 게이머들에게까지 이러한 게임이 무방비 상태로 열려 있을 뿐만 아니라 어린 게이머들을 통해서라도 이익만 얻으면 된다는 비정상적인 우리의 현실 속에서 이 사회의 어린 아동들은 병들어 간다. 따라서 정보통신부와 문화관광부는 최소한의 연령 등급에 따라 게임서비스를 하는 적절한 시스템 개발을 위해 기업을 계도하고 관리감독을 철저히 해야 할 것이다(게임물등급제도 개선연대, 2006; 권장희, 2006e).

열한 번째, 아동, 청소년, 성인이 함께 경쟁하는 온라인 게임 환경의 적절성 여부를 분석해 정책적으로 조정해야 한다. 인터넷 공간이 비대면성, 익명성이 전제되어 있어서 온라인 게임을 처음 시작하는 만 3~4세부터 노인에 이르기까지 연령 개념 없이 온라인 게임 속에서의 캐릭터가 동등하게 존재한다. 아동들은 게임 안에서 수시로 대화하고 정보교환을 하며 실질적인 상호작용과 전인격적인 교류가 일어나는데 그 유대감은 절대적이다. 이때 아이들이 부모의 통제 영역 밖에서 게임에 빠져서 검증되지 않는 어른들과 노는 것은 매우 위험스러운 일이다. 따라서 아동을 연구하는 전문가들을 통한 온라인 게임의 커뮤니티 속에서 성인과 아동이 뒤엉켜 있는 사회구조에 대한 활발한 심층적인 분석이 필요하며(권장희, 2006e), 이러한 작업이 활발히 일어날 수 있도록 격려하는 정책과 그 결과를 근거로 바람직한 온라인 게임 환경의 방향을 정립하기 위한 정책적인 노력이 있어야 한다.

열두 번째, 온라인 게임이 5~7세 유년기에 시작하는 문제에 대한 전문가들의 집중적인 연구를 정책적으로 유도하고 그 결과물에 의한 국가정책의 기초를 세워야 한다. 유아교육기관에서 이미 컴퓨터교육이 실시되고 있고 유아들이 그들 스스로 컴퓨터를 하는 것을 당연하게 인식하고 있어서 일찍부터 온라인 게임에 빠져드는 현실이다. 유아들은 폭력성과 충동성을 강화하는 온라인 게임을 하고 있으며 본능적으로 충동적일 수밖에 없는 유아들이 이러한 게임을 통해 충동적이고 공격적인 성향이 강화된다는 연구결과들이 있음에도 불구하고 유아들이 폭력적인 게임을 하도록 조장하고 있으며 그것도 유아교육기관들이 앞장서고 있다는 현실이다. 따라서 폭력적인 온라인 게임을 유년기에 했을 때 일어나는 문제들을 진지하게 연구하여 사회적인 경각심과 국가정책에 반영을 하여야만 할 것이다(권장희, 2006e).

결론적으로 우리가 사는 세계는 제3의 물결인 정보화 시대를 넘어 제4의 혁명인 유비쿼터스 시대를 목전에 두고 있다.

이제 우리는 더 많은 시간과 영역이 미디어에 점령되고 점차로 미디어에 매여 살아갈 우리 자녀들의 현실을 직시하고 아직도 여전히 사이버 공간이 아닌 물리적인 공간에서 아동을 붙잡아 두려는 소극적인 통제나 제한보다는 그들의 미디어 세계를 이해하고 활용하고자 하는 적극적인 자세와 함께 보다 바람직한 방안을 세워 대처해 나가야 할 때이다. 인류 역사상 유래가 없는 미디어 만능의 시대가 도래하더라도 우리 자녀들이 진정한 놀 권리를 향유함으로써 인간의 존엄성과 가치를 간직하고 진정한 자율성을 지닌 건강한 정신과 균형 잡힌 전인적 인격을 유지할 수 있도록 도와야 한다.

유비쿼터스의 시대가 예고되어 아동들이 미디어와 더불어 살아가는 환경에 놓여 있다. 우리의 아동들이 미디어에 점령당하지 않고 이러한 것들을 하나의 도구로 잘 활용하고 조정할 줄 알아서 자신의 인격과 재능, 정신적, 신체적 능력에 대한 잠재력을 최대한 개발하고, 인간이 가지는 권리와 기본적인 자유 및 인류에 대한 존중심을 유지하고, 세계화 시대에 가지는 인종적, 민족적, 종교적 집단 및 원주민 등 모든 사람과의 관계에 있어서 이해, 평화, 관용, 성 평등 및 우정의 정신에 입각하여 자유사회에서 책임 있는 삶을 영위하기 위한 준비를 할 수 있도록 가정과 학교와 사회와 국가가 모두 힘을 합하여 아동의 힘을 길러 주고 스스로 분별하고 조절해 나갈 수 있도록 환경을 조성하고 격려해야 할 것이다.

참고문헌

게임물등급제도개선연대(2006). 인터넷 게임 속에 〈청소년 보호〉는 없다!!!, 보도자료, 2006년 12월 13일.

구은정(2003). 초등학교 아동의 자기통제, 자기노출, 사회적 지지 지각과 인터넷 중독과의 관계. 한국교원대학교 석사학위논문.

권장희(2006a). YP(청소년스스로지킴이)를 통한 학교 폭력 예방 근절 모색하기. 폭력 예방교사 연수, 미디어 환경의 변화와 청소년스스로지킴이 강의 자료. 놀이미디어교육센터.

______(2006b). 현대문화와 다음세대, 인터넷, 게임에 빠져드는 아이들 구하기 http://www.gamemedia.or.kr/program

______(2006c). 청소년들을 게임의 늪에서 끌어올리자. 놀이미디어 교육센터.

______(2006d). 자녀와 함께하는 인터넷. 강의자료. 놀이미디어 교육센터.

______(2006e). 아동청소년의 인터넷/게임중독 예방을 위한 놀이미디어교육센터의 교육 프로그램, 청소년, 인터넷 중독과 게임 폐인: 대안은 없는가?, 놀이미디어 교육센터 토론회 자료.

김문환(1997). 어린이의 문화적 권리와 문화적 참가, **아동권리연구**, 제1권 제2호 pp. 31-32.

김선우(2001). 인터넷 중독의 실태와 영향요인에 관한 연구-소외를 중심으로. 서울대학교 대학원 석사학위논문.

김옥순(2000). 정보사회와 청소년 자아정체성. 청소년개발원 주최 세미나 발표논문집, **인터넷 문화: 청소년참여와 사이버 일탈**, pp. 26-57.

김원인(2004). 여가, 놀이 그리고 삶의 가치, 자치정보화지원재단, 주민자치센터 자료실.

김웅진(2005). 청소년 TV시청 형태와 지상파 등급제 프로그램 분석, 시청률 편성백서, 한국방송영상 산업 진흥원, 연구정보센터.

김유정(2002). 청소년 인터넷 게임 중독 척도 개발 및 심리학적 취약성 요인. 아주대학교 심리학과 석사학위논문.

김하나(2004). 폭력적 게임이 인터넷 게임중독 청소년의 인지, 정서, 행동에 미치는 영향, 아주대학교 대학원 문학석사학위논문.

김태평(2002). 가상현실의 중독성이 개인성향에 미치는 영향 연구, MUD게임사용자의 충동성, 공격성을 중심으로. 중앙대학교 산업경영대학원 석사학위논문.

서울YMCA(2005). 케이블 TV 심야 시간대 모니터: 영화, 여성, 다큐, 음악채널 중심. 서울 YMCA 좋은 방송을 위한 시청자 모임.

서정근(2006). '부모 알권리 보장 통해 자녀 게임 과몰입 예방해야', 아이뉴스24, 2006년 12월 14일 기사. antilaw@innews24.com

성윤숙(2000). 인터넷 시대의 자녀 양육방식과 부모-자녀관계, **한국가족복지학**, 5(1).

송명준 · 허유정 · 이은정 · 권정혜(2000). 인터넷 중독: 중독적 특성, 중독의 결과 및 중독자의 하위 유형, 고려대학교 학생생활연구소, 심리검사 및 상담연구 5권.

시청자시민운동본부(2005). 청소년 매체 이용실태 조사 보고서, 모니터 보고서.

이기숙 · 장영희 · 정미라 · 엄정애(2004). **유아교육개론**, 서울: 양서원, pp. 211-214, 218-220.

이상택(2007). 원하는 순간 언제나 접속하는 유비쿼터스 시대 예고, [신년특집] 교통-유비쿼터스 어디까지(도시교통), 대한민국교통포털교통신문4: 이상택 기자 st0582@gyotongn.com

이소영(2000). 게임의 중독적 사용이 청소년의 문제해결 능력 및 의사소통에 미치는 영향. 고려대학교 석사학위청구논문.

이소희 · 성윤숙(2001). 인터넷 음란 정보와 청소년의 사이버 일. **청소년복지 연구**, 제3권 1호, Vol. 3, No. 1, 111-124.

이송선(2000). 청소년의 컴퓨터 게임 중독과 개인, 가족, 학교 및 또래 환경요인과의 관계. 가톨릭대학교 대학원 석사학위논문.

이영제(2006). 주교 멀티미디어의 역할과 전망, 한국컴퓨터선교회, 미간행.

이용교(1997). 아동의 놀 권리와 놀이 공간. **아동권리연구**, 제1권 제2호, pp. 37-50.

이종원 · 유승호(2003). 청소년들의 온라인게임 이용실태 연구, 연구보고03-R05, GOVP1200513945, 한국청소년개발원.

임길진(2000). 새천년의 도전과 유아교육의 역할, 지식기반 사회에 대비한 유아멀티미디어 교육. 2000년 여름 워크숍, 한국유아교육학회 광주 · 전남지회, p. 16.

임효정(2000). 사이버 의존 집단과 비의존 집단 간의 심리측성 연구. 대인예민성과 우울중심으로. 이화여자대학교 대학원 석사학위논문.

정보통신부(2001). 인터넷 중독 전국 실태조사.

천정웅(2000). 청소년 사이버일탈의 특성과 유형에 관한 연구. **청소년학 연구**, 제7권 제2호 2000, pp. 97-116.

최민정(2000). 인터넷 중독적 사용과 우울감, 자기 효능감 및 감각추구성향의 관계. 중앙대학교 대학원 석사학위논문.

최우규(2006). 넘치는 휴대폰 · 인터넷 음란물 자녀를 노린다. 경향신문 2006년 5월 21일자 기사, 최우규 기자 banco@kyunghyang.com

한국인터넷정보문화센터(2003). 인터넷 이용현황 http://isis.nic.or.kr

홍인기(2001). 청소년 44% 음란인터넷 접속, 한국청소년단체협의회, 서울 연합뉴스 조준형(2001. 4. 14)

한국경제신문(1999). 논리보다 직관 앞서는 'AQ 시대', 한국경제신문, 1월 15일자.

한국청소년상담원(2006a). 엽기놀이, 태도습관, 청소년 문제별이해, www.kyci.or.kr/parent/problem/habit-02.asp

한국청소년상담원(2006b). 인터넷 중독, 태도습관, 청소년 문제별이해, www.kyci.or.kr/parent/problem/habit-02.asp

한미영(2006). 인터넷 게임 속에 청소년은 병든다, 서울=메디컬투데이/뉴시스, 2006년 12월13일자 기사, hanmy@mdtoday.co.kr

홍혜경(2000). 유아 멀티미디어 교육의 접근방향, 지식기반 사회에 대비한 유아멀티미디어 교육, 2000년 여름 워크숍, 한국유아교육학회 광주 · 전남지회, p. 29.

허필선 · 권성혁(ETRI)(2005/05/24). [와이브로 大해부] ① 정보 생활 혁명 가져올 휴대인터넷, 마이크로소프트웨어(ZDNet Korea의 제휴매체)기사.

토플러(1996). **제3의 물결**. 유래현 역. 서울: 주무.

Barnes, B. J. & Hill, S.(1983). Should young children work with microcomputers-Logo before Logo? *The computing Teacher*, 10(9), 11-14.

Baumrind, D.(1989). Parenting styles and adolesecent development. In J. Brooks-Gunn, R. Lemer, & A. C. Petersen (Eds.), *The Encyclopedia of Adolescence*. New York: Garland.

Clements, D. H., & Nastasi, B. K.(1993). Electronic media and early childhood education. In B. Spodek(Ed), Handbook of research on the education of young children, NY: Macmillan, 251-275.

Davidson, J. I.(1989). Children and computer to gather in the early childhood classroom. Albany, NY:

Delmar Publishers Inc.

Dertouzos, Michael L.,(1997) What will be: How the New World of Information Will change Our Lives, SanFrancisco: Harperedge.

Elkind, D.(1987). The child, yesterday, today and tomorrow, *Young Children,* 42(4), 6-11.

Elkind, D.(1991). Early childhood Education in the postmodern Era: An introduction, In D, Elkind.(Education) *Perspectives on Early childhood Education*. Washington DC: NEA. 3-17.

Erikson, E. H.(1950). Childhood and society. New York: Norton, Bacon.

Freud, S.(1920). A General Introduction to Psychoanalysis(J. Riviere, trans). New York: Washington Square Press, 1965.

Goldberg(1996). Internet Addiction: Electronic message posted to Discussion List. World Wide Web. URL: www.cmhc.com/mlists/research.html.

Griffiths, mark.(1997). "Psychology of computer use: Some comments on Addictive use of the Internet," Psychological Reports.

Haugland, S. W.(1992). The effects of computer software on preschool children' s developmental gains, *Journal of Computing in Childhood Education,* 3(1), 15-30.

Haugland, S. W. & Wright, J. L.(1997). Young children and technology: World of discovery. Boston, MA: Allyn Bacon.

Haugland, S. W.(2000). Early childhood classrooms in the 21st century: Using computers to maximing learning. *Young children,* 55(1), 12-18.

Hubbard, G.(1998). Children in the information age. In B. Sendov & I.StanChv (Eds.), *Child in information age.*

Huesmann, L. R.(1986). Psychological processes promoting the relation between exposure to media violence and agression behavior by the viewer. *Journal of Social Issues,* 42, 125-139.

Johnson, J., Christie, J., & Yawkey, T.(1999). Play and early childhood development(2nd ed.). New York: Longman. p. 10.

Kyle, P.(1994). TV: The Good! The Bad!, Good Housekeeping, sept. 94, vol. 219 Issue 3. p. 204.

Levin, D. E.(1998). Remote Control childhood?: chobating the hazards of Media culture. NAEYC.

NAEYC(1997). Media violence and young children. http://ericps. ed uiuc. edu/npim/respar/teats/ media/young.html.

Nua, Inc.(2001. 1. 31). How many online? http://www.nua.ie/surveys.

Piaget, J.(1962). Play, dreams and imitation in childhood. New York: W.W. Norton.

Suler, J.(1996).Computer and cyberspace addiction

Tapscott, Don(1998). Growing up Digital: the Rise of Net Generation, McGRAW-HILL pp. 68-78.

Young, K. S. & Rodgers, R. C.(1998). The relationships between depression and Internet addiction. *Cyber Psychology and behavior,* 1, 25-28.

Vygotsky, L.(1976). Play and its rloe in the mental development of the child. In Bruner, A. Jolly, and K. Sylva(Eds.), Play: Its rloe in development and evolution(pp. 537-554). New York: Basic Books.

http://educare.gyeonggi.go.kr/servlethtml/bbs/data/61/2004/10/1098679716266.htm

http://www.babyra.com/contents/contents_sence_view.asp?NO=2005030072&page=1&startpage=1&keyset=&searchword=

http://www.lari.re.kr/jibang/read.asp?search=&find=&num=18&page

5장

가족체계의 변화와 아동의 권리

가족은 하나의 형태(the family)로 존재하는 것이 아니라 사회제도와의 유기적인 상호작용을 통해 끊임없이 변화한다. 그러나 아동권리의 장으로서 가족의 변화가 갖는 의미에 대해서는 관심이 집중되지 못하고 있다.

가족은 아동의 성장발달에 가장 많은 영향을 미치는 사회적 환경이다. 왜냐하면 가족은 자녀들이 접하는 최초의 사회화 장소로서 자녀들에게 사회생활에 필요한 기본적인 가치를 가르치는 장소이며, 가족구성원들에게는 정서적 유대감을 제공하는 인간조직의 가장 기본적인 단위이기 때문이다. 특히 가족은 친밀한 인간관계를 통해 타인과 관계를 맺고자 하는 인간의 기본적인 욕구, 소속감에 대한 욕구 및 친밀감에 대한 욕구를 충족시켜 준다는 점에서 그 중요성이 강조된다. 인간의 친밀감에 대한 욕구는 가족구성원들이 서로 감정을 공유하고, 걱정과 근심을 함께 나눔으로써 충족되며, 이를 통해 사회적 통합을 향한 욕구도 충족될 수 있다. 이와 같이 가족은 도움을 필요로 하거나 자신의 중요성을 인정해 주는 가족구성원을 통해 안도감의 욕구가 충족되는 장소이기도 하다(정현숙, 2002).

이러한 가족은 하나의 형태(the family)로 존재하는 것이 아니라 사회제도와의 유기적인 상호작용을 통해 끊임없이 변화한다. 특히 20세기 이후 경제체제의 변화, 기술 및 의학의 발달과 가족가치관의 변화를 통해 나타난 두 차례의 인구혁명으로 가족 구조가 다양해지고, 가족관계에 많은 변화가 나타나고 있다. 서구에서 19세기에서 20세기에 걸쳐 일어난 저출산, 고령화 및 이로 인한 인구감소 현상이 특징인 1차 인구혁명과 이혼, 동거, 혼외출산 및 한부모가족 증가로 이어지는 1960년 이후 2차 인구혁명으로 가족의 다양성(families)이 두드러진다. 이러한 변화를 학자들은 가족혁명(Giddens, 1999; Skolnick, 1991), 혹은 가족전쟁(Family War)(Glenn, 2001; Hay, 1996)이라 명명하고, 여성뿐만 아니라 남성의 삶(Goldscheider, 2000)과 아동의 삶에 미친 혁명적 변화(Hernandez & Myers, 2003)를 강조한다. 서구에서는 19, 20세기의 두 세기에 걸쳐 일어난 인구혁명이 우리나라에서는 1980년 이후 한꺼번에 다가옴에 따라 그 변화에 적응하거나 준비할 기회도 없이 서구보다 더욱 혁명적으로 가족전체에 영향을 미치고 있다. 그러나 이러한 변화에 대한 우리의 대비나 아동의 사회화 장소로서, 그리고 아동권리의 장으로서 가족의 변화가 갖는 의미에 대해서는 관심이 집중되지 못하고 있다. 본 장에서는 이러한 혁명적 변화의 원인과 내용을 살펴보고 이러한 변화에 따른 미래의 가족에서 아동권리를 위해 다루어져야 하는 점을 유엔아동권리협약을 기준으로 진단하고 그 지원방안을 살펴보고자 한다.

1. 가족의 변화 요인

1) 경제체제의 변화

현대사회의 변화 중 가장 대표적인 것은 경제체제의 변화이다. 농경사회에서 산업화사회, 정보화사회로의 경제체제의 변화는 가족의 기능과 구조에 가장 많은 영향을 미친 사회적 환경이다. 산업화 이전의 농경사회에서 가족은 구성원들에게 의식주를 공급하는 자급자족적 생산 단위로서 기능하였으며, 여성이 함께 경제활동에 적극적으로 참여하였다. 그러나 산업화가 시작되면서 가족은 경제적 자급자족의 기능을 상실하고 각종 재화와 서비스를 소비하는 단위로서 기능하게 되었으며, 이러한 과정에서 남성들에게는 가족부양의 책임이, 여성들에게는 가사와 육아의 책임이 부여되는 성별분업화가 이루어졌다. 초기 산업사회를 지나 산업화가 고도화됨에 따라 확대된 노동시장은 여성 노동인력을 어느 때보다도 더욱 필요로 하게 되었고, 특히 인플레이션이나 경기불황과 같은 상황들은 여성들, 특히 기혼 여성들이 적극적으로 노동시장에 참여하는 결과를 가져왔다. 맞벌이부부는 이제 보편적인 현상이 되었으며, 남성에 대한 여성의 경제적 의존도가 감소함에 따라 여성들은 결혼과 가족생활에서 과거보다 더 많은 권력을 지니게 되었고, 생활양식에 대한 선택의 폭도 이전보다 더욱 넓어지게 되었다. 이처럼 경제적 상황의 변화는 개인이 결혼과 가족생활 양식을 선택하는 데 영향을 미쳐서 배우자 선택 시 맞벌이가 선호되고, 경제적으로 독립한 여성들이 자발적으로 독신생활을 선택하며, 이혼을 원하는 기혼 여성들이 이혼 후의 경제적 자립능력 때문에 더 이상 이혼을 꺼리지 않아도 되는 결과를 가져왔다(정현숙 · 유계숙 · 최연실, 2002). 그 결과 맞벌이가족과 한부모가족 등 다양한 가족이 증가하고 있다.

특히 정보화는 가족생활의 여러 영역에 영향을 미쳤다. 정보화는 가족구성원 간의 관계 변화(함인희, 1996)뿐만 아니라, 주부의 가사분담(조형, 1992), 가족 내의 의사소통 방식(김재은, 1997)을 변화시켰으며, 정보화로 인한 재택근무는 가족 내 남녀 간의 성별분업(이선이 · 최문경, 1997)에도 영향을 미쳤다. 이러한 변화는 정보사회의 발달로 인해 그 속도가 가속화될 것이라고 전망된다. 정보화 사회에서 가족관계는 가족원들과의 관계보다는 네트워크에 의존한 인간관계에 더 많은 시간을 보내게 되어 가족원의 개인화된 네트워크가 확장될 것으로 예측된다(조정문, 1997). 그 결과 다양한 가족의 증가와 함께 가족관계 내에서는 개방성과 자율성이 증가하지만, 반대로 가족의 중요한 기능 중 하나인

정서적이고 인격적 관계의 형성에는 부정적인 역할을 한다. 정보화 사회에서 가족구성원들은 다른 형태의 동료애를 요구하며, 아동양육은 점차 덜 중요한 가족의 기능이 될 것이며, 인간의 욕구를 충족할 기회와 도전에 직면할 것이다. 이미 사람들은 인터넷에서 동료애를 찾기도 하고 중요한 관계를 형성하기도 한다. 학교, 기업, 정부는 과거에 가족에서 이루어지던 보건과 의료, 아동양육, 은퇴 후 보호, 실업 수당 등 인간의 기본적 욕구 제공의 요구에 직면하고 있다. 특별한 건강에 대한 요구나 정서적 문제를 가진 사람들을 돕기 위한 지지집단이 증가하고 있으며, 여행 동우회, 독서토론 모임, 음식탐방 모임 등 가족 밖에서 비슷한 흥미를 가진 사람들의 모임이 붐을 이룬다(정현숙, 2004).

2) 기술과 의학의 발달

가족에 영향을 미친 또 다른 사회적 환경은 기술 및 의학의 발달이다. 기술 및 의학의 발달 중 가족에게 영향을 미친 획기적인 사건이 피임약의 개발이다. 피임약의 개발로 인해 임신 여부 및 시기를 조절할 수 있게 됨으로써 여성은 출산으로부터 어느 정도 자유로워졌다. 피임약이 보편화되면서 여성의 혼전 성관계가 증가하고, 출산 시기를 조절할 수 있게 되어 여성들의 적극적인 사회진출이 가능해졌다. 이러한 일련의 변화는 궁극적으로 양성평등한 성역할의 변화로 이어진다. 새로운 기술의 발달은 자동화된 가사노동 보조제품, mp3, DMB 등의 여가생활제품, 그리고 컴퓨터, 휴대폰 등의 새로운 커뮤니케이션 수단을 가능하게 했다. 가사노동의 자동화로 인해 주부들의 여유 시간이 증가하는 한편 가족의 안식처 기능이 새롭게 조명되기 시작했다. 또한 새로운 기술을 둘러싼 전통적 가치관과 새로운 가치관의 갈등 및 대립 역시 심화될 가능성이 제기되고 있다(정현숙 외, 2003).

피임약의 개발과 양성평등한 성역할은 출산율 감소로 이어져 가족 수의 감소로 연결된다. 가족 수의 감소는 형제 수의 감소로 인한 아동발달의 환경변화를 의미하기 때문에, 가족 수의 감소는 자녀들의 형제관계 및 부모-자녀관계에 직접적인 영향을 미친다. 형제 수가 많은 가정의 아동은 돌봄과 친밀한 동료애의 기회가 많기 때문에, 가족 수의 감소는 아동기에서 성인기에 이르기까지 가능한 잠재적 동료애가 절대적으로 감소된다는 의미이다. 그러나 한 가족의 제한된 자원을 고려해 볼 때 형제가 많은 대가족에서 성장한 아동은 소가족 아동보다 교육기회가 제한될 수 있기 때문에 성인이 되었을 때 고위직업을 가질 가능성이 상대적으로 적다. 따라서 가족 수의 감소는 교육과 직업 및 경제적 성취에 더 좋은 기회를 제공한다(Hernandez & Myers, 2003).

또한 의학의 발달은 유아 사망률의 감소와 평균 수명의 연장으로 인한 노인 인구의 증가로 이어진다. 2005년 현재 한국인의 평균 수명은 77.9세로 수명 연장은 한동안 지속될 예정이다. 평균 수명의 증가는 가족의 생활주기에서 자녀출가 후 노부부만이 남는 기간이 장기화되고 결국 노인부양의 문제가 제기되지만, 우리 사회에서 자녀가 노부모를 부양하는 비율은 점차 감소하고 있다. 평균 수명의 연장은 부모역할의 연장으로, 그리고 노인부양에 대한 부담은 부모-자녀관계의 변화로 이어지면서 부모역할에 대한 새로운 관점이 요구된다.

3) 가족가치관의 변화

가족에 영향을 미친 사회적 현상 중 하나가 성역할의 변화이다. 1960년대와 1970년대에 여성들의 교육수준이 향상되고 사회진출이 활발해짐으로써 전개되었던 여성운동은 남성은 생계부양자로서, 그리고 여성은 어머니와 가정주부로서의 전통적인 역할구분에 도전하기 시작하였다. 그 이후 비록 이념적이나마 남녀평등은 상당한 진전을 이루어 오늘날, 특히 여성들에게 가정이나 일터에서 예전과는 다른 역할을 기대하게 된다(정현숙, 2002).

일반적으로 남성 지배적 통제구조를 갖춘 전통 사회에서는 정치, 경제, 사회, 문화 등 모든 제도에 있어서 남성과 여성은 격리되었다. 그러나 이러한 남성 지배적 사회구조가 산업화라는 '경제적 혁신'과 맞부딪쳐 가족의 구조와 기능에 많은 변화를 초래했다. 즉 여성의 노동력을 요구하는 사회적 필연성에 따라 현대사회에서는 여성들에게 보다 많은 사회참여 기회가 주어지고 노동시장에 진출하는 여성들이 급증함으로써, 여성들 스스로가 자신의 인생을 통제할 수 있는 능력이 과거보다 커지게 되었고, 이전의 고정화된 성역할과의 충돌은 불가피한 것이 되었다. 즉 여성들은 사회진출을 통해 과거에는 금지되었던 남성적 역할을 경험하고, 남성 또한 가족의 항상성 유지를 위해 필연적으로 가사와 육아에 참여함으로써 부양자로서의 남성역할과 가사 및 육아담당자로서의 여성역할을 탈피하여 점차 상호 충족감을 줄 수 있는 통합된 성역할을 획득하는 방향으로 나아가고 있다. 비록 오늘날 남성들은 이처럼 변화하는 가치관에 혼란을 보이기도 하지만, 그러한 성정체감의 혼란을 통하여 집안일도 분담하고, 아내의 경제적 원조를 거부하지도 않으며, 아내가 사회에서 일익을 담당하고 있음에 자긍심을 느끼기도 한다. 또한 자녀양육에 있어서 아버지 역할의 중요성이 점차 인식됨에 따라 과거의 권위주의적 아버지상에서 탈피하여 보다 적극적이고 양성적인 태도로 자녀양육에 참여하는 아버지들이 늘어나고 있다(정현숙 · 유계숙 · 최연실, 2002). 이러한 경제체제와 기술 및 의학의 발달과 성역할의 변화로 가족은 구조와 기능면에서 다양해지고, 가족경제가 향상되고, 양육방식이 변화하면서 다양한 가족가치관의 변화를 경험하고 있다.

2. 가족 변화의 특징

아동의 성장발달에 영향을 미치는 특징적 가족의 변화는 크게 가족 크기의 변화, 가족의 다양성 증가, 가족경제의 향상 및 가족의 양육방식의 변화로 설명할 수 있다.

1) 가족 크기의 변화

우리나라의 2005년 가족형태별 가구 〈표 5-1〉에 의하면 1975년 이후 30년간 가구 수는 두 배 이상 증가하였으나 가구당 평균 가족 수는 1975년 5명에서 1990년에는 3.7명, 2000년에는 3.1명, 2005년에는 2.3명으로 가족 크기가 급격히 감소한다. 또한 1세대의 부부가족은 증가하나 2, 3세대 가족은 계속 감소하는 추세이다.

〈표 5-1〉 가구원 수 및 세대수 별 분포: 1975~2005년

	가구원 분포(%)						세대수 별 분포(%)				
	일반 가구 (천 가구)	가구원 수 별				평균 가구원 수	혈연 가구 (천 가구)	세대수 별			
		1인 가구	2인 가구	3인 가구	4인 가구+			1세대	2세대	3세대	4세대+
1975	6,648	4.2	8.3	12.3	75.1	5.0	6,367	7.0	71.9	20.1	1.0
1980	7,969	4.8	10.5	14.5	70.1	4.5	7,470	8.8	73.1	17.6	0.6
1985	9,571	6.9	12.3	16.5	64.3	4.1	8,751	10.5	73.3	15.8	0.5
1990	11,355	9.0	13.8	19.1	58.1	3.7	10,167	12.0	74.1	13.6	0.3
1995	12,958	12.7	16.9	20.3	50.1	3.3	11,133	14.7	73.7	11.4	0.2
2000	14,312	15.5	19.1	20.9	44.5	3.1	11,928	17.1	72.9	9.9	0.2
2005	15,887	20.2	22.2	20.9	37.0	2.3	12,490	14.2	55.4	6.9	0.1

〈자료출처: 통계청,「인구주택총조사보고서」각 연도〉

이러한 가족 크기 변화의 가장 큰 이유는 결혼 후 자녀들의 분가와 1인 가구의 증가 및 기혼 여성의 출산율 감소가 그 원인이다. 〈표 5-2〉에서 2000년 평균 자녀 수는 2.5명이지만, 나이가 젊을수록 출생 자녀 수가 감소하는 것을 알 수 있다. 40~44세를 기준으로 할 때 15%가 자녀 1명, 64%가 2명, 15%가 3명으로, 4~5명이 44%인 부모세대(65~69세)와 비교하면 급격한 차이가 나타난다.

〈표 5-2〉 2000년 기혼 여성의 연령급간별 출생 자녀 수 (단위: 명)

연령	0명	1명	2명	3명	4명	5명	6명	7명	8명	9명	10명	평균
계	783,392	2,134,188	5,709,309	2,268,444	1,205,398	797,818	460,062	235,320	102,451	36,237	19,158	2.5
%	0.06	**0.16**	**0.41**	**0.16**	0.09	0.06	0.03					
15-19	6,791	3,855	843	174	0	0	0	0	0	0	0	0.5
%	**0.57**	**0.32**	0.07	0.01								
20-24	89,313	87,610	24,391	1,683	135	21	45	0	0	0	0	0.7
%	**0.44**	**0.43**	0.12	0.01	0.0006	0.0001	0.0002					
25-29	300,124	521,370	374,379	30,063	1,555	156	54	23	0	0	0	1.1
%	**0.24**	**0.42**	**0.30**	0.02	0.001	0.0001	0.00004	0.00001				
30-34	124,875	438,557	1,096,783	140,209	8,096	845	152	29	10	0	0	1.7
%	0.07	**0.24**	**0.60**	0.08	0.004	0.0004	0.0001	0.00001	0.00001			
35-39	69,696	308,158	1,346,576	231,837	20,869	2,995	472	158	71	11	0	1.9
%	0.04	**0.16**	**0.68**	0.12	0.01	0.001	0.0002	0.0001	0.00004	0.00001		
40-44	54,095	285,739	1,235,659	284,637	45,401	7,586	1,681	370	102	54	0	2.0
%	0.03	**0.15**	**0.64**	**0.15**	0.02	0.003	0.0008	0.0002	0.00005	0.00002		
45-49	31,792	148,354	750,298	375,635	94,430	21,726	5,238	1,100	292	62	28	2.3
%	0.02	0.10	**0.52**	**0.26**	0.07	0.02	0.003	0.0007	0.0002	0.00004	0.00001	
50-54	21,694	90,945	406,135	400,711	161,485	51,906	14,486	3,517	778	186	126	2.7
%	0.02	0.08	**0.35**	**0.35**	0.14	0.05	0.01	0.003	0.0006	0.0001	0.0001	
55-59	19,387	65,701	193,915	316,952	234,189	113,088	40,200	12,428	3,444	818	353	3.3
%	0.02	0.07	0.19	**0.32**	**0.23**	0.11	0.04	0.01	0.003	0.0008	0.0003	
60-64	14,378	51,512	103,100	211,770	247,485	181,571	87,819	34,113	10,424	3,072	1,188	3.9
%	0.02	0.05	0.11	**0.22**	**0.26**	0.19	0.09	0.04	0.01	0.003	0.001	
65-69	15,505	43,149	63,682	119,824	177,463	171,565	107,610	51,277	20,602	5,678	2,480	4.3
%	0.02	0.06	0.08	0.15	**0.22**	**0.22**	0.14	0.07	0.03	0.007	0.003	

연령	0명	1명	2명	3명	4명	5명	6명	7명	8명	9명	10명	평균
70-74	14,872	37,337	48,665	66,503	98,796	116,462	92,539	54,952	24,349	8,822	4,129	4.5
%	0.03	0.07	0.09	0.12	**0.17**	**0.20**	**0.16**	0.09	0.04	0.02	0.007	
75세+	20,868	51,900	64,879	88,440	115,493	129,895	109,764	77,353	42,379	17,534	10,854	4.6
	0.03	0.07	0.09	0.12	**0.16**	**0.18**	**0.15**	0.10	0.06	0.02	0.01	

〈자료출처: 통계청 인구동태건수 및 동태율 각 연도에서 재구성〉

가족 크기는 아동의 부모-자녀양육 방식과 상호작용 패턴에 영향을 미칠 뿐만 아니라 사회에서의 기회에도 영향을 미친다. 가족 크기가 커지면 자원이 제한되기 때문에 가족 내의 갈등양이 많아지고 부모들도 더 권위적인 양육방식을 나타내게 된다. 또한 규칙을 제정하는 방식이나 행동수정 방식, 애정표현 방식에서도 차이를 나타낸다. 가족의 크기가 커질수록 부모역할에서의 긴장이 커지며, 이러한 긴장은 부모의 복지와 결혼만족도에 영향을 미치고 이는 자녀에게도 부정적인 영향을 미친다(정현숙, 2002). 또한 Gerson(2003)은 가족 수의 감소가 형제 수의 변화를 의미하며 아동의 가장 중요한 사회적 지원망인 형제-자매관계의 단절을 의미하기 때문에 아동의 삶에 혁명적 사건임을 강조한다. 형제는 연령, 욕구, 활동이 가장 비슷한 가족구성원이기 때문에 가족원 중 가족자원의 가장 큰 경쟁자이긴 하지만, 형제 수가 많은 가정의 아동은 상대적으로 돌봄과 친밀한 동료애 기회가 더 많기 때문에 형제들은 가장 중요한 동료이기도 하다. 따라서 형제 수의 감소는 아동기에서 성인기에 이르기까지 가능한 잠재적 동료애의 감소를 의미한다. 이러한 아동의 정서적 경험의 제한은 정보화 사회에서의 가족의 정서적 기능의 약화를 가속화시키는 원인이 된다. 반면 긍정적인 측면에서 가족 크기는 교육과 직업 및 경제적 성취에 더 많은 기회를 제공한다. 이러한 측면은 세 번째 변화인 가족경제의 향상 부분에서 더 자세히 다루고자 한다.

2) 가족의 다양성

사람들의 결혼과 가족에 대한 태도가 변화하고, 이혼, 재혼 및 여성의 취업이 증가하면서 가족구조와 형태가 다양해지고 있다. 〈표 5-3〉에서 2005년 핵가족이 전체의 83.9%를 차지하지만, 핵가족도 부부와 미혼 자녀, 한부모와 미혼 자녀, 조부모와 손자녀가족 등 구조가 다양하다. 이러한 결과로 볼 때 우리나라 가족은 전통적 직계가족의 형태에서 벗어나 부부와 미혼 자녀로 구성된 부부가족(conjugal family)의 형태가 보편적이 되어 감을 알 수 있다. 특히 장남의 분가율이 증가하면서 3세대 가족은 점차 감소하고, 부부가족은 계속 증가하고 있다. 3세대 가족과 부부가족에서 아동의 지위와 위치는 매우 다른 양상을 나타낸다. 조부모와 손자녀의 애정 깊은 관계는 조부모에게는 손자녀의 전인생주기에 걸쳐 중요한 심리적 발달을 도모해 주고, 손자녀에게는 조부모의 인생의 경험과 지혜를 제공해 줌으로써 노년기의 통합이라는 발달과업에 도움이 되지만(서동인, 1996), 부부가족에서는 세대 간의 관계가 약화된다. 학자들은 가족형태에 따라 가족환경이 차이가 나며, 이러한 점이 아동발달에 다른 영향을 미친다고 가정한다. 본 절에서 다양한 가족유형 중 점차 중요성이 강조되는 맞벌이가족, 한부모가족, 재혼가족을 중심으로 특징을 살펴보고자 한다.

〈표 5-3〉 가족 형태별 가구 (단위: 가구, %)

	1995년	2000년	2005년
전 국	11,133 (100.0)	11,928 (100.0)	12,690(100.0)
• 핵가족	8,886 (79.8)	9,781 (82.0)	10,647(83.9)
부부	1,399 (12.6)	1,765 (14.2)	2,575(20.3)
부부+미혼 자녀	6,528 (58.6)	6,892 (57.8)	6,702(52.8)
편부모+미혼 자녀	960 (8.6)	1,124 (9.4)	1,370(10.8)
조부모+손자녀	.	.	58(0.5)
• 직계가족	1,001 (9.0)	947 (7.9)	1,189(9.4)
부부+양친	22 (0.2)	24 (0.2)	.
부부+편친	99 (0.9)	113 (0.9)	.
부부+양친+자녀	173 (1.6)	168 (1.4)	.
부부+편친+자녀	707 (6.4)	642 (5.4)	.
• 기타	1,245 (11.2)	1,199 (10.1)	.

〈자료출처: 통계청(2000), 인구주택총조사, 2005년 자료는 인구주택총조사(2005)에서 재정리〉

(1) 맞벌이가족

기혼 여성의 취업 증가와 더불어 보편화된 가족유형이 맞벌이가족이다. 우리나라 여성의 경제활동 참가율은 1998년 IMF 시기를 전후로 일시적인 하락세를 보였으나, 1980년대 이후 꾸준히 증가하여 2005년에는 41.7%이다(표 5-4 참조). 취업 여성 중 결혼한 여성의 수는 계속 증가하여 여성취업자 수의 약 75%를 차지하고 있으며, 이들 기혼 여성 중 학령전기의 자녀가 있는 여성이 60% 이상으로 이러한 추세는 1970년 이후 계속되고 있다(통계청, 경제활동연구연보, 각 연도).

〈표 5-4〉 경제활동 인구, 취업자 및 실업자: 1980~2005년

(단위: 천 명, %)

연도	15세 이상 인구	경제활동 인구	참가율	남자	여자	취업자	여자취업자 구성비	실업자	실업률
1980	24,463	14,431	59.0	76.4	42.8	13,683	38.2	748	5.2
1990	30,887	18,539	60.0	74.0	47.0	18,085	40.8	454	2.4
2000	36,186	22,134	61.2	74.4	48.8	21,156	41.4	979	4.4
2001	36,579	22,471	61.4	74.3	49.3	21,572	41.7	899	4.0
2002	36,963	22,921	62.0	75.0	49.8	22,169	41.6	752	3.3
2003	37,340	22,957	61.5	74.7	49.0	22,139	41.1	818	3.6
2004	37,717	23,417	62.1	75.0	49.9	22,557	41.5	860	3.7
2005	38,281	23,763	62.1	74.7	50.2	22,870	41.7	892	3.8

〈자료출처: 통계청,「경제활동인구연보」 각 연도〉

여성의 증가된 경제활동 참여는 가족과 사회에서 여성의 지위와 역할에 변화를 가져왔으며, 여성의 경제력은 가족 내 권력구조에 변화를 가져오면서 보다 평등한 부부관계 형성에 영향을 미쳐, 전통적인 이분법적 성역할 개념에서 벗어나 양성평등적인 가족관계가 강조되고 있다. 우리나라 맞벌이가족에서의 여성의 취업은 궁극적으로는 올바른 부모역할을 수행하기 위한 경제적 이유가 가장 크지만, 역할 갈등과 다양한 긴장원으로 인해 부모역할에 대한 긴장 수준과 부부간의 갈등은 매우 크며 이러한 갈등이 가족문제로 발전되고 있다. 따라서 일과 가족의 양립의 어려움과 이에 대한 사회적 관심 부족 및 제도의 미비는 결혼 기피로까지 연결되고 있다(Galinsky, 2003). 최경수(2003)도 경제학적으로 자녀의 질에 대한 선호, 자녀의 인적자본에 대한 투자, 여성의 시간기회비용의 증가가 혼인율 감소 및 저출산과 관련이 된다고 분석한다.

그러나 맞벌이가족의 증가는 가정경제의 향상으로 연결되며, 산업화, 정보화 사회에서 가족의 물질적 자원은 가족의 사회적 서비스 이용을 위한 자원이며 자녀들에게 필요한 자원의 변화를 의미함으로써 아동 삶의 환경을 변화시키는 요인이 되고 있다. 그 결과 교육

열의 증가, 평준화된 고등교육기회 확대가 이루어졌으며, 전반적인 학업수준이 높아진다(정현숙, 2004). 한편으로 맞벌이가족 부모들의 양육을 위한 시간적 제약, 일에서의 스트레스 및 죄책감 등이 부모역할의 중재변인 혹은 영향변인이 되고 있다. 또한 점차 증가하는 아버지 직업의 불안정성, 아동기 빈곤과 경제적 불평등은 또 다른 긴장원이 되고 있다.

(2) 한부모가족

한부모가족은 부모 중 한쪽의 사망, 이혼, 유기, 별거로 인하여 편부 혹은 편모와 18세 미만의 자녀(취학 후에는 20세 미만)로 구성된 가족이다. 우리나라의 경우 한부모가족은 대부분 편모가족이다. 한부모가구가 차지하는 비율은 1985년 8.9%에서 1990년 7.8%, 1995년 8.6%, 2000년 9.4%, 2005년에는 1,370가구(8.6%)로 증감을 반복한다. 특히 한부모가족은 읍·면 지역보다 대도시에 더 많이 분포되어 있다.

〈표 5-5〉의 가구주의 혼인 상태를 보면 사별과 이혼으로 인한 가구 증가가 특징으로, 특히 여성 가구 중 사별자가 44.4%, 이혼자가 14.4%로 사별과 이혼에 의한 한부모가족의 증가를 유추할 수 있다. 또한 〈표 5-6〉과 같이 2005년 이혼 당시 20세 미만의 자녀가 있는 이혼가족은 전체의 63.5%로 2003년을 정점으로 감소하고 있으나 이혼에 포함되는 자녀 수는 8만 천 건에 달하여 이혼은 한부모가족 증가의 원인이 되고 있다.

〈표 5-5〉 가구주의 혼인 상태 (단위: 천 가구, %)

	2000년					2005년				
	계	미혼	유배우	사별	이혼	계	미혼	유배우	사별	이혼
계	14,312	1,456	10,739	1,562	553	15,887	2,029	11,120	1,832	904
	(100.0)	(10.2)	(75.0)	(10.9)	(3.9)	(100.0)	(12.8)	(70.0)	(11.5)	(5.7)
남자	11,659	890	10,300	223	246	12,402	1,220	10,496	284	402
	(100.0)	(7.6)	(88.3)	(1.9)	(2.1)	(100.0)	(9.8)	(84.6)	(2.3)	(3.2)
여자	2,653	568	440	1,339	307	3,485	809	625	1,548	502
	(100.0)	(21.4)	(16.6)	(50.5)	(11.6)	(100.0)	(23.2)	(17.9)	(44.4)	(14.4)

〈자료출처: 통계청(2005), 인구주택총조사〉

〈표 5-6〉 이혼 당시 미성년 자녀 유무별 이혼 건수 및 구성비 (단위: 천 건, %)

	1995	1996	1997	1998	1999	2000	2001	2002	2003	2004	2005
자녀 있음	71.4	71.9	71.6	71.8	71.2	70.4	70.3	69.7	68.4	65.5	63.3
1명	32.9	32.5	32.1	31.7	31.9	31.8	31.3	30.0	28.6	28.1	27.3
2명	32.9	34.2	34.4	35.5	34.9	34.2	34.6	35.0	34.9	32.7	31.4
3명 이상	5.5	5.2	5.1	4.7	4.4	4.4	4.5	4.7	4.8	4.7	4.7
자녀 없음	28.6	28.1	28.4	28.2	28.8	29.6	29.7	30.3	31.6	34.5	36.7

〈자료출처: 통계청(2006), 혼인 · 이혼통계 결과〉

이혼의 원인은 여성의 경제적 독립, 대학졸업 학력이 없는 남자들의 경제력 감소, 결혼으로부터 개인의 성취를 위한 기대의 증가, 이혼에 대한 사회의 수용성 증가 등이 지적된다. 이러한 원인을 볼 때 앞으로 이혼은 계속 증가할 것으로 예측된다. 단기적으로 볼 때 부모의 이혼과 별거는 가족소득의 하락과 부모와 자녀 모두 심리적 어려움의 원인이 된다. 한부모의 부재는 일상의 돌봄이나 관심의 감소를 의미한다. 또한 한부모가족은 평균적으로 두부모가족의 부모보다 스트레스 수준이 높으며, 더 자주 전문적 심리적 도움을 필요로 한다고 한다. 장기적으로 볼 때, 아동기 동안의 대부분의 시간을 두부모가족에서 지내지 않는 아동은 성인기가 될 때까지, 양부모가족의 자녀들 보다 학업기간이 짧고, 낮은 지위의 직업과 낮은 임금을 받는다. 이러한 박탈은 대부분 이혼가족의 낮은 가족소득 수준과 관련이 있다(Amato, 2000).

그러나 이혼이 아동발달에 미치는 영향에 대해서는 논란이 있다. 지금까지는 자녀가 8세 이하에서 부모의 이혼을 겪을 때 영향을 훨씬 적게 받고, 이혼 후 2~3년 지나면서부터 고통에서 벗어나기 시작하여 10년 후엔 정상적으로 회복된다는 것이 학자들의 지배적인 의견이었다. 또 일부 학자들은 자녀 때문에 새로운 삶을 출발하려는 부모들의 의지가 좌절되는 것도 또 다른 사회문제이며, 자녀가 자라면서 나타내는 심리적 장애는 실제로 이혼가정이나 일반가정 모두 비슷한 비율로 발생한다고 주장하기도 하였다. 그러나 우리나라보다도 이혼이 더 보편적이고 사회적 편견이 적은 미국이나 영국에서조차 이혼은 아동발달에 장기적으로 부정적인 영향을 미치는 것으로 지적되었다(정현숙, 2004). Wallerstein과 동료들의 20년 종단연구와 케임브리지 대학의 Richard(1995, 조선일보, 1995년 5월 5일자, 재인용)의 37년간 종단연구 결과는 이혼의 영향이 우리가 인식한 것보다 더 심각하다는 것을 보여 준다. 이혼가족의 자녀들은 성인이 된 후 만성적인 무기력, 우울증, 자신감 결여 등의 심리적인 문제를 나타낼 뿐만 아니라 조기 결혼, 낮은 진학률 등 다양한 측면에서 장기적인 영향을 미치는 것으로 보고되었다. Wallerstein과 동료들은 1971년부터 131명의 이혼자녀(2.5~18세)를 대상으로 5, 10, 20년의 종단적 연구를 실시한 결과, 자녀들이 부모 이혼 후 10년까지, 때로는 그 이후에도 심각한 심리 장애를 겪으며, 2~8세의 어린 연령층에서 부모의 이혼을 경험한 자녀들도 9~18세에 부모의 이혼을 경험한 나이 든 자녀들처럼 타격이 예상외로 심했다고 보고하였다(Wallerstein, Lewis & Blakeslee, 2000).

이혼하는 부모에게는 이혼이 하나의 선택일 수 있지만, 자녀들의 경우는 그렇지 못하며, 부부관계가 해체되어도 부모역할은 계속되어야 하지만 상당부분 중단된다는 최근의 보고를 볼 때 이혼은 자녀의 발달에 가장 심각한 영향을 미치는 환경 중의 하나라고 할 수 있다. 이러한 이유로 아동의 복지적인 측면에서 이혼 후 아동의 적응에 영향을 주는 변인을 발견하고자 하는 노력이 많은 연구자들에 의해 시도되었다. 아동의 이혼 후 적응은 한두 가지 변인의 영향이라기보다는 이혼 전 부모의 갈등 정도, 연령, 성 기질 등 아동의 특성, 친권부모의 이혼 이후 적응상태, 비친권부모와의 관계, 사회적 지지망의 정도, 친권부모의 재혼 여부, 친권의 소유자, 친권부모의 양육방식 등에 영향을 받는다(정현숙, 1993). Amato(2000)는 이혼 관련 연구의 문헌고찰을 통해, ① 이혼가족의 아동과 성인은 복지의 많은 측면에서 결혼한 부부가족보다 낮은 점수를 나타내고, ② 이혼자체가 아동과 성인의 복지에 강한 영향을 미치며, ③ 부모-자녀관계의 붕괴, 이전 배우자와의 계속된 갈등, 정서적 지지의 상실, 경제적인 어려움, 부정적 생활사건의 증가(이사 등)는 개인에게 영향을 미치는 중요한 매개변인이며, ④ 이혼에 상대적으로 적응을 잘하는 아동과 성인이 있으나, 장기적인 부정적 영향을 나타내는 집단도 있으며, ⑤ 교육수준, 직업, 새로운 배우자의 지지, 이혼 제안자가 성인들에게는 긍정적 보호 요인이며, 적극적 문제해결 기술, 가족과 친구로부터의 지원, 치료적 개입을 받은 여부가 아동의 적응에 긍정적 영향을 미치는 보호요인으로 이러한 요인들이 적응의 속도와 적응에 영향을 미친다고 보았다.

이혼과 사별로 인한 한부모가족은 부정적인 사회적 편견, 경제적 어려움과 과중한 역할에 따른 만성적인 긴장으로 부모역할 수행에 어려움이 있다. 한부모가족 중 편모가족은 우리나라 전체 가구의 약 10%에 달하지만, 편모가족에 대한 사회의 인식은 아버지와 남편의 부재라는 구조적인 차이로 인해 결손가족, 비정상가족, 불완전한 가족일 것이라는 부정적인 관점이 지배적이다. 사회적 편견 때문에 본인이 편모라는 사실을 주위에 이야기하지 않는 경우가 67.2%에 달하며, 학교에서 편모의 자녀라고 불이익을 받거나 상처를 받은 경험이 있는 편모자녀도 32.8%이다(가족과 성상담소, 2000). 또한 아버지의 부재로 인한 소득감소와 여성의 재취업 기회의 제한으로 인해 편모가정의 경제적 문제는 매우 심각한 수준이다. 재가모자복지대상 편모가구 어머니의 대부분이 일용직과 행상일을 하는 등 직업 불안정성도 높다(김미숙과 동료들, 2000). 편모가 느끼는 스트레스 중 가장 심각한 것은 자녀의 교육비 증가로 인한 경제적인 스트레스이며(김영희, 1996), 모자보호시설의 어머니들도 당면한 가장 큰 문제로 경제적인 어려움과 자녀양육 및 교육문제, 어머니의 건강문제, 구직문제나 가족구성원의 건강문제를 호소하였다(박영란, 1998). 모자가정 자녀들은 사회적 지원도 부족하여, 사회단체, 외가, 친구들에게 경제적 · 정서적 · 오락적 도움을 받지만 이는 미미한 수준이며, 시설에 있는 모자가정인 경우에는 지원체계가 더욱 부족한데(유경아, 1998), 이들의 사회적 관계망 축소가 중요 원인이다(안명자, 1995). 주 부양자인 편모는 직장생활을 해야 하기 때문에 자녀를 돌볼 시간이 절대적으로 부족하고, 과중한 역할에 따른 만성적인 긴장으로 부모역할 수행에 대한 죄책감과 스트레스 수준도 높다. 모자보호 시설에 살고 있는 중 · 고등학생들도 어머니와는 정서적으로 친밀하나 자율적인 측면에서는 의존적인 경향을 보이며, 어머니에게 갈등이나 어려운 점을 이야기해도 소용없다는 인식이 높아 부모-자녀관계에서 어려움이 많다(유경아, 1998).

(3) 재혼가족

재혼(remarriage)은 이혼이나 사별로 전혼관계가 해체된 후 또 다른 혼인관계를 맺는 것이며, 재혼에 의하여 새롭게 형성되는 가족을 재혼가족이라 한다. 재혼가족은 자녀 유무에 관계없이 최소한 한 쪽 배우자가 재혼인 경우로, 부부 중 어느 쪽이든 전혼에서 얻은 자녀가 최소한 한 명 이상 있는 경우를 자녀와 동거 여부에 관계없이 계부모가족(stepfamily)이라고도 한다. 따라서 계부모가족은 재혼가족의 하위 유형이다(정현숙 · 유계숙 · 어주경 · 전혜정 · 박주희, 2002). 전체 혼인 중 재혼이 차지하는 비율은 계속 증가하여 2005년에는 재혼이 전체 결혼의 26.1%에 이른다(그림 5-1 참조). 2005년 재혼의 구성비율은 남자 재혼과 여자 초혼이 4.1%, 남자 초혼과 여자 재혼이 6.4%, 남여 모두 재혼이 14.7%로 남녀 모두 재혼과 남자 초혼과 여자 재혼 비율의 증가가 두드러진다. 즉, 재혼 중 남녀 모두 재혼인 비율이 전체 재혼 건수의 70%를 차지하여 대부분 재혼가족이 계부모가족이다.

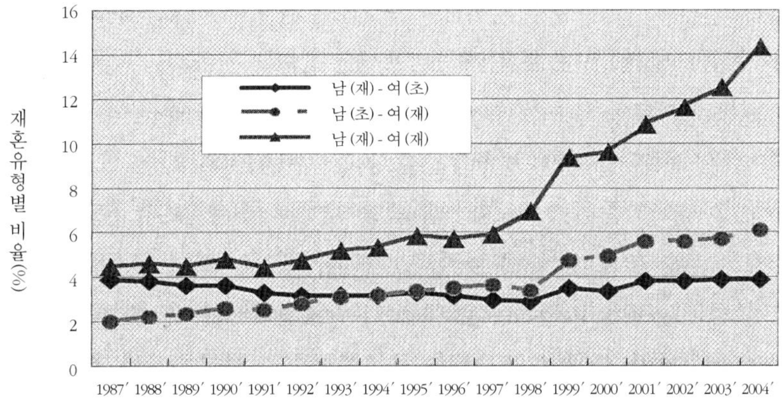

〈그림 5-1〉 재혼 유형별 비율: 1987~2004년(자료: 통계청 시계열자료 분석)

〈자료출처: 정현숙(2006)〉

재혼은 분명히 초혼과 그 성격이 다르며 복잡한 특징을 갖는다(Spanier & Furstenberg, 1987). 재혼으로 형성된 가족은 대부분 전혼자녀가 있는 계부모가족으로 초혼 핵가족과 그 체계가 다르다. 즉 계부모가족의 자녀들은 두 가구의 가족구성원이고, 친부모가 자녀들의 현실이나 기억 속에 존재해 있으며, 서로 다른 가족 역사를 지니고 있어 다른 가족 유형보다 여러 면에서 더 복잡하다. 특히 계부모가족은 부모-자녀 간의 유대가 배우자 유대보다 더 오래되었으며, 가족생활 주기상의 불일치도 크다. 또한 계부모 가족은 많은 상실과 변화를 경험한 후 시작되며, 자녀와 성인은 이전 가족의 경험에 근거하여 재혼가족에 대한 비현실적인 기대를 가지고 재혼가족 생활을 시작한다. 더구나 계부모가족은 사회적 지지가 부족하고, 계부모자녀 사이의 법적인 관계도 애매모호하거나 부재하며, 가족 체계가 정서적으로 친밀하지 않다는 특징을 갖는다(Ganong & Coleman, 1994). 이러한 특징들로 인하여 재혼가족 성원들은 역할의 혼란을 경험하게 되고, 이러한 혼란이 재혼가족에서의 적응을 어렵게 한다. 한국가정법률상담소(1996)의 상담자료에 따르면 재혼부부의 62.7%가 부부갈등 문제로 상담을 요청함으로써 재혼가족의 구조와 관계상의 복잡성이 매우 많다는 것을 짐작할 수 있다. 재혼가족의 부모-자녀관계는 친자녀의 유무와 재혼 후 출산자녀 유무, 계자녀의 유무에 따라 매우 다양하다(정현숙 외, 2000).

계부모-계자녀관계는 전반적인 재혼가족의 행복을 예측하는 데 중요한 관계이면서 (Visher & Visher, 1990), 동시에 문제가 많고 스트레스를 주는 관계이기도 하다. 계부모-계자녀 관계에서는 계자녀의 동거 여부에 따라 계부모로서의 역할 수행이 달라지는데, 계자녀와 동거하는 경우에 계부모와 상호작용을 많이 하고 친밀한 관계로 발전할 가능성도 크다(정현숙 외, 2000). 계모가 계자녀 관계에서 받는 스트레스는 계모 자신이 초혼인가 재혼인가에 따라 스트레스의 내용과 심각성이 다른데 초혼계모는 계자녀의 학업이나 생활습관 교정, 모정의 형성과 같은 주로 양육상의 스트레스인 반면, 재혼계모의 경우에는 생모와 왕래하는 계자녀의 문제, 계자녀의 반항, 재산문제, 계자녀와 친자녀 간의 갈등 등 다른 스트레스를 경험하는 것으로 나타났다(임춘희, 1996). 또한 전혼 친자녀의 존재는 재혼한 생모에게 지지자로서 긍정적인 영향을 주며, 재혼가족 내에서 출생한 자녀는 생모에게 재혼가족에 안정감을 주는 중요한 의지대상이 된다. 그러나 사회에서 재혼가족을 보는 시각은 매우 보수적이어서 두부부와 혈연관계의 자녀들로 구성된 가족만을 바람직한 가족으로 인식하여, 재혼가족에 대한 사회적 지원과 정책은 매우 미미하며(김유경, 2005; 정지영, 2002; 정현숙 외, 2004; 현은민, 2002), 이들의 법적 지위도 매우 불안정한 실정이다.

3) 가족경제의 향상

우리 사회는 산업화가 지속적으로 진행되면서 국가의 경제력이 전체적으로 향상되었다(표 5-7 참조). 이러한 경제력의 향상은 사회구성원의 삶의 질과 복지에 대한 관심의 증가와 연결되며, 가족의 여가문화에도 커다란 변화를 가져온다.

〈표 5-7〉 국민 총소득, 국내 총생산 및 국민처분가능 소득 추이 (단위: 십억 원, %)

연도	GNI(명목)	1인당($)	GDP(명목)	국민처분가능 소득 (명목)	노동 소득 분배율(%)
1980	38,118	1,645	38,775	35,258	50.4
1990	186,560	6,147	186,691	166,553	58.0
2000	576,160	10,841	578,665	493,388	58.8
2001	621,028	10,160	622,123	532,419	59.5
2002	685,069	11,499	684,264	591,979	58.2
2003	725,420	12,720	724,675	623,126	59.8
2004	779,468	14,162	778,445	672,605	58.8

〈자료출처: 한국은행, 「계간 국민계정」 각 연도〉

국가의 경제력 향상과 함께 가족의 경제력도 향상되고 있다. 우리나라 도시 근로자 가구의 월평균 소득은 1980년 이후 계속 증가하고 있으며, 2004년 흑자율도 24. 9%에 이른다(표 5-8 참조). 경제력을 포함한 가족의 사회경제적 지위는 가족의 경제적, 사회적 자원이다.

가족의 경제적 자원은 가족의 모든 활동에 필수적이며 생활의 질적 향상과 직접적으로 관련되며 때로는 가족 내에 긴장과 갈등을 일으키는 요인이 되기도 한다. 그러나 가족의 사회경제적 지위는 부모의 자원으로 사회 관계망에서의 접근 가능한 자원의 양을 의미한다. 이러한 자원은 부모의 자녀양육 행동에도 직접적인 영향을 미치며, 아동의 성격, 학업성취, 성역할의 발달, 스포츠 참여유형, 비행정도 등 다양한 영역에 영향을 미친다(정현숙, 2002). 방하남과 김기헌(2001)은 부모의 교육수준과 지위, 소득이 높을수록 자녀의 대학 진학률이 높고, 이 경우 소득과 같은 경제적 요인보다는 부모의 학력과 지위 등 문화적 요인이 자녀의 대학 진학에 미치는 영향이 크다고 한다. 따라서 아동발달에 미치는 가족의 사회경제적 지위는 이러한 지위에 따른 부모의 자녀에 대한 가치관과 양육행동의 차이에서 비롯된다.

〈표 5-8〉 도시 근로자 가구의 월평균 소득 및 가계지출 추이 (단위: 천 원, %)

연도	월평균 소득		가계지출		평균[1]	흑자율[2]
		처분가능 소득		소비지출	소비 성향	
1980	234.1	224.5	183.6	174.0	77.5	22.5
1990	943.3	870.2	723.0	650.0	74.7	25.3
2000	2,386.9	2,113.5	1,888.2	1,614.8	76.4	23.6
2001	2,625.1	2,319.2	2,057.5	1,751.6	75.5	24.5
2002	2,792.4	2,483.4	2,135.9	1,826.9	73.6	26.4
2003	2,940.0	2,596.0	2,280.7	1,936.6	74.6	25.4
2004	3,113.4	2,722.7	2,434.4	2,043.7	75.1	24.9

* 산식: 1) 평균 소비 성향 = 소비지출/처분가능 소득×100

2) 흑자액 = 처분가능 소득-소비지출, 흑자율 = 흑자액/처분가능 소득×100

〈자료출처: 통계청, 「도시가계연보」 각 연도〉

그러나 가정경제가 향상되는 것의 중요성은 증가된 경제력에 의한 기본적인 가족의 삶의 질 향상과 자녀들의 교육기회의 확대에 있다. 〈표 5-9〉에서도 도시 가구의 소비지출

비용 중 교육비와 교통통신비용 등의 증가가 두드러진다.

〈표 5-9〉 도시 가구[1)]의 월평균 소비지출 구성비: 1994~2004년 (단위: %, %p)

	1980	1990	1994	2000	2003	2004	2004~1994
소비지출	100.0	100.0	100.0	100.0	100.0	100.0	-
식료품	43.2	32.2	30.0	27.4	26.5	27.0	-3.0
외식	1.6	6.5	8.6	10.8	12.1	12.6	4.0
주거	4.5	4.7	4.2	3.5	3.4	3.3	-0.9
광열 · 수도	7.8	4.5	4.0	5.3	4.9	4.9	0.9
가구집기 가사용품	4.3	5.6	4.9	3.6	3.8	3.9	-1.0
피복 · 신발	9.8	8.2	7.5	5.6	5.6	5.2	-2.3
보건 · 의료	6.3	5.1	4.8	4.3	4.7	4.7	-0.1
교육	6.3	8.4	9.3	11.2	11.6	11.7	2.4
교양 · 오락	1.8	4.7	5.1	5.2	4.9	4.9	-0.2
교통 · 통신	5.8	8.5	11.4	16.0	17.1	17.2	5.8
개인교통	-	3.6	6.5	8.2	7.7	7.7	1.2
통신	-	1.9	1.9	4.7	6.7	6.6	4.7
기타 소비	10.1	18.2	18.9	17.8	17.5	17.3	-1.6
잡비	5.1	14.1	14.7	13.5	13.4	13.0	-1.7

* 1) 주: 도시 근로자 가구 + 도시 근로자 외 가구 〈자료출처: 통계청, 「가계조사연보」 각 연도〉

가족의 경제적 능력의 중요성은 아동이 성장하는 지역사회의 선택에도 영향을 미친다. Jencks와 Mayer(1990)는 지역사회가 아동에게 미치는 영향을 전염 모델(epidemic model), 집단적 사회화(collective socalization), 자원 접근가능성 이론과 상대적 박탈감모델의 네 가지로 설명한다. 이들 모델 모두 지역사회의 특성이 다양한 방법으로 아동발달에 영향을 미침을 강조한다. 따라서 현대의 자녀들은 더 나은 교육적 기회와 환경을 경험함으로써 부모세대보다 소득수준과 교육수준이 높아지며, 더 나은 지위와 소득을 갖게 될 것으로 예측된다.

4) 아동양육방식의 변화

가족의 중요한 사회적 기능 중 하나는 자녀의 사회화 기능이다. 그러나 1980년대 이후 맞벌이가족과 한부모가족이 증가하면서 유아의 가족 밖의 양육이 증가하고 있다. 우리나라의 보육아동 수도 점차 증가하여, 2004년 93만 명에 이르며 보육시설 수도 계속 증가하고 있다(표 5-10 참조).

〈표 5-10〉 보육시설 및 보육아동 수: 1994~2004년 (단위: 개소, 천 명)

연도	총시설 수	아동 수	국·공립	민간	직장	가정
1994	6,975	219	983	3,091	37	2,864
1999	18,768	641	1,300	10,558	207	6,703
2000	19,276	686	1,295	11,304	204	6,473
2001	20,097	734	1,306	11,794	196	6,801
2002	22,147	801	1,330	12,679	199	7,939
2003	24,142	858	1,329	13,644	236	8,933
2004	26,903	930	1,349	14,728	243	10,583
증감률(%) (2004/2003)	11.4	8.4	1.5	7.9	3.0	18.5

〈자료출처: 보건복지부, 「보건복지통계연보」 각 연도 여성가족부, 보육지원과〉

어머니 취업과 가족 밖의 양육이 학령전기 아동에게 미치는 영향에 대해서는 많은 연구들이 차이가 없다는 결론을 내리고 있다. 그 이유는 외부의 양육이 어머니의 박탈이 아니며, 돌보는 사람이 제한되어 있고, 유아-양육자 간 관계가 지속적이고 양육자가 개별아동에게 반응적일 때는 다양한 사람과 유아가 애착을 형성한다고 보기 때문이다. 즉, 아동 양육 환경의 질적환경이 아동발달에 중요하기 때문에 이러한 질적환경 조성의 필요성이 대두된다.

3. 가족의 변화와 아동의 권리

가족에 영향을 미치는 사회적 원인은 크게 경제체제의 변화, 의학과 기술의 발달과 가족가치관의 변화로 요약된다. 이러한 변화로 나타난 가족체계의 변화는 가족 크기의 변화와 맞벌이, 한부모, 재혼가족 등 가족의 다양성의 증가, 가정경제의 향상과 가족외적 양육의 증가로 요약할 수 있다. 이러한 변화는 매우 규범적인 변화로 앞으로 장기적으로 지속될 것으로 예측된다. 따라서 본 절에서는 이러한 변화를 기초로 아동의 권리를 살펴보고자 한다.

첫째, 아동권리를 보호할 수 있는 환경으로서의 가족을 지원할 수 있는 다양한 가족복지정책이 요구된다. 아동의 권리는 가족과 사회가 함께 노력함으로써 보장될 수 있다. 특히 가족의 변화는 가족의 사회적 지원망의 필요성을 강조한다. 왜냐하면 현재의 가족변화는 가족의 자발적 노력이나 의지로 변화시킬 수 없는 매우 점진적이면서 규범적인 변화이기 때문이다. 앞으로 가족의 구조는 더욱 다양화되고, 가족의 기능은 축소될 것이다. 아동권리협약의 기본원칙은, ① 아동 최선의 이익, ② 비차별의 원칙, ③ 생명, 생존 및 발전에 관한 권리, ④ 아동의 견해존중의 원칙으로 요약된다(윤진수, 2005). 이러한 아동권리를 수행하는 방법에는 보호와 자율의 두 가지 개념이 공존하지만, 아동의 기본적 복지권은 사회와 부모에 의해 수행되어야 하는 중요한 양육행동이므로 보호의 차원이 강하다. 다시 말하면 기본적 복지권은 아동의 생존과 성장을 위한 사회와 가정환경을 보장하는 것으로 부모뿐만 아니라 사회의 일반적 의무이기도 하다. 맞벌이가족과 한부모가족, 재혼가족은 앞으로 아동이 삶의 과정에서 경험하게 될 가장 보편적인 가족형태이다. 다양한 가족들이 스스로 해결하기 어려운 당면한 문제에 대한 사회적 지지망으로서의 지원정책이 요구된다. 맞벌이가족의 어려움을 극복하기 위해서는 일과 가족을 양립할 수 있는 사회적 조건 마련이 필수적이며, 한부모가족의 경제적 지원정책과 재혼가족의 사회적 편견극복과 법적지위 보장 등의 문제가 해결되지 않는다면, 이러한 가족에서 올바른 부모역할을 기대하기가 힘들다. 특히 저소득 계층의 경우 가족 크기나, 이혼 혹은 취업 유무보다 특별한 공공정책에 더 의존적이 될 것으로 예측됨에 따라 가족에 대한 사회적 지원망으로서의 정책의 필요성이 더욱 강조된다. 따라서 현재의 가족변화를 장기적이고 규범적인 변화로 인식하며, 다양한 가족이 경험하는 어려움을 가족 스스로만으로는 극복할 수 없음을 인식하고 사회적 지원망 확대를 통해 아동의 기본적인 복지권이 지원될 수 있도록 하여야 할 것이다.

둘째, 아동의 기본적 복지권을 위해서 부모교육을 포함한 가족생활교육과 아동의 권리에 대한 인식을 높이기 위한 부모교육이 필요하다. 전통적인 가부장적 확대가족을 여전히 이상으로 여기며, 다양한 가족을 편견으로 인식할 때 다양한 가족의 어려움과 가족 상호작용의 특성과 독특성을 이해하기 힘들며, 그 가족구성원들의 권리는 더욱이 기대하기 힘들다. 다양한 가족에서는 각각의 가족체계에 적절한 부모의 역할규정과, 부모의 선택으로 변화된 부모-자녀관계에서 아동의 지위 및 권리에 대한 인식을 명확히 하는 것이 중요하다. 그러나 문제는 가족의 변화로 인해 다양한 가족이 출현하였으나 이러한 다양한 가족문화에 대한 규범과 아동의 변화된 가족환경에 대한 인식이 부족하여 이것이 다시 사회문제가 되고 있다는 점이다. 특히 아동의 발달환경으로서의 가족구조의 다양성은 부모역할의 중요성을 더욱 강조하게 된다. 평균 수명 연장으로 부모역할 기간이 길어지고, 삶의 과정에서 다양한 가족을 경험하게 되지만 부모들은 올바른 부모역할을 배울 기회가 없다. 맞벌이가족, 한부모가족과 재혼가족 등 증가하는 가족체계를 부모들이 선택하였으나, 이러한 체계에서 어떻게 부모역할을 해야 하는가에 대해 부모들은 혼란스럽다. 예를 들어 이혼가족의 자녀들이 적극적 문제해결 기술이 있고, 가족과 친구로부터의 지원을 받을 수 있거나, 치료적 개입을 받은 경우 이혼 후 긍정적 적응이 이루어진다. 따라서 이러한 기술 습득을 위한 가족생활교육이 필요하다. 이러한 이유로 미국의 Florida 주에서는 1998년 결혼준비와 보존법(Marriage Preparation and Preservation Act of 1998)을 제정하여 3가지의 가족생활교육을 의무화하고 있다. 결혼을 앞둔 부부들을 위해서는 4시간의 결혼준비교육을, 중등학생(9~12학년)들에게는 인생관리기술 24학점(소비자교육, 긍정적 정서발달, 결혼과 관계에 대한 기술교육, 영양, 성병과 AIDS, 순결의 혜택과 십대 임신의 결과, 유방암 진단과 예방, 유방암자 자가진단, 심폐소생술, 약물교육, 흡연의 위험 등)을, 이혼하는 부모들에게는 4시간의 부모교육을 의무화한다. 이혼 시 부모교육은 양육권에 대한 논쟁해결을 위한 법적인 과정과 문제들을 다루고 이혼한 성인의 문제와 정서적 경험, 가족문제와 정서적인 관심과 아동의 요구, 가능한 지역사회의 지원과 자원 등에 대한 교육을 포함한다.

그러나 이혼 후나 이혼과정에서의 교육보다 더 중요한 것은 결혼과 가족생활 전반에 대한 예방적 교육의 필요성이다. 예방교육은 건강가족에 대한 교육으로 결혼 전과 후에 지속적으로 제공되어야 한다. Stanley(2004)와 Stanley, Markman과 Whitten(2002)은 건강가족은 일상생활의 상호작용에서의 정서적 안전성, 유해함의 공포로부터의 자유, 미래에 대한 안전함을 통해 이루어지기 때문에 건강한 결혼도 3가지 안전의 요소를 지닌다고 한다. ① 상호작용에 있어서의 안전으로 중요한 문제에 대해서 정서적인 안전과 지지를 하고, 개방적으로 이야기할 수 있는 것을 의미한다. 행복한 부부와 불행한 부부를 구분하는 가장 중요한 구분점이 상호관계에서의 부정적 측면이라는 많은 연구결과(Christensen, Heavey, 1990; Fincham & Beach, 1999; Gotman & Notarius, 2000; Stanley, Markman & Whitten, 2002)로 볼 때 만성적 긴장은 별거, 이혼의 가능성을 높인다. 성인들의 부정적 상호작용은 아동의 건강문제, 학교성취의 하락, 다양한 행동문제 등을 유발케 하는 위험한 환경에 빠지게 한다(Cummings & Davis, 1994; Grych & Fincham, 1990). 따라서 지속적이고 만성적인 부정적 상호작용은 갈등을 유발하고 아동과 성인 모두를 위험에 빠지게 하므로 상호작용의 안전을 위한 교육이 필요하다. ② 개인적 안전성으로 신체적 혹은 정서적 유해나 위험에 대한 공포로부터의 자유를 의미한다. 가정폭력은 여성과 아동을 특히 위험에 빠지게 하며, 정신건강, 신체건강문제와 죽음에까지 이르게 한다(Straus & Gelles, 1990). 가정폭력은 공격의 위험에 대해 젊은이들을 교육하고 이러한 공격적인 관계와 행동을 어떻게 피하는가를 가르치고, 잘 조절하지 못한 갈등이 신체적 공격성으로 폭발할 수 있기 때문에, 지속적인 폭력의 가능성을 줄이고, 가장 위험하고 공격적인 유형의 관계를 피하거나 떠날 필요를 인식하게 함으로써 위기에서 여성을 도울 수 있다고 한다(Johnson & Fertaro, 2000; Holtzworth-Munroe & Stuart, 1994). 즉, 좋은 프로그램이 위기상황의 여성과 자녀들을 도울 수 있다는 것을 보여 준다. ③ 몰입에서의 안전성으로 부부 상호간 지지, 팀워크, 명백한 미래에 함께하기에 대한 안전성을 의미한다. 부부가 자신들의 미래에 완전히 투자하기 위해서는 관계의 미래에 대한 확신과 안정감이 요구된다. 부부들이 장기적인 관점과 부부로서의 정체성이 없다면 관계가 지속될 수 없다. 관계에 대한 헌신은 부부가 서로 주는 건강한 형태의 희생과 밀접한 관계가 있다(Van Lange et al., 1997). 이러한 건강가족적 안전의 요소들은 교육을 통해 습득할 수 있으며, 궁극적으로는 좋은 부모역할을 위한 자원이 될 수 있다. 이러한 역할에 대한 인식은 가족구조의 변화와 상관없이 올바른 부모역할을 할 수 있게 하는 자원이 될 것이다.

이러한 일련의 교육에 아동권리에 대한 인식 향상을 위한 내용도 포함되어야 할 것이다. 신지현 · 김경화(2005)가 어린이집 학부모를 대상으로 한 연구에서 부모들이 건강하게 자랄 권리나 부모로부터의 비분리, 의료지원 및 서비스 등 생존이나 보호양육에 대한 권리를 높이 인식한다고 하더라도, 아동의 권리보유 정도는 매우 낮아 인식과 행동에는 많은 차이가 있음을 보여 준다. 따라서 부모교육을 통해 아동의 권리향상을 위한 다양한 가족에서의 부모역할과 아동권리에 대한 내용 등이 교육되어져야 할 것이다.

셋째, 아동의 기본적 복지권 향상을 위해 가족의 정서적 기능을 강화하고 두부모가 함께 부모역할을 할 수 있는 제도적 장치 마련이 필요하다. 가족변화의 내용 중에 공통적인 특징 중 하나는 가족의 정서적 기능의 약화로 산업사회를 거쳐 정보화사회로 들어오면서 가족의 정서적인 기능이 점차 약화되고 있다. 또한 형제 수의 감소로 형제관계도 제한되면서 돌봄과 친밀한 동료애의 기회가 제한되고 있으며, 3세대 가족의 감소와 부부가족의 증가도 친밀한 관계의 감소를 가져온다. 특히 맞벌이가족의 증가로 전반적 가정경제는 향상되었으나, 바쁜 맞벌이 부모와의 교류 기회가 상대적으로 제한되면서 가족생활에서 정서적인 인간관계의 기회가 제한된다.

한부모가족에서 한부모의 부재는 일상의 돌봄이나 관심의 감소를 의미한다. 가족관계의 변화는 돌봄과 친밀한 동료애에 대한 기회의 감소이므로 애정표현의 권리, 다른 사람과의 교섭의 권리, 여가 및 놀이 향유권 등이 확대되도록 가족차원에서의 노력이 필요하다. 앞에서도 지적하였듯이 가족의 중요성은 가족구성원들에게는 정서적 유대감을 제공하고, 친밀한 인간관계를 통해 인간의 기본적인 욕구인 소속감과 친밀감에 대한 욕구를 충족시켜 준다는 점에서 그 중요성이 강조된다. 그러나 현대가족은 출산율의 감소로 형제관계가 줄어들고, 두부모가족에서의 성장은 줄고 한부모와 재혼가족에서의 성장이 증가하면서 아동의 기본적인 복지권(welfare rights)이 위협받고 있다. 특히 유엔의 아동권리협약의 제18조는 "부모 쌍방이 아동의 양육과 발전에 공동 책임을 지는 것"으로 규정하고 있다. Oams, Bouchet와 Parke(2004)는 두부모 상황에서 성장한 자녀들이 다른 환경에서의 아이들보다 더 나은 성취를 보인다는 점을 강조한다. 두부모의 양육은 물리적으로 두부모가 함께 해야 하는 것뿐만 아니라 이혼과 재혼과 같은 상황에서 두 부모가 각자의 역할 수행을 위한 환경을 만들고 이를 제도적으로 보장해 주어야 함을 의미한다. 이러한 이유로 미국의 건강가족운동에는 이혼 후 부모역할 수행을 위한 부모교육이 포함된다. 이를 위해서는 면접교섭권이 활성화되고, 부모의 권리와 의무의 중요성에 대한 사회적 인식이 강조된다.

그러나 면접교섭권과 관련해서는 많은 문제점이 지적된다. 우선 이혼 과정에서 면접교섭권이 적극적으로 활용되지 않는다는 점과 면접교섭권의 심사기준 미비 및 이 과정에서 자녀들의 의견이 반영되지 않는다는 문제점들이 있다. 세계적으로 면접교섭권은 부모뿐만 아니라 자녀의 권리로 인정되고 있다(윤진수, 2005). 공동친권제도가 정착되지 않은 우리나라의 경우 이혼은 한쪽 부모의 상실을 의미한다. 따라서 면접교섭권은 자녀들의 복지를 위해 매우 필요한 제도라 할 수 있다. 면접교섭권이란 이혼 후 자녀를 직접 양육하지 않는 부모 중의 일방이 자녀와 직접 접촉할 수 있는 권리를 의미한다. 면접교섭권은 친자관계라는 혈연관계에서 발생하는 권리인 까닭에, 부모의 이혼으로 접촉 기회를 상실한 부모 중 일방으로 하여금 혈연관계를 기초로 한 자연적 권리를 행사할 수 있게 해 주는 법적제도이다. 그러나 이러한 면접교섭권이 비양육부모에게 주어진 사례는 많지 않으며 비록 면접교섭권이 주어져도 부모들 간에 협조가 잘 이루어지지 않는 실정이다. 또한 면접교섭권에 대한 인식도 주로 부모의 권리차원에서만 접근되고 있다. 이혼 후의 자녀의 복지차원에서 볼 때 이혼 이후에도 부모-자녀관계가 단절되지 말아야 하므로 자녀들의 면접교섭권의 설정에 자녀의 의견이 충분히 고려되고 이들의 의견이 존중되어야 한다. 현재 민법에서는 자녀의 발언권이 고려되지 않고 있으나, 가사소송법 제58조 2항에 의하면, 가정법원의 조정위원회에서 친권을 행사할 자의 지정과 변경, 양육방법의 정정 등 미성년자의 이해와 직접 관계되는 사항을 조정할 때는 미성년자의 복지가 우선되어야 한다는 점이 명시되어 있다. 또한 가사소송법규 100조에는 자녀가 15세 이상일 때는 가정법원은 판결에 앞서 자녀의 의견을 들어야 한다고 규정하고 있다(최달곤, 1996). 그러나 의견청취는 나이 제한 없이 들어야 하며, 그것에 대한 판단과 평가는 판사들의 몫이다. 따라서 이 과정에서 거주에 대한 판단을 하기에 앞서 아동의 특성을 고려해 판단할 수 있는 아동심리학자들의 협조도 제도화하는 것이 필요하다.

이러한 원칙은 유엔이 정한 아동권리협약 제12조 "아동에 대한 의사존중 원칙"과도 관련이 되는 문제이다. 김주수(1991)에 의하면 면접교섭권을 자녀에 대한 양육 · 보호권의 일부로 보아야 하며, 이혼 후 자녀보호는 자녀복지를 강조하는 친자법의 이념에 따라 자녀복리 관점에서 결정되어야 함을 강조한다. 따라서 자녀를 양육하지 않는 부모 중 일방은 면접교섭권을 가지며, 가정법원은 자녀의 복리를 위하여 비양육부모의 면접교섭을 제한하거나 배제할 수 있어야 한다는 점을 강조한다. 즉 친권상실 사유를 가진 부나 모의 면접교섭권은 자에게 좋지 않은 영향을 미칠 가능성이 있으므로 제한되거나 배제되어야 하며, 자를 탈취할 가능성이 있는 부모, 면접교섭이 자녀에게 또는 자녀와 양육친과의 관계에 악영향을 미칠 수 있는 경우에는 면접교섭권을 남용하는 것에 해당되어 면접교섭권이 제한되거나 배제되어야 한다는 것이다. 또한 자녀가 비양육친과 면접을 원하지 않는 경우 양육친의 영향이 자의 의사에 반영되었을 가능성도 검토하여야 한다는 점을 강조한다(정현숙, 2004).

넷째, 아동의 자유적 권리 향상을 위해 이혼 관련 제반법과 정책의 변화가 요구된다. 자유적 권리는 부당한 간섭을 받지 않고 자신의 삶을 스스로 결정하고 의사표현하고 사회에 참여하는 권리이다(신지현 · 김경화, 2005). 자유권적 권리 중 하나는 부모의 이혼 시 의사표현을 포함한 자녀들의 기본적 권리에 대한 이해를 의미한다. 가족체계의 변화 중 대표적인 환경변화가 부모의 이혼이다. 따라서 이혼 시 자녀의 문제와 관련된 법적문제는 자유적 권리를 위한 중요한 과제이다. 이혼과 관련된 문제점 중 아동권리와 관련된 문제는 양육권 및 친권과 관련된 문제가 있다. 우리나라의 경우 친권(민법 제909조)과 양육권(민법 제837조)이 분리되어 있으며 부모가 협의하지 않을 경우 가정법원에 청구하여 결정하도록 하고 있다. 1990년 민법 개정과 함께, 양육자의 결정에 있어서 양육에 관한 사항이 협의되지 아니한 때에는 가정법원이 자의 연령, 부모의 재산 상황 및 기타 사정을 참조하여 양육에 필요한 사항을 정하게 되었다. 그러나 부계혈통주의와 가부장제의 약화, 부모-자녀관계의 변화, 효의식의 쇠퇴, 여성의 재혼에 대한 사회적 용인 등은 전통적으로 부모들이 갖고 있던 자녀에 대한 강한 집착과 책임의식을 약화시키고 자녀를 부담이 되는 대상으로 인식하게 만들었다. 따라서 김상용(1997)은, ① 양육의 적합성에 대한 판단으로 제3자에 의한 양육의 위임가능성, 부모의 기회균등, 유책배우자의 양육적합성, 부모의 건강상태, 자녀의 이익을 위태롭게 할 인격적 요소, 자녀와 비양육친과의 관계촉진, 부모의 경제상황을 고려하여 판단하여야 하며, ② 부모의 이혼 전까지 자녀 주변에 형성된 다양한 관계가 최대한 유지되도록 배려해야 하며, ③ 자녀연령에 상관없이 자녀의 의사가 반영되어야 하며, ④ 계속성의 원칙으로 이혼 이후 자녀양육의 통일성과 안정성이 지속적으로 보장될 수 있는 점을 고려하는 등의 법적인 제도가 마련되어 자녀의 복지를 위한 양육권 결정시 반드시 고려되어야 함을 강조한다.

또한 양육비와 관련된 문제점도 지적된다. 양육비의 문제점에 대해 정현숙(2004)은 고정양육비 제도와 비현실적인 양육비 정도(양), 양육비 미약정과 관련된 문제로 양육을 담당하는 이혼모가 전혀 수입이 없는 경우에도 대부분이 양육비를 약정하지 않는다는 점, 양육비 미지급 시 법적제제가 미약하다는 점과, 이혼부모들의 법률지식 부족, 부모의 재혼 시 양육비 지급과 관련된 문제를 지적한다. 이러한 점들은 이혼가족의 가장 큰 문제점이 경제적 어려움으로 아동의 생존과 보호를 위한 자원의 부족을 의미한다. 따라서 양육비 지급문제에 대한 구체적 법적대안을 마련하여 아동의 생존권을 보호하는 노력이 요구된다. 윤진수(2005)도 아동권리협약과 한국가족법의 분석을 통해 둘 사이에 매우 큰 괴리가 있음을 강조한다. 아동을 독립된 권리의 주체로 인식하고 변화하는 가족체계에서 아동의 권리를 인식하는 법적, 제도적 노력이 필요하다.

참고문헌

가족과 성상담소(2001). 새로 짓는 우리집: 이혼 · 사별로 새로운 삶을 열어가려는 분들을 위한 가이드 북. 서울: 학민사.

김미숙 외(2000). 저소득 편부모 가족의 생활실태와 정책제안. 한국보건사회연구원.

김상용(1997). 소위 친권행사자론에 대한 비판적 고찰. 가족법연구, 11, 253-279.

김양희 외(1999). 가장의 실직 전 직업유형에 따른 실직가정의 생활실태와 대처방식. 한국가정관리학회지, 42, 93-104.

김영희(1996). 빈곤층 편모의 스트레스 및 사회적 지원에 관한 질적 내용분석. 안성산업대논문집, 28, 245-252.

김유경(2005). 가족원 특성에 따른 다양한 가족의 실태와 사회적 지원 체계. 보건복지포럼, 103, 47-72.

김재은(1997). 정보화와 가족 내 권위 구조. 한국가족학회 춘계학술대회 발표 논문.

김주수(1991). 면접교섭권. 가족법학논총, 1, 273-282.

박영란(1998). 저소득 모자 가정의 생활실태 분석: 모자보호 시설 입소가정을 중심으로. 여성연구, 56, 149-177.

방하남 · 김기헌(2001). 고등교육 기회에 있어서 사회계층별 불평등의 분석. 한국노동연구원.

서동인(1996). 친조부모-손자녀관계에 대한 모의 관점 및 중재에 관한 연구. 대한가정학지, 34, 153-166.

신지현 · 김경화(2005). 어린이집 학부모의 아동권리에 대한 인식조사. 한국보육학회지, 5(1), 123-140.

안명자(1995). 친족지원과 사별과 편모의 심리적 복지감. 한국교원대학교 대학원 석사학위논문.

유경아(1998). 저소득 모자 가정 자녀의 사회 · 심리적 적응에 관한 연구: 서울시 모자보호 시설을 중심으로. 숭실대학교 석사학위논문.

윤진수(2005). 아동권리협약과 한국가족법. 국제인권법학회, 8, 1-46.

이선이 · 최문경(1997). 재택근무와 가족생활. 한국가족학회 춘계학술대회.

임춘희(1996). 재혼가족 내 계모의 스트레스와 적응에 관한 질적 연구. 고려대학교 박사학위논문.

정지영(2002). 장화홍련전: 조선후기 재혼가족 구성원의 지위. 역사비평, 61(겨울), 422-441.

정현숙 · 유계숙 · 전춘애 · 천혜정 · 임춘희(2000). 재혼가족의 실태 및 재혼 생활의 질에 대한 연구. 대한가정학회지, 38(4), 1-20.

정현숙(1993). 부모의 이혼에 따른 자녀들의 적응. 아동학회지, 14(1), 59-76.

_____(2002). 아동과 가족. 김춘경 외, 아동학개론(pp. 171-198). 학지사.

_____(2004). 다양한 가족에서의 청소년 발달. 한국심리학회지: 사회문제, 10, 29-45.

_____(2004). 이혼 가족 아동의 권리향상 방안. 아동권리연구, 8, 251-274.

정현숙 · 유계숙 · 최연실(2002). 결혼학. 서울: 신정.

정현숙 · 유계숙 · 어주경 · 전혜정 · 박주희(2002). 부모학. 서울: 신정.

정현숙 · 정영화 · 천혜정 · 양성은 · 조은희(2003). 가족관련 기본법 제정을 위한 기초조사 및 평등 가족 기본법(안) 마련. 여성부.

조정문(1997). 정보 사회에서의 가족 및 세대 공동체. 사회조사연구, 12(1), 45-70.

조형(1992). 정보 사회와 여성의 일 - 가정 정보화를 중심으로. 이화여자대학교 여성연구소.

최경수(2003). 인구 구조 고령화의 경제적 영향과 대응과제. 한국개발원.

최달곤(1996). 이혼 후의 자녀보호. 가족법연구, 10, 175-202.

한국가정법률상담소(1996). 재혼, 그 또 다른 시작. 한국가정법률상담소 창립40주년 심포지엄 자료집.

함인희(1996). 정보화 사회가 가족관계에 미친 영향연구. 정보통신학술연구과제, 95-22. 이화여자대학교.

현은민(2003). 재혼가족의 아동: 가족적 · 사회적 측면에서 경험하는 문제와 대책 고찰. 한국가족관계학회지, 8(2), 101-126.

Amato, P.(2000). The consequences of divorce for adults and children. In R. Millardo(Ed.), *Understanding families into the new millenium: A decade review* (pp. 488-506). NCFR.

Amato, P., & Rivera, F.(1999). Parental involvement and children' s behavior problems. *Journal of Marriage & the family*, 61, 375-384.

Armistead, L., Wierson, M., & Forehand, R.(1990). Adolescent and maternal employment. *Journal of Early Adolescence*, 10, 260-278.

Christensen, A., & Heavey, C. L.(1990). Gender and social structure in the demand/withdraw pattern of marital conflict. *Journal of Personality and Social Psychology*, 59, 73-82.

Cummings, E. M., & Davis, P.(1994). *Children and marital conflict*. NY: Guilford.

Fincham, F.D., & Beach, S.R.(1999). Marital conflict: Implications for working with couples. *Annual Review of Psychology*, 50, 47-77.

Gallinsky E.(2003). What children think about their working parents. In A. Skolnick & J. Skolnick(Eds.), *Family in transition*(pp. 273-285). Boston: Allyn & Bacon Pub.

Ganong, L., & Coleman, M. (1994). *Remarried family relationship*. Sage.

Gerson, K(2003). Children of the gender revolution: Some theoretical questions and findings from the field. In A. Skolnick & J. Skolnick(Eds.), *Family in transition*(pp. 103-114). Boston: Allyn & Bacon Pub.

Giddens, A.(1999). *Runaway world: How globalization is reshaping our lives*. Taylor & Francis, Inc./ Routledge, Inc.

Giddens, A.(2003). The global revolution in family and personal life. In A. Skolnick & J. Skolnick(Eds.), *Family in transition*(pp. 17-22). Boston: Allyn & Bacon Pub.

Glenn, N.(2001). Social science findings and the family wars. *Society, 38*(4), 13-22.

Goldscheider, F.(2000). Men, children and the future of the family in the third millenium. *Futures, 32,* 525-538.

Gottman, J. M., & Notarius, C. I.(2000). Decade review: Observing marital interaction. *Journal of Marriage and the Family*, 62, 927-947.

Hays, S. (1996). *Cultural contradictions of motherhood*. Yale University Press.

Hernandez, D., & Myers, S.(2003). Revolutions in children's lives. In A. Skolnick & J. Skolnick(Eds.), *Family in transition*(pp. 263-283). Boston: Allyn & Bacon Pub.

Holtzworth-Munroe, A., & Stuart, G.(1994). Typologies of male batterers: Three subtypes and the differences among them. *Psychological Bulletin*, 116, 476-497.

Jencks, C., & Mayer, S.(1990). The social consequnces of growing up poor neighborhood. In L. Lynn & G. McGeary(Eds.), *Inner-city poverty in the United States*. Washington, D. C.: National Academy Press.

Ooms, T., Bouchet, S., & Parke, M.(April, 2004). *Beyond marriage licenses*. Center for Law and Social Policy.

Skolnick, A.(1991). *Embattled paradise. The American family in an age of uncertainty*. NY: Basic Books.

Skolnick, A.(2003). Life course revolution. In A. Skolnick & J. Skolnick(Eds.), *Family in transition*(pp. 23-30). Boston: Allyn & Bacon Pub.

South, S., & Crowder, K.(1999). Neighborhood effects on family formation. *American Socilogical Review*, 64, 113-132.

Spanier, G., & Furstenberg, F.(1987). Remarriage and reconstituted families, In M. B. Sussman and S. D.

Steinmetz(Ed.), *Handbook of Marriage and the Family*(pp. 419-432). NY: Plenum.

Stanley, S. M. Markman, H.J., & Whittion, S.(2002). Communication, conflict, and commitment: Insights on the foundations of relationship success from a national survey. *Family Process*, 41(4), 659-675

Stanley, S. M.(May 5, 2004). *The benefits of a healthy marriage*. Benefits of a healthy marriage: Hearing before the subcommittee on Social Security and Family Policy of the Committee on Finance US Senate one hundred eighth congress second session(pp. 26-41). Washington: U. S Government Printing Office.

Straus, M. H., & Gelles, R. J.(1990). *Physical violence in American families: Risk factors and adaptations to violence in 8,145 families*. New Brunswick, NJ.

Grych, J., & Fincham, F.(1990). Marital conflict and children's adjustment. *Psychological Bulletin*, 108, 267-290.

Van Lange, P. A. M., Rusbult, Co. E., Drigotas, S. M., Arriaga, X. B., Witcher, B. S. & Cox, C. L.(1997). Willingness to sacrifice in close relationships. *Journal of Personality and Social Psychology*, 72, 1373-1395.

Visher, E. B., & Visher, J. S.(1990). Dynamics of successful stepfamilies. *Journal of Divorce & Remarriage*, 14, 3-12.

Wallerstein, J., Lewis, J., & Blakslee, S.(2000). *The unexpected legacy of divorce*. NY: Hyperion.

6장

소외계층 아동빈곤의 실태와 권리 보호

유엔아동권리협약의 거의 모든 실질적 규정들이 아동의 생존 · 보호 · 발달 · 참여 등 4개의 기본 권리에 연결되어 있으며, 상호 연관성을 보여 주고 있음을 알 수 있다. 그런데 이 중에서 빈곤 아동과 직접적으로 관련되어 있는 가장 중요한 권리는 생존권이라 할 수 있다.

1. 아동빈곤에 대한 이해

빈곤과 같은 취약환경에 처해 있는 아동(청소년 포함)은 인간의 심리사회적 발달단계에 관련된 문제뿐 아니라 가정, 이웃 등 사회환경의 취약성에서 비롯된 위험에도 동시에 노출되어 있기 때문에 보다 집중적인 사회적 지원과 관심이 필요하다. 우리 사회에서 빈곤 아동은 주로 결식 아동으로 대변되는데, 빈곤 아동에 대한 우리 사회의 관심은 식사 제공, 결연과 같은 경제적 측면의 지원에 한정되어 왔다. 이것은 빈곤을 단순히 경제적인 차원에서 이해하여 이러한 문제만 해결된다면 빈곤 아동들이 건전하게 자랄 수 있다는 단순한 발상에서 비롯된 것이라 할 수 있다.

일반적으로 빈곤 현상은 경제적 차원의 문제뿐만 아니라 심리적 고립감, 사회 · 문화적 소외, 사회참여 배제, 공간적 격리 등과 같은 다른 차원의 문제들과 중첩되어 존재한다. 그러기에 단순히 소득지원과 같은 기존의 경제적 접근만으로는 아동빈곤 문제를 해결할 수 없다. 아동이 갖는 심리적 고립감, 사회 · 문화적 소외, 배제된 사회참여, 공간적 격리 문제 등을 해소시켜 줄 수 있는 여러 사회환경 요소들이 함께 갖추어져야 하는 것이다.

1) 빈곤이 아동발달에 미치는 영향

빈곤은 사회해체를 낳는 심각한 문제인 동시에, 빈곤이라는 상황에 처한 개인과 가족에게는 삶과 죽음이라는 인간생존 자체를 위협하는 심각한 문제이다. 특히 빈곤이 아동과 청소년에게 미치는 영향은 발육부진, 발달지체 등과 같은 신체발달의 문제에서 저(低)지능, 학업부진, 학교중퇴와 같은 인지발달의 문제, 우울 및 불안 등과 같은 내면화된 문제, 공격성 · 주의력결핍 과잉행동 장애(attention deficit hyperactivity disorder), 반사회적 행동(antisocial behavior) 등과 같이 외현화된 문제 등을 포함한 심리사회발달 문제에 이르기까지 광범위한 것으로 밝혀지고 있다(Conger, 1994; Brooks-Gunn & Duncun, 1997).

여기서는 다양한 생태체계관점(ecosystems perspective)에서 빈곤이 아동 · 청소년의 발달에 영향을 미치는 메커니즘에 대해 살펴보고자 한다.

(1) 가족

빈곤한 가족구성원들, 특히 여성은 자신들이 처한 환경을 스스로 통제할 수 없다는 불안감이나, 필요한 재화나 서비스가 필요할 때 가질 수 없다는 무력감, 수치감, 혹은 자존감의 상실 등으로 스트레스나 우울증에 빠져들기 쉽다. 이러한 부모의 스트레스와 우울은 부부간이나 가족 간 갈등을 유발하는 동시에 부모의 양육행동과 태도에 영향을 준다. 빈곤 부모들은 아동행동 자체 또는 아동이 어떤 친구들과 어디서 노는지 등에 대한 지도감독을 하지 못하고, 언어적 훈계보다는 체벌을 더 자주 사용하고, 자녀들과 질적으로 낮은 수준의 상호작용을 하며, 아동에 대한 정서적 지지의 수준 역시 낮다(이소희 외, 2005).

국내에서의 많은 연구들도 영세지역에 거주하는 아동 혹은 빈곤층의 자녀를 대상으로 하여 자녀양육 실태를 연구하였다. 빈곤 가정에서는 아동학대, 특히 신체적 학대나 방임의 비율이 높은 것으로 나타났다. 예를 들어, 여성개발원의 조사연구에 의하면 영세지역의 빈곤 부모가 일하는 동안 주로 취하는 아동보육의 유형을 보면 준방치나 방치의 경우가 65.6%에 이른다(안순덕 외, 1988).

또한 빈곤 가정에서 자녀에게 제공하는 환경적 자극의 질적 수준은 중산층 대상 연구결과와 비교했을 때 전체적으로 낮은 수준이었다. 양육행동에서도 '아이에게 소리 지르기', '아이 때리기' 등의 직접적 표현이 많았고, 특히 부모 중 어머니가 유아와 직접 상호작용하는 빈도가 적은 것(이영 외, 1995)으로 나타났다. 이러한 양육행동이나 양육태도는 곧 비행의 증가를 가져오게 된다.

그리고 경제적 상실과 아동 · 청소년 학업성취와의 관계에서도 가족과정이 매개하고 있음이 밝혀졌다. 부모의 실직이나 소득 상실 같은 경제적 상실은 경제적 어려움의 증대를 가져오고, 이는 부모의 생활만족도를 떨어뜨리고 가족관계를 악화시켜 아동 및 청소년의 학업성취에 부정적 영향을 미치는 것으로 나타났다(구인회, 2003).

이상의 여러 연구들을 통해 가족 내에서 빈곤이 아동 및 청소년 발달에 미치는 영향을 정리하면 다음과 같다(윤진호 외, 2005).

빈곤 → 부모의 경제적 스트레스, 우울증적 증후 → 가족 갈등, 양육방식의 문제(지도감독이나 제재의 부족, 일탈행동 모델에의 노출) → 아동학대, 방임 → 반사회적 행동, 비행, 낮은 학업성취

(2) 또래집단

빈곤 아동은 인지능력의 수준이 낮고, 언어적 능력이 떨어지며 공격적인 경우가 많으며, 주의가 산만하고 한 가지 일에 집중하지 못하는 경우가 많다. 문제해결에서 언어적 방법보다는 물리적 방법을 선호하고, 친구들을 때리고, 욕을 하고, 질서를 지키지 않는 등의 이유로 친구 및 교사들과의 관계가 원활하지 않는 특징(유희정, 1996)을 갖고 있다.

이러한 특징을 보이는 아동들은 특히 또래집단과의 관계에서 소외되기 쉽다. 또래집단으로부터 소외된 공격적 아동들은 일반 공격적 아동보다 훨씬 더 만성적 비행에 빠질 위험이 높다. 청소년기가 되면 소외받던 아동들끼리 비행 또래집단을 형성하게 되고, 이러한 또래집단은 심각한 비행의 좋은 훈련장소가 된다(Patterson & Bank, 1989; Patterson, Capaldi & Bank, 1991; 이소희 외, 2005, 재인용).

이상의 또래집단과의 관계에서 빈곤이 아동 및 청소년 발달에 미치는 영향을 살펴보면 다음과 같다(윤진호 외, 2005).

빈곤 → 낮은 인지능력, 높은 공격성 → 또래집단에서의 소외 → 비행 또래집단과의 교제 → 반사회적 행동, 비행

(3) 지역사회

빈곤한 부모들은 그들 가족이 살 지역사회나 자녀들이 갈 학교를 선택하는 데 제한을 받는 경우가 많다. 또한 빈곤 때문에 아동과 청소년에 대한 집합적 지도감독이 불가능하며, 지역사회 구성원들 간의 비공식적 네트워크가 부족한 경우를 말하는 사회해체(social disorganization)적 성격의 지역사회에서 거주하는 경우가 많다. 그리고 한편으로는 주류사회를 대표하는 기관이나 개인과의 상호작용이나 접촉의 부족으로 그 지역사회에 사는 아동과 청소년이 따를 만한 역할모델이 존재하지 않고 문화적 학습기회를 상실하는 것, 즉 사회소외(social isolation)로 특징짓는 지역사회에 거주하는 경우도 많다(Chung, 2004).

이러한 지역사회에 살게 되면 긍정적 역할모델의 결핍과 부정적 역할모델의 과잉, 사회자본(social capitals)의 부족과 사회규범의 약화 등으로 비행과 반사회적 행동에 빠져들 위험이 더욱 커지게 된다. 이러한 지역사회와 빈곤과의 관계를 살펴보면 다음과 같다.

빈곤 → 지역사회 해체, 사회적 소외 → 지역사회의 낮은 비공식적 지지, 낮은 집합적 지도 감독, 낮은 사회통제 → 반사회적 행동, 비행

2) 빈곤 아동에 대한 국가 개입의 필요성

(1) 아동의 기본권 보장

한국이 1991년에 가입한 「아동권리에 관한 국제협약」은 '아동이익 최우선 원칙' 하에 생존, 보호, 발달의 영역에서 아동의 권리를 구체화하였다. 이것은 의식주를 제공받아 건강하고 위생적인 삶을 향유할 수 있는 권리, 폭력 · 공포 · 학대 · 방임으로부터 보호받을 권리, 자신의 의견을 주장하고 결정할 수 있는 권리, 자신이 원하는 활동에 참여할 수 있는 권리를 의미한다. 그런데 아동빈곤은 생존 · 발달 · 보호 등의 아동의 기본적 권리를 침해하는 것이다(관계부처합동 빈부격차 · 차별시정위원회, 2004).

(2) 미래의 성장 잠재력 확보

급속한 출산율 하락 추세 속에 미래의 성장동력을 키워 내기 위해서는 이미 출산된 아동에 대한 보다 적극적인 사회투자가 필요하다. 국가의 적절한 보호가 없을 경우 일탈로 연결될 가능성이 크고 빈곤 청소년을 방치할 경우 실업, 범죄 등으로 인한 지속적인 사회비용이 발생할 것이다. 외국연구에 의하면 3~4세 유아에 대한 투자는 사후적 대책보다 7.16배 효과적이라고 한다(관계부처합동 빈부격차 · 차별시정위원회, 2004).

(3) 빈곤의 대물림 방지

빈곤 아동의 신체발육 부진 · 질병 · 장애는 평생 동안 학습 및 경제활동에 지장을 초래한다. 가난한 부모는 자녀에 대한 '희망의 끈' 을 버리게 되고, 부모의 보살핌의 부족은 자신감 부족 및 학교 부적응으로 낮은 학업성취도를 초래한다. 또한 취학 전 학습준비 부족 및 교육자원에의 접근 제약은 교육과정이 올라갈수록 학업성취 격차를 확대함으로써 고등교육의 기회가 차단되는 결과를 야기한다. 그 결과 빈곤 아동은 '미래에 대한 희망' 을 버리게 된다(관계부처합동 빈부격차 · 차별시정위원회, 2004).

이렇게 볼 때, 빈곤 아동에 대한 국가적 개입은 인권 보장과 미래의 건강한 시민을 개발하고 가난 대물림을 차단하여 희망사회를 건설한다는 사회투자의 차원에서 반드시 필요하다고 할 수 있다.

(4) 사회통합 달성

가난한 부모는 자녀에 대한 '희망의 끈'을 버리게 되고, 빈곤 아동은 '미래에 대한 희망'을 버리게 되어 결국 빈곤 아동의 존재는 사회통합의 방해가 될 수 있다(관계부처합동 빈부격차 · 차별시정위원회, 2004). 실제로 기초수급자의 65% 이상은 빈곤에서 탈출하는 방법으로 자녀교육에 기대를 걸고 있으며, 저소득층 밀집지역 기초생활수급자(연령 35~55세)의 47%는 14세 때보다 생활이 나빠졌다고, 42%는 동일하다고 응답(보사연, 2004)하였다. 따라서 사회통합을 달성하기 위해서는 빈곤 아동에 대한 국가 개입은 반드시 필요함을 알 수 있다.

2. 빈곤 아동의 실태와 문제

1) 빈곤 아동의 개념과 규모

(1) 개념

빈곤 아동은 빈곤의 개념과 아동에 대한 정의에 따라 달라질 수 있다. 앞서 살펴본 것처럼, 빈곤을 기본적인 일상생활 영위와 관련된 물질적 결핍이라는 차원의 절대적 개념으로 상정할 경우에는 국민기초생활보장 수급대상 가구에서 생활하는 아동이 빈곤 아동이 된다. 그러나 상대빈곤이나 사회배제의 차원에서 빈곤 상황을 이해하는 경우에는 그보다 훨씬 많은 수의 아동들이 빈곤 아동으로 정의될 수 있다.

또한 아동은 어떤 연령 기준을 따르느냐에 따라 대상 범위가 달라진다. 다음 〈표 6-1〉에서 보듯이, 법에 따라 연령 규정과 호칭에 차이가 있고 아동과 청소년이 연령상으로 중복되는 부분이 많다.

〈표 6-1〉 아동 · 청소년관련법에서 아동 · 청소년의 호칭과 연령

법률	호칭	연령 구분
아동복지법	아동	18세 미만의 자
청소년기본법	청소년	9세 이상 24세 이하의 자
청소년보호법	청소년	만 19세 미만의 자
청소년의 성보호에 관한 법률	청소년	만 19세 미만의 자
청소년활동진흥법	청소년	9세 이상 24세 이하의 자
청소년복지지원법	청소년	9세 이상 24세 이하의 자
소년원법	소년	20세 미만의 자
소년법	소년	20세 미만의 자
보호관찰 등에 관한 법률	소년	20세 미만의 자
민법	미성년자	20세 미만의 자
	혼인 적령	남자: 만 18세, 여자: 만 16세
형법	형사미성년자	14세가 되지 아니한 자
근로기준법	연소자	15세 미만의 자
모 · 부자복지법	아동	18세 미만의 자(취학 중인 경우는 20세 미만)
국민기초생활보장법	아동	18세 미만의 자

〈자료출처: 이소희 외(2005)〉

그러나 일반적으로 빈곤 아동은 물질적 결핍만을 의미하는 것이 아니라 정치적, 사회적, 문화적, 심리적인 측면에서 소외되고 억압받는 박탈감을 갖게 되어 가정생활, 학교생활, 사회생활을 건강하게 지속할 수 없게 만드는 사회배제의 상태로 놓여 있는, 그래서 보호가 필요한 어린 연령층을 의미한다. 즉, 건강하게 성장 · 발달하면서 창의적인 삶을 살며 적절한 수준의 삶의 질을 향유하고, 자유, 존엄, 자부심 그리고 다른 사람들에 대한 존중 속에 살 수 있는 선택과 기회의 권리를 거부당하는 상태(정익중 외, 2005)에 있는 어린 연령층을 말한다.

그러나 기존 아동 및 청소년 관련 연구들의 경우, 각 연구마다 나름의 연령 기준에 따라 호칭을 달리하고 있어 이들 자료를 인용하는 경우에는 아동 및 청소년 호칭을 원문 그대로 사용할 수밖에 없으며, 이 둘을 모두 포함하는 '어린 연령층' 이라 할 수도 있다. 물론 이렇게 어린 연령층이라고 부를 수밖에 없는 것은 아동과 청소년이 연령적으로 중복되어 역 연령을 기준으로 한 연령 구분이 쉽지 않기 때문이다. 이들 '어린 연령층' 은 일반적으로 부르는 영 · 유아, 초등학생, 십대 청소년을 모두 포함하는 개념이며, 이들의 공통점은 신체적 · 정신적 · 사회적으로 건전한 성장과 발달을 위해 사회적인 보호와 책임이 필요하다는 데 있다.

(2) 규모

현재 우리나라 빈곤 아동의 규모가 어떤지는 공식적인 통계가 없는 상태이다. 따라서 국민기초생활보장제도 하에서 가구 단위로 빈곤 여부가 파악되므로 빈곤 가구 내 아동과 차상위계층-비빈곤가구 내 아동으로 빈곤 가족 아동 수를 추정할 수 있다. 참여연대의 2004년 조사에 의하면 2003년 기준으로 할 때 빈곤 가구 내의 아동은 기초생활보장가구 내의 수급권자 135만 명 중 아동 약 23만 명, 차상위계층 및 비수급 가구 320만 명 중 아동 47만 명을 들 수 있고, 비빈곤가구 내 방임 아동을 추정하는 주요 근거로는 결식 아동 약 30만 명(2005년 급식수급자 아동 수), 해체 가정 97만 가구 내의 아동 34만 명, 학대 · 방임 아동 60만~150만 명 수치를 들 수 있다. 가장 협소한 의미로 빈곤을 정의했을 때 위의 수치 중 중복되는 아동을 제외하더라도 빈곤 아동 규모는 약 100만 명 정도로 추정해 볼 수 있다(정익중 외, 2005). 물론 사회배제의 관점에서 빈곤을 이해할 경우 빈곤 아동의 규모는 이 수치보다 훨씬 클 것이다.

빈곤 가정에서 생활하는 아동 및 청소년의 규모는 최근 줄어드는 추세이지만, IMF 이전 수준을 회복하지 못하고 있다(표 6-2 참조). 19세 이하 아동의 빈곤율을 분석한 연구에 의하면 2002년 현재 아동빈곤율은 9.8%에 이르고 있는 것으로 나타났다(류연규 · 최현수, 2003).

〈표 6-2〉 아동빈곤율

(단위: %)

연도	1996	1997	1998	1999	2000	2001	2002
아동빈곤율	9.4	9.1	11.0	10.6	9.6	9.8	9.8
실질 GDP 성장률	7.0	4.7	- 6.7	9.5	8.5	3.8	7.0

* 도시가계연보 자료를 사용하고 상대 빈곤(중위소득 50% 기준) 개념에 입각하여 아동(19세 이하)의 빈곤율을 계산. 도시가계연보는 실직가구, 자영자가구 등이 조사대상에서 제외되어 있어 빈곤 실태가 과소 추계될 수 있음.

〈자료출처: 류연규 · 최현수(2003)〉

또한 빈곤 아동의 규모를 추산할 때 요보호 아동과 소년소녀가정의 규모를 살펴보기도 한다. 우선, 요보호 아동의 발생 현황과 원인을 살펴보면 다음 〈표 6-3〉과 같다.

보건복지부 자료(보건복지부, 2005a)에 의하면 2004년 발생한 만 18세 미만의 요보호 아동은 9,393명이었으며, 빈곤 · 실직 · 학대 등 기타 4,265명, 미혼모 아동 4,004명, 비행 · 가출 · 부랑아 581명 순으로 많이 발생하여 빈곤 · 실직과 같은 경제적 문제가 요보호 아동 발생의 가장 중요한 이유 임을 알 수 있다.

〈표 6-3〉 요보호 아동 발생 현황 (단위: 빈도)

년도	계	발생 유형				
		기아	미혼모 아동	미아	비행, 가출, 부랑아	빈곤, 실직, 학대 등 기타
1990	5,721	1,844	2,369	360	1,148	-
1995	4,576	1,227	1,285	149	1,915	-
2000	9,085	1,270	4,190	152	1,757	1,716
2001	10,586	717	4,897	98	728	4,146
2002	10,057	634	4,337	74	749	4,263
2003	10,222	628	4,457	79	595	4,463
2004	9,393	481	4,004	62	581	4,265

〈자료출처: 보건복지부(2005), 『2004 보건복지통계연보』〉

다음으로 소년소녀가정의 세대주 규모에 대해 알아보면, 다음 〈표 6-4〉와 같다. 보건복지부 자료에 의하면 2004년 소년소녀가정은 총 3,504세대 5,444명이며, 세대원 재학상태별로는 미취학 87명(1.6%), 초등학교 1,244명(22.9%), 중학교 1,681명(30.9%), 고등학교 2,331명(42.8%), 기타 101명(1.9%)이다.

소년소녀가정은 1997년에 제일 많다가 그 후 지속적으로 조금씩 감소하고 있는데, 이것은 정부에서 소년소녀가정의 신규 책정을 억제하고 기 책정 세대의 경우에는 가정위탁으로의 전환을 강력히 추진한 결과이다.

〈표 6-4〉 소년소녀가정 현황 (단위: 빈도)

년도	계	세대주	세대원	재학별				
				미취학	초등학교	중학교	고등학교	기타 (미재학 등)
1985	11,125	4,901	6,224	410	3,356	3,133	1,135	3,091
1990	13,778	6,696	7,082	142	3,593	4,009	2,998	3,036
1995	15,118	8,107	7,011	124	2,914	5,261	4,392	2,427
2000	9,579	6,229	3,350	121	1,862	3,217	4,041	338
2001	8,060	5,248	2,812	133	1,640	2,611	3,414	262
2002	6,947	4,531	2,416	115	1,478	2,232	2,936	186
2003	6,184	3,994	2,190	99	1,309	1,966	2,668	142
2004	5,444	3,504	1,940	87	1,244	1,681	2,331	101

〈자료출처: 보건복지부(2005), 『2004 보건복지통계연보』〉

이러한 경제적 빈곤 외에도 부모의 가출, 이혼, 질병, 사망 등에 의한 아동방임도 아동 결식 등 아동의 빈곤으로 연결될 수 있는데 최근 이혼율의 증가로 가족해체가 심화되면서 한부모가정이 증가하고 있다. 가족해체의 원인은 사별이 60%, 이혼 · 별거 · 가출이 40%를 차지하는 것으로 나타났다. 2003년 조이혼율(1천 명당 이혼 건수)은 3.5건으로 외환위기 이후 급격히 증가하는 추세이며 이와 함께 여성 가구주 비율도 계속적으로 증가(1980년 15.0% → 1990년 15.7% → 2000년 18.5%)하고 있다(윤진호 외, 2005).

한부모가구의 빈곤율은 전체 가구 빈곤율의 3배에 육박할 만큼 심각한 수준으로 한부모가정에 대한 추가 지원이 절실히 요구된다고 할 수 있다.

〈표 6-5〉 전체 가구 아동빈곤율과 한부모가구 아동빈곤율 (단위: %)

연도	1996	1997	1998	1999	2000	2001	2002
전체 가구 아동빈곤율	8.9	9.0	10.8	10.1	9.7	9.7	9.8
한부모가구 아동빈곤율	-	-	24.3	25.1	16.7	23.1	27.7

〈자료출처: 류연규 · 최현수(2003)〉

2) 빈곤 아동의 실태와 문제

빈곤 아동이 겪는 어려움을 건강, 교육, 일(노동)의 영역을 중심으로 살펴보면 다음과 같다.

(1) 건강 실태

보건복지부가 '1998년 및 2001년 국민건강 · 영양조사 결과' 를 토대로 건강조사부문과 영양조사부분 연계분석 결과를 발표한 것에 따르면, 우리나라 주요 질병 유병자율은 저학력 · 저소득 · 육체노동군 등 사회경제적 수준이 낮은 계층에서 유의미하게 높은 수준을 나타냈으며, 이러한 사회인구계층 간 건강수준의 격차는 1998년에 비해 2001년에 더욱 심화되었다. 한편, 질병과 관련이 깊은 영양섭취와의 관계를 보면, 소득수준이 높을수록 모든 영양소 섭취수준이 증가되었으나, 소득수준이 낮은 집단과 높은 집단 간의 영양소 섭취량의 차이는 1998년에 비해 2001년에 더욱 심화되었다. 특히 5세 이하 학령 전 아동 중 최저 소득수준 가구의 아동의 경우에는 에너지와 주요 미량 영양소의 평균 섭취수준이 권장량의 60~80%에 불과해 그 외의 소득수준 가구의 아동에 비해 지극히 취약한 상태인 것으로 나타났다(김초일 외, 2003). 저소득층과 차상위계층 청소년에서도 평균 MAR(Mean Adequacy Ratio)이 0.75 미만으로 특히 칼슘과 철의 섭취량이 낮았다. 또한 저소득층 청소년의 아침 결식률이 40% 내외로 소득수준이 높은 집단에 비해 10% 이상 높았으며 우유 및 요구르트 섭취 빈도는 낮게 나타났다(김초일 외, 2003).

근로 빈곤층의 슬픔 · 우울 정도와 스트레스 정도, 주관적 건강상태 등의 심리적 특성을 소득계층별로 비교한 자료(노대명 외, 2004)를 보면, 슬픔 · 우울 정도는 비빈곤층에 비해 빈곤층으로 갈수록 그 정도가 심한 것을 알 수 있는데, 빈곤층에서 항상 느꼈다는 응답이 41.8%로 다른 계층에 비해 높은 비율로 나타났다. 또한 5점 만점(1: 전혀 느끼지 않았다, 5: 항상 느꼈다)을 기준으로 평균값을 계산한 결과에서도 빈곤층은 3.88로 비빈곤층(3.56)이나 준빈곤층(3.55)에 비해 다소 높았다. 스트레스 정도를 보면, 약 78.7% 정도는 스트레스를 느끼고 있었고, 심하게 느끼고 있는 경우도 45%나 되었다. 스트레스를 심하게 느낀다는 경우는 특히 빈곤층에서 53.1%로 비빈곤층(40.4%)이나 준빈곤층(35.3%)에 비해 높은 비율로 나타났으며, 5점 만점(1: 전혀 느끼지 않는다, 5: 심하게 느끼고 있다)으로 계산한 평균값 역시 빈곤층이 4.20으로 가장 높았다. 또한 슬픔 · 우울 정도와 그 평균값을 비교하여 볼 때, 근로 빈곤층 전체적으로 슬픔 · 우울(3.70) 정도보다 스트레스 정도(4.07)가 높아, 평균적으로는 스트레스를 더욱 심하게 느끼고 있음을 알 수 있다.

주관적으로 자신의 건강상태가 어떠한지 조사한 결과, 전체적으로 건강하지 못한 편이라는 응답이 34.5%로 가장 많았고, 건강한 편이라는 응답이 28.9%로 그 뒤를 이었다. 그러나 5점 만점(1: 매우 건강한 편, 5: 매우 건강하지 못한 편) 기준으로 평균값을 계산해 보면 3.11로 나타나 건강하지 못하다고 느끼는 경우가 다소 많음을 알 수 있다. 또한 건강하지 못한 편(38.8%), 매우 건강하지 못한 편(14.9%)이라고 느끼는 비율 역시 다른 계층에서보다 빈곤층에서 훨씬 높게 나타났으며, 평균값에 있어서도 비빈곤층 2.97, 준빈곤층 2.95에 비해 빈곤층은 3.29로 건강하지 못하다고 느끼는 경우가 많았다(표 6-6 참조).

〈표 6-6〉 소득계층별 심리적 특성 (단위: %, 빈도)

		전체	비빈곤층	저소득층	
				준빈곤층	빈곤층
슬픔·우울 정도	1- 전혀 느끼지 않았다	7.4	8.1	9.5	5.9
	2- 별로 느끼지 않았다	16.5	18.6	16.4	14.9
	3- 보통이다	8.8	10.9	11.7	5.9
	4- 조금 느꼈다	32.8	33.9	34.0	31.4
	5- 항상 느꼈다	34.5	28.5	28.4	41.8
	계	100.0	100.0	100.0	100.0
	(인원수)	(1,485)	(468)	(308)	(709)
	평균	3.70	3.56	3.55	3.88
스트레스 정도	1- 전혀 느끼지 않는다	4.1	4.6	5.0	3.2
	2- 느끼지 않는 편이다	8.2	7.8	7.7	8.6
	3- 보통이다	9.1	11.3	12.5	5.8
	4- 조금 느끼는 편이다	33.7	35.9	39.5	29.3
	5- 심하게 느끼고 있다	45.0	40.4	35.3	53.1
	계	100.0	100.0	100.0	100.0
	(인원수)	(1,485)	(468)	(308)	(709)
	평균	4.07	4.00	3.92	4.20
주관적 건강상태	1- 매우 건강한 편	7.7	7.5	9.4	7.2
	2- 건강한 편	28.9	33.4	29.5	25.3
	3- 보통	18.6	20.6	25.3	13.9
	4- 건강하지 못한 편	34.5	32.4	28.8	38.8
	5- 매우 건강하지 못한 편	10.3	6.2	7.1	14.9
	계	100.0	100.0	100.0	100.0
	(인원수)	(1,485)	(468)	(308)	(709)
	평균	3.11	2.97	2.95	3.29

〈자료출처: 노대명 외(2004)〉

빈곤층의 의료비 부담 정도는 같은 금액이라 하더라도 비빈곤층의 의료비 부담보다 생계비에서 차지하는 비중은 매우 높을 수 있다. 이 경우에 적절한 시기에 필요한 의료서비스를 받지 못하고 건강이 악화되는 현상이 발생하게 된다. 빈곤 아동은 아동기에만 일시적으로 빈곤 상황에 처하게 된 경우도 있지만, 많은 경우는 영 · 유아기, 아동기에도 빈곤 환경에서 성장했을 가능성이 높다. 이럴 경우 누적된 영양 결핍과 부적절한 식습관 및 생활습관, 비위생적 생활환경 등이 빈곤 아동의 건강을 위협할 수 있다.

이렇게 볼 때 빈곤 아동은 질병과 장애에 노출되기 싶고 질병이나 장애가 발생했을 경우 적절한 치료와 재활을 받을 수 있는 기회가 제한되기 때문에 빈곤으로 인한 건강 상실에 이어 건강 악화로 인한 빈곤 심화과정이 연쇄적으로 이루어지기 쉽다. 즉, 건강 악화는 교육 기회의 단절을 가져오고 이로 인해 이후 노동시장 진입과정에서의 차별과 어려움을 겪는다. 결국 안정된 일자리를 갖지 못함으로써 빈곤문제가 지속 · 가중되는 결과를 초래할 수 있다. 이른바 빈곤의 악순환이 가정환경, 교육, 노동(직업), 결혼 등의 매개를 통해 다음과 같이 이루어지게 되는 것이다(윤진호 외, 2005).

부적절한 부모 → 부적절한 아동양육 → 정서적 · 사회적 · 지적으로 부적절한 아동 → 노동시장에서의 실패 → 불안정하고 불만족한 결혼과 가족생활

그리고 다음 〈표 6-7〉에 나와 있듯이, 이러한 악순환 고리에서 건강문제도 빈곤에 서로 영향을 주고받으면서 악순환 고리를 헤어날 수 없는 것으로 더욱 강화된다(성주헌, 2003).

〈표 6-7〉 빈곤의 악순환과 관련된 건강문제

양육과정	결식 아동 의료적 방임
교육과정	결손 가정에서의 성격 장애 등의 정신건강문제
노동시장	장애로 인한 고용, 승진, 해고에서의 차별 열악한 작업조건으로 인한 직업병 및 산업재해
결혼 및 가족생활	건강하지 못한 상태에서의 배우자 선택 및 결혼의 어려움 자녀의 양육에 필요한 적절한 가정환경 만들기 어려움 - 주택, 주거환경 등

〈자료출처: 성주헌(2003)〉

빈곤 아동의 건강문제는 결식 상황과도 관련된다. 일반적으로 결식 아동은 가정의 빈곤이나 부모의 질병, 사망, 가출 등의 원인으로 하루 한 끼 이상 굶고 있거나 외부 도움이 없을 시 굶을 우려가 높은 18세 미만의 미성년자를 말한다. 즉 좁게는 가시적으로 드러나거나 아주 표면적으로 정말 식사를 거르는 것을 결식이라고 할 수 있고, 넓게는 환경적인 요인들까지 고려하여 결식 우려가 높은 것도 포함한다고 할 수 있다. 그러나 결식 아동을 이렇게 단순히 '밥을 굶는 아동'이라고 규정하는 것에서 빨리 벗어나야 한다. 결식 아동이란 단순 끼니해결의 문제에서 균형 있는 영양지원의 문제, 영양지원이 원활히 되지 못해 신체적 발달에 어려움을 가진 아동의 개념까지 포함해야 하며, 나아가 빈곤 가정 보호자의 장기근로로 인해 가정 내 식사를 챙겨줄 수 없는 경우까지 포함해야 한다. 결식이라는 것은 하나의 결과일 뿐이고, 본질적으로는 아동과 아동을 둘러싼 가정 전체에 문제가 존재함으로써 방임되는 아동을 말하는 것이다.

즉 결식 아동이란, 정말 쌀이 없어 밥을 못 먹은 1차적 결식이라기보다 환경적 결식, 즉 결식 우려 아동이라 할 수 있어 가정의 해체로 인한 한부모가정의 자녀들, 특히 편부가정의 자녀들은 거의 부모로부터 방치되어 있는 경우가 많으며, 또한 보호자의 질병과 장애, 부모의 가출, 저소득 맞벌이부부 가정의 자녀 등과 같이 사회경제적으로 결식환경에 노출되어 있는 아동을 말한다고 할 수 있다(정익중 외, 2005).

또 발달과정의 아동이 필요한 영양분을 섭취하지 못하는 영양결핍 상태의 식사를 하거나 불균형한 영양소를 섭취하는 식사를 제공받는 아동들도 결식 아동이라고 할 수 있다. 이를테면 아동의 발달단계에 필요한 영양 칼로리를 섭취하였으나 인스턴트 식품 혹은 냉동가공 식품 등에 의한 식사일 경우에도 아동들은 균형 있는 성장을 할 수 없으므로 이들도 결식 아동에 포함시켜야 한다(정익중 외 2005). 그러므로 결식의 문제는 비단 밥을 굶는 문제만이 아닌 빈곤 방임의 문제로까지 확대시켜 고려해야 한다.

2005년 1월 발생한 부실 도시락 파문의 대표적인 예인 서귀포시와 군산시의 도시락을 영양학적으로 분석한 결과, 제공된 열량(kcal)은 총 400~550kcal 정도에 그치고 있어 이는 영양권장량에 따른 성장기 청소년의 필요 열량인 2,200kcal/일(남), 2,000kcal/일(여)에 크게 미달하고 있었다(정기혜, 2005). 이러한 부실 도시락의 경우는 양과 질적인 면이 전혀 고려되지 않은 것으로 이를 지속적으로 섭취할 시에는 영양불균형으로 인한 빈혈, 대사증후군 등을 초래하게 된다. 또한 조리가 간편하고 지방, 염분 등이 다량 함유된 가공식품이나 냉동 식품의 빈번한 사용은 만성퇴행성 질환의 원인이 되며 평생 건강을 좌우하게 되는 바른 식습관을 형성하는 데도 나쁜 영향을 미치게 된다. 특히 결식 아동과 같은 영양위험군의 경우 영양불량 등으로 인해 건강에 장애가 오면 신체적·정신적 발달뿐만 아니라 성인이 된 후의 체위, 건강, 수명에도 큰 영향을 미치게 되므로 영양적 위험의 예방과 관리가 필히 선행되어야 한다(정익중, 2005).

그리고 최근 최선희 · 김희수(2004)는 아동 및 청소년의 의식주의 기본적인 욕구에서부터 건강, 가족, 친구, 학교생활 및 비행 행동에 이르기까지 빈곤 아동 · 청소년 및 비빈곤 아동 · 청소년을 비교분석하였는데, 이 연구결과를 살펴보면 비빈곤층과 빈곤층 사이에 커다란 차이가 있음을 알 수 있다. 예를 들어 하루에 두 끼 이하의 식사를 하는 비율을 살펴보면 비빈곤층의 경우 18%인데 반해 빈곤층은 35%로 2배 정도 차이가 나는 것을 알 수 있다. 또 한 끼 식사를 하는 아동들은 비빈곤 아동들이 1.2%인 반면에 빈곤 아동들은 4.3%로 3.6배가 되고 있다.

또한 최선희 · 김희수(2004)의 연구에 의하면, 빈곤 아동 및 청소년들이 비빈곤 아동 및 청소년들에 비해 키는 작고, 체중은 적은 것으로 나타났다. 특히 지난 6개월간 심한 질병을 경험한 것이 있는가에 대한 질문에 대해서는 비빈곤 아동은 28%가 그렇다고 대답한 반면에 빈곤 아동들은 39%로, 10% 이상 빈곤 아동이 질병을 더 많이 앓고 있는 것으로 보고되었다. 그리고 중학생의 경우에는 비빈곤 청소년들은 23.2%, 빈곤 청소년들은 32.2%로 약 9% 정도 차이가 있는 것으로 보고되었다. 한편 정신건강, 즉 충동성과 우울의 정도를 살펴보면, 빈곤 아동 및 청소년이 비빈곤 아동 및 청소년에 비해 모두 충동성이 높아 충동조절능력이 떨어지고, 우울이 높은 것으로 나타나, 정신건강 상태가 상대적으로 열악함을 알 수 있다.

(2) 교육 실태

교육은 다른 어떤 요인보다도 직업적 지위나 계급적 위치, 소득을 얻는 데 많은 영향을 미친다. 이런 현상은 어느 나라에서나 일반적인 현상이지만 우리나라의 경우는 학력에 의한 차별 정도가 심하다.

교육의 영역에서 일어날 수 있는 사회배제의 형태는, 첫째, 학교 교육의 기회를 누리지 못하는 것이다. '학교를 못다니는 것' 이나 학업중단의 현상은 대부분의 또래의 사회 구성원이 누리고 있는 지적 · 정서적 성장의 기회로부터 벗어나 있다는 점에서 그 자체로서 배제된 상태라고 할 수 있다. 또한 이는 학업을 중단한 사람이 장차 성인이 되었을 때 여러 가지 불이익, 즉 소득, 지위, 고용 및 정치참여의 기회 등에서의 차별과 소외를 낳는다는 점에서 또 다른 영역의 사회배제를 낳는 요인이 되기도 한다. 둘째, 교과 성적에 의한 인격적 차별이다. '공부 못하는 학생' 에 대한 차별은 심한 편으로 학업능력을 최고의 가치로 여기는 제도권 학교의 주류문화 속에서 자연히 학업성적이 우수하지 못한 학생은 그들의 다른 능력, 인격, 장점 등을 공정하게 평가받지 못하며 때로는 부당한 차별을 받기까지 한다(신명호 외, 2004).

교육에서의 사회배제는 빈곤(물질적 결핍), 고용 영역에서의 불완전 · 불안정한 취업 및 실업, 사회적 관계의 해체, 심리적 · 정서적 소외감 등과 관련을 갖는다. 우선 빈곤은 직접적으로 '학업중단'에 영향을 미칠 수 있으며, 가족 간의 지지관계 약화(혹은 상실)와 같은 사회적 관계의 해체 역시 '학업중단'이라는 결과를 가져올 수 있다. 이러한 '학업중단'은 저학력을 낳음으로써 저임금과 열악한 근로 조건의 불완전 · 불안정 취업으로 연결된다. 따라서 이것이 다시 빈곤을 낳는 요인이 될 수 있다.

학업을 중단한 중퇴 청소년을 대상으로 한 조사(전경숙 외, 2003)에 의하면, 중퇴 이유로는 재미없는 학교생활(22.8%), 학교징계 처분(19.9%), 학업성적 저조(2.1%) 등 학교환경 요인이 전체 44.8%를 차지하여 어려운 경제사정(6.3%), 가정불화(7.1%)와 같은 가정적 요인보다 높았다. 그러나 다른 연구에서 가정형편에 따라 빈곤층, 중산층, 부유층으로 나누었을 때, 빈곤층 청소년 사이에서는 집안 생계상의 이유 때문에 학업을 그만 두는 경우가 20.8%에 달했다(신명호 외, 2004).

한편, 저소득과 빈곤은 아동의 교육성취에 영향을 미칠 수 있다. 소득 수준이 낮은 부모는 그렇지 않은 부모에 비해 상대적으로 자녀교육의 기회비용이 높다고 할 수 있다. 즉 빈곤 부모는 자녀학비에 대한 지출로 인해 의식주에 소요되는 필수적인 생활비에 압박을 받게 된다. 따라서 소득 수준이 낮은 가족은 아동에 대한 교육투자의 수준을 낮은 상태로 유지하고 그 결과 아동의 학구적 발달과 학력성취 수준이 저하된다.

방하남 외(2002)에 따르면 가족의 소득계층이 하위인 청소년 집단은 일반계 고교에 진학할 확률이 중위와 상위집단에 비해 떨어지며, 대학진학 확률은 상위 집단에 비해 떨어진다. 구인회(2003)는 가족소득이 학력 연수와 대학진학에 통계적으로 유의미하게 관련되어 있음을 밝히고 있다. 빈곤은 교육성취에 더욱 큰 영향을 미쳐 빈곤 아동은 빈곤하지 않은 아동에 비해 0.33년 정도 학력 연수가 떨어지는 것으로 나타났다.

그리고 가정의 경제적 형편이 보통 이하인 경우에 중퇴 비율이 높은 것으로 나타나 가정의 경제적 요인이 학업 중단의 주요 이유임을 알 수 있다(표 6-8 참조).

〈표 6-8〉 가정의 경제 수준이 중퇴에 미치는 영향 (단위: 빈도, %)

	가난	보통	부유	계
빈도	252	561	25	838
비율	30.1	66.9	3.0	100

〈자료출처: 윤여각(2002)〉

한편 교육 여건에 있어서도 빈곤지역과 비빈곤지역 사이의 차이가 있다. 산업화에 따라 대도시의 특정지역에 직업이 불안정하고 소득이 낮은 저소득계층 밀집지역이 형성되기 마련인데, 이들 지역의 학생은 경제적 빈곤과 이로 인한 학부모의 보호 및 지원 부족으로 학습준비도와 학습의욕 저하 및 성적 부진의 악순환 현상이 발생한다. 이로 인해 빈곤 아동과 비빈곤 아동과의 사이에 많은 차이가 발생하고 있다.

최선희(2004)의 조사에 의하면 다음 〈그림 6-2〉에 있듯이, 빈곤 아동은 성적우수자가 14.2%인 반면, 비빈곤 아동은 30.4%로 2배 이상 높게 나타나고 있다(최선희, 2004; 이태수 외, 2004, 재인용).

	비빈곤 아동	↔	빈곤 아동
결 식	18%	↔	35%
평균키	143.9㎝	↔	142.8㎝
부모와 소통	76점	↔	67점
성적우수자	30.4%	↔	14.2%
술 · 담배 · 본드	11.1%	↔	18.7%
가출 · 무단결석	6.7%	↔	21.3%
절도 · 파손	10.7%	↔	17.2%

〈그림 6-2〉 빈곤 아동과 비빈곤 아동 간의 비교 결과

〈자료출처: 최선희(2004), 이태수 외(2004), '교육복지구현 종합방안 연구', 재인용〉

이러한 저조한 학업성취는 학생의 열등감, 소외감, 심리적 위축감 등과 같이 정서발달에도 부정적인 영향을 초래하여, 저소득지역 학교 교사들 중 35%는 학생들의 가장 심각한 문제로 정서발달문제를 지적하고 있다(이혜영 외, 2002).

한편, 농어촌지역 학생은 도시지역 학생에 비해 전반적으로 학력 저하가 발생하고, 농어촌의 주거 · 문화 · 복지시설 낙후, 교통불편 등으로 교원들이 농어촌 학교 근무를 기피하고 있어 우수 교원 확보가 곤란한 실정이다. 이러한 결과의 하나로 아래 〈표 6-9〉와 같이 현재 지역 간 학업성취도의 차이는 심각한 수준에 이르고 있다.

〈표 6-9〉 지역 간 국어과목 학업성취도 비교

구분	초등학교 6학년	중학교 3학년	고등학교 1학년
서울시	2.08	2.03	2.11
광역시	2.15	2.12	2.18
중 · 소도시	2.13	2.06	2.14
읍 · 면지역	2.00	1.88	1.85

* 변환점수 사용- 과목 간 상이한 난이도와 변별도를 동일한 수준으로 전환(3점 만점)한 것임.
2001. 11 한국교육과정평가원 표집(1%) 결과임.

〈자료출처: 교육인적자원부(2004)〉

한편, 학년 수준별 요구되는 학력에 미달하는 학생의 비율도 읍 · 면지역이 도시보다 평균 2.9배에 달하고 있다(표 6-10 참조).

〈표 6-10〉 고등학교 2학년 학력 미달 학생 수 (단위: 빈도, %)

		전체	도시	읍 · 면
응시 학생 수		3,972	3,204	768
미달 학생 수	국어	517(13.0)	321(10.0)	195(25.4)
	영어	107(2.7)	58(1.8)	49(6.4)
	수학	136(3.4)	73(2.3)	63(8.2)

〈자료출처: 이정선(2004)〉

또한 소득에 따른 사교육비 지출의 차이는 방과후 활동의 차이로 드러난다. 청소년보호위원회(2004)의 조사결과에 의하면, 가정의 사회경제적 배경에 따라 방과후 활동의 격차가 심각한 것으로 나타났다. 다음 〈표 6-11〉을 보면, 월평균 가구 소득 100만 원 미만 저소득층 자녀 중 52.1%가 활동이 전무하며, 이런 경향은 향후 주 5일 수업제의 전면도입 시 저소득층의 상대적 박탈감을 심화시킬 것으로 우려되고 있다.

따라서 이런 단적인 사례만 갖고도 저소득지역 성장세대들이 가정, 학교 등에서 다양한 혜택을 받지 못할 뿐만 아니라 지역사회와의 연계가 이루어지지 않으면 학습능력 부진과 학습결손의 누적, 그리고 심리·정서상의 문제 및 각종 상대적 박탈감을 가질 수 있음을 알 수 있다.

〈표 6-11〉 가구 소득에 따른 방과후 아동·청소년의 실태 (단위: 빈도, %)

	사례수	특별한 일없이 집에서 지냄	집밖 개인적 활동(친구, 놀기 등)	학원(교과 및 예체능 학습)	학교(방과후 교실, 동아리 활동 등)	지역 청소년 시설(종교 단체 포함)	기타 공공 시설
전체	(1,500)	23.7	5.8	63.0	6.4	0.6	0.5
100만 원 미만	(96)	42.7	9.4	32.3	15.6	-	-
100~200만 원 미만	(276)	31.2	9.4	51.4	5.8	1.1	1.1
500만 원 이상	(104)	13.5	3.8	79.8	1.9	1.0	-
무응답	(73)	24.7	9.6	60.2	4.1	1.4	-

〈자료출처: 청소년보호위원회(2004)〉

3) 노동(일) 실태

교육과 노동(일)은 오늘날 아동 및 청소년의 삶에 가장 중요한 경험들로 자리 잡고 있다. 특히 청소년이 일을 한다는 것은 예전과는 다른 양상으로 논란을 야기하고 있다. 과거에는 '전업' 으로 일하는 청소년(이른바 근로 청소년)에게 보다 많은 교육적 혜택을 줄 것인가가 청소년의 노동과 관련된 이슈였다면, 근로 청소년이 점차 줄고 '아르바이트' 라는 이름으로 일하는 청소년이 증가하는 상황에서 청소년 아르바이트를 어떻게 바라볼 것인가를 둘러싼 논란이 있다. 이러한 논란은 크게 두 가지로 정리되는데, 청소년 노동에 대한 긍정적 시각과 부정적 시각으로 나누어진다. 청소년의 노동이 학업수행에 악영향을 미치며 신체적·정신적 건강을 해칠 우려가 있고 탈선과 일탈을 조장할 수 있기 때문에 금지해야 한다는 것이 부정적 입장이다. 반면, 긍정적인 입장은 청소년의 노동이 진로계획 수립과 노동의 소중함을 인식하는 데 도움을 주며, 자립심과 책임감을 기르고 대인관계를 배우는 데 기여하므로 적극적으로 대처해야 한다는 것이다(도종수, 2001).

청소년의 일을 바라보는 상반된 시각과 논란에도 불구하고 현실에서 청소년 아르바이트는 점차 증가하면서 일과 학습이 일상생활 속에서 급속도로 상호 융합되어 가고 있다. 이제 더 이상 아동이나 청소년기에 공부하고 성인기에 일하는 시대 대신에 평생 일하고 평행 학습하고 평생 여가를 즐기는 사회가 되었다(이광호, 2003). 그러기에 이제 일터는 성인뿐만 아니라 아동 및 청소년을 위해서도 의미 있는 환경이 되어야 한다.

그러나 청소년의 대부분은 이른바 '아르바이트'로 일을 하는데, 아르바이트를 하는 청소년은 공통적으로 임금, 근로 시간, 작업환경, 직업복지 등에서 심각하게 차별을 받거나 부당한 처우를 받고 있다. 아르바이트의 사용자는 많은 경우 근로기준법 등 실정법을 심각하게 위반하고 있지만 현실 노동시장에서는 별로 규제받지 않고 있다. 청소년의 노동권을 보장할 명목상의 최소한의 법적 장치는 있지만, 실제 노동시장에서 청소년의 노동권은 방임된 상태에 있다(이용교, 2002).

아동 및 청소년이 경험하는 노동에서의 사회배제는 빈곤 아동 및 빈곤 청소년에게만 국한된 문제는 아니다. 그러나 빈곤 아동 및 청소년의 경우 노동의 과정과 결과에서 부정적인 영향에 노출될 가능성이 크다. 특히 청소년 근로자의 노동 현황에서 시사하는 바는 중 · 고등학교에 다녀야 할 학령기임에도 근로현장에 있는 15세~19세 청소년이 많다는 점이며, 이들은 학업중퇴자 혹은 저학력자들로 낮은 임금과 열악한 근로환경에 처해 있을 가능성이 매우 높다.

다음으로 청소년 아르바이트 실태를 보면, 2003년도 5월 중 전국 중 · 고교 재학생 36,825명(전체 366만여 명의 약 1%)을 표본 조사한 결과 응답자의 22.1%(약 80만 9천 명)가 아르바이트를 경험했다고 응답하고, 아르바이트 경험이 없는 77.9% 중 49.1%(남자 45.5%, 여자 52.9%)도 기회가 있을시 아르바이트를 하겠다고 응답하여 청소년들이 재학 중의 근로 기회에 대하여 60.3%가 긍정적으로 보고 있는 것으로 나타났다. 이 중 연소자가 근로한 주요 아르바이트 업종은 '전단지 배포 · 스티커 부착' 등 1회성의 짧은 기간 일을 한 경우(38.8%)가 가장 많았고, 일반음식점(19.4%), 패스트푸드점(9.9%), 주유소(3.7%), 신문 · 우유배달(3.4%), 편의점(2.0%) 등으로 다양하게 나타났다. 주로 일을 하는 시기는 방학 기간 동안 (38.2%)은 물론 학기 중에도(방과후 18.8%, 주말 · 일요일에만 15.7%) 비슷한 비율로 일을 하고 있으며, '일할 수 있는 시간에 아무 때나 일 할 수 있음'에 18.9%가 응답하여 아르바이트가 보편화되어 있는 것으로 나타났다(노동부 외, 2005).

다음으로 2005년 청소년보호위원회의 조사결과를 보면, 청소년의 아르바이트 경험률은 38.1%였으며, 특히 실업계 고등학생(51.3%)과 대안학교에 다니거나 쉼터에 거주하는 시설 청소년들(54.9%)의 아르바이트 경험률이 높게 나타났다. 청소년들이 경험해 본 아르바이트 업종으로는 전단지 배포 · 스티커 부착이 29.4%로 가장 많았고, 다음은 일반음식점(21.7%), 패스트푸드점(10.7%), 주유원(4.8%) 순으로 나타났다. 호프집, 소주방, 비디오방 등 유흥업소 아르바이트 경험률은 2.9%로 일반 중 · 고등학생들보다는 시설 청소년들의 경험률이 6.1%로 높았다.

이 외에도 참여연대(2002) 조사에 의하면, 취업금지 연령인 13세~15세 미만 청소년 중에서도 29.2%가 아르바이트 경험이 있다고 답했고 아르바이트 유경험자 중 13세 미만부터 근로를 시작한 경우도 13.5%에 달했으며 13세~15세 미만 사이에 시작한 경우도 32%에 달했다.

이러한 청소년 아르바이트는 청소년들이 아르바이트에 참여하게 되는 동기에 따라 몇 가지 노동형태로 유형화될 수 있다(김정아, 2002; 전경숙 외, 2003, 재인용).

첫째, 직업으로서의 노동활동이다. 이는 성인과 마찬가지로 생계와 관련된 삶의 지속적인 활동으로서의 노동을 의미한다. 중등교육을 마치거나 중퇴를 하고 직업 선택을 통해 노동을 하는 경우 등이 이에 해당되며, 이러한 노동을 하는 청소년들을 근로 청소년이라고 부른다. 이들은 학교 공부보다 일을 전업으로 하는 청소년으로 볼 수 있다.

둘째, 용돈벌이 수단으로서의 노동형태이다. 이는 학교교육을 기본으로 하고 여가시간을 이용해서 용돈을 벌기 위한 노동으로써 우리나라 청소년들에게 가장 흔하게 이루어지고 있는 것으로써 아르바이트 활동이 대표적이다.

셋째, 가출생활을 유지하기 위한 수단으로서 노동활동이 있다. 가출상태에서는 생계유지와도 밀접한 관련을 맺고 있지만 지속적이 아닌 일시적이고 임시방편적인 노동형태이기 때문에 직업으로서의 노동활동이라고 보기는 어렵다.

넷째는, 어려운 생활을 유지하기 위한 수단으로의 노동활동이다. 소년소녀가정 등 저소득층 청소년처럼 어려운 생계를 유지하기 위해 부득이하게 행하는 노동으로써, 이 경우는 직업으로의 노동활동 성격을 포함하고 있고 학업을 유지하면서 용돈벌이 수단으로써의 노동이라는 성격도 동시에 갖고 있다.

이러한 유형 구분에 의하면 빈곤 아동 및 청소년의 노동은 직업으로서의 노동, 어려운 생활을 유지하기 위한 수단으로서의 노동에 주로 해당되지만, 빈곤 아동 및 청소년이 가출 상태에 있는 경우는 가출생활 유지를 위한 수단의 성격도 갖는다고 할 수 있다.

3. 빈곤 아동과 아동권리

1) 빈곤 아동과 아동권리의 관계

빈곤 아동에 대한 아동권리 차원에서의 논의는 유엔의 아동권리협약에 잘 담겨 있다. 1989년 유엔총회에서 아동권리협약이 채택되기 전, 약 10년간 세계 많은 지도자들이 아동권리협약 제정에 관하여 찬반론을 펴 왔다. 유엔인권선언문 속에 아동의 권리가 포함되므로 그것으로 족하다는 견해가 처음에는 많았었다. 그러나 세계 곳곳에 아동들이 당면하고 있는 열악한 상황과 아동의 인권침해 실태들이 계속 유엔기구들, 특히 유니세프를 통해서 보고되고 고발되므로 인해 결국 10년에 걸쳐 준비하여 유엔아동권리협약을 제정하였으며 1989년 유엔총회에서 채택되었던 것이다.

아동권리협약은 전문, 제3부, 총 54개 조문으로 구성되어 있다. 그리고 아동권리위원회는 1991년 제1차 회기에서 당사국 정부의 제1차 보고서의 작성방법에 관한 지침을 마련하였는데, 이를 보면 아동권리협약의 바탕을 이루는 기본 가치를 '일반원칙'(general principles)이라고 하고, 일반원칙으로 ① 아동 최선의 이익 원칙, ② 아동의 의견존중의 원칙, ③ 아동의 생존 · 보호 · 발달의 원칙, ④ 아동 차별금지의 원칙이라는 4대 원칙을 정하였다. 또한 아동권리위원회는 아동의 경제적 · 사회적 및 문화적 권리를 가족환경과 대체적 보호를 받을 권리, 기본적 건강과 복지에 관한 권리, 교육 · 여가 및 문화적 활동에 관한 권리, 특별보호 조치를 받을 권리로 구분하고 있다.

그리고 아동권리협약에 제시된 모든 아동의 권리는 4가지 범주로 분류하면서, 관련 조항을 다음과 같이 마련하였다.

- 생존권(Survival Right): 관련 조항 제6, 7, 8, 9, 19, 20, 21, 23, 24, 26, 27, 30, 32, 33, 34, 35, 38조
- 보호권(Protection Right): 관련 조항 제2, 7, 10, 11, 16, 19, 20, 21, 23, 25, 32, 33, 34, 35, 36, 37, 39, 40조
- 발달권(Development Right): 관련 조항 제5, 6, 9, 10, 11, 12, 13, 14, 15, 17, 24, 28, 29, 31조
- 참여권(Participation Right): 관련 조항 제12, 13, 15, 17, 18조

이상 관련된 조항들은 살펴보면 거의 모든 실질적 규정들이 아동의 생존 · 보호 · 발달 · 참여 등 4개의 기본 권리에 연결되어 있으며, 상호 연관성을 보여 주고 있음을 알 수 있다. 그런데 이 중에서 빈곤 아동과 직접적으로 관련되어 있는 가장 중요한 권리는 생존권이라 할 수 있다. 일반적으로 생존권이라 하면 적절한 생활수준을 누릴 권리, 안전한 주거지에서 살아갈 권리, 충분한 영양을 섭취하고, 기본적인 보건서비스를 받을 권리 등 기본적인 삶을 누리는 데 필요한 권리를 말하기 때문이다.

아동이 가족과 함께 지역사회 내에서 살아가면서 한 아동의 권리가 가족관계 속에서, 학교에서, 사회 내에서 다른 이들의 권리와 상충되거나 서로 갈등을 빚는 상황에서 우리는 아동 최선의 이익 원칙을 적용할 수 있으며, 아동의 권리를 지키고 실현시키는 일은 정부, 비정부, 국제기구, 가정, 학교를 망라한 우리 모두의 책임이라는 점을 아동권리협약은 매우 강조하고 있음을 알아야 한다.

2) 빈곤 아동과 아동권리지표

아동권리협약 당사국은 협약에서 제시한 아동의 권리를 실현하기 위하여 모든 적절한 입법적 · 행정적 및 여타의 조치를 취할 의무를 짐과 동시에 나아가 실제적으로 그 법을 집행하고, 집행 결과를 모니터하며 협약의 관점에서 국내적 실천을 강하게 요청하였다. 그리고 아동권리협약 이행 자체 또는 그 효과를 평가하기 위한 자료제공 수단으로써 '아동권리지표' 를 만들어 활용할 것을 권고하였다. 이처럼 아동권리지표가 중요한 이유는 정부가 아동권리협약이 요구하는 의무사항을 준수하기 위해서는 아동에게 영향을 주는 활동을 규칙적이고 지속적으로 파악하여야 하므로 모니터링 시스템 구축이 필요하고, 이러한 모니터링을 효율적으로 추진하기 위해서는 적절한 자료가 수집되어야 하며, 이러한 자료의 수집은 아동권리지표라는 기준을 이용할 때보다 체계적인 자료수집이 이루어질 수 있으며, 시계열 비교 등에 활용할 때 효율성이 높기 때문이다.

가장 최근 개발된 우리나라 아동권리지표는 아동권리보장 측면에서 다루어야 할 영역을 모두 포괄하고 있는데, '인구', '생존과 건강', '가족', '시민적 권리와 자유', '교육', '사회복지', '문화와 여가', '특별보호' 등 8개 영역, 16개 관심 영역, 41개 세부 영역, 112개 지표로 구성되어 있다(서문희 외, 2003). 이 중에서 빈곤 아동과 가장 관련되어 있는 영역은 다음 〈표 6-12〉와 같이, '생존과 건강', '사회복지' 영역이라 할 수 있다.

〈표 6-12〉 아동권리지표 중 빈곤 아동 관련 영역 내용

분야	관심 영역	세부 관심 영역	개별 지표	관련 법률
생존과 건강	건강	모자보건	저체중아 출생률, 모유 수유율, 예방접종률	모자보건법 지역보건법
		건강	신체 중량 지수, 우울감 경험 아동 비율 자살사고(思考) 아동 비율	정신보건법
사회 복지	사회보장	재정	GDP 대비 아동 관련 총예산 비율 GDP 대비 사회보장예산 비율	사회보장 기본법
		기초보장	국민기초생활보장 수급자 중 아동 비율 아동 인구 대비 국민기초생활보장 대상 아동 비율	국민기초 생활보장법
사회 복지	복지 서비스	상담	아동상담기관 수, 상담전문가와의 상담 경험률	아동복지법
		보육	보육서비스 이용률, 시설유형별 보육 구성 비율 보육료 지원 아동 비율, 보육수요 충족률	영유아 보육법
		요보호 아동보호	요보호 아동 발생 수, 대리보호 아동 비율 아동복지시설 수 및 보호 아동 수 대리보호 아동 생활만족도 급식지원 아동 비율	아동복지법
		입양	입양 아동 수, 입양아 중 장애 아동 비율	입양특례법
		장애 아동 보호	장애 아동의 장애인 등록률 치료서비스를 받는 장애 아동 비율	장애인 복지법
		학대 아동 보호	학대 아동 수, 학대 아동 조치 결과	아동복지법

〈자료출처: 서문희 · 안현애 · 이삼식(2003)〉

4. 아동권리 차원에서의 빈곤 아동을 위한 정책 과제

1) 빈곤 아동 관련법의 실효성 과제

헌법 제34조 제1항에서는 모든 국민이 인간다운 생활을 할 권리를 가진다고 규정하여 생존권의 이념과 근거를 제시하고 있다. 생존권이란 국민이 최저생활의 유지를 위하여 필요한 조건의 확보를 국가에 대하여 요구하는 권리이다. 사람이 어떠한 상태에 봉착하더라도, 즉 소득이 부족하든지 혹은 전혀 없더라도 생존을 유지할 수 있는 권리를 말한다. 그리고 이러한 인간다운 생활의 보장을 국가의 책임으로 하는 생존권은 사회적 약자에 대한 국가의 시혜가 아니라 당연한 권리이며, 단지 살아간다는 정도가 아닌 문화적인 인간생활에 상응하는 정도의 것이라야 한다(현외성 외, 2001; 강지원, 2005, 재인용).

생존권의 위협을 받고 있는 빈곤 아동의 권리를 보호하기 위해 우리나라 아동 및 청소년 복지 관련 현행 법률을 살펴보면 다음 〈표 6-13〉과 같다.

〈표 6-13〉 생존권과 관련한 주요 법 내용

법	조항 내용		
헌법	*인간의 존엄성과 행복추구권 *차별 금지 *근로의 권리 *노동의 기본권	*근로의 권리 *인간다운 생활을 할 권리 *가정생활과 모성의 보호	*교육받을 권리 *쾌적한 환경에서 살 권리
아동권리 협약	*차별 금지 *생명권 · 발달권 *성명권 · 국적권	*신분보존권 *건강과 의료의 권리 *사회보장권	*양육지정 아동의 권리 *생활수준 향유권
국민기초 생활보장법	*최저 생활보장 *의식주 관련 물품 지급	*주거 급여 *교육 급여 *자활 급여	*해산 급여 *장제 급여
모 · 부자 복지법	*생활안정과 복지 증진 *복지 증진을 위한 책임	*복지자금 대여 *고용의 촉진	*시설우선 이용 *국민주택의 분양 임대

아동 복지법	*행복 · 안전 *차별 금지, 최우선 *보호 조치 *아동 학대 신고 *금지 행위	*아동의 건강, 복지, 권익 증진을 위한 책임 *장애 아동의 보호 *응급조치 의무	*기본적인 보건서비스 *아동의 건강 및 안전 *아동 학대 예방, 발견, 치료
청소년 기본법	*유해환경으로부터 보호받을 권리 *청소년 유익환경의 조성	*청소년 육성을 위한 가정 · 사회 · 국가책임 *가출 · 비행 예방	*청소년 활동지원 *청소년 복지 향상
청소년 복지 지원법	* 청소년 인권보장 * 청소년의 건강보장	* 청소년 자치권 확대 * 특별 청소년에 대한 지원	* 청소년 우대 * 교육적 선도
청소년 보호법	*유해환경으로부터 보호 · 구제	*보호를 위한 가정 · 사회 · 국가의 책임	*청소년 유해물 · 환경의 규제

〈자료출처: 강지원(2005)〉

이와 같이 여러 법들에서 빈곤한 아동 및 청소년의 인권 및 생존권 보장을 위한 규정들을 마련해 놓고 있다. 그런데 분명한 사실은 이러한 법이 존재함에도 불구하고 빈곤 아동 및 청소년의 수가 줄어들지 않고 있다는 데 있다. 이것은 법들이 실효성 있는 정책이나 제도로 발현되지 않기 때문이다. 예를 들어, 복지지원 관련 조항의 경우, 강제 규정이 아닌 임의 규정이기 때문에 국가나 지방자치단체의 의지에 따라 달라질 수 있다. 명시된 법 내용을 '형식과 구색' 만을 갖춘 제도가 아닌 실질적인 생존권 보장의 제도와 서비스로 연결될 수 있도록 하는 예산의 확보, 국가의 역할 강화 등이 과제로 남는다.

2) 빈곤 아동 · 청소년정책의 과제

빈곤의 문제는 아동부터 노인까지 그 연령대를 불문하고 심각하지 않은 것이 없다. 우리나라 빈곤정책을 생애 주기별로 보면, 보육 이후 상급학교(주로 대학교)를 중퇴하거나 졸업한 청년층이 되기까지 청소년들을 대상으로 한 빈곤정책은 정말 미미한 수준이다. 그러나 빈곤의 대물림을 방지하기 위해서는 현재 부모세대를 지원하는 것도 필요하지만, 미래세대인 아동 및 청소년들에 대한 탈빈곤지원책이 우선적으로 고려되어야 한다. 기본적으로 가난한 가정의 아동과 청소년을 대상으로 한 정책지원을 통해 미래의 빈곤을 예방할 수 있을 것이다(이인재, 2005).

우리나라 빈곤 아동 · 청소년정책의 현황과 과제를 문제 중심으로 살펴보자.

(1) 정책의 사후대책적 성격

그동안의 빈곤 아동 · 청소년정책은 요보호 대상 중심의 사후대책 성격이 강했다. 즉, 시설에서 생활하는 아동 · 청소년, 소년소녀가정의 아동 · 청소년, 가정 및 학교 이탈 아동 · 청소년에 대한 정책을 중심으로 추진되었다. 최근 결식에 대한 정부의 대응도 사후적 성격이 강하다. 그 결과 빈곤 아동 · 청소년의 입장에서 빈곤의 예방과 탈출을 지원하기 위한 거시적 정책 비전 없이 과제별로 필요에 따라 임기응변적으로 추진되었다.

정책담당부처도 보건복지부, 교육부, 여성가족부, 국가청소년위원회 등으로 분산되어 있고 관련 서비스의 전달체계도 지방자치단체, 학교, 별도의 민간기구 등으로 다원화 되어 있으나 연계체계가 미약하다. 또한 복지 · 건강 · 교육 · 상담이 연계된 통합된 서비스가 제공되지 못하고 있는 실정이다(관계부처합동 빈부격차 · 차별시정위원회, 2004). 따라서 복지서비스 전달체계의 효율성 제고가 필요하다고 하겠다.

(2) 빈곤 아동 · 청소년에 대한 기본생활보장체계 미흡

현재 빈곤 아동 · 청소년 중 약 37만 명이 정부지원에 의하여 기초생활을 보장받고 있다. 기초생활수급 가정의 아동은 생계 · 의료 · 주거 · 교육 등 기초생활보장을 받고 있고 생계보장 외에 의료 · 교육 등 일부 급여는 차상위계층(최저 생계비 120%)이나 저소득층(최저 생계비 150%)까지 확대되었다(관계부처합동 빈부격차 · 차별시정위원회, 2004).

그러나 선진국에서 보편화된 아동수당 제도 등 예방체계가 매우 미흡하다. 대부분의 선진국에서는 ILO의 권고를 받아들여 18세 미만 아동에게 수당을 지급(일본, 독일 등 8개국은 저소득층에 한정)하고 있다(Costin, et al., 1991; Downs, et al., 1996; Pecora, et al., 2000). 따라서 우리나라도 아동(청소년)에 대한 사회적 양육 개념을 도입하여 아동(청소년)이 있는 모든 가정에 보조금을 지불하는 아동수당 제도를 도입하여야 한다. 이 제도를 통해 양육부담으로 인한 저출산 및 양육 포기, 아동방임 등의 문제를 예방할 수 있고 일정 수준의 교육 및 보육도 보장할 수 있다. 본래 아동(청소년)수당은 소득에 관계없이 아동

(청소년)이 있는 모든 가정에 지급하는 것이 원칙이지만, 먼저 빈곤 가정을 중심으로 우선적으로 실시하고 향후 점진적으로 확대하는 방안을 모색해야 할 것이다. 또한 방과후 아동(청소년)양육의 문제와 관련하여 만 12세 아동이 있는 빈곤 가정을 중심으로 시행하는 것도 검토해 볼 필요가 있다.

또한 이혼 과정에서 부모의 아동양육을 보장하는 제도도 미흡하다. 자녀양육비에 대한 합의 없이 간단한 신고만으로 이혼이 가능(일본, 대만, 한국 특유의 제도)하여 무책임한 이혼과 자녀양육상에 문제가 발생하고 있다. 현재는 법원의 판결에도 불구하고 아동양육비를 지급 받는 경우는 이혼 여성의 경우 50%를 조금 넘고 별거 중인 가정은 20% 정도의 수준이다. 스웨덴과 같이 자녀와 동거하지 않는 부(모)가 아동양육비를 지급하지 않는 경우 정부가 선 지급하고 후 구상권을 행사하는 방안을 모색하는 것도 한 방법이다. 또한 현실적인 방안으로 가사조정법 제64조 1항, 제67조 1항, 제68조 1항 규정을 통해 양육비를 지급하지 않는 부(모)에 대해 감치처분, 과태료 부과 등과 같은 강력한 법 집행이 필요하다(참여연대, 2003).

또한 아동에 대한 정부의 예산도 매우 낮은 수준에 머물고 있다. 선진국의 경우 아동정책에 우선순위를 두고 국가자원의 상당량을 투입하는 현실과 비교할 때 우리나라는 매우 부족하다. 우리나라 아동 1인당 복지비 지출은 선진국의 1/7~1/100 수준에 불과하다(표 6-14 참조). 따라서 무엇보다도 국가의 아동 관련 복지비 재정 확보가 시급하다고 할 수 있다.

〈표 6-14〉 아동 1인당 복지비 지출 국제 비교 (단위: US$)

스웨덴	프랑스	독일	영국	미국	한국
3,961	2,162	1,707	913	297	40

* 아동복지비 지출 = 아동수당 + 출산 · 육아수당 + 빈곤 가정 현금 지급 + 기타

〈자료출처: 참여연대(2003)〉

한편, 빈곤한 아동과 청소년정책 문제의 핵심을 보여 주는 것으로 결식문제를 들 수 있다. 보건복지부는 경제적 빈곤, 가족기능 상실 등으로 인하여 실제로 결식하거나 결식 우려가 있는 아동에게 급식지원 실시를 사업목적으로 선정하여, 빈곤 또는 가족기능 결손 등으로 결식 우려가 있는 아동들에게 급식을 지원하고 있다. 2005년부터 급식지원 사업은 지방이양사업의 하나로 됨에 따라 지방비로 추진되고 있다. 2005년 3월 이후 급식단가

는 지원대상 아동 수, 급식전달 방법 등에 따라 예산범위 내에서 아동급식위원회의 결정으로 조정 가능하도록 하였다. 그리고 보건복지부 급식지원 대상자 선정(전달체계)은 다음과 같다.

급식 대상자 명단 확보/지역사회 신고/기초수급자가정 중심 → 사회복지 전담공무원의 가정조사 → 보호자 의견 수렴 → 급식지원

한편, 학기 중 급식을 담당하는 교육인적자원부는 가정형편이 어려워 학교 급식비 부담능력이 없는 저소득 빈곤 가정 학생들에게 급식비를 지원함으로써, 이들의 건전한 심신발달과 올바른 사회구성원으로서의 성장을 돕고 소외계층의 교육복지 증진 및 사회통합에 기여하기 위하는 것을 사업목적으로 하여, 결식 학생(지자체 석식지원자), 기초생활보장수급자, 복지시설 수용 학생 등 가정형편이 어려운 학생을 대상으로 급식을 시행하고 있다.

IMF를 계기로 정부는 급식사업을 법제화하는 등 지원을 크게 확대하였는데, 교육인적자원부의 학생중식지원사업의 경우 2002년부터 연차적으로 전달체계 개선을 추진하였고, 2004년부터는 토 · 공휴일 및 방학 기간의 중식지원을 사회안전망 확보차원에서 보건복지부와 지방자치단체가 담당(업무조정)하도록 하였다. 교육인적자원부 대상자 선정(전달체계)은 다음과 같다.

학교장이 국민기초생활보장수급자 파악(읍 · 면동 협조) 또는 담임교사 추천(수급자 이외 학생 가정방문 확인) → 학생복지심사위원회 심의 → 학교장 선정

이렇게 볼 때, 교육인적자원부의 학기 중 급식과 보건복지부의 방학 중 결식 아동 급식에서 혼동이 발생하고 있다. 교육부의 학교급식지원사업은 저소득층 교육복지차원에서 확대되고 있는데 이들 지원 대상의 경우 '급식비 미납' 아동을 대상으로 급식비를 지원하고 있어 보건복지부의 '끼니를 거르는' 결식 아동 급식지원과 차이가 있다. 급식지원의 형평성 제고를 위해 급식지원 아동 선정에서 객관적인 기준 마련이 필요하다. 또한 지역아동센터나 사회복지관 등의 급식소를 이용하는 아동에 대한 급식지원이 미흡하다. 이들 기관을 이용하는 아동 가운데 64%만이 결식 아동으로 지정되어 급식지원을 받고 있는

데 이는 사회복지관의 가정조사서를 행정기관에서 인정하는 데 소극적이기 때문에 발생하는 문제이다(강명순, 2005). 따라서 '결식' 에서 벗어나 적극적 급식지원사업으로 전환이 필요한데 이를 위해 지역아동센터, 사회복지관 등 급식소 이용 아동은 급식지원 아동으로 선정하여 급식지원을 실시하는 것이 바람직할 것으로 본다.

또한 결식 아동의 상시 신고체계를 구축하고 적극적으로 급식지원 아동을 발굴하고 지방자치단체로 이양된 보건복지부의 급식사업이 정책의 우선순위에 밀리지 않도록 안정적인 예산 확보 방안을 적극적으로 강구해야 한다.

장기적으로는 학교 급식비를 국민기초생활보장법의 교육 급여의 하나로 규정하도록 국민기초생활보장법 개정 등 제도 개선도 필요하다. 즉, 저소득층 자녀 학비지원처럼 학부모에게 직접 지원하여 학부모가 급식비를 납부토록 함으로써 낙인(stigma)을 방지하는 등의 급식지원 학생에 대한 심리적 배려가 필요하다.

한편, 결식 아동에게 급식과 함께 통합적인 복지서비스가 제공되어야 한다. 특히 가족기능 약화로 인한 결식과 빈곤이 결합된 경우 급식 이외에 심리정서적 지지서비스, 가족기능 강화 상담서비스, 학습지원 및 학교생활지원서비스, 각종 문화활동, 부모의 빈곤과 방임이 지속되지 않도록 하기 위한 부모에 대한 자활자립지원 등이 필요하다.

(3) 빈곤 아동 · 청소년 건강의 체계적 관리 미흡

아동의 건강한 발달은 기본적 권리일 뿐만 아니라 자아성장, 학업성취, 나아가 성공적 직업활동의 기본적 전제 요건이다. 빈곤 가정의 경제적 · 정서적 결핍, 상업적 유해환경의 범람, 학교폭력, 학습 스트레스 등으로 아동과 청소년의 행동 장애, 우울증, 약물남용, 자살 등이 증가 추세에 있다(Kadushin & Martin, 1988).

그리고 소아와 청소년기에 형성되기 시작하는 건강 행태는 장기적인 건강 수준을 결정하는 가장 중요한 요인이다. 예를 들어, 가장 중요한 건강 위험으로 지목되는 흡연습관의 90%는 청소년 시기에 결정된다(성주헌, 2003). 따라서 빈곤 아동 · 청소년의 음주, 흡연, 불균형한 영양과 운동 부족 등 건강습관에 대한 교육과 정신건강에 대한 검진 · 치료체계 구축이 필요하다.

(4) 학비 · 보육비 지원에 머물고 있는 교육기회 보장

빈곤 아동 · 청소년에 대한 교육정책은 중학교는 의무교육, 고교생은 학비지원이 전부라고 할 수 있다. 고등학생 학비지원은 전체 고교생의 약 6.8% 수준인 12만 4천 명에 대해서 수업료를 지원하고 있으나 여전히 수업료 미납자가 발생하고 있다. 이러한 결과는 장기적인 경기침체로 인한 저소득층 증가 때문이며, 이에 고등학생에 대한 수업료 지원이 크게 확대되어야 할 것으로 보인다.

방과후 교실을 이용하는 저소득 가정의 초등학생의 경우에는 소득에 따라 보육비를 차등지원 받고 있으나, 이러한 정부의 지원에도 불구하고 방과 후에 돌보는 가족이 없어 가정에서 방치되는 경우가 많다. 가정의 보살핌 부족과 학습지원 결여는 정서발달 및 학습부진과 학교부적응, 각종 위험과 유혹에의 노출로 연결될 가능성이 높다.

이 외에 학교부적응을 조기에 발견하고 적응을 도와주는 상담 및 지원체계가 미흡하다. 학교별로 상담교사가 있으나 수업병행으로 인한 업무 과중과 전문성에 문제가 있어 제 기능을 발휘하지 못하는 실정이다. 그 결과 학습부진, 가출, 학업중단 등의 문제가 나타나고 있다. 교과학습부진 학생이 4%(초등 6학년), 7.3%(중3), 10.4%(고1)로 뚜렷한 개선을 보이지 못하고 있는 상태이고 가출 청소년은 1만 5천 명 내외로 집계되나 미신고를 감안하면 연간 10만 명 정도로 추계(가출 저연령화 및 가출 장기화 추세)된다. 또한 학업중단 청소년은 매년 4만 명 이상 발생하고, 특히 실업계 고교는 전체 학생의 4%가 학업을 중단하며 그 중 절반이 1학년이다(관계부처합동 빈부격차 · 차별시정위원회, 2004). 이러한 학교부적응 문제에 대한 대책으로 학교사회복지제도의 도입이 교육인적자원부와 보건복지부의 지원 하에서 일부 시행되고 있는데, 앞으로 이에 대한 확대가 필요하다.

이상으로 볼 때, 빈곤한 아동과 청소년의 교육과 관련하여 교육비용지원만이 아닌 명실상부한 교육기회 보장이 필요함을 알 수 있다. 교육이 더 이상 계층 상승의 통로 역할을 하지 못한다는 지적도 있을 수 있지만, 교육성취의 불평등이 오늘날 빈곤 재생산 과정의 한 단면임을 고려한다면 빈곤 아동과 빈곤 청소년들에 대한 교육기회 보장은 일차적 중요성을 갖는다.

이러한 빈곤 아동과 빈곤 청소년들에게 필요한 서비스로 교육지원과 함께 복지지원과 문화지원이 있는데, 이들 교육 · 복지 · 문화지원을 총괄하여 제공하고자 정부가 시도한 대표적인 사업으로 '교육복지투자우선지역 지원사업'을 들 수 있다. 교육인적자원부는

2003년부터 '교육복지투자우선지역 지원사업' 을 추진하였다. 이 사업은 대도시 내 저소득지역 가운데 교육 · 문화적 조건이 상대적으로 열악한 지역을 '교육복지투자우선지역' 으로 선정하여 해당 지역에 보다 적극적인 지원을 함으로써 지역의 교육 · 문화적 기회를 실질적으로 확대하고 교육 · 문화 · 복지 서비스의 질을 획기적으로 개선하기 위한 것으로서 현재 성과가 나타나고 있는 사업으로 자리 잡아가고 있다.

(5) 빈곤 탈출을 위한 경로 불투명

실업계 고교가 안정된 취업 및 자립기반으로 연결되지 못하고 있으며 성적이 우수해도 학비와 생활비 때문에 대학 진학의 꿈을 꾸기 조차 어려운 현실이다. 대학에 진학한 경우에도 학비와 생활비 마련의 부담으로 방학 기간뿐 아니라 학기 중에도 아르바이트를 해야 하고 이로 인해 학교생활에 집중하지 못하는 경우가 많고 휴 · 복학을 반복하는 상황이 발생한다. 학자금 대여나 장학금의 혜택도 충분하지 않다. 이러한 상황으로 빈곤한 아동과 청소년에게서 보다 나은 미래에 대한 희망을 찾아보기란 쉬운 일이 아니다.

따라서 국가는 종합적인 빈곤 탈출 경로를 제시할 필요가 있는데, 2004년 보건복지부에서 제시한 '희망투자전략' 은 하나의 정책 대안이 될 수 있다. 그러나 중요한 것은 빈곤 청소년을 위한 장기적이고 포괄적인 복지정책의 수립을 위해서는 빈곤 청소년(아동)에 대한 정확한 실태 파악이 전제되어야 한다는 점이며, 이를 바탕으로 빈곤 청소년의 건강, 복지, 교육을 포괄하는 복지 종합대책을 마련해야 한다는 점이다.

이미 서구에서는 Head Start(미국), Sure Start(영국), Fair Start(캐나다) 등의 이름으로 빈곤 아동을 위한 종합적인 복지서비스를 제공하고 있다. 우리나라의 경우에도 민간단체를 중심으로 이러한 사업이 추진 중인데(We Start 운동), 빈곤문제 해결을 위해 필요한 포괄적인 사업을 민간 주도로 하다보니 공적기관이나 민간기관과의 협력이 여의치 않고 무엇보다 장기적이고 지속적인 사업 추진을 위해서는 안정적인 재원확보가 필요한데 이에 대한 대책이 불확실한 문제를 안고 있다. 이에 현재 민간단체 중심으로 이루어지고 있는 사업을 객관적 평가를 거쳐 정부 중심의 사업으로 수용하여 정부가 주도적으로 빈곤 아동(청소년) 사업을 실시하는 것이 필요하다.

(6) 빈곤 가족에 대한 다각적인 지원 미흡

빈곤한 아동과 청소년문제의 해결을 위해서는 아동과 청소년에 대한 지원뿐만 아니라 가족에 대한 지원이 함께 이루어져야 한다. 빈곤율 조사에서도 가구주의 고용이 불안정할수록 아동 빈곤율이 높게 나타났고(가구주가 임시일용직인 경우 상시직에 비해 3~4배 높게 나타남), 한부모가족의 경우 전체 가구 빈곤율과 비교할 때 3배 이상이나 되었다(류연규 · 최현수, 2003).

이와 같이 빈곤 아동 · 청소년의 문제가 빈곤한 가정환경에서 배태되는 것임을 상기할 때 환경, 특히 1차 환경인 가족에 대한 지원이 이루어지지 않고서는 빈곤 아동 · 청소년문제에 대한 근원적인 해결을 기대하기 어렵다. 통합적 가족지원정책의 수립을 통해 제반 사회안전망의 유기적 결합도를 높이는 것이 요구된다. 특히 '가족해체 → 빈곤 가정 → 아동양육 실패 → 빈곤 성인' 이라는 빈곤의 대물림에 대해 그 사회적 심각성을 인지하고 적극적인 대책을 강구할 필요가 있다. 즉, 가구주에 대한 고용보장, 고용안정, 공공부조 확대 등을 포함한 다각적인 지원이 요구된다. 또한 이는 빈곤 가족에 대한 정책에서 특히 그 가정 내의 아동에 초점을 맞추어야 함을 강력히 시사하는 바, 아동권리차원에서 빈곤 가족에 대한 다각적인 지원을 해야 할 것이다.

참고문헌

강명순(2005). 빈곤 아동 · 청소년의 생존권 · 건강권 보장. 사회통합을 위한 시민사회 릴레이 토론회 자료집, pp. 9~33. 빈부격차 · 차별시정위원회.

강지원(2005). 빈곤 결식 아동의 생존권 보장을 위한 활동 방안. 빈곤 결식 아동 권리포럼 자료집, pp. 35~43. 빈곤 아동 결식아동이 한 명도 없는 나라 만들기 운동본부.

관계부처합동 빈부격차 · 차별시정위원회(2004). 빈곤 대물림 차단을 위한 희망투자 전략: 빈곤 아동 · 청소년 종합대책.

교육인적자원부(2004). 참여정부 교육복지 종합계획.

구인회(2003). 경제적 상실과 소득 수준이 청소년의 교육성취에 미치는 영향. 한국사회복지학 53호.

김초일 외(2003). 2001년도 국민건강 · 영양조사 심층연계분석 -영양조사부분1-. 한국보건산업진흥원.

노대명 · 강병구 · 강석훈 · 홍경준 · 송민아 · 최승아(2004). 2003년 저소득층 자활사업 실태조사. 한국보건사회연구원.

노동부 · 교육인적자원부 · 청소년위원회 · 경찰청(2005). 청소년 근로보호 종합대책.

도종수(2001). 청소년 아르바이트의 실태와 대책. 사회복지정책, 13, pp. 103-129.

류연규 · 최현수(2003). 우리나라 아동빈곤율 수준과 변화 경향: 1982~2002년 도시근로자 가구를 중심으로. 한국아동복지학회, 16, pp. 135-165.

방하남 · 김기헌(2002). 기회와 불평등: 고등교육 기회에 있어서 사회계층 간 불평등의 분석. 한국사회학회, 36(4), pp. 193~222.

보건복지부(2005). 2004 보건복지통계연보.

서문희 · 안현애 · 이삼식(2003). 아동권리지표 개발에 관한 연구. 한국보건사회연구원.

성주헌(2003). 취약계층의 빈곤, 건강의 이중위협. 한울아카데미, pp. 137-163.

신명호 외(2004). '사회적 배제'의 관점에서 본 빈곤층 실태연구. 국가인권위원회.

안순덕 · 변화순 · 윤영숙 · 강선혜 · 서영준(1988). 영세지역 아동보육 및 환경에 관한 연구. 한국여성개발원.

윤여각(2002). 학업중단청소년 및 대안교육 실태조사. 한국교육개발원.

윤진호 · 조홍식 · 정선욱(2005). 급식 학생을 비롯한 빈곤층 청소년 보호 시설의 확충 방안. 국회예산결산특별위원회.

이광호(2003). 청소년 아르바이트(일)의 사회적 의미 이해에 관한 연구: 청소년 생활양식의 변화를 중심으로. **한국청소년복지학회**, 3(2), pp. 25-39.

이 영 · 신은주 · 나종혜(1995). 영유아 양육환경에 대한 생태학적 연구(2). **대한가정학회지**, 33(3).

이소희 · 도미향 · 정익중 · 김민정 · 변미희(2005). **청소년복지론**. 나남출판.

이용교(2002). 청소년 노동권의 보장과 관련 법률의 개정 방향. '청소년 노동 관련 법률 개정의 방향' 공청회 자료집.

이인재(2005). 저소득 지역 청소년 탈빈곤 정책에 관한 연구. **사회복지연구**, 28, pp. 165-190.

이정선(2004). 농어촌 학교 교육 격차의 원인과 개선 방향. 농업교육학회자료집.

이태수 외(2004). 교육복지 구현 종합방안 연구. 교육인적자원부.

이혜영 · 류방란 · 윤종혁 · 천세영(2002). 교육복지 투자 우선지역 선정 지원을 위한 연구. 한국교육개발원.

전경숙 · 노재봉(2003). 중퇴 청소년의 아르바이트 실태와 보호 대책 연구. 한국청소년개발원.

정기혜 (2005). 결식 아동의 급식 실시 현황 및 정책 제언. **보건복지포럼**, 101, pp. 5-14.

정익중 · 김기원 · 강명순(2005). 빈곤 · 결식 아동 제대로 보기. **빈곤 결식 아동 권리포럼 자료집**, pp. 11~33. 빈곤아동, 결식 아동이 한 명도 없는 나라 만들기 운동본부.

참여연대(2002). 중고등학생들의 아르바이트 실태 조사.

참여연대(2003). 신빈곤 대책 빈곤 가족지원을 중심으로. 2003년 정기국회 대응 참여연대 정책브리핑 자료집.

청소년보호위원회(2004). 방과 후 실태조사 결과. 청소년보호위원회.

최선희 · 김희수(2004). 빈곤 아동/청소년 실태 파악 및 정책 방안 연구. 빈부격차 · 차별시정위원회.

Brooks-Gunn J., & G. J. Duncun (1997). The effect of poverty on children, *The future of children*. 7(2), pp. 55-71.

Conger, et al., (1994). Economic stress, coercive family process and developmental problems of adolescents. *Child development*. 65, pp. 541-561.

Costin, L. B., Bell, C. J., & Down, S. W. (1991). *Child welfare: Policies and practice*(4th Ed.). N.Y.: Longman.

Downs, S. W. et al. (1996). *Child welfare and family services*. N.Y.:Longman.

Kadushin, A., & Martin, J. A. (1988). *Child welfare services*(4th Ed.). N.Y.: Macmillan Publishing Co.

Pecora, P. J. et al. (2000). *The child welfare challenge*(2nd Ed.). N.Y.: Aldine De Gruyter.

7 장

외국인 근로자 자녀의 현실과 권리 보호

이주노동자 자녀가 보호받아야 하는 자유권 · 평등권 · 사회권은 '보편적 권리' 와 '보호와 양육의 대상이 되는 아동으로서의 특별한 권리' 로 구분할 수 있다. 현재 국내에 체류 중인 이주노동자 자녀의 인권문제는 '부모의 양육을 받을 권리' 와 '학습권' 이 가장 중요한 과제로 제기될 수 있다.

1. 이주노동자 자녀의 법적 지위

국내에서 일하는 이주노동자 중 전문기술직 종사자는 가족을 동반하여 입국하여 생활할 수가 있으나, 생산기능직 종사자는 거주를 목적으로 가족을 동반할 수 없다. 체류자격이 불법인 미등록 노동자는 물론이고, 합법적으로 취업할 수 있는 비전문취업(E-9) 체류자격을 지닌 이주노동자도 가족을 동반할 수 없기는 마찬가지다. 출입국관리법령은 국내 합법 취업자의 배우자와 20세 미만 미혼 자녀에게 동반(F-3) 사증을 발급할 수 있도록 규정하고 있으나, 생산기능직 이주노동자는 그 대상에서 제외되어 있기 때문이다.

〈표 7-1〉 출신국별 국내 거주 외국인 아동 수, 2005년 12월 (단위: 명)

출신국	체류 외국인 수			등록 외국인 수			단기 체류 외국인 수		
	전체	0~5세	6~15세	전체	0~5세	6~15세	전체	0~5세	6~15세
전체	40,984	14,039	26,945	21,847	7,490	14,357	19,137	6,549	12,588
미국	20,462	7,756	12,706	11,145	4,010	7,135	9,317	3,746	5,571
일본	4,655	1,282	3,373	2,033	479	1,554	2,622	803	1,819
타이완	3,835	899	2,936	3,577	832	2,745	258	67	191
캐나다	1,354	725	629	626	291	335	728	434	294
중국	1,362	549	813	753	291	462	609	258	351
(한국계 중국인)	(607)	(202)	(405)	(443)	(172)	(271)	(164)	(30)	(134)
태국	711	76	635	32	9	23	679	67	612
몽골	617	70	547	212	35	177	405	35	370
필리핀	481	181	300	157	61	96	324	120	204
프랑스	477	171	306	370	125	245	107	46	61
인도네시아	366	48	318	37	18	19	329	30	299
파키스탄	201	110	91	154	100	54	47	10	37
우즈베키스탄	156	40	116	83	23	60	73	17	56
방글라데시	147	44	103	58	33	25	89	11	78
베트남	57	32	25	26	14	12	31	18	13
네팔	26	20	6	23	17	6	3	3	0
스리랑카	20	10	10	10	6	4	10	4	6
기타	6,057	2,026	4,031	2,551	1,146	1,405	3,506	880	2,626

〈자료출처: 법무부, 『2005년도 출입국관리통계연보』, 2006, pp. 476-493, 534-553 계산〉

그렇지만 이주노동자의 국내 취업 역사가 길어짐에 따라, 생산기능직 이주노동자 중에서도 여러 가지 형태로 가족을 동반하여 입국하여 거주하거나, 국내에서 가족을 형성하는 사례가 종종 발견되고 있으며, 그 가족 성원에 아동이 포함되어 있는 경우가 적지 않다. 그런 경우, 그 아동의 체류 자격 역시 대부분 '불법체류자' 다.

현행법으로 이주노동자는 배우자 또는 자녀를 동반해서 입국할 수 없기 때문에, 대부분 비합법적인 경로를 통해 자녀를 입국시키기 때문이다. 이주노동자 자녀는 주로 부모가 먼저 입국한 후 브로커를 통하거나 친지들의 후속 방문 시 동반 입국을 하는 경우가 많다. 특히 브로커를 통해 입국할 경우, 별도의 여권 없이 브로커의 여권에 동반 자녀로 기재된 경우가 많고, 브로커가 출국하면서 다른 아이를 데리고 나가는 경우도 있는 것으로 알려지고 있다. 그러므로 현재 한국에 체류 중인 이주노동자 자녀의 정확한 인원을 파악하기는 쉽지 않다.

또한 이주노동자 간의 결혼으로 출생한 자녀들은 필리핀 노동자 가족의 경우 브로커를 통해 본국으로 보내고 있으며, 다른 국가 출신 노동자들은 양육을 하고 있더라도 그 수를 파악하기 힘든 실정이다(설동훈, 2006).

법무부에서 간행한 『출입국관리통계연보』를 분석한 〈표 6-15〉에 따르면, 2005년 12월 말 기준으로 국내에는 40,984명의 '15세 이하 외국인 아동' 이 체류하고 있었다. 그 중 21,847명은 90일 이상 체류가 가능한 장기 사증을 가진 '등록 외국인' 이고, 나머지 19,137명은 90일 미만 체류가 허용되는 사증을 가진 '단기 체류 외국인' 이다. 이주노동자들은 가족 동반이 금지되므로, 그 자녀들은 모두가 '단기 체류' 사증을 가진 것으로 파악할 수 있다. 〈표 7-1〉에 의하면, 국내 거주 외국인 아동은 주로 미국 · 일본 · 타이완 · 캐나다 · 프랑스 등 선진국 출신이 대부분이고, 중국 · 태국 · 몽골 · 필리핀 · 인도네시아 · 파키스탄 · 우즈베키스탄 · 방글라데시 등 저개발국 출신 아동도 소수지만 있다.

〈표 7-2〉 국내 외국인학교와 재학생 수, 2004년 3월 (단위: 개, 명)

외국인 학교 수	전체 학생 수	외국인 학생 수	한국인 학생 수
44	8,907	7,985	922

* 외국인학교는 유치원 · 초등학교 · 중학교 · 고등학교를 포괄한다. 외국인학교의 국적별 분포는 타이완 19개, 미국 18개, 일본 · 프랑스 각 2개, 독일 · 이탈리아 · 노르웨이 각 1개의 순이다.

〈자료출처: 교육인적자원부, "외국인학교 현황", 2004, p. 1〉

선진국 출신 외국인 아동들은 대부분 외국인학교에 다니고 있다. 〈표 7-2〉에 의하면, 2004년 국내에는 외국인학교가 44개 있었고, 재학생 수는 8,907명이었다.[1] 그 중 10.3%인 922명은 한국인이었으므로, 외국인 학생 수는 7,985명이었다.

〈표 7-3〉은 국내 일반학교에 재학 중인 외국인 학생 수를 보여준다. 그 수는 2003년 837명이었던 것이 2004년 921명, 2005년 1,574명으로 매년 크게 늘어나고 있다. 그렇지만 외국인학교에 재학 중인 외국인 학생 수와 비교하면 그 규모가 상대적으로 매우 적음을 알 수 있다.

〈표 7-4〉에서 거주지역별 분포를 살펴보면, 서울과 경기도에 집중적으로 분포하고, 다른 지역 거주자 수는 매우 적다. 학교 수준별로는 초등학교 재학생 수가 단연 많다. 중학교와 고등학교 재학생 수는 초등학생 수보다 현저히 적다(김정원 · 이혜영 · 배은주 · 허창수, 2006).

일반학교 재학생 중에는 불법체류자의 자녀가 포함되어 있다. 2005년 불법체류자 자녀 재학생 수는 148명이었는데, 이는 2003년의 205명보다 많이 줄어든 것이다. 불법체류 외국인의 자녀는 경기도와 서울 및 인천에 집중되어 있다. 그들의 출신국은 몽골 · 중국 · 파키스탄 · 방글라데시 · 러시아 · 우즈베키스탄 · 키르기스스탄 등이다(표 7-5 참조). 불법체류 외국인의 자녀는 거의 대부분 이주노동자 가족의 아동들로 보아도 무방하다. 그렇지만 '학교에 다니지 않는 이주노동자 자녀' 수를 파악하기 어려우므로, 취학률을 계산하는 것은 불가능하다. 교육인적자원부에서는 그 인원을 추정하고 있는데, 2006년 2월 기준 '학교에 다니지 않는 이주노동자 자녀' 수는 약 9,500명이었다(김정원, 2006: 58). 이로 미루어 볼 때, 이주노동자 자녀의 취학률은 매우 낮은 것으로 파악할 수 있다.

〈표 7-3〉 국내 일반학교 취학 외국인 아동 수, 2003~2005년 (단위: 명)

연도	전체	초등학교	중학교	고등학교
2003	837	570	191	76
2004	921	615	207	99
2005	1,574	995	352	227

* 기준 시점은 각 연도 4월 1일이다. 〈자료출처: 교육인적자원부, "외국인 근로자 자녀 통계", 2005, p. 1〉

1) 2005년 외국인학교 수는 44개로 2004년과 동일하였지만, 재학생 수는 9,005명으로 전년도에 비해 98명 늘었다.

〈표 7-4〉 지역별 국내 일반학교 취학 외국인 아동 수, 2005년 4월

(단위: 명)

지역	외국인 아동				불법체류자 자녀			
	전체	초등학교	중학교	고등학교	전체	초등학교	중학교	고등학교
전국	1,574	995	352	227	148	99	43	6
서울	557	307	162	88	68	42	22	4
부산	77	48	18	11	0	0	0	0
대구	54	29	16	9	0	0	0	0
인천	62	42	8	12	6	4	2	0
광주	5	0	2	3	0	0	0	0
대전	40	24	7	9	0	0	0	0
울산	14	14	0	0	0	0	0	0
경기	490	341	86	63	71	51	18	2
강원	57	39	11	7	0	0	0	0
충북	40	28	6	6	1	1	0	0
충남	52	33	16	3	1	0	1	0
전북	4	2	1	1	0	0	0	0
전남	22	15	4	3	0	0	0	0
경북	31	17	11	3	0	0	0	0
경남	46	36	2	8	1	1	0	0
제주	23	20	2	1	0	0	0	0

〈자료출처: 교육인적자원부, "외국인 근로자 자녀 통계", 2005, p. 2〉

〈표 7-5〉 국내 불법체류 외국인 자녀 재학생 수, 2003년 5월 31일

(단위: 명)

출신국	전체	초등학교							중학교			
		1학년	2학년	3학년	4학년	5학년	6학년	계	1학년	2학년	3학년	계
전체	205	35	46	34	25	28	25	193	7	4	1	12
몽골	160	22	33	28	20	22	24	149	7	3	1	11
중국	14	3	5	1	2	1	0	12	0	1	0	1
파키스탄	8	1	2	3	0	2	0	8	0	0	0	0
방글라데시	7	4	0	1	1	1	0	7	0	0	0	0
러시아	7	2	3	0	0	2	0	7	0	0	0	0
우즈베키스탄	4	2	1	0	0	0	1	4	0	0	0	0
키르기스스탄	4	0	0	0	2	0	0	2	0	0	0	0
일본	2	1	1	0	0	0	0	2	0	0	0	0
나이지리아	1	0	1	0	0	0	0	1	0	0	0	0
스리랑카	1	0	0	1	0	0	0	1	0	0	0	0

〈자료출처: 교육인적자원부, 내부자료, 2003.〉

2) 이주노동자 아동의 국내 유입과 정착

부모가 자녀들을 한국으로 보내거나 데려오려고 할 때 자녀들은 대부분 본인의 의사와 상관없이 한국으로 오게 된다. 물론 장기간 떨어져 살고 있는 부모를 만나고 싶은 마음이 항상 있기 때문에 한국으로 오는 것이 전적으로 자녀들의 의사에 반한다고는 할 수 없다. 한편으로는 남아 있는 가족과 친구와 헤어져 낯선 땅으로 가는 것이 싫지만, 다른 한편으로는 오랫동안 떨어져 살았던 아버지나 어머니 또는 부모 모두를 만나고 싶은 마음도 크기 때문이다. 실제로 부모님 중 한 분만 한국에서 일하고 있을 경우 본국에 남는 가족이나 친구들과 헤어지기 싫었지만 오랫동안 만나지 못했던 아버지나 어머니를 만나기 위해 한국에 오기로 했다는 아동들이 많다. 아동들은 개별 여권을 가질 수도 있고, 부모 중 한 사람의 여권에 동반자로 기재될 수도 있다.

부모가 먼저 한국에 와 있는 경우 본국에 직접 가서 자녀를 데려오기는 힘들기 때문에 브로커에게 의뢰하여 자녀를 입국시킨다. 브로커는 아동의 여권을 만들고 사증을 받아 입국시켜 부모에게 인계하기까지 필요한 모든 업무를 대행한다. 브로커는 의뢰 아동의 여권을 별도로 만들지 않고 본인의 자녀인 것처럼 꾸며 동반 여권을 만드는 경우가 많다. 브로커 입장에서는 자신들의 여권을 통해 위장 입국시키는 것이 용이하다. 이는 이주노동자 자녀들 본인의 이름으로 여권을 발급받아 입국시키기 위해서는 훨씬 더 많은 수수료를 지불해야 하기 때문이다. 비전문취업자 또는 산업연수생은 가족을 동반할 수 없지만, 부모가 관광 또는 상용(商用) 사증을 받고 입국한 경우에는 가족 동반이 허용된다. 부모와 동반 입국하는 경우는 한국에 먼저 정착한 부모 중 한 명이 귀국해서 다시 자녀를 동반해서 입국하는 방식과 떨어져 있던 부모 중 한 명이 자녀와 함께 입국해 결합하는 방식 등이 있다.

부모와 함께 동반 입국한 이주노동자 자녀들이나 나중에 별도로 입국한 자녀들의 경우 모두 비슷한 정착 과정을 거치고 있다. 차이가 있다면 부모와 함께 입국한 자녀들은 부모가 한국 사회에 적응하는 과정을 함께 경험하지만, 부모와 별도로 입국한 자녀들은 부모들의 직장 근무 때문에 짧은 시간 동안 관광이나 쇼핑을 마친 후, 자신들끼리 적응하는 경우가 많다. 부모님과 재회한 후 짧은 여행이나 서울의 놀이공원 같은 곳을 방문하고, 필요한 물건들을 함께 구입한 후, 부모는 다시 아침부터 밤까지 직장에 다니는 경우가 많기 때문이다. 이런 경우 같은 지역에 살고 있는 모국 친구들이나, 일요일에 이주노동자들이 함께 다니는 교회나 이주노동자 상담소에서 만나는 친구들을 통해서 한국에 대한 오리엔테이션을 받는다. 부모가 모두 직장에 다니는 경우는 몇 달 동안 외출하지 못하고 집안에서 텔레비전만 본 아동도 있다(설동훈, 2004).

아동들은 이주노동자 상담소가 운영하는 한국어 교실이나 방과 후 교실에서 한국어를 배운다. 어느 정도 기본적인 의사소통을 할 수 있게 된 후 한국학교에 입학하려 하는데, 학교에서는 한국어 교육이 거의 이루어지지 않는다.

본국으로 아동을 보내는 것은 아이의 어머니가 자녀를 돌보느라 일을 하기 힘들기 때문이다. 또 자녀 출생신고 기간인 한 달 이내에 본국으로 보내면 외국인등록 절차와 범칙금을 부과받지 않은 채 출국이 허용된다. 이러한 법률적 절차와 범칙금 및 여러 가지 사정을 고려하여, 상당수 이주노동자 부모들은 그들의 자녀를 신생아 때 본국으로 보내 가족이나 친척에게 아이의 양육을 위탁한다. 한국에 와서 결혼한 이주노동자 부부는 각자 자신들이 입국하면서 지출한 경비를 갚아야 하거나 본국에 남아 있는 가족들에게 송금을 해야 하므로 일을 쉴 수가 없어서 자녀를 본국의 가족들에게 보내기도 한다.

3) 지역사회에서의 일상생활

미취학 아동은 어린이집 · 유치원 · 학원 등에서 낮 시간을 보내는 경우가 많고, 취학아동은 학교에 등교한다. 아동들은 부모님과는 별도로 휴대전화를 가지고 있는 경우가 많은데, 낮 시간에 자녀를 돌볼 수 없는 부모가 자녀와 쉽게 연락하기 위한 방법이다. 초등학교에 다니는 학생들은 때로 어린 동생을 돌보기도 한다. 부모가 일찍 출근한 경우 취학아동들은 알아서 아침을 챙겨 먹고 등교해야 한다. 아침에 일어나기 힘들어서 지각하는 학생들도 있고, 동생이 있는 경우 동생을 돌봐야 하기 때문에 결석을 하기도 한다. 몇몇 아이는 부모 몰래 등교하지 않고 동네 놀이터에서 놀기도 한다.

방과 후 취학 아동들의 생활은 한국 학생들과 비슷하다. 사교육을 위해 학원을 다니거나 동네에서 친구들과 놀고, 집에서 컴퓨터 게임을 하기도 한다. 한국 친구들과 함께 놀기도 하나 주위에 모국인 친구들이 있으면 주로 함께 어울린다.

아동들은 부모가 일터에서 돌아오는 저녁시간이면 부모와 함께 저녁 식사를 하고 주로 TV를 보면서 저녁시간을 보낸다. 부모가 저녁시간까지 들어오지 못하는 경우도 많다. 이주노동자 자녀들 중 부모의 퇴근이 늦을 경우 자신들이 저녁식사를 준비해서 먹는다.

아동들은 주말과 휴일에 부모와 함께 공동체 활동에 참여하거나, 장을 보고, 종교 활동을 한다. 어떤 아동은 부모가 외출한 뒤 집에 혼자 남아 컴퓨터 게임에 몰두하기도 하며, 어떤 아동은 주변 친구들과 함께 놀며 시간을 보내는 등 한국인 아동과 별다른 차이가 없다.

(1) 부모-자녀관계

아동들은 자신의 부모가 고생하고 있다는 점을 인정하기 때문에 큰 마찰은 피하려고 노력하고 있다. 불만의 대부분은 부모와 보내는 시간이 적은 데서 비롯된다. 부모들은 대부분 자녀들이 잠든 시간에야 퇴근하기 때문에 자녀들의 일상생활에 관여하지 못한다. 자녀들이 학교에 다니면서 겪는 문제들이나 친구들 사이에서 벌어지는 일들을 부모에게 설명하지 않는 경우도 많다. 일만 하느라 한국어나 한국 생활에 대해 자녀들에 비해 물정을 모르기 때문이다. 부모님이 학교에 찾아오지 못하는 것에 대하여 불만을 가진 학생도 있다.

(2) 친구관계

한국어를 하지 못하는 아동은 한국어를 배우기까지 친구를 사귀는 데 상당한 어려움을 겪는다. 입국 초기에는 같은 나라 출신 친구들과 어울리거나 혼자 혹은 부모님과 지내는 경우가 많으나 한국어를 배우게 되면 주변 한국인 친구들과 스스럼없이 어울린다. 형제자매가 함께 한국에서 생활하는 경우에는 한국인 친구를 사귀는 데 비교적 많은 시간이 걸린다. 대부분 여가 시간을 형제자매와 보내게 되고 부모 또한 그것을 원하기 때문이다.

(3) 이웃관계

같은 나라 출신 이웃들에 대해 잘 이해하고 있거나 친한 편이다. 부모님은 일자리 정보나 고국 소식을 나누고 서로 어려움을 돕기 위해 같은 나라 출신 친구들이나 친척들과 친분관계를 유지하려고 노력하고 있다. 외국인 아동의 주변에 있는 한국인 중 대다수는 아동에 대하여 호의를 가지고 대하는 편이다. 아동들은 주로 거주지 근처의 가게 주인, 교회 등의 한국인들과 친분관계를 맺고 있다.

(4) 의료와 건강

아동들은 불법체류 상황인 부모처럼 건강보험의 혜택을 받지 못하는 경우가 많다. 감기와 같은 질병은 본국에서 가져온 약을 먹거나, 약국에서 약을 사먹거나, 외국인 무료진료소를 이용한다. 자녀들의 예방접종을 제대로 챙기지 못하는 부모들도 있다. 수술이나 입원이 필요한 질병은 부모님과 같이 의료공제조합에 가입하여 협력병원을 이용하기도 한다. 예방주사를 제때에 접종했는지에 대한 질문 결과, 외국인 가족은 53.6%가 제때에 맞추지 못했다고 한 반면, 국제결혼 가족의 경우에는 81.8%가 제때에 맞추었다고 응답했다.[2] 자녀가 아플 경우 외국인 가족은 병원에 쉽게 갈 수 없는(70%) 반면, 국제결혼 가족의 경우에는 병원에 가는 것이 어렵지 않은 것으로 나타났다.

(5) 일상생활에서의 차별

차별을 당한다고 느낀 적이 있다는 응답이 51.9%로 나타났다. 어떠한 사람들이 차별했는지를 질문한 결과, '학교 친구' (14.6%), 학교 선생님(9.8%), 버스 · 택시 운전사(7.3%), 이주노동자 지원단체 상담원(4.9%) 등의 순으로 나타났다. 초등학교 취학생의 경우, 학교 친구라는 응답이 21.4%로 가장 높은 응답률을 나타냈으며, 중등학교 취학생의 경우도 '학교 친구' 와 '학교 선생님' 이라는 응답이 각각 23.1%로 가장 높게 나타났다. 이러한 결과는 아동들이 일상생활에서 접하는 한국인들의 범주가 제한되어 있기 때문에, 주로 접하는 사람들을 중심으로 판단하기 때문으로 생각된다. 학교 친구들 사이에서 놀림과 따돌림을 받아서 우울한 학교생활을 하는 아동도 있다.

(6) 진학 희망

외국인 청소년들이 학교를 어디까지 다니고 싶은지에 대한 희망 정도에 대한 응답결과이다. '4년제 대학교' (60.2%), '대학원 박사과정' (16.1%), '중학교 이하' (9.7%), '고등학교' (6.5%) 등의 순으로 나타났으며, 취학한 청소년의 경우도 같은 순서의 결과를 보이고 있다. 외국인 아동들은 한국인 아동에 비해, '중학교 이하' 내지 '학교를 다니고 싶지 않다' 는 비율이 높고, '전문대학' '4년제 대학교' '대학원 석사과정' 까지 진학하겠다는 비율은 다소 낮지만, '대학원 박사과정' 까지 진학하겠다는 비율은 높다. 이는 외국인 아동들의 진학 희망이 양극화되어 나타남을 의미한다. 자녀 교육에 열정적인 이주노동자들은

---

2) 여기서 인용한 이주노동자 자녀 조사 자료는 모두 설동훈 · 한건수 · 이란주(2003)의 결과다. 이 조사는 미국의 이민자 자녀 대상 조사결과와 비교할 수 있도록 설계되었다(Portes and Rumbaut, 2001; Rumbaut and Portes, 2001).

자신들의 생활을 위해서는 최저 수준의 비용을 지출하면서도 자녀들의 학원 수업을 위해 많은 돈을 사용하고 있는 것으로 조사되었다. 몽골인 노동자 중에는 교육 수준이 낮다는 이유로 몽골학교에 자녀를 보내지 않는 경우도 있다. 그들은 자녀들을 한국 학교에 보내며, 방과 후에는 자녀를 학원에 다니도록 하고 있다.

4) 학생 청소년

2000년 이전, 이주노동자 자녀들은 한국 학교에 다닐 수 없었다. 이주노동자 자녀의 교육권은 2000년에 이주노동자 지원 단체의 활동가들이 '학교에 다닐 나이의 아동들이 부모가 일터에 나가 있는 동안 집에 갇혀 지내는 사례' 를 언론에 공개함으로써 공론화되었다(한금섭, 2003). 교육인적자원부는 각급 학교에 공문을 보내 2001년 3월부터 외국인 아동의 '출입국사실증명' 또는 '외국인등록증' 중 하나만으로 전학 · 입학할 수 있도록 하였고, 2003년에는 그것을 제도적으로 보장하기 위해 초 · 중등교육법시행령 개정까지 하였다.[3] 또 의무교육 연한이 중학교로 확대됨에 따라, 이주노동자 자녀의 의무교육 연한도 2002년에는 중학교 1학년, 2003년에는 중학교 2학년, 2004년에는 중학교 3학년까지 연장되었다.

그러나 이러한 정부의 전향적인 정책에도 불구하고, 일선 학교에서는 이주노동자 자녀의 전입학에 대해 소극적인 자세를 취하고 있다. 설동훈 · 한건수 · 이란주(2003)의 조사 결과, 대부분의 학교장들은 교육인적자원부의 정책을 적극적으로 수용하고 있지 않았다. 입학을 허용할 수 있다는 교육부 지침이 공문을 통해 확실하게 전달되지 않은 듯했다. 학교장들은 현재까지 외국인 노동자 아동의 입학을 받아들이는 것이 학교장 재량이기 때문에 어떤 문제가 발생하면 책임소재 역시 학교장이 전적으로 맡아야 한다는 부담감 때문에 이주노동자 아동을 받아들이지 않고 있다. 불법체류자의 자녀가 학교에 입학할 수 있는지 문의할 경우, 대다수의 학교는 그것을 꺼려하며 다른 학교로 문의할 것을 요구한다. 아동의 거

3) 2001년 3월 교육인적자원부는 '불법체류 이주노동자 자녀의 교육권을 보장' 하기 위한 행정지침을 마련했다. 그럼에도 상황이 나아지지 않아 2003년 1월 '유엔아동권리위원회' 로부터 "모든 외국인 어린이한테도 한국 어린이들과 동등한 교육권을 보장하라" 는 권고를 받기에 이르렀다(유엔아동권리위원회, 2003: 69-79). 2003년 1월 19일 개정된 초 · 중등교육법시행령 제19조 제1항은 "재외국민 또는 외국인이 보호하는 자녀 또는 아동이 국내의 초등학교에 입학하거나 최초로 전입학하는 경우에는 출입국관리사무소장이 발행한 출입국에 관한 사실증명서 또는 외국인등록사실증명서를 거주지를 관할하는 해당 학교의 장에게 제출함으로써 제17조 및 제21조의 규정에 의한 입학 또는 전학 절차에 갈음할 수 있다" 고 규정하고 있다.

주지를 관할하는 학교가 한 학교뿐일 경우에는 미룰 대상이 없으므로 '울며 겨자 먹기' 식으로 입학을 허가하지만, 학구(學區)가 겹쳐 미룰 수 있는 경우라면 이 학교는 저 학교로, 저 학교는 이 학교로 서로 미루어 부모와 아동에게 실망을 안겨 줄 때가 많다. 그 결과 불법체류 이주노동자의 자녀 중 '취학 연령대 아동' 중 극히 일부만 취학하고 있을 뿐이다.

취학 연령대 불법체류자 아동 중 약 80%는 제도적으로 취학이 가능하지만 그 혜택을 받지 못하고 있다. 이주노동자 자녀가 취학 연령임에도 불구하고 학교에 다니지 않는 이유를 질문한 결과, '한국말을 잘 못해서' 가 31.6%, '불법체류 아동이기 때문에' 가 21.1%였다. 아동의 교육을 위해서는 우선적으로 아동들에게 한국어를 학습시키는 일이 우선되어야 할 것이다. 학교 단위로 문제를 해결하기는 어렵고, 이주노동자 자녀들이 많은 교육청 단위로 이주노동자 자녀를 위한 한국어 교실을 방과 후 프로그램으로 만들거나, 예비반 성격으로 운영하는 것이 필요하다.

(1) 학교생활 적응

일부 학교에서는 한국어 능력이 부족한 이주노동자 아동을 장애아를 위해 개설한 특수반에서 한국어를 집중적으로 가르치기도 하지만, 대부분의 학교에서는 정규 학급에서 특별한 지도 없이 일반 학생들의 교과를 따라가야 한다. 입국 초기 아동들은 한국어를 제대로 하지 못하는 것 때문에 상당한 두려움과 압박감을 느낀다. 한국 체류 기간이 길어지면서 자연히 한국어도 늘고 학습능력도 향상되지만 한국 친구들에 비하여 성적이 낮은 것 때문에 열등감에 시달리기도 한다. 실제 한국어 구사 능력 때문에 학습을 못 따라 가는 것뿐인데 학생의 학습 능력 전체가 낮은 것으로 평가되는 것에 대해 아동들이 민감하게 반응하기도 한다.

(2) 교우관계

많은 이주노동자 아동들이 한국어를 잘 못하기 때문에 처음 한국 학교에 가게 되면 학년을 낮추어 들어간다. 실제 나이보다 2~3학년 낮추기도 한다. 따라서 같은 반 아이들에 비해 실질적 연령이 많은 경우가 많기 때문에 교우 관계에 영향을 주기도 한다. 2~3살 어린 같은 반 한국 학생들에게 반말을 듣거나, 어린 학생들에 비해 성적이 낮게 나와 이주노동자 아동들이 마음의 상처를 받기도 한다. 한국인 친구를 사귀는 것이 어려운 이유로는 부족한 한국어 실력으로 인해 자신의 의사를 전달하지 못하는 경우가 39.4%로 가장 많았다. 그 다음으로 '사귈 정도로 마음에 드는 한국인을 만날 기회가 없다' 가 21.1%, '한국인 친구들이 나의 생각과 행동을 이해해주려 하지 않는다' 가 14.1%의 순으로 나타났다. 대부분의 이주노동자 자녀들은 학급생활에 적극적으로 나서지 않는다. 상처받기 싫기 때문이다. 몇몇 아동들은 한국 친구들이 자신들이 돈을 쓰면 같이 놀아 주지만, 돈을 쓰지 않으면 놀아 주지 않는다고 말했다. 마땅한 친구가 없는 아동들, 특히 청소년들은 친구를 사귀고 싶은 마음에 한국 친구들을 위해 돈을 쓰는 경우도 있었다.

(3) 교사와의 관계

담임 교사들 중 상당수는 그들에 대해 특별한 관심을 쏟고 있다. 실제 이주노동자 아동들을 가르치는 많은 교사들이 외국인 학생들을 위해 자발적으로 배려하고 있다. 학교 선생님에 대하여 외국인 청소년의 88.6%, 한국인 청소년의 71.7%가 만족하고 있는 것으로 나타났다. 그리고 외국인 청소년들에게 선생님에 대한 불만이 있다면 무엇인지 물어본 결과, '부당하게 차별대우를 한다' 가 15%, '공부만 강요한다' 가 10%, '자주 때린다' 가 5% 등의 순으로 조사되었다. 초등학교의 경우, '공부만 강요한다' 가 11.5%, 중등학교의 경우 '부당하게 차별대우를 한다' 가 28.6%로 가장 높은 비율로 조사되었다.

(4) 놀림과 따돌림

외국인 아동은 정도의 차이는 있겠지만 누구나 놀림을 받은 경험이 있다. 놀림의 이유는 다양하다. 한국인과 인종적 특성이 다른 이주노동자 아동들은 많은 경우 신체적 차이 특히 피부색과 관련해서 놀림을 받았다. 검은 피부를 가진 동남아 출신 아동은 피부색 때문에 '깜둥이' 나 '아프리카' 라고 놀림받거나 가난한 나라 출신이라고 해서 놀림받은 경험이 많다. 학교에서 외국인 청소년들이 집단 따돌림을 받는지에 대해 조사한 결과, 10명 중 3명의 비율로 집단 따돌림을 받고 있는 것으로 나타났다. 따돌림을 받고 있는 이유에 대해서는 '외국인이라서' (46.7%), '특별한 이유 없이' (40.0%), '의사소통이 잘되지 않아서' (33.3%) 등의 순이었다. 한국인 아이들이 외국인 아동을 개인적인 친소관계에 의해 보이지 않는 곳에서 괴롭히고 따돌리기도 한다. 어떤 경우는 아이들의 단순한 호기심이 이주노동자 자녀들에게 상처를 주기도 한다. 따라서 학교에서 벌어지는 따돌림이나 괴롭힘을 예방할 수 있는 한국 학생들에 대한 올바른 문화교육, 문화 간 이해교육이 절실하다.

5) 근로 청소년

현재 국내에서 취업하고 있는 18세 미만의 외국인 청소년들은 취업을 위해 입국한 경우와 부모와 재결합한 후, 학업을 계속하려 했는데, 학교에 적응하지 못하고 지내는 자녀들이 차선으로 취업하는 경우로 구분할 수 있다. 첫째, 취업을 위해 입국하는 경우는 방글라데시 청소년들이 대부분이다. 방글라데시에서는 15세가 되면 대학에 진학하지 않을 경우 일을 하기 시작한다. 부모가 한국에 노동 이주를 한 경우, 15세가 된 자녀들을 노동 이주 시키는 경우는 방글라데시 상황에서 자연스러운 결정이라 할 수 있다. 둘째, 부모와 재결합하기 위해 한국으로 추가 입국시킨 경우, 한국 학교에 진학하기 위해 한국어를 배우는 기간이나 학교에 들어갔다가 적응하지 못하고 중간에 포기했을 때 청소년들은 자의 반 타의 반으로 일자리를 찾기도 한다.

(1) 취업 실태

근로 청소년들은 정식 취업과 파트타임 일을 병행하고 있다. 직장을 구했을 때는 정식으로 취업해서 일하지만 직장을 쉬게 되면 친구들 소개로 여러 가지 파트타임 일을 하고 있다. 직장을 구할 때 나이를 정직하게 말하면 구할 수 없을 듯해서 체격이 큰 청소년은 나이를 19살이라고 거짓말을 하는 경우도 많다. 여권이나 신분증을 확인하는 고용주는 거의 없다.

(2) 전업 취업자

노동을 위해 입국한 외국인 청소년들은 한국에서 정착하자마자 바로 직장을 구한다. 직장을 구하는 방법은 일반 이주노동자처럼 동료들을 통해 소개받는 방법을 많이 이용하고 있다. 학교에 입학하지 못하거나 적응을 못한 청소년들은 부모도 취업하기를 원하고 청소년들도 일자리를 갖기를 원한다.

(3) 파트타임 취업자

파트타임으로 일하는 청소년들은 전단 돌리기, 스티커 붙이기, 주유소 주유원과 같은 일을 한다. 정규직이 아닌 아르바이트 일이기 때문에, 청소년들이 받는 임금은 노동 시간에 비해 낮다. 또한 정규직 이주노동자들은 주거 공간과 식비를 보조받는데 비해 이들은 시간이나 작업량에 따라 계약된 임금 외에는 수입이 없다.

(4) 생활의 어려움 또는 불만

어린 자녀보다는 12살 이후의 청소년들이 심각한 상황이다. 학교에 다니지 않는 청소년들은 대부분 정규직이든 비정규직이든 취업하고 있다. 근로 청소년들은 대부분 학습에 대한 욕구를 강하게 표현했다. 다른 한편으로, 15세 이상의 근로 청소년들은 부모로부터 간섭을 받지 않고 옷차림이나 행동에서 성인들처럼 행동하기 때문에 한국의 여러 사회문제에 쉽게 노출되고 있다.

6) 이주노동자 아동의 권리 보호

한국 정부는 이주노동자 자녀의 권리를 보호해야 한다. 우리나라가 1991년 11월 20일 비준한 국제규약인 '아동권리협약' (Convention on the Rights of the Child, 1989)이 보장하는 아동의 권리를 한국 정부가 보호해야 할 의무가 있기 때문이다. 아동권리협약은 아동의 자유권 · 평등권 · 사회권을 보장하고 있다.

첫째, '아동권리협약' 은 보편적 인권으로서 '생명과 신체를 보호받을 권리' 와 '온전한 인간으로서 자유롭고 자율적인 생활을 할 수 있는 권리' , 아동의 특별한 권리로서 '양육받고 보호받을 권리' 를 규정하고 있다. 자유권은 국적에 관계없이 모든 아동에게 적용되는 것이 원칙이다.

둘째, '아동권리협약' 의 제2조 제1항은 "당사국은 자국의 관할권 안에서 아동 또는 그의 부모나 후견인의 인종, 피부색, 성별, 언어, 종교, 정치적 또는 기타의 의견, 민족적, 인종적 또는 사회적 출신, 재산, 무능력, 출생 또는 기타의 신분에 관계없이 그리고 어떠한 종류의 차별을 함이 없이 이 협약에 규정된 권리를 존중하고, 각 아동에게 보장하여야 한다"라고 규정하여, 평등의 원칙을 규정하고 있다. 또한, 아동은 특별한 권리로 제2조 제2항에서 "당사국은 아동이 그의 부모나 후견인 또는 가족 구성원의 신분, 활동, 표명된 의견 또는 신념을 이유로 하는 모든 형태의 차별이나 처벌로부터 보호되도록 보장하는 모든 적절한 조치를 취하여야 한다"라고 규정하여, 차별로부터 보호받을 권리를 부여하고 있다. 이 조항에 의하여 이주노동자 아동은 출신국과 체류자격에 관계없이 인간으로서의 보편적 인권과 아동으로서의 특별한 권리를 인정받는다.

셋째, '아동권리협약'은 보편적 인권으로서 '사회적 · 문화적 권리', 아동의 특별한 권리로서 '교육받을 권리'와 '노동이나 경제적 착취로부터 보호받을 권리'를 규정하고 있다. 헌법에 의하여 한국 정부가 비준한 국제규약은 국내법과 동일한 효력을 가지기 때문에, 이주노동자 아동의 권리 보호는 한국 정부가 국제사회와 약속한 의무를 실천하는 것이다.

이주노동자 자녀가 보호받아야 하는 자유권 · 평등권 · 사회권은 '보편적 권리'와 '보호와 양육의 대상이 되는 아동으로서의 특별한 권리'로 구분할 수 있다(표 7-6 참조). 현재 국내에 체류 중인 이주노동자 자녀의 인권문제는 '부모의 양육을 받을 권리'와 '학습권'이 가장 중요한 과제로 제기될 수 있다. 부모의 양육을 받을 권리는 이주노동자의 가족 재결합 권리를 부여할 것인가에 대해 먼저 논의를 해야 한다(Aleinikoff, 2002: 39-41; 설동훈, 2005; 설동훈 · 최홍엽 · 한건수, 2002). 국제연합의 '모든 이주노동자와 그 가족의 권리보호에 관한 국제협약'(International Convention on the Protection of the Rights of All Migrant Workers and Members of Their Families, 1990; 2003년 4월 1일 발효)이나 국제노동기구의 협약 제143호 '불법이주 및 이주노동자의 기회와 처우의 균등 촉진에 관한 협약'(Convention concerning Migrations in Abusive Conditions and the Promotion of Equality of Opportunity and Treatment of Migrant Workers, 1975: 이주노동자보충협약) 제13조는 이주노동자 가족의 재결합을 보장해 줄 것을 요구하고 있다. 이 두 협약은 우리나라가 가입하지 않았으므로 실정법적 효력은 없지만, 국제사회에서 통용되는 주요 규범 중 하나로 적극적으로 참고할 가치는 있다.

〈표 7-6〉 이주노동자 아동의 권리 영역

권리의 종류	자유권	평등권	사회권
보편적 권리	· 신체적 자유 · 표현의 자유 · 정보 접근의 권리	· 차별받지 않을 권리	· 국적 취득의 권리 · 휴식, 여가 및 문화생활에 참여할 권리
특별한 권리	· 양육받을 권리 · 가족 재결합의 권리 (합법체류자인 경우) · 유해환경으로부터 보호받을 권리	· 차별이나 처벌로부터 보호받을 권리	· 교육받을 권리 · 노동 착취로부터 보호받을 권리

〈자료출처: 설동훈 · 박경태 · 이란주(2004: 55)〉

(1) 아동의 양육권 보장

자녀를 출생신고 기간인 한 달 이내에 본국으로 보내면 외국인 등록 절차와 범칙금을 부과받지 않은 채 출국이 허용된다. 이러한 법률적 절차와 범칙금을 고려하여, 상당수 이주노동자 부모들은 그들의 자녀를 신생아 때 본국으로 보내 가족이나 친척에게 양육을 위탁한다. 이러한 상황은 아동의 양육권에 대한 침해라는 점에서 그것을 시정할 수 있도록 제도를 고쳐야 한다.

(2) 교육받을 권리의 보장

이주노동자 자녀들은 부모의 불법체류 여부와 상관없이 교육받을 권리가 있다. 국내에서 생활하는 모든 아동은 그들의 국적·체류 자격에 관계없이 '아동권리협약'이 보장하고 있는 교육받을 기회를 부여받아야 한다. 이주노동자 아동이 제도권 학교에 들어가기만 하면 학습권이 보장되는 것도 아니다. 학교나 사회에 이주노동자 아동을 위한 기본적 언어교육 프로그램이 마련되어 있지 않아 학교생활에 적응하기가 매우 어렵기 때문이다. 그러므로 제도적으로 학교만 개방할 것이 아니라, '아동권리협약'에 근거해 국가가 이주노동자 아동에게 한국어 교육 기회를 제공하고, 후견 교사를 붙여 주는 등의 노력을 경주해야 한다.

(3) 국제이해교육의 강화

다양한 국제이해교육 교과과정을 개발해야 한다. 아동의 출신국에 대한 이해와 상호존중 교육이 이루어져야 한다(한건수, 2005). 이를 위해서는 교육인적자원부나 각 시도 단위 교육청에서 교재와 교수법 등을 개발하거나 기존 교재 중에서 우수 교재를 선정하여 제공하는 작업이 필요하다. 이주노동자 아동이 한국 학교에 가서 따돌림 당하는 것은 아이들만의 문제는 아니다. 한국인 아이들의 모습은 '우리'와 겉모습이 다르고, 생각하고 표현하는 방식이 다른 사람들을 용인하지 못하는 사회 분위기의 반영이기 때문이다. 사회 전반에 녹아 있는 이주노동자에 대한 차별의 분위기를 철폐하지 않고서는 근본적 치유가 힘든 상황이다. 이주노동자 자녀뿐 아니라 앞으로 한국 사회가 감당해야 할 변화의 추세를 고려한다면 다문화·다인종·다민족과 관련된 교육 방안이 교육 행정과 현장에서 보다 심층적으로 연구되어야 할 것이다. 발상을 근본적으로 전환하여, 국내에서 아동기를 보낸 외국인들을 적극적으로 교육하여 대한민국을 잘 이해하는, 아시아 지역 일꾼으로 키워 내야 할 것이다.

참고문헌

교육인적자원부(2004). 외국인학교 현황.

교육인적자원부(2005). 외국인 근로자 자녀 통계.

김정원(2006). 외국인 근로자 자녀의 학습 및 정보화 지원 방안. 한국교육학술정보원, 정보격차해소를 위한 교육안전망 구축. 한국교육학술정보원.

김정원 · 이혜영 · 배은주 · 허창수(2006). 외국인 근로자 자녀 교육복지 실태 분석 연구. 한국교육개발원.

법무부(2006). 2005년도 출입국관리통계연보.

설동훈(2004). 세습되는 억압과 차별. 인권, 6, 10-13.

설동훈(2005). 외국인 노동자와 인권: '국가의 주권' 과 '국민의 기본권' 및 '인간의 기본권' 의 상충요소 검토. 민주주의와 인권, 5(2), 39-77.

설동훈(2006). 국민 · 민족 · 인종: 결혼이민자 자녀의 정체성. 동북아 "다문화" 시대 한국 사회의 변화와 통합. 한국사회학회, pp. 79-96.

설동훈 · 박경태 · 이란주(2004). 외국인 관련 국가인권정책기본계획 수립을 위한 연구. 국가인권위원회.

설동훈 · 최홍엽 · 한건수(2002). 국내 거주 외국인 노동자 인권실태조사. 국가인권위원회.

설동훈 · 한건수 · 이란주(2003). -국내 거주 외국인 노동자 아동의 인권실태조사-. 국가인권위원회.

유엔아동권리위원회(2003). 대한민국에 대한 유엔아동권리위원회의 최종 견해. 복지동향, 53, 69-79.

조영달 · 윤희원 · 박상철(2006). 다문화 가정의 자녀 교육 실태 조사. 교육인적자원부.

한건수(2005). 이주노동자 자녀 교육을 문화 다양성 교육으로 활용. 교육 개발, 32(1), 74-78.

한금섭(2003). 이주노동자 자녀 교육의 문제. 복지동향, 53, 17-19.

Aleinikoff, T. Alexander (2002). *International Dialogue on Migration. Geneva*, Switzerland: International Organization for Migration.

Portes, Alejandro, and Rubén G. Rumbaut (2001). *Legacies: The Story of the Immigrant Second Generation*. Berkeley, CA: University of California Press.

Rumbaut, Rubén G, and Alejandro Portes (2001). *Ethnicities: Children of Immigrants in America*. Berkeley, CA: University of California Press.

8 장

새터민 아동의 현실과 권리 보호

남한사회에서 새터민 아동들의 입지는 소외계층의 범주를 벗어나기 어려운 현실이다. 이런 현실에서 사회, 자연적 배경이 취약한 새터민 아동의 권리는 더 큰 관심을 요구할 수밖에 없다. " '아동 이익 최선의 원칙' 이라는 관점에서 가장 불이익을 받고 있는 아동 집단의 상황에 대하여 특별한 관심" 을 기울일 것을 강력히 권고하고 있는 유엔의 의견과 시민적 · 정치적 권리에 관한 국제인권협약(B 협약)은 새터민 아동들의 권리를 뒷받침해 주는 조항이다.

1. 서론

2005년 12월 말 통일부 통계자료에 따르면, 총 새터민 7,687명 중에 약 1,000여 명 이상의 새터민 아동들이 국내에서 살고 있다.[1] 보다 나은 삶을 찾아 남한사회에 온 이들은 낯선 남한사회에 적응하려고 노력하고 있지만 새터민 아동들의 초기 적응생활은 자신들에게도, 남한사회 구성원들에게도 쉽지 않다. 새터민 아동들은 기근과 영양결핍으로 인한 성장 발육상의 문제, 탈출과 유랑과정에서 입은 심리 · 정서적 상처, 남북 간의 사회문화적인 차이로 인한 적응의 문제, 남북 간의 교육내용 차이로 인한 학교 적응의 어려움을 갖고 있다. 이러한 어려움은 아직 성숙되지 않은 우리 사회의 다문화적 상황 안에서 더욱 복잡한 양상으로 새터민 아동 개개인의 삶에 영향을 미칠 것이다. 따라서 새터민 아동들의 어려운 적응생활을 인류 보편적인 아동의 권리차원에서 조망해 보는 일은 새터민 아동들에 대한 우리 사회의 관심과 시각을 환기시키고 아동의 권리의식을 고양시키는 데 도움이 될 것으로 생각된다.

새터민 아동들이 한국에 들어오기까지의 신분이나 상황은 난민과 유사하다. 탈북과정의 상황은 난민과 관련된 유엔아동권리협약 제22조 1항과 2항에 근거해 아동의 권리를 주장할 수 있다.[2]

새터민 아동들이 한국에 들어와 통일부 산하, 적응교육기관인 하나원 생활 3개월 과정을 마치면 대한민국 국적을 취득하고, 본격적으로 남한사회 생활을 하게 되면서 대한민국 국민으로 누려야 하는 아동의 권리를 주장할 수 있다고 본다. 하지만 남한사회에서 새터민 아동들의 입지는 소외계층의 범주를 벗어나기 어려운 현실이다. 이런 현실에서 사회, 자연적 배경이 취약한 새터민 아동의 권리는 더 큰 관심을 요구할 수밖에 없다. "'아동 이익 최선의 원칙' 이라는 관점에서 가장 불이익을 받고 있는 아동 집단의 상황에 대하여 특

---

1) 이 글에서 말하는 새터민 아동은 유엔아동권리협약 제1조의 조항대로 18세 미만의 아동을 말한다. 통일부 자료에 의하면 19세 미만의 아동이 1,372명인데 18세까지만 추정했을 때 대략 1,000여 명 이상으로 보인다.

2) 1. 당사국은 난민으로 취급되는 아동이 국제 인권 또는 인도주의 관련 문서에 규정된 적용 가능한 권리를 향유함에 있어서 적절한 보호와 인도적 지원을 받을 수 있도록 하기 위하여 적절한 조치를 취하여야 한다.

2. 이를 위하여 난민 아동의 부모나 다른 가족 구성원을 추적하는 데 적절하다고 판단되는 협조를 제공하여야 한다. 부모나 다른 가족구성원을 발견할 수 없는 경우, 각 아동은 어떤 이유로 인하여 영구적 또는 일시적으로 가족환경을 박탈당한 다른 아동과 마찬가지로 이 협약에 규정된 바와 같은 보호를 받아야 한다.

별한 관심"을 기울일 것을 강력히 권고하고 있는 유엔의 의견과 시민적 · 정치적 권리에 관한 국제인권협약(B협약)은 새터민 아동들의 권리를 뒷받침해 주는 조항이다.[3)]

새터민 아동의 현실과 권리 보호를 기술하기 위해 이들의 인구학적 특성과 난민으로서의 권리를 언급함으로써, 새터민 아동들의 적응생활에 대한 기본적인 이해를 돕고자 한다. 그리고 아동권리 측면에서 새터민 아동들의 남한생활의 현실을 구체적으로 기술함으로써, 새터민 아동들을 공동체의 구성원으로 받아들여 함께 잘 살아가기 위해 우리 사회가 어떤 노력을 할 수 있는지를 짚어 보고자 한다.

2. 새터민 아동들의 탈북 과정과 난민으로서의 권리

1) 새터민 아동들의 인구학적 배경

〈표 8-1〉에서 보듯이, 1999년도부터 2005년까지의 새터민 아동의 수(0~19세)는 21명, 38명, 95명, 183명, 204명, 316명, 268명으로 빠른 속도로 증가함을 알 수 있다.

새터민 아동들의 출신 지역은 함경북도(약 70%)와 함경남도(약 10%)가 압도적으로 많다. 북한에서의 학력은 고등중학교 중퇴가 45%, 인민학교 중퇴가 약 20%, 무학이 24%로서 새터민 아동 대부분이 학교를 제대로 다니지 못했다. 그리고 탈북 시 가족 동반 여부는 가족 또는 친척 동반 탈북이 약 71%, 단독 탈북 및 다른 사람과의 탈북이 약 29%로서 취약한 가족구조 및 기능을 갖고 있음을 짐작할 수 있다(정병호 · 정진웅 · 전효관 · 이부미, 2003).

〈표 8-1〉 새터민 아동 입국 상황

연도	'99	'00	'01	'02	'03	'04	'05	총
0~10세 미만	8	4	33	51	58	69	90	313
10~19세	13	34	62	132	146	247	178	812
0~19세	21	38	95	183	204	316	268	1125

〈자료출처: 통일백서, 통일부 자료 재구성〉

3) "모든 아동은 인종, 피부색, 성별, 언어, 종교, 국가 · 사회적 배경, 재산, 출생 등에 있어서 어떠한 차별 없이, 그리고 아동이 속한 가정, 사회, 국가가 소수집단이라는 이유에서 야기되는 불이익을 받지 않도록 보호를 받을 권리를 갖는다"(B협약 제24조 2항).

1996년부터 극심하게 어려워진 북한의 식량 사정이 새터민들의 가장 큰 탈북 동기이다. 연구자는 2001~2002년에 입국한 새터민 유아 27명을 연구하였는데(이부미, 2003) 이들 중 20명이 기근피해가 가장 심했던 1996~1998년생이었다. 이들의 부모들에 따르면 주된 탈북 동기는 식량난과 생활고였다. 국가의 배급권이 끊겨서, 중국에 드나들며 친척 도움을 받거나 노동을 하거나 물물교환으로 어렵게 가족을 부양하였다고 한다. 그 과정에서 가족과의 이별, 가족구조의 해체, 아사에 이르기까지 안정된 사회에서는 상상하기 어려운 사건들을 경험하였다.

한편, 아동 및 청소년들의 북한에서의 생활은 매우 불안정했던 것으로 보인다. 학교를 제대로 다니지 못하고 식량을 구하러 떠돈 아이들도 있고, 학교를 다닌다 하여도 수업이 제대로 이루어지지 못한 경우도 많다. 사회제도 밖에서 이렵사리 생존을 유지해 온 새터민 아동들은 이미 북한에서 생존권, 교육원, 복지권과 같은 인간으로서 누려야 할 기본적인 권리를 부여받지 못한 삶을 경험하였다고 볼 수 있다.

2) 탈북 과정과 난민의 권리

새터민 아동들이 중국 및 제3국에서 생활한 기간은 평균 약 3년 정도이다. 새터민들은 중국에서 북조선인이라는 신분을 숨기고 살아남기 위해서 거친 노동과 막일을 닥치는 대로 해 가며 최소한의 생계를 연명하는 유랑생활을 하거나 종교단체의 도움을 받는 은둔생활을 한다. 그러나 그 어떤 형태의 삶에서도 이들은 중국 공안에게 잡히지 않을까하는 끝없는 불안과 공포에 시달리게 되고 이런 긴장된 생활은 어린이의 삶에도 영향을 미친다. 한편, 청소년들은 교회가 지원하는 은신처에서 성경공부를 하거나 숨어 다니면서 꽃제비 생활을 하거나 어른들처럼 거친 일 등을 하였다. 안정적으로 보이는 학교생활조차도 잠깐 동안의 경험이며, 신분을 숨긴 채 학교를 다니는 불안정한 상황이었다. 장기간의 불안한 제3국 생활 속에서 새터민 청소년에게 익숙해진 생활 패턴은 길거리 생활과 유랑생활이다(정병호 외 2003).

최근 새로 발생하는 문제 중의 하나가 중국에서 태어난 새터민 아이들의 교육문제이다. 1990년대 말부터 급증하기 시작한 여성들의 단독 탈북 또는 인신매매 등으로 한족 남편과의 사이에서 태어난 아이들이 이제는 유아기 및 학령기를 맞기 시작했다. 그러나 대부분의 여성들이 남편으로부터 도망나왔기 때문에 엄마와 사는 아이들은 중국의 교육적 혜택을 합법적으로 받기가 어렵다. 또한 한족 남편과 함께 사는 어머니들조차도 문화적 차이로 인한 양육과 교육의 어려움을 겪고 있는 실정이다. 이들의 어려움을 돕기 위해 시민단체의 조심스러운 지원의 손길이 뻗치고 있는 것으로 알고 있다. 현재 많은 수의 재중 새터민이 모두 한국으로 오기는 어려운 상황이다. 따라서 이들이 중국이라는 제3국에서 자신들에게 익숙한 사회적 관계와 삶의 방식을 유지하면서도 안전한 삶을 살 수 있는 상황을 만들어 주는 노력이 이루어질 때, 재중 새터민 자녀들은 난민으로서의 기본권리가 보장된 삶을 살 수 있을 것이다.

하지만 한국 정부차원에서 난민 상태의 새터민들에 대한 통계, 그들의 생활상, 그들에 대한 법적보호 등에 대한 파악과 지원은 아주 미약한 수준이다. 대부분 종교단체의 활동과 몇몇 NGO단체 활동이 지원의 손길을 뻗치고 있을 뿐이다. 그러나 국제협약은 난민에 대한 당사국의 보호를 권고하고 있다. 이와 관련된 최근의 프랑스의 사례는 우리에게 참조가 될만한 내용이다. 유엔아동권리위원회는 2004년 6월 프랑스의 일반적인 협약 이행 여부에 관한 우려사항과 권고사항을 제시했는데 그 주요 쟁점 중에는 망명 아동 권리 보장에 대한 내용도 있었다. 프랑스는 국경에서 보호자 없이 망명을 요청하는 아동이 프랑스 영토로 들어오는 과정에서 행정적, 법적 과정 및 절차에 대한 도움을 받을 수 있는 제도로서 특별행정가제도를 마련하였다. 또한 2002년 망명권한법(Lights of Asylum Act)의 개정으로 검사가 특별행정가를 지정하여 피난민의 지위신청과정을 지원하도록 하였다. 그리고 로시공항 부근에 망명아동지원센터를 적십자가 마련하여 상태 평가, 친척 찾기 및 적절한 조언을 하도록 하였다. 이와 관련하여 2005 한국의 유엔아동권리협약 이행 모니터링 연구보고서는 새터민 아동의 수가 증가하는 우리나라 상황에서 프랑스의 특별보호조치 강화는 시사하는 바가 있다고 했다(이재연 · 이용교 · 강현아, 2006). 우리의 경우 중국과 북한, 기타 관련 제3국과의 외교상의 복잡한 문제가 있기 때문에 프랑스의 상황과는 차이가 있을 것이다. 하지만 제3국에서 난민의 신분으로 떠도는 새터민들에 대한 인구통계학적 조사와 현황에 대한 실태조사만큼은 기본적으로 이루어져야 한다. 그리고 난민을 받아들인 역사가 오래된 프랑스, 영국, 독일 등의 국제 사례를 깊이 탐색하여 정치외교적, 법리적 해석과 적용을 심층적으로 연구해 볼만하다고 여겨진다. 이를 통해, 국제사회의 관심과 지원을 얻는 계기를 마련하고 활용하는 것도 필요하다.

3. 아동권리 측면에서 본 새터민 아동들의 적응생활

새터민 아동들이 남한사회에서 겪는 사회문화적 현실을 아동권리 측면에서 기술 또는 분석하는 데는 아동권리에 대한 분석의 틀이 요구된다. 아동권리에 대한 연구는 법제도적인 시각, 아동권리에 대한 개념에 따라 다양하지만, 무엇보다 아동의 권리를 제대로 인식하고 존중하는 것에서부터 출발하는 것이 필요하다(황성기, 1997).

유엔아동권리협약 이행을 위한 정부 2차 보고서의 평가와 향후 과제를 탐색한 이기범(1999)은 분석의 틀을 사회권, 문화권, 경제권, 생존권, 교육권, 복지권, 그리고 취약한 아동집단의 권리 7개 영역으로 설정하였다. 그에 따르면, 사회권, 문화권, 경제권은 유엔이 제정하여 발효된 각종 권리에 관련된 기본적인 내용이고 나머지는 아동의 권리에서 더 강조되어야 하는 영역이라고 하였다. 이기범이 구성한 권리 영역은 국제인권협약과 아동권리협약의 내용을 포괄한다는 점에서 그리고 새터민 아동들의 제반권리와 관련된 상황을 잘 드러내 줄 수 있는 영역 설정이라는 점에서 연구자는 이기범의 분석 틀을 차용하고자 한다. 다만 마지막 취약한 아동집단의 권리는 새터민 아동들이 이 집단에 속하므로 제외한다.[4]

1) 생존권

아동의 권리는 3가지 원칙 제공(provision), 보호(protection), 참여(participation)인 "3P"로 대변된다. 그러나 아동의 생존 및 발달을 위한 제공과 보호의 원칙은 가장 기본적인 원칙이다(안동현, 2001). 아동권리협약은 제6조 생명권과 생존과 발달을 보장받을 권리, 제27조 신체적, 정신적, 사회적 발달에 적합한 생활수준을 누릴 권리를 보장하고 있다.

새터민 아동의 생명권과 생존 및 발달에 관한 권리는 탈북 이전의 생활경험과 밀접한 관련이 있다. 북한의 기근으로 인한 영양실조 및 아사, 가족과의 이별, 가족해체, 제3국에서의 유랑생활은 신체적, 심리적 측면에서 탈북 아동들에게 심각한 영향을 미치기 때문이다. 이러한 영향은 새터민 아동들이 남한사회에 적응할 때에도 지속적인 영향을 미친

---

4) 김정래와 최영희(1998)는 국제인권협약 A협약(경제적 · 사회적 · 문화적 권리에 관한 행복추구권, 자결권, 소유권, 근로권, 교육권)과 B협약(독립적으로 규정한 아동의 권리에는 보호받지 못한 아동에게 초점이 맞추어져 있는 시민적 · 정치적 권리)을 아동권리협약과 연관하여 분석한 바 있다. 이 관점에서 보더라도 이기범의 영역 구성은 새터민 아동들의 권리를 담아낼 수 있는 틀이라는 점에서 큰 손색이 없어 보인다.

다. 구체적으로 살펴보면 다음과 같다.

(1) 신체적 발달에 적합한 생활수준을 누릴 권리

식량 위기와 인체의 성장 및 발육 간의 관계에 있어, 특히 어린이 성장자료에 주목해야 하는데 그 이유는 여러 가지 기능적 장애의 수반 때문이다. 신체적 질환과 연령에 비하여 키와 몸무게가 임상적으로 심각하게 부족하다는 것은 난민연구에서도 보고되었다(전우택, 2000).

박순영(2006)은 새터민 아동들의 성장발육에 관한 장기추적연구에서 새터민 아동 283명의 신장과 체중을 남한 아동의 평균 발육치(한국표준과학연구원)와 비교하였다. 새터민 아동의 연령별 표본수가 너무 적어 남북 간의 유의미한 비교가 어려운 한계에도 불구하고 연구결과 시사점을 얻을 수 있는 몇 가지가 있다. 키는 남한 아동들의 신장 급격성장기가 시작되는 십대에 가장 큰 남북격차가 생기는 경향이 있는데, 남아는 십대 중반에 여아는 십대 초반에 남한의 또래에 비해 탈북 아동이 10cm 이상 작았다. 이에 비해 체중격차는 신장격차만큼 뚜렷하지 않으며, 특히 여아가 그러하다. 새터민 아동 남녀 모두 신장 성장지체가 체중 성장지체보다 심하다고 할 수 있다.

새터민 아동들의 신체 발육상의 문제에 대해 정병호(2000)는 영양실조로 인한 작은 키가 가져올 사회적 장애에 대해 사회문화적 차별로 이어지는 종족적 낙인(Tribal stigma)의 양상을 띨 확률이 높다고 하였다. 대부분의 사회는 이상적인 신체 이미지를 갖고 있고 이에 따라 차등적 보상을 받는 경향이 있는데 우리 사회도 예외는 아니기 때문이다.

새터민 아동들이 남한생활을 하게 되면서, 급성영양결핍에 의해 발생한 신장대비 체중의 감소는 영양상태가 호전되면서 즉각적으로 회복되는 경향이 있으나 만성 영양부족으로 인한 신장 차이를 극복하는 데는 더 긴 시간이 필요하다(박순영, 2006)는 점에 비추어 볼 때, 새터민 아동들의 외모에 대한 우리 사회의 차별적 지각이 염려된다. 이로 인한 새터민 아동들의 사회적 부적응은 곧 신체적 발달에 적합한 생활수준을 누릴 권리와 다음의 정신적 · 사회적 발달에 적합한 생활수준을 누릴 권리를 보장해 주지 못하는 우리 사회의 열악한 인권 현실을 말해 준다.

식량 위기와 관련된 북한 또는 새터민 아동들의 생존권은 북한 식량지원문제와 더불어, 제3국에 난민으로 머물고 있는 새터민들에 대한 생존권 보호와 건강에 관련된 문제이다. 따라서 식량지원을 위한 노력을 정부 또는 시민사회 차원에서 지속적으로 기울여야만 한다. 또한 국제식량기구 및 인권단체의 지원 상황 파악 및 이들과의 네트워크 활성화도 북한과 재중 새터민 아동의 생존권을 지원하는데 중요한 일이다.

(2) 정신적 · 사회적 발달에 적합한 생활수준을 누릴 권리

아동들의 성장과 발달은 심리 · 정서적인 측면도 중요한데, 위기 상황에 놓여진 아동들에게는 특별히 더 중요하다. 북한과 제3국에서 겪는 불안과 심리적인 공포는 어린이들에게 심리 · 정서적인 영향을 미칠 수 있다. 이런 심리 · 정서적 상태는 유아들의 입국 초기 생활 및 놀이상황에서 나타나곤 했다.

〈사례〉

연구자 : 대사관 들어올 때도 수미가 많이 놀랐겠어요.[5)]

아버지 : 많이 놀랐죠. 대사관 때 말고도 많았습니다. 북조선에서 넘어올 때 수미를 내 동생이 배낭에 넣어서 왔답니다. 그때 살얼음을 깨고 왔는데 아를 꺼내니까 무서워서 밥도 아니 먹고 잠도 안 자고 충격을 겪었지요.

엄 마 : 그러니 아 심장이 약하죠.

아버지 : 그래서 그런지 길을 걸켜서 갈 때 조선에는 차 지나가는 거 없거든요. 근데 중국에는 차 있지, 오리, 닭 다니니까 희귀해서 보는데 차 무서워하고 차 움직이는 거 보고. 그런데 길 가운데 비닐봉지가 땅에 요만큼 박혀 바람에 흔들흔들하는데도 그거 무서워서 막 도망을 갔댔습니다. "야, 수미야, 그것 아무것도 아니다" 그러는데도.

위 사례의 경우, 갓 돌 지난 어린이가 부모와 이별하고 약 10개월을 친척집에서 생활하다 어느 날 낯선 어른들과 두만강을 건널 때 깜깜한 배낭 속에서의 공포, 추위, 어른들의 팽팽한 긴장을 경험한다. 이러한 경험을 24개월 된 어린이가 아무렇지도 않게 적응하고 넘기기는 어렵다. 작은 움직임에도 놀라고 잘 먹지 못하고 몸이 약한 신체적 문제 외에도

---

5) 2001년 재중 OO대사관에 난입한 새터민들을 중국 공안들이 무력으로 끌어 내는 장면이 우리나라 TV뉴스에 나왔다. 수미는 그때 엄마 등에서 땅으로 떨어져 울던 아이였다.

심리 · 정서적인 문제가 있을 수 있다. 소콜로프(Sokolof) 등은 베트남 출신 난민 어린이들에 대한 장기 연구에서 손톱 깨물기, 신경과민(irritability), 야뇨증, 악몽, 질투심, 공포심 등이 많이 발견되었다고 보고하였다(Sokolof et al., 1984. 전우택 2001: 116, 재인용).

많은 새터민 청소년들은 불안이나 공격성, 또는 과거 힘든 경험으로 인한 '외상 후 스트레스 장애(PTSD)' 등의 어려움을 겪고 있다. 불안 증상이 일어나는 원인은 북한에서 겪은 기아의 고난과 가족과의 생이별, 중국 체류기간에 겪은 극심한 공포 등이다. 또 다른 불안의 원인은 낯선 남한문화로 이주해 와서 앞으로 어떻게 생활해 나갈 것인가에 대한 걱정 때문이다(정병호 · 정진경 · 이향규, 2005).

예민한 시기에 어려운 삶의 과정을 경험한 새터민 아동들에게 생존, 성장, 발달의 권리는 우선적으로 제공되어야만 한다. 이들이 탈북 과정에서 경험한 신체 및 사회정서적 어려움은 앞으로의 삶에서 기능적 발달적 장애를 가져올 수 있다는 점에서 이에 대한 도움을 주어야 한다.

우선 새터민 아동들의 심리 · 정서적 어려움을 상담하고 치료할 수 있는 기회가 제공되어야 하고 가족지원도 이루어져야 한다. 가족지원은 다음의 복지권과도 밀접한 관계가 있다.

2) 복지권

이기범(1999)은 우리 사회에서 급증하고 있는 가정 약화와 붕괴 현상이 아동의 복지권을 크게 저해할 것이라고 보았다. 새터민들의 가족 간의 생이별과 죽음으로 인한 가족해체 현상 역시 아동의 복지권을 저해하는 큰 요인이다. 새터민 가족구성의 특징은 전체 탈북자 가족 중에서 40%를 넘는 비율이 편모 혹은 편부가족이며, 여기에 기타 형태의 가족까지 합치면 50% 이상의 탈북자 가족은 부부 혹은 부모와 자녀로 구성된 가족구성의 형태를 갖추지 못하고 있다(이기영, 2000). 많은 새터민 아동들이 탈북 과정에서 가족해체 및 이별을 경험한 것으로 볼 때, 새터민들의 취약한 가족 기능을 보완하고 아동이 제대로 양육을 받을 수 있도록 해야 한다. 아동권리협약 제18조에 명시되어 있듯이 복지권은 "국가가 부모와 법적 보호인이 아동을 양육하는 데 필요한 지원을 적절하게 제공할 의무"인 것이다.

한부모가정, 특히 엄마-자녀관계로 이루어진 가정이 최근의 탈북 형태에서 많아지면서 동시에 엄마의 나이가 점점 낮아지는 특성도 있다. 이는 젊은 여성들의 단독 탈북이 증가하면서 생기는 문제로 탈북 과정에서 남자를 만나 아이를 낳는 경우, 또 한족과 원하지 않는 결혼을 해서 생긴 아이를 데리고 남한으로 온 경우 등이 있다. 부모의 낮아진 연령, 쉽게 결정된 재혼과 동거생활에서 부모들의 양육 책임감은 약해지면서 부모역할에 대한 부담은 커진다. 이런 점에서 볼 때, 한부모가정의 부모역할과 자녀양육문제는 점점 커질 가능성이 있다(이부미, 2005).

어린 시기의 가족 붕괴는 새터민 청소년의 심리적 적응에 영향을 미치는 매우 큰 요인이다. 새터민 청소년들은 가족 단위로 탈북하여 남한으로 온 경우가 더 많기는 하지만, 직계가족 구성원 전부가 함께 이주한 경우는 많지 않다. 가정이란 울타리가 파괴되고, 때로는 단독으로, 때로는 가족 몇 명과 남한에 들어오는데, 그럴 경우 나머지 가족의 생사 여부에 관한 소식은 예민한 부분일 수밖에 없다. 중국에서 가족의 생사에 대한 나쁜 소식을 접하게 되면 극도의 불안한 상태로 심리적 좌절감, 죄책감, 슬픔 등 여러 가지 혼란되고 불안정한 심리적 반응을 보인다(정병호 외, 2005).

2003년 조사결과, 가족과 떨어져 단독으로 입국한 무연고 청소년들은 136명으로 새터민 청소년 총 수의 22.5%를 점하고 있었다. 단독으로 정착하게 된 경우, 부모에 대한 그리움과 외로움에 시달린다(정병호 외, 2003). 아직도 부모의 손길이 필요한 나이에 낯선 곳에서 의식주를 해결하고 일상생활을 운영해 가야 하는 무연고 청소년들은 적응 위험 요인이 가장 많은 집단이라고 할 수 있다. 그럼에도 불구하고 무연고 새터민 아동의 삶의 어려움에 대한 특별한 고려나 지원이 정부차원에서 이루어진 적이 없다. 이들이 성년이 되고 혼자서도 잘 살 수 있게 되기 전까지는 아동권리협약 제20조 가족이 없는 아동의 양호와 원조 조항에 따라, 돌보아 주는 사람이 있는 기숙학교 및 사회적 지원체제가 필수적이라 할 수 있다.

전 세계 난민의 절반이 아동이고 그들 중 3%에서 5%의 아동이 동반자 없는 경우라고 한다. 독일은 동반자 없는 난민 청소년들의 권리 제한과 사회적 고립을 우려하여 학교교육, 직장교육에 초점을 두고 합법적인 체류허가를 위해 노력한다(윤선영, 2006). 영국의 경우, 혼자 도착한 난민 아동은 사회복지부의 책임과 보호 아래 놓여진다고 한다. 난민 아동은 아동법(Children Act)의 20조 또는 17조 "아동은 돌봄을 받아야 하며, 지역 정보는 아동의 안전을 보호하고 증진해야 할 의무가 있다"의 법적권리를 갖지만 실제 상황에서는 많은 수의 동반자 없는 아동이 사회복지부의 도움을 받지 못한 상황도 있었다고 한다. 1999년의 경우,

약 3,400여 명의 동반자 없는 아동들이 사회복지부의 도움을 받지 못했다고 한다(전수경, 2006). 이를 보면, 동반자 없는 아동을 제대로 보호하고 지원한다는 일이 선진국에서조차 쉬운 일이 아님을 알 수 있다. 하지만 우리의 경우, 외국에 비해 문화적 배경의 차이도 덜하고, 그 수도 아주 적다. 따라서 본격적으로 새터민을 받아들이기 시작한지 초기에 해당하는 현 시점에서, 무연고 청소년들을 도울 수 있는 지원체제에 대한 고민과 실천이 시작되어야 한다.

한편, 가족 단위로 온 경우에는 가족의 생사에 대한 걱정이나 부모에 대한 그리움은 없는 대신 부모와의 갈등으로 인해 어려움을 겪는 경우가 상당수 있다. 남한의 문화에 자녀세대들은 부모보다 더 빨리 동화되고, 부모들은 북한에서의 권위적 의식에서 벗어나지 못하는 데서 오는 가치관의 차이로 인한 갈등도 많은 편이다. 또한 남한에 와서 부모들이 재혼을 하는 경우에도 청소년들의 적응은 어려운데, 새어머니나 새아버지와의 관계가 불편해서 집 밖으로 떠도는 경우도 많이 있다(정병호 외, 2005).

다양하면서도 취약한 새터민 가족 구조의 형태는 새로운 사회에 적응해야 하는 상황에 놓여 있는 아동들에게 삶을 풍부하게 지원하는 체계로 작동하기에는 상당한 어려움이 있다. 가족 기능이 약화된 가정의 새터민 아동들을 위한 상담 프로그램, 부모교육 등 다양한 가족지원이 필요하다. 탈북 부모들에게 부모-자녀관계에 대한 구체적인 교육이 이루어져야 하고, 특히 아버지 교육도 이루어져야 한다. 청소년을 자녀로 둔 부모들은 이미 북한사회에서 부모화가 일정하게 이루어져 왔기 때문에 급속히 변해 가는 자녀들을 이해하거나 양육하기 힘들어 한다. 따라서 부모들에게 청소년기의 특성을 이해시키는 교육이 필요하다. 그리고 다양한 가족형태(부부-자녀로 이루어진 핵가족, 한부모가정, 재혼가정)의 특성을 고려한 교육과 자녀양육을 지원할 수 있는 사회적 서비스도 필요하다. 즉, 새터민 아동들의 복지권을 향상시키기 위해서는 부모의 사회적 적응과 자녀양육을 도울 수 있는 지원과 아동의 심리적 지원을 하되 가족의 형태에 따른 다양한 지원이 필요하다.

3) 교육권

아동권리협약 제29조 1항의 (가)에 의하면, 모든 아동은 그/그녀의 인격, 재능, 정신적 · 육체적 능력을 최대로 계발할 수 있도록 교육을 받을 권리를 가지고 있다고 제시한다. 2006년 6월 현재, 522명의 새터민 아동들이 남한의 초 · 중 · 고등학교에 다니고 있다. 그러나 새터민 아동들의 대부분이 탈북 과정에서 교육 기회를 갖지 못했으며 남한사회에 와서도 대다수의 청소년들은 학교 부적응 현상을 보이고 있다. 학교와 학업에 대한 부적응의 심각성을 인정하고 이에 대한 대책을 수립하지 못하면 수많은 새터민 아동의 교육권이 포기된다. 또한 학교 밖에서 다양한 교육의 기회가 제공되어야 한다. 새터민 아동들의 학교와 학업 부적응은 교육권의 심각한 침해이다.

(1) 하나원에서의 교육 적응[6)]

입국 초기 3개월간 새터민 모두가 입소하는 하나원에서의 문화 오리엔테이션 프로그램은 이후 남한사회 정착에 결정적으로 중요하다. 특히, 남한교육제도에 적응하여야 하는 새터민 아동과 청소년들에게는 성인들과는 다른 특별한 교육적 프로그램이 마련되어야 한다. 그러나 하나원 설립 6년이 넘은 현 시점까지 합리적으로 구조화된 체계를 갖추지 못한 채 새터민 아동 및 청소년에 대한 보호와 교육이 일관된 원칙 없이 진행되고 있는 상황이다.

통일부는 초기에 인근 '삼죽초등학교' 에 새터민 미성년자들을 입학시켰으나, 연령과 생활경험의 차이로 많은 문제가 발생하여 그나마 조금 나이가 많은 14세 이상의 청소년들은 그곳에서 교육할 수 없게 되었다. 이들을 위한 별도의 교육 프로그램이나 전문 인력, 예산이 전혀 마련되지 않은 상황에서, 2001년 2월 민간단체인 (사)남북문화통합교육원이 자체 인력과 예산으로 통일부 하나원 내에 '하나둘학교' 라는 아동 및 청소년 교육프로그램을 만들어 '긴급구호' 차원에서 운영하여 왔다. 그 후 이 프로그램을 직접 운영하던 전문가들이 아동 및 청소년 교육문제를 제도적으로 해결하는 방안과 구체적 교육 프로그램 시안을 제시한 바 있다.

그러나 통일부 하나원 측은 교육 프로그램 예산을 부분적으로 지원하는 수준으로 대응하다가 2005년 5월 말로 (사)남북문화통합교육원의 '하나둘학교' 교육 프로그램은 4년 4

6) 하나원에서의 교육 적응(정병호 외, 2005)은, 북한이탈 주민, 교육지원체제 수립 방안에 관한 연구의 '하나원 교육' pp. 30-31을 요약하였다.

개월 만에 종료된 상태이다. 현재는 계약직 직원 1명이 자원 강사들과 함께 청소년 교육 프로그램을 담당하고, 초등 및 유치반 과정은 삼죽초등학교에 위임하는 형태로 진행되고 있다. 이 상황에서 지난 수년 간의 새터민 아동 및 청소년 교육경험과 데이터 및 인적 연계망이 단절되었고 프로그램의 축적적 발전 가능성도 희박해졌다. 문제는 조속히 합리적인 제도적 장치가 마련되지 않으면 이러한 초기 정착교육의 파행과 낭비가 되풀이될 수밖에 없다는 점이다.

초등 어린이들의 효과적인 적응을 위해서는 하나원이 삼죽초등학교와 연계하여 학교 학사일정에 구애받지 않고 진행될 수 있는 특별교육 프로그램 상설운영 또는 교육인적자원부가 연구교사를 선발해서 하나원으로 파견하는 방법들이 있다. 교육인적자원부 차원의 보다 적극적인 교육지원체제 마련이 필요하다.

(2) 남한학교 적응생활에서의 교육권

남한생활을 시작한 지, 6개월에서 2년 6개월 된 새터민 아동들의 학교 만족도를 보면 초등학생들은 비교적 학교생활을 충실히 하고 있으며 만족도도 높은 편인데 비해, 청소년들은 학교에 다니는 비율이 38%로 낮았고 만족도 또한 낮았다(정병호 외, 2003). 다음의 2005년도 통계자료에 의하면 새터민 아동들의 취학률은 상급학교로 갈수록 현저히 낮고 고등학교의 경우, 10명 중에 1명만이 학교에 다니고 있음을 볼 때, 시간이 갈수록 새터민 청소년들의 학교적응은 나아지지 않고 있음을 알 수 있다.

〈표 8-2〉 새터민 학생 각급학교 취학률(2005년)

구분	초등학교	중학교	고등학교
	6~14세	15~17세	18~21세
취학 대상자	351명	224명	412명
재학생	247명	131명	43명
취학률(%)	70.3%	58.4%	10.4%

〈자료출처: 새터민 학생 각급학교 취학률(2004, 2005), 이향규(2006) 자료를 재구성한 것임.〉

① 초등학생

새터민 초등학생들은 학교생활에 대해 비교적 높은 만족도를 보이지만, 고학년으로 갈수록 적응의 어려움을 겪게 된다. 학교생활에서 제일 어려운 점은 초등학생의 경우 학업 따라가기와 친구 사귀기, 북한식 말투에서 오는 곤란함을 들었고, 청소년들은 학업 따라가기가 제일 어렵다는 답이 압도적으로 많았고, 그 다음이 연령차 극복하기였다. 이는 학년이 올라갈수록 학력 격차가 더 커져서 학업을 따라가는 것이 갈수록 힘들어지는 것을 보여 주는 결과이다. 새터민 아동들의 장기간의 학습 결손은 단순히 그 시기에 놓친 내용들을 빠른 속도로 제공한다고 해서 회복되지 않는다. 왜냐하면 적절한 시기의 적절한 학습은 개인의 학습능력과 학습양식을 개발시키는데, 이 능력이 개발되지 않았기 때문이다(이부미, 2005). 이 문제는 교육내용과 평가방법의 문화적 요소와 연결된 문제이기도 하다. 예를 들어, 남한의 시험문제가 대부분 사지선다형의 객관식인데 새터민 아동들은 이러한 평가방법에 익숙지 않을 뿐만 아니라, 특히 많은 문제들이 틀린 것을 고르라고 하는데 "옳은 것도 알기 어려운데 왜 틀린 것을 골라야 하냐" 고 반문한다(이향규, 2006). 문제의 형식에 대한 이해 자체가 어렵기 때문에 새터민 아이들이 답을 맞추기란 더욱 어렵다. 이는 교육내용과 평가항목에 대한 문화적인 차이라고 할 수가 있다. 이런 문화적인 차이의 어려움은 초등, 청소년 모두가 겪는 어려움이기도 하다. 따라서 탈북 아이들의 인지양식의 특성과 북한사회의 학습방법에 대한 고려와 탐색이 필요하다.

초등학교의 아동들은 발달상으로 적응속도와 패턴이 빠르고 유연한 만큼, 초등학교에 다니는 새터민 아동들의 교육권을 보장해 줄 수 있는 지원은 그 효과가 높을 가능성이 있다. 따라서 새터민 초등학생들이 집단적으로 많은 지역에 대한 교육적 투자와 실험이 필요하다. 새터민 아동들의 교육권을 보장하려면 학교, 민간 방과후 프로그램, 전문가 집단이 협력체제를 구축하여 가동하는 교육적 노력이 국가적 차원에서 실제적으로 이루어져야 한다.

② 청소년

북한 학교교육의 파행적 운행, 난민생활로 인한 장기적 학습 결손과 생활 습성, 남한에서의 낮은 학년배치 방침 등으로 새터민 학생들이 학교에 적응하는 데 어려움을 겪고 있다.

새터민 청소년들의 기초학력은 남한 학생의 학력 수준에 비해 현저히 떨어진다. 학력부진 현상은 상급학교로 올라 갈수록 심각해진다. 모든 과목에서 학업성취 수준이 낮지만, 특히 국어, 영어, 수학 등 주요 과목의 학력 결손이 두드러진다. 한만길과 김양분(2000)의 연구에서 새터민 학생들은 국어 읽기와 쓰기 기초능력이 남한 학생에 비해 평균 4~6점 정도가 낮았고, 사회와 과학과 기초능력시험에서도 4~5점 가량 낮은 것으로 나타났다. 즉 모든 교과 영역에서 새터민 학생들은 기초학력에서 남한 학생에 비해 낮은 점수를 보인다.

〈표 8-3〉은 서울에 거주하는 초등학교 5, 6학년, 중학교 1, 2, 3학년 새터민 학생들의 학력 수준을 측정 평가한 것이다.

〈표 8-3〉 새터민 초등학생, 중학생 기초학력 검사 결과

분류		초등학교	중학교	합계
국어	60점 미만	7 (18%)	14 (42%)	21 (29%)
	60점 이상	32 (82%)	19 (48%)	51 (71%)
	계	39 (100%)	33 (100%)	72 (100%)
	평균점수	69.2	59.9	64.0
수학	60점 미만	25 (66%)	26 (81%)	51 (73%)
	60점 이상	13 (34%)	6 (19%)	19 (27%)
	계	38 (100%)	32 (100%)	70 (100%)
	평균점수	46.3	37.3	42.3

〈자료출처: 김미숙(2004), 북한 이탈 학생의 학교적응 실태분석 연구, 114쪽을 재구성한 것임(정병호 외, 2005:12, 재인용)〉

우선, 새터민 가운데 중학생의 학력 저하 현상이 초등학생의 경우보다 훨씬 심각함을 알 수 있다. 국어보다 수학의 경우, 남북한 학생의 학력 격차가 심각하게 나타남을 알 수 있다. 가장 학력 부진 현상이 심하게 나타나는 새터민 중학생의 수학능력의 경우, 최소기초능력기준인 60점에 도달하지 못하는 비율이 80%를 상회하고 있다. 중학생의 경우, 국어 과목에서도 42%가 기초능력에 도달하지 못하였다. 이러한 자료는 새터민 학생들이 남한 학교에서 적응하는 데 심각한 어려움을 겪고 있음을 보여 준다.

실제로 이 청소년들이 학교를 그만두게 하는 가장 큰 이유는 학업을 도저히 따라갈 수 없다는 점이다. 이러한 사실은 새터민 청소년들의 학력과 적성을 정확히 파악하여 각자가 자기에게 적절한 진로를 선택하여 희망을 가지고 나아갈 수 있도록 지도해야 할 필요가 절실함을 보여 준다. 또한 새터민 청소년들의 학습능력 및 인지, 성격, 적성 등을 보다 객관적으로 파악하기 위해서 지능 검사, 성격 검사, 자아개념 검사를 시험적으로 실시해 본 결과, 용어 차이와 문화적 개념의 차이로 결과해석에 어려움이 있다. 북한 어린이, 청소년들을 검사할 수 있는 문화 상대주의적인 검사의 개발이 필요하다(정병호 외, 2005).

한편, 학교를 그만 둔 청소년들은 73.7%가 검정고시 학원에 다니고, 10.5%가 취업해 있었고, 나머지는 떠돌거나 노는 등 뚜렷한 소속이 없었다(정병호 외, 2003). 현재 새터민 청소년들의 검정고시 준비를 무료 또는 실비로 도와주는 민간단체 지원 프로그램들이 있

는데 여기에는 생활공동체 프로그램과 소규모 기숙 대안학교, 도시형 대안학교 등이 있다(표 8-4 참조). 그런데 공교육의 취학 상황과 대안교육 프로그램 모두 서울 경기 및 몇 개의 대도시 중심으로 활성화되어 있어 지방의 새터민 아동들은 이에 대한 혜택이 부족한 실정이다. 이는 교육의 지역적 불평등 문제를 야기한다.

〈표 8-4〉 새터민 청소년교육 민간단체 현황('06. 7. 1 현재)

연번	단체명	소재지	운영 형태	교육 내용	인원(명)
서울	한빛종합 사회복지관	서울 양천구	방과후 공부방	보충학습 현장학습	20
	자유터학교	서울 관악구	성인대상 야학교육	중국어, 영어, 문화 등	30
	여명학교	서울 관악구	대안학교	중고 검정고시	30
	셋넷학교	서울 영등포	대안학교	중고 검정고시	25
	꿈사리공동체 (구 마자렐로센터)	서울 양천구	생활공동체	보충학습 검정고시	6
	좋은씨앗	서울 송파구	그룹홈 공부방	대입준비 대학생반	20
	돈보스꼬 청소년센터	서울 영등포	직업훈련시설	교과과정 직업훈련	2
	공릉종합 사회복지관	서울 노원구	방과후 공부방	보충학습 현장학습	20
	남북문화통합 교육원 (한누리학교)	서울 양천구	지역아동센터	보충학습 현장학습	17
	가양7종합 사회복지관	서울 강서구	방과후 공부방	보충학습 현장학습	20
경기	한꿈학교	경기 양주	생활공동체 대안학교	중고 검정고시	18
	아힘나평화학교	경기 안성	생활공동체 대안학교	중고 검정고시	4
	다리공동체	경기 안산	생활공동체	방과후 공부방	16
충남	하늘꿈학교	충남 천안	생활공동체 대안학교	초중고 검정고시	28
부산	지구촌고등학교	부산 연제	특성화고등학교	정규고 과정	5
계	15개 단체				261

〈자료출처: 북한이탈주민후원회, (이향규, 2006, 61, 인용)〉

새터민 아동들의 교육권과 관련된 현실을 보면, 아동권리협약 제29조 1항에서 보장하고 있는 아동의 인격, 재능 및 정신적, 신체적 능력의 최대한의 계발을 충분히 누린다고 할 수 없다. 특히 청소년들의 학교 및 학업 부적응 상황은 심각하다. 새터민 아동들의 중도 탈락을 막기 위한 노력은 우선은 이들을 위한 대안학교를 통해서도 이루어져야 하지만 더 근본적으로는 일반 공교육 안에서도 이루어져야 한다. 그 이유는 아동권리협약 제28조에 잘 드러나 있다.[7]

또한 새터민 아동들의 사회문화적 적응에 초점을 두고 이들을 지원해 온 시민단체들의 역량과의 연계 및 지원도 필요하다. 기본적으로 새터민 아동들의 교육권을 지원해 주기 위해서는 하나원 교육부터 일반 공교육에 이르기까지를 하나의 연속적 과정으로 보고 이를 관통하는 일관된 교육적 지원이 종합적으로 구성될 필요가 있다. 한편으로 새터민 아동들의 교육은 우리 사회에 이들을 어떻게 적응시키고 동화시키느냐의 문제이면서 다른 한편으론 우리가 그들을 어떻게 이해하고 받아들이느냐의 문제가 있는 사안이다. 새터민 청소년들의 학교적응생활을 연구한 많은 연구자들이 새터민 청소년들에게 우리 사회의 경쟁 위주의 교육방식을 일방적으로 익히게 하는 것이 과연 이들의 적응을 제대로 돕는 일인지에 대한 의구심을 피력한다. 영국의 경우, 난민 청소년 적응을 문화적으로 유연하게 돕기 위해 난민 출신의 교사를 채용하는 방식을 활용하고 있다고 하는데, 우리도 이런 발상을 해 볼 수는 있겠다(정수진, 2006).[8] 그러나 더 근본적으로는 우리의 교육과정 안에 다문화 교육과정을 어떻게 구체적으로 구성할 것인지에 대한 합의와 실천이 이루어져야만 한다. 이는 다음의 사회권 및 문화권과 관련된다.

4) 사회권

사회권은 아동이 자율적 도덕행위자로 성장하기 위한 조건이자 연습의 과정으로 그 중요성을 가진다(이기범, 1999). 사회권은 아동권리협약 제12조 아동이 견해를 갖고 의사를

---

7) 1. 나. 일반교육 및 직업교육을 포함한 여러 형태의 중등교육의 발전을 장려하고, 이에 대한 모든 아동의 이용 및 접근이 가능하도록 하며, 무료교육의 도입 및 필요한 경우 재정적 지원을 제공하는 등의 적절한 조치를 취하여야 한다.
라. 교육 및 직업에 관한 정보와 지도를 모든 아동이 이용하고 접근할 수 있도록 조치하여야 한다.
마. 학교에의 정기적인 출석과 탈락률 감소를 장려하기 위한 조치를 취하여야 한다.

8) 현재 북한의 교사 출신의 새터민 한 명이 대안 형태의 프로그램에서 청소년들을 가르치고 있으나 정식 교사자격은 없다.

표시할 권리, 제13조 표현의 자유와 관련된다. 그러나 사회적 불이익을 받는 소수집단 아동의 경우 교육권 제29조 1항에, 다. 자신의 부모, 문화적 주체성, 언어 및 가치 그리고 현 거주국과 출신국의 국가적 가치 및 이질문명에 대한 존중의 계발, 라. 아동이 인종적, 민족적, 종교적 집단 및 원주민 등 모든 사람과의 관계에 있어서 이해, 평화, 관용, 성의 평등 및 우정의 정신에 입각하여, 자유사회에서 책임 있는 삶을 영위하도록 하는 준비와도 관련된다.

새터민 아동들의 자기정체성 표현의 자유는 매우 제한적이다. 학교에서 북한 출신임을 알릴 것인가는 이 청소년들에게 매우 중요한 문제이다. 북한에서 왔다는 사실과 말투가 다르다는 점 때문에 자신들이 차별받을 수 있다고 느끼기 때문이다. 그래서 새터민 아동들은 자신의 정체를 쉽게 밝힐 수가 없다.

'자신 숨기기'로 인한 언어 소통의 문제는 결국 또래 집단 간의 친구 사귀기에 있어서 심리적 스트레스로 작용하게 되는데, 자신이 북한 사람이라는 것이 밝혀지는 것에 대한 불안감으로 이어진다. 청소년들의 학교생활이 어려운 중요한 이유 중의 하나가 친구 사귀기였다. 친구관계는 인간이 사회적 관계를 형성하는 가장 기본적인 관계망의 하나이며, 특히나 새터민 아동들에게 친구관계는 새로운 사회의 적응의 성공을 가늠하는 기준이기도 하다. 왜냐하면 공부를 못해도 학교는 다닐 수는 있지만 친구 하나 없는 소외된 학교생활은 어렵기 때문이다.

학교에서 공부가 잘 되지 않고 자존심이 상하면, 새터민 청소년들은 남한 아이들의 몰이해와 차별적인 시선에 대해 분노를 느끼고 폭력적이 되기도 한다. 이들은 남한 아이들의 개인주의적이거나 또는 단순히 철없는 행동들도 자신들에 대한 차별이나 적대감으로 과대 해석하는 경우도 있다. 이러한 갈등이 폭력적인 언행으로 이어지는 경우가 흔하고, 때로는 폭력적인 패싸움으로 번지기도 한다.

이러한 심한 공격성은 그들이 겪어 내야 했던 폭력적인 상황으로부터 학습한 결과이기도 하고, 좌절이 많은 현재의 상황에 대한 반응이기도 한 것으로 이해할 수 있다. 그러나 남한사회에서 인간관계를 맺고 살아나가기 위해서는 꼭 고쳐야 하는 특성이기도 하다. 이러한 행동들은 그 정도가 심하거나 지속 기간이 길어지면 반드시 심리 상담 등을 통해 교정 받는 기회를 제공해 주어야 한다(정병호 외, 2005).

새터민 아동들의 정체성 형성의 어려움, 남한 친구 사귀기의 어려움, 언어와 문화적 차이에서 오는 심리 · 정서적 어려움은 우리 사회가 다문화적 관점을 적극적으로 수용할 때

보다 수월해진다는 점은 분명하다. 하지만 새터민 아동들의 사회권리와 관련된 어려움이 이들에게 중요한 사회적 공간인 학교에서 형성된다는 점을 볼 때, 새터민 아동을 맡는 교사의 시각과 태도는 매우 결정적임을 새터민 청소년 당사자, 부모들, 교사들의 발언을 통해 알 수가 있었다. 다시 말해 어떤 교사를 만나느냐에 따라 아이들의 정체성 형성과 심리 · 정서적 상태는 매우 다르다. 따라서 교사들에 대한 다문화교육과 지원이 필요하다. 그리고 사회적으로 가동되는 다문화 프로그램이 활성화되어야 한다. 난민을 수용해 온 경험이 많은 독일은 주마다 편차가 있지만 100여 개 이상의 청소년 프로그램이 사회적 차원에서 운영되고 있다(윤선영, 2006). 이러한 다른 사회에서 이루어지고 있는 실천들을 꼼꼼히 학습하고 우리 실정에 맞는 프로그램을 차분하게 만드는 일 또한 이루어질 필요가 있다.

5) 문화권

아동의 휴식, 여가, 놀이 및 문화적 · 예술적 참가를 보장하는 문화권도 사회권과 마찬가지로 우리 사회에서 그 중요성의 인식이 부족한 권리이다. 문화권은 오늘날과 같이 다문화적 감성이 요구되는 시대에서는 교육권 이상으로 아동의 성장과 발달에 필요한 권리이다. 특히 고유의 문화를 가진 취약한 아동집단 또는 소수집단에게는 매우 필요한 권리라고 할 수 있다. 아동권리협약 제13조 1항 "아동은 표현의 자유를 갖는다"와 제31조 "휴식, 여가, 놀이 및 문화적 · 예술적 활동의 참가"[9]는 아동들의 건강한 문화권리를 함유하지만 우리 사회의 청소년을 위한 건강한 문화환경은 그다지 풍부하지 못하다. 지나친 공부압력, 지나치게 자극이 많은 대중문화와 사이버문화, 소비지향적인 측면은 오히려 청소년들의 재기발랄하고도 다양한 문화생활의 가능성을 왜곡시킨다.

새터민 청소년들이 남한에 와서 공부압력을 견뎌 내지 못하고 쉽게 받아들일 수 있는 문화가 바로 대중문화, 게임오락문화, 소비생활 등이다. 새롭게 만나는 문화환경에서 새터민 아동들이 가졌던 이전의 문화는 낡고 하찮은 것으로 여겨지기 쉽다. 새터민 아동들

9) 라 1. 당사국은 휴식과 여가를 즐기고, 자신의 연령에 적합한 놀이와 오락 활동에 참여하며 문화생활과 예술에 자유롭게 참여할 수 있는 권리를 인정한다.

2. 당사국은 문화적, 예술적 생활에 완전하게 참여할 수 있는 아동의 권리를 존중하고 촉진하며, 문화, 예술, 오락 및 여가활동을 위한 적절하고 균등한 기회의 제공을 장려하여야 한다.

이 자신의 문화적 주체성을 갖는 것과 동시에 남한사회의 문화적 정체성을 가질 때, 삶의 방향감을 찾고 남한사회에 건강하게 적응할 수 있다. 따라서 새터민 아동들이 자유로운 사회에서 자신들의 문화적 정체성을 드러내고 표현할 수 있는 기회를 제공해야 하고, 그들의 문화를 수용하고 인정해 주어야 한다. 이를 통해 우리 사회의 청소년 문화환경 또한 다양해질 수 있다. 즉 새터민 청소년들의 독특한 문화적 정체성을 우리 사회의 또 다른 문화적 자원으로 보는 시각이 필요하다.

한편 남북문화통합교육원에서 2001년부터 5년 째 진행하고 있는 새터민 아동 청소년 송년축제는 새터민 아동들의 문화권을 제공해 주는 좋은 사례이다. 이 축제는 새터민 아이들의 예술적, 문화적 끼와 자발성으로 이루어지는 작업이다. 아동들은 2박 3일 동안 이루어지는 집중적인 워크숍에 참여하면서 자신의 창조적인 감수성과 표현력을 닦는다. 그 결과를 축제에서 마음껏 발산하고 친구들과 경험을 나누고 즐기는 행사이다. 2006년 행사에서 보여 주었던 새터민 청소년들의 표현 작업에는 자신들의 탈북 과정을 영상으로 담은 "기나긴 여정"이라는 영상기록물 상영, 하자센터의 상상놀이단(재활용품을 이용한 창의적 타악 연주)의 지도를 받은 하나둘 상상놀이단 공연, 그리고 끼가 넘치는 개인 장기자랑이 있었다. 개인 장기자랑에는 북한 노래와 춤, 남한 최신의 대중문화의 영향을 받은 춤과 노래 등이 있었고, 자신들의 정체성을 표현한 전위적인 집단 퍼포먼스도 선보였다. 5년 동안 이 행사를 지켜보고 느낀 점은 새터민 아동, 청소년들의 문화적 표현력과 능력이 상당히 풍부하다는 것이다. 다음의 행사 초대의 글은 새터민 아동들의 문화적 권리를 보장하는 일이 우리 사회에 어떤 이익이 되는지를 알 수 있는 대목이다.

> "이번 행사에서 새터민 청소년들이 우리 사회에서 살아가는 과정과 자신들의 이야기를 들려준다고 합니다. 우리 모두에게 재미있고 새로운 문화적 경험이 될 것입니다. …새터민 청소년들이 가지고 있는 북한의 공연예술의 기량을 마음껏 표현하여 스스로의 문화적 정체성을 재확인하고 남한사회와의 당당한 문화적 소통의 가능성을 발견하면 좋겠습니다."
>
> (제5회 새터민 청소년 송년축제 초대장에서).

그러나 이러한 기회는 새터민 아동들에게 1년에 한 번 주어지기도 어렵다. 독일의 경우, 각 구역별로 있는 청소년센터에서는 요일마다 다르게 특별 프로그램이 진행되는데, 여기에는 요리활동, 미술활동, 음악 감상, 댄스 등이 있다. 이는 지역사회에서 학교 친구들과 함께 놀면서 여가를 통한 문화적 통합을 이루고자 함이다. 이 외에도 자신이 사는 지역의 역사와 문화를 알아 가는 "미래를 만들어 가는 작업장", 아프리카를 이해하는 "아프리카를 만난다", 다른 나라의 문화를 접할 수 있는 "국제 카페" 같은 프로그램은 비정기적이지만 집중적인 체험활동으로, 난민 아동들이 자신들의 문화는 물론 타문화를 접하고 타문화에 대한 배려와 이해를 배우는 프로그램이다(윤선영, 2006).

독일의 사례를 볼 때, 우리 사회에서도 새터민 아동들이 개방적인 문화적 취향과 시각을 갖도록 교육할 필요가 있다. 아이들의 독특한 문화적 능력을 개발할 수 있는 예술교육 프로그램, 새터민 아동들도 타인을 돕고 배려할 수 있는 복지문화 프로그램, 여러 집단과 문화를 접할 수 있는 문화체험과 교류 프로그램 등의 개발이 있을 수 있겠다.

이런 점에서 볼 때, 새터민 청소년을 위한 대안학교인「셋넷학교 프로그램」은 문화예술교육적인 측면을 강조한다는 점에서 독특하다. "동북아 대장정, 낯선 곳에서 나를 만나다"는 새터민 청소년들이 교사들과 함께 중국, 연길, 몽골, 러시아 등을 여행하며 과거의 자신과 현재의 자신을 만나는 과정을 영상으로 만드는 작업이다. 또한 지역의 복지관에서의 음악과 댄스 수업, 점심시간에 이루어지는 독거노인 도시락 배달 등은 예술활동이면서 문화복지와 관련된 일이다. 새터민 청소년들은 자신들이 익힌 마임과 탈춤을 고아원, 지방의 중학교와 경로당, 벽지 초등학교로 찾아 가서 선보이는데, 이 찾아가는 프로그램을 "또 하나의 고향에서 부르는 삶의 노래"라고 하였다(셋넷학교 소식지, 꿈꾸는 저녁나무에서).

이러한 문화예술활동을 하면서 새터민 청소년들은 자신의 생활문화와 연결된 정체성을 자연스럽게 형성해 갈 수 있다. 새터민 아동들이 우리 사회에서 문화적으로 주눅 들지 않고 당당히 자신의 문화적 정체성을 표현하고 남한의 문화를 학습할 수 있는 기회를 다양하게 마련해 줄 때, 우리 사회와 새터민 아동 간의 문화적 통합이 가능해질 것이다.

6) 경제권

새터민 청소년들의 대부분은 북한과 중국에서 스스로 생존을 책임지는 삶을 살아왔기 때문에 생존과 관련된 경제적 활동에 쉽게 적응하는 경향이 있다. 이들은 학교를 다니면서도 아르바이트를 많이 하는 편이다. 그런데 이렇게 버는 돈을 쉽게 써 버리고 만다. 무연고 청소년들 역시 안정된 직장을 잡기가 어렵다. 이들의 불안정한 직장생활은 아동권리협약 제32조에 규정된 경제적 착취와 유해노동으로부터 보호받지 못할 수도 있다. 따라서 이에 대한 보호 장치가 필요하다.

또한 무연고 청소년들에게 적절한 진로지도와 취업지원 및 기술교육이 필요하다. 더 나아가 학교생활을 하고 있는 새터민 청소년들에게 진로교육을 할 때, 대학교육, 직업교육 및 기술교육 등 다양한 길을 구체적으로 안내할 필요가 있다. 자신의 적성과 희망이 제대로 파악되지도 못한 채 무조건 명문대학에 진학해서 좌절하는 사례, 자신의 관심이 농사인 것을 알고 농과대학에 진학하여 자신의 희망을 키워 가는 사례, 대학을 가서는 승산이 없음을 스스로 판단하고 여자가 대부분인 간호조무사 직업을 선택하여 생명을 다룬다는 자부심으로 열심히 사는 남학생의 사례를 보더라도 학교에서의 다양한 진로 및 직업교육은 새터민 아동의 이후의 직업생활 및 경제적 삶과 밀접하게 관련되어 있다. 국제인권협약 A협약 제13조 1항 (b)항에 보장된 내용인 "직업 · 기술교육을 포함하는 다양한 형태의 중등교육은 모든 이들에게 제공되어야 하고, 모든 이들의 적정한 수단이 되도록 접근할 수 있어야 한다"를 실천하자면, 제도교육 내에서 새터민 아동들이 접근할 수 있는 직업교육 및 진로지도가 이루어져야 한다.

4. 결론

새터민 아동들의 학교 부적응이 사회적으로 이슈가 되면서 최근 들어, 언론, 학계에서 이들에 대한 언급들이 빈번하게 이루어지는 상황이다. 그래서 교육인적자원부에서도 관심을 갖고 새터민 아동들을 위한 대안학교를 마련하고 있는 것으로 알고 있다. 하지만 아동의 권리 및 인권이라는 차원에서 새터민 아동의 적응문제를 포괄적으로 조망해 본 적은 별로 없었던 것 같다. 그러다보니 학교적응에만 초점을 맞춘 사후 약방문식의 대처가 급급하게 이루어지고 있는 것으로 보여 진다. 연구자 역시 새터민 아동들의 삶의 현실을 인권적으로 해석해 보지 못했다. 이 글을 쓰면서 반성과 함께 인권적 차원에서 우리가 할 수 있는 일에 대해 몇 가지 생각을 해 보았다.

첫째, 우리나라는 1991년에 유엔아동권리협약에 가입하였으며 그 이후로 5년마다 그 이행을 위한 정부보고서를 제출하고 있다. 그러나 불이익을 받고 있는 소수집단에 대한 권리이행은 여전히 불충분한 상황이다. 새터민 아동들의 문제도 2차 보고서에서도 언급이 없었으며(이기범, 1999), 3차 보고를 위한 2005 한국의 유엔 아동권리협약 이행 모니터링 연구보고서에 외국사례와 관련하여 짧게 언급되었을 뿐이다. 그나마 다국적 이주노동자의 자녀들에 대한 언급이 보다 많았던 것은 다행스러운 일이다. 새터민 아동의 문제가 다른 불이익 아동집단의 문제와 함께 유엔아동권리협약 이행으로 진행되고 보고되어야 한다.

둘째, 새터민 아동들의 제3국에서의 상황에 대한 현황 파악이 이루어져야 한다. 그리고 현재 남한사회에 살고 있는 새터민 아동들의 삶을 추적할 수 있는 신뢰할 만한 정확한 통계 및 기본데이터들이 지속적으로 수집되어야 한다.

셋째, 제도권 유치원, 초등, 중 · 고등 교사들에게 인권교육, 특히 소수집단 아동들을 배려할 수 있는 인권교육이 필요하다. 연구자가 만나 본 교사들 중에는 새터민 아동들의 적응을 돕고자 개인적으로 노력하는 사람들도 꽤 있었다. 그분들의 심정을 정확히 말하면 아동에 대한 권리의식이라기보다는 온정주의로 해석된다. 아마 우리 사회의 교사들이 일반 아동에 대해 갖고 있는 권리의식이 그다지 높지 않을 것으로 예상된다. 이런 점에서 보더라도 교사들의 아동권리에 대한 교양교육의 강화가 필요하다고 보여 진다.

넷째, 다문화교육과정을 제도권 교육과정 안에 포함시키되, 어떻게 구성하고 활용할 것인가에 대한 구체적인 논의와 방안이 마련되어야 한다. 또한 제도권보다 탄력적인 비형식적 교육기관을 중심으로 다양한 다문화교육 프로그램에 대한 실험이 이루어져야 한다. 특히 문화예술적인 프로그램의 개발이 필요하다. 실험의 성과들은 제도권 교육과 상호 교류되어야 한다.

마지막으로, 새터민 아동, 다국적 이주 노동자의 자녀, 여성 결혼 이주자의 자녀(코시안)들을 포함한 소수집단의 아동들을 학교 안에서 통합적으로 교육하고 지원하는 체제가 마련되어야 한다. 최근 교육인적자원부에서 논의되고 있는 교육안전망 구축사업이 통합교육차원에서 이루어지길 바란다. 그리고 다양한 소수집단 아동들을 종합적으로 묶어 지원할 수 있는 연구모임, 실천모임의 교류 및 기관 설립 등의 방안이 있을 수 있다. 하나의 좋은 사례가 2006년 4월에 설립된 「무지개청소년센터」이다. 이 센터는 국무총리 산하 국가청소년위원회에서 새터민과 조선족, 고려인 및 다국적 이주노동자와 결혼이주자의 자녀 등 이주 청소년을 위한 종합지원체제의 필요성을 절감하고 설립한 기관이다. 이 센터에서는 새터민 청소년 입국 초기부터 학교와 사회에 정착하는 시기까지 일관된 지원, 정부 차원의 전문성 지원 및 중장기 적응과정 모니터링체제 마련, 정부 각 부처의 지원사업과 학교, 민간단체 간의 연계체제 마련, 이주 청소년의 거주, 교육, 인권 상황 점검, 이주 청소년의 진로, 진학 지도체제 마련, 이주 청소년 사회적응 및 문화통합 프로그램 개발과 같은 사업들을 기획하고 있다. 이러한 방대한 사업들이 제대로 이루어지기 위해서는 관련 실천가들, 연구자들이 생산적인 의견 교류의 장을 생성할 필요가 있다. 그래야만 고립된 상황에서 오는 결핍을 극복하고 각 분야의 경험적 실천과 이론적 논의들이 풍부해지면서 국가적 차원의 재원 및 지원도 소수집단 어린이들의 권리실현을 위하여 효율적으로 활용할 수 있을 것이다.

참고문헌

김정래 · 최영희(1998). 세계인권선언과 국제권리협약. 아동권리연구, 2(2), 21-37.

꿈꾸는 저녁나무(2006). 셋넷학교 소식지. 2006. 12. 4. 겨울호. 셋넷학교.

남북문화통합교육원(2006). 5회 새터민 청소년 송년축제 초대장.

박순영(2006). 성장발육-생물인류학적 연구, 웰컴투 코리아, 한양대학교 출판부.

안동현(2001). 아동의 보호권, 2001년도 춘계학술대회, 한국아동권리학회.

윤선영(2006). 독일의 이주 청소년 정책. 다문화청소년 알아가기 vol. 02. 외국의 사례편 1. 무지개청소년센터.

이기범(1999). 유엔아동권리협약을 위한 정부 2차 보고서 평가와 향후 과제 연구. 아동권리연구, 3(2), 69-83.

이기영(2000). 탈북자 가족의 남한사회 적응과정, 한국사회복지학회 추계학술대회자료집.

이부미(2003). 탈북가정 유아의 남한사회 적응과정에 대한 현장연구: 탈북적응교육 훈련원(하나원)을 중심으로. 유아교육연구, 23(2), 115-145.

______(2005). 남한사회에서의 탈북 부모들의 역할적응과정에 대한 질적연구. 아동권리연구, 9(4), 691-726.

이재연 · 이용교 · 강현아(2006). 한국의 유엔아동권리협약 이행 모니터링. 2005 보건복지부 연구결과. 보건복지부, 아동단체협의회, 아동권리학회.

이향규(2006). 새터민 청소년 학교적응실태와 과제. 소통과 공존을 위한 무지개청소년센터세미나 2006. 무지개청소년센터, 남북문화통합교육원.

전수경(2006). 영국의 난민 청소년 정책. 다문화청소년 알아가기 vol. 03. 외국의 사례편 2. 무지개청소년센터.

전우택(1997). 북한 청소년에 대한 이해. 통일연구 창간호.

______(2000). 사람의 통일을 위하여. 서울: 도서출판 오름.

정병호(2000). 분단의 틈새에서: 탈북 난민의 삶과 인권. 당대비평 가을호 16. 서울: 삼인.

정병호 · 정진웅 · 전효관 · 이부미(2003). 북한이탈 청소년을 위한 학교설립 타당성 연구. 교육정책연구 2003-공모-7, 교육인적자원부.

정병호 · 정진경 · 이향규(2005). 북한이탈주민 교육지원체제 수립방안에 관한 연구. 교육정책연구 2004-특-26. 교육인적자원부.

한만길 · 김양분(2000). 남북한 학생의 학력수준 비교연구:탈북학생의 학습능력을 중심으로. 한국교육개발원.

통일백서(2005). 통일부.

황성기(1997). 아동의 권리에 관한 제 문제-헌법적 관점에서의 고찰-, 아동권리연구, 1(2), 65-82.

제3부

아동정책과 아동권리 보호

9장

각 국의 아동정책과 아동권리협약 실천 상황

다양한 문화와 종교들을 고려하여 가능한 모든 대륙에서 한 국가씩 선택하여 이들 국가의 유엔아동권리협약 이행 상황을 분석한 결과, 아동권리 상황은 다르나 근본적인 문제와 풀어나가야 할 숙제는 비슷하다는 결론을 내릴 수 있다.

본 장에서는 2003년 이후에 유엔아동권리위원회에서 심의한 국가들을 중심으로 살펴보고자 한다. 다양한 문화와 종교들을 고려하여 가능한 모든 대륙에서 한 국가씩 선택하고자 하였으므로, 흔히 선진국이라 불리는 국가들이 중심이 아니라는 것을 강조하고자 한다. 브라질을 제외한 모든 국가들의 2차 보고서를 중심으로 아동을 위한 정책의 시행과 아동권리협약에 대한 이행이 어떻게 이루어지고 있는지 알아보겠다.

1. 브라질

브라질은 1990년 유엔아동권리협약에 비준하였으나, 1992년에 제출 예정되었던 1차 국가보고서를 2003년에 제출하였다. 2004년에는 아동의 무력분쟁 관여에 대한 선택의정서(Optional Protocol to Convention on the Rights of Child on involvement of children in armed conflict)와 아동매매, 아동매춘 및 아동포르노그라피에 대한 선택의정서(Optional Protocol to Convention on the Rights of Child on the sale of children, child prostitution and child pornography)에 대한 두 개의 아동권리협약 선택의정서를 비준하였다. 브라질은 연방제 국가로서, 연방 정부는 정책을 수립하고, 각 주와 자치제에서는 정책을 이행하고 조율하는 책임이 있다.

1) 아동 관련 정책

1988년의 브라질 헌법과 1990년의 아동 및 청소년법은 아동과 청소년을 진정한 권리의 주체자로서 인식하는 새로운 패러다임을 만들었다. 이 새로운 패러다임은 아동 및 청소년의 전인적 보호에 대한 정책을 촉진하였고, 아동 및 청소년의 최선의 이익을 보장하는 방향으로 진전되었다. 인권적 입장에서 보면, 1988년의 아동 및 청소년법, 법률은 시민, 정치, 사회, 경제, 문화에 있어서 각 권리들이 분리될 수 없으며, 모든 권리의 동등한 실행 및 중요성을 강조하였다. 이후 두 개의 수정 조항이 마련되었고, 헌법 227조항에 포함되었다. 이 조항은 아동 및 청소년의 완전한 보호, 절대적 우선권, 가정, 사회, 정부 사이에서 공유된 책임, 아동 및 청소년을 권리의 주체자로 보는 원칙에 따라 정치적, 시민적, 사회적, 경제적, 그리고 문화적 권리를 보장한다. 헌법 227조 3절은 다음의 특별한 보호의 권리를 포함한다.

- 노동을 시작하는 최소 연령: 14세
- 사회적 안전과 노동권의 보호
- 청소년 노동자의 학교 접근권의 보장
- 특별보호법률에 준하여 이에 대한 법률 위반에 있어서 전문가에 의한 법적인 보호 절차상의 평등 보장
- 자유 박탈에 대한 평가의 적용 시 간결함과 특수성의 원칙에 준하며, 발달중인(developing person) 특수한 상태를 고려
- 고아나 버림받은 아동 및 청소년의 후견인을 통해 보호를 제공하기 위한 재판상의 협조, 재정상 지원
- 약물 중독 또는 유사 약물에 의존하는 아동 및 청소년을 위한 예방 프로그램 및 특별한 관리

1990년 아동 및 청소년법(Statute of the Child and Adolescent; ECA)이 통과되었으며, 종전의 미성년자법(Code of Minor)을 폐지하였고, 하위법을 새로운 헌법 규칙으로 수정하였다. ECA는 18세 미만의 사람의 사법상의 조정을 위하여 계획되었으며, 아동을 12세, 그리고 청소년을 12세~18세 사이로 규정하였다. ECA의 주요 혁신은 먼저 비정상적인 상황 하에 있는 미성년자에게만 적용되었던 종전의 미성년자법과는 달리, 18세 이하의 모든 사람에게 적용된다는 것이다. 또 다른 주요 혁신은 아동 및 청소년에 대한 공동 이익에 대한 재판상의 보호이다. 이 법률은 소송과 권리에 대한 어떤 위반 사건에 있어 시민 행동과 관련된 조항을 만들었다.

2) 협약 이행을 위한 노력

브라질은 아동권리협약 이행을 위해 여러 방법으로 노력을 해 왔다. 기존에 존재하던 아동복지정책을 폐지하고, 아동 및 청소년법(ECA)을 제정함으로 큰 변화를 이루었다. 새로운 제도 하에 연방 정부에게 새로운 정책의 규준을 마련하고 조율하는 책임을 부여하였고, 주 정부와 지방자치체에게 프로그램과 사업들을 조율하여 실행하는 책임이 부여되었다.

이행을 위한 노력으로 주목할 것은 새롭게 구축된 몇 개의 기구와 제도들로 그 내용은 다음과 같다.

(1) 아동 및 청소년 권리 위원회(The Council for Children's and Adolescents' Rights)

연방 정부 수준에서, 1991년 국가 아동 및 청소년 권리 위원회(National Council for the Rights of Children and Adolescents; CONANDA)가 신설되었으며, 다음의 책임이 있다.

- 아동권리의 촉진과 보호를 위한 일반적 규준의 정교화
- 아동 및 청소년을 위한 지원의 실행에 대한 감독
- 국가와 지방자치정책과 아동 및 청소년 권리를 위한 실행의 평가
- 연방 정부의 예산계획과 실행에 대한 모니터링

CONANDA는 제도적인 재조직화를 모니터하고, 필요한 경우 아동 및 청소년의 보호와 지원을 위하여 계획된 공적 그리고 사적인 조직의 변화를 제안할 수 있는 힘을 가지고 있다. 1999년까지 72%의 도시에 3,948개의 지방자치의회가 생겼다.

(2) 예산지원체계

아동 및 청소년법(ECA)을 통해 새롭게 마련된 제도는 예산지원체계이다. 새로운 아동권리정책의 일환으로 세 개의 수준(국가, 주, 지방자치)에서 아동을 위한 기금/예산 확립과 지속적인 관리체계이다. 아동보호 프로그램과 사회적 및 교육적인 목적에 예산분배의 우선순위를 두고 있다.

(3) 후견인 위원회(Guardianship Councils)

후견인 위원회(Guardianship Councils)는 아동의 권리 실현을 위해 지역사회로부터 위임받은 상설의 자율적, 비법률적 기구이다. 각 시 당국은 최소한 하나의 후견인 위원회를 가지고 있어야 하며, 해당 지역사회에서 5명의 위원이 3년 임기로 직접 선출된다. 후견인 위

원회는 다음의 기능을 한다.

- 권리가 위협 또는 침해된 아동 및 청소년의 요구에 부응
- 권리가 위협 또는 침해된 아동을 위한 보호대책 적용
- 건강, 교육, 사회적 지원, 사회적 안전, 노동 안전 영역에서의 공적서비스의 요구
- 청소년 범죄자를 위하여 법원에 의해 설립된 보호대책의 제공
- 필요시 출생/사망 신고서 요구

(4) 보장제도(System of Guarantees)

1990년 국가 아동보호정책에 대한 책임이 있는 중심기관이었던 국립아동복지재단(National Foundation of Child Welfare)이 없어지고 아동 및 청소년을 위한 센터(Brazilian Centre for Childhood and Adolescence; CBIA)가 이를 대체하였으나, 이 CBIA도 1995년에 없어지고 법무부 인권국의 국무장관(Secretary of State for Human Rights of the Ministry of Justice) 내에 아동 및 청소년을 위한 부서가 신설되었다. 이 부서는 아동 및 청소년 권리 위원회(CONANDA)와 긴밀한 협조를 하며 책임은 다음과 같다.

- 아동 및 청소년 법규의 이행에 대한 촉진, 격려, 모니터, 그리고 평가
- 아동 및 청소년을 위한 법률적-사회적 보호 네트워크의 강화 지원
- 청소년 문제와 관련된 정보의 생성, 보급, 조직화의 촉진
- 아동기와 청소년을 위한 정보 시스템의 보급을 촉진, 관리
- 아동 및 청소년 권리의 보호와 촉진을 위한 국가적 정책의 조정과 법률적 문제에 있는 청소년에게 직접적인 도움을 제공하는 서비스와 프로그램에 대한 지원

2. 사우디아라비아

사우디아라비아는 1996년 1월 아동권리협약을 비준하였다. 1998년 2월 제1차 국가보고서를 제출하였고, 2003년 2월에 2차 국가보고서를 제출하였다. 사우디아라비아는 1997년 아동권리협약에서 이슬람법과 일치하지 않는 조항들을 유보사항으로 두고 비준하였

으며, 아동권리협약의 다른 선택의정서는 아직 비준하지 않고 있다.

사우디아라비아는 이슬람 국가로 대부분의 법이 이슬람 교리를 바탕으로 하고 있으며, 여성과 아동에 대한 전통적 관점으로 인하여 아동권리 신장에 큰 장애가 되고 있다고 할 수 있다. 두 차례의 보고서를 제출하였으나, 아동권리 관련 정책 및 실행에 대한 정보가 매우 부족한 실정이라고 할 수 있다.

사우디아라비아는 군주 국가이므로 황실이 절대적 권력을 갖고 있다. 여느 이슬람 국가처럼 샤리아법(Shari' ah Law)이 국가의 상위법 체계이므로 인간이 제정한 법은 샤리아법보다 하위 개념이다.

1) 아동 관련 정책

아동권리협약 51조 1항에 근거하여 비준 당시에 국가는 유보 조항을 선포할 수 있다. 이는 각 국의 국내법 또는 국내 사정에 따라 각기 다를 수 있다. 흔히 이슬람 국가들은 샤리아법(Shari' ah Law)에 저촉될 만한 조항들은 유보한다. 사우디아라비아의 경우는 좀 특이하다. 구체적인 조항에 대한 유보를 하기보다는 일반적인 유보를 한 상태이다. 이슬람법에 저촉되는 모든 조항을 유보한 상태이다. 이는 해석에 따라 상당히 많은 권리가 존중되지 않을 수 있다는 점을 시사한다.

사우디아라비아에는 아동뿐만 아니라 여성에 대한 차별 또한 존재한다. 이슬람 국가 중 가장 보수적이고 샤리아법(Shari' ah Law)에 근거한 전통이 아직 강한 국가라고 할 수 있다. 최근 들어 변화하고는 있으나, 법적으로 다처제가 허용되고 있다(4명의 부인까지 허용됨). 뿐만 아니라, 여아 또는 여성들이 국내외로 여행하고자 할 때 아버지, 남편, 또는 남자 친척의 허락이 있어야 한다. 최근에는 아동과 여성 같은 사회적 약자들을 위한 정책들이 점차 계획 및 실행되고 있다. 특히, 아동을 위한 국가행동계획 2005~2015(National Plan of Action for Children 2005~2015)를 발표한 바 있으나, 아직 미완성 단계인 것으로 알려졌다. 2001년 10월 최악의 아동노동 형태의 금지 및 즉각적 시행(Prohibition and Immediate Action for the Elimination of the Worst Forms of Child Labour)을 위한 ILO 협약을 비준하고, 2002년 카멜경주 안전규제법(Safety of Camel-Racing Regulation)을 채택함으로써 카멜 기수로 일하는 것과 같이 아동이 최악의 환경에서 경제적으로 착취당하는 것을 방지하였다. 또한 최근에는 학대와 방임으로부터 아동을 보호할 수 있도록 하는 법안을 마련 중인 것으로 보고되어, 조금씩 아동권리 증진을 위한 움직임이 나타나고 있는 것으로 보인다.

2) 협약 이행을 위한 노력

사우디아라비아에서는 아동권리 증진을 위한 노력이 비교적 최근에 시작되어 아직은 구체적인 이행에 대한 정보는 부족하다. 그러나 여러 기관들을 통하여 아동권리에 대한 인식을 증진시키고 이행하고자 하는 노력이 나타나고 있다.

아동최고회의(Supreme Council for Childhood)는 교육부 산하 기관으로서 국가적 아동복지정책을 수립하고 정부기관 및 사설기관과 함께 아동복지와 관련된 연구를 실시하고 있다. 또한 사우디 아동국가위원회(Saudi National Commission for Childhood)를 통해 유니세프와 다른 여러 국제기구에서 실시하는 세미나에 참석하여 아동발달에 대한 정보를 수집하고, 이슬람 문화 내에서의 아동권리와 아동권리협약에 대한 대중적 인식을 증진시키기 위한 활동을 실시하고 있다. 그러나 이러한 기관들이 주로 정부 주도의 활동이며 비정부기관이 부족하다는 것이 아동권리위원회 측의 지적이다.

2004년 3월 국가인권위원회(National Human Rights Association)를 설립하고 인권 침해와 관련된 사항들을 감독하고 있다. 이것은 분명 긍정적인 변화라고 할 수 있으나, 정부로부터 독립된 기관이 아니라는 문제를 가지고 있어 독립적인 감독기관으로 발전해야할 필요성이 있다.

사우디아라비아는 아동권리에 대한 인식 증진을 위하여 다양한 홍보활동 및 여러 정책을 마련하기 위해 노력 중에 있다. 그러나 여전히 아동의 건강 및 권리에 대한 인식이 매우 부족하여 교사, 법집행 관련자들, 보육기관 종사자들과 건강전문가들이 아동에게 문제가 발생했을 시 이들을 보호하고, 치료하고, 재통합하도록 도울 수 있게 훈련되어야 할 필요성이 있다. 또한 아동권리협약에 부합하는 정책들을 수립 중이기는 하나 이를 이행하고자 하는 노력이 적극적이지 않아 아동권리에 대한 인식 증진과 함께 정부의 이행을 위한 노력이 아직 미진한 것으로 인식된다.

3. 스웨덴

스웨덴은 1990년 6월 단 하나의 유보 조항 없이 아동권리협약을 비준하였다. 이후 선진국답게 보고서 제출 또한 충실히 준수하는 국가이다. 이미 2004년 제출한 보고서는 3차 보고서이며, 협약 생성 18년의 역사 동안 3차 심의까지 한 드문 국가 중 하나이다. 아동권리협약의 추가적 조항인 무력 분쟁 시 아동보호에 대한 선택의정서(Optional Protocol to the Convention on the Rights of Child on involvement of children in armed conflict)를 2000년 6월에 비준하고, 또한 같은 시기 아동매매 · 성매매 · 포르노그래피로부터의 보호에 대한 선택의정서(Optional Protocol to the Convention on the Rights of Child on the sale of children, child prostitution and child pornography)에 서명하였다. 스웨덴은 2004년 7월 제3차 국가보고서를 제출하였으며, 1차 보고서는 1990년에, 제2차 보고서는 1997년에 제출하였다.

17세 이하의 스웨덴 아동인구는 전체 인구의 22%로 보고되고 있다. 스웨덴의 아동 관련 정책은 다양한 정부 부처 및 지방 정부 간의 협력 하에 실행되고 있으며, 이러한 정책들이 아동권리협약의 조항들에 위반되지 않도록 하기 위해 많은 노력을 기울이고 있다. 스웨덴은 아동권리위원회의 권고 사항을 착실히 이행하고, 아동권리 증진을 위한 정책적 노력이 위원회 측으로부터 높게 평가되고 있다.

1) 아동 관련 정책

스웨덴의 모든 아동정책은 아동과 청소년이 존중받고, 그들의 안전을 보장하며 발달을 촉진하고 참여 기회를 보장하는 사회를 조성하는 것을 목표로 이루어진다. 또한 청소년 정책(Youth policy)도 아동 관련 정책(Child policy)과 구분되지 않는 것으로 아동정책과 청소년정책의 실행 및 발전에 큰 노력을 기울이고 있다.

스웨덴은 1996년 아동권리협약의 조항에 따라 국가의 입법과 실행에 대한 광범위한 평가를 실시하였다. 이 평가는 스웨덴의 아동위원회가 담당하였으며 "아동 최선의 이익" 실행을 위한 인구조사와 국가법이 아동권리협약의 조항을 위배하는 사항을 포함하는지 검토하는 것을 목표로 이루어졌다. 모든 정책의 이행과 아동권리의 증진을 강화하는 노력의 일환으로 정부 부처 간 정책조정을 위한 기구가 사회부(Ministry of Social Affairs) 산하에 설립되었다. 이 기구의 역할은 정책 조정과 정책 개발, 그 밖의 유엔에 제출할 국가 보고서에 대한 책임과 의회(Riksdag)에 정기적인 보고의 책임이 있다.

1999년 3월 스웨덴 의회는 아동권리협약 이행을 위한 정부의 국가계획을 만장일치로 승인하였다. 이 계획은 아동권리와 이익을 보호하는 중요한 수단이다. 이러한 모든 정책은 정부의 두 가지 중요한 보고서에 나타나 있다. 그 첫 번째는, '아동 지금-여기(Children Here and Now)' 로 유엔아동권리협약에 기초한 스웨덴의 아동정책에 대한 설명이 1999~2000년에 걸쳐 이루어졌다. 이 보고서는 스웨덴의 아동환경에 대한 전반적인 설명을 제공하고 있다. 두 번째는, '아동정책(Child Policy)' 으로 유엔아동권리협약 이행을 위한 전략이 2002년 의회에 제출되었다. 이 보고서는 아동권리협약 이행을 위한 계획과 관련된 정부 노력의 결과를 담고 있으며 2년마다 정부에 의해 제출될 것으로 계획되어 있다.

스웨덴의 세부적인 아동정책은 지방 정부에 의해 이루어지고 있으나 여러 정부 중앙기관에 의해서도 이루어지고 있다. 아동 및 청소년 자문위원회(Child and Youth Advisory Committee)는 다양한 기관과 지방 정부에 의해 이루어지고 있는 아동 관련 정책을 감독하는 정부기관이다.

스웨덴은 아동과 관련된 통계적 정보의 수집과 정리에 많은 노력을 기울이고 있다. 1998년 정부는 Statistics Sweden이라는 통계 기관을 통하여 아동과 가족에 대한 광범위한 정보 수집을 시작하였다. 이러한 노력은 1998년부터 2000년 까지 매년 이루어진 아동과 가족(Children and their Families) 보고서를 통해 나타나 있다. 이 보고서는 가족구조, 부모의 분리 및 거주지, 수입, 아동양육 및 부모의 직업에 대한 다양한 정보를 제공하고 있다.

2) 협약 이행을 위한 노력

스웨덴은 아동권리협약의 모든 조항과 아동권리위원회의 권고 사항을 착실히 이행하기 위하여 많은 노력을 기울이고 있다. 이러한 스웨덴의 노력은 아동권리협약에 따라 여러 법을 개정하고 아동권리에 대한 인식을 높이기 위한 여러 활동을 벌이는 것을 통해 나타난다.

아동권리의 보호와 감독을 위하여 1993년 아동옴부즈맨(Children' s Ombudsman)을 설립하였다. 아동옴부즈맨은 다른 기관에서 이루어진 통계 정보를 바탕으로 다양한 아동권리 관련 정책을 감독하고 있다. 2002년에는 아동옴부즈맨의 활동과 권한을 강화하는 법이 통과된 후, 보다 활발한 활동을 통해 아동권리 보장 및 감독 활동을 하고 있다. 스웨덴의 아동옴부즈맨은 정부로부터 독립적인 활동을 통해 정부의 정책에 대하여 자유롭게 비판하고 의견을 표명할 수 있다.

아동옴부즈맨은 지방 정부 및 중앙 정부의 정책과 관련하여 다양한 활동을 하고 있다. 아동옴부즈맨은 지방 정부가 직원들에게 아동권리협약과 관련한 교육활동을 제공할 것과 지방 정부 활동의 과정에서 아동 최선의 이익을 보호하고 증진할 수 있는 감독체계를 도입할 것을 권고하고 있다. 또한 중앙 정부의 활동과 관련하여 아동에게 영향을 줄 수 있는 정부의 의사결정에 있어 정확한 평가를 실행할 것과 아동권리와 관련된 자격과 지식을 증진할 수 있는 교육서비스가 직원들에게 제공되어야 함을 제안하고 있다.

아동옴부즈맨은 이러한 정책 관련 활동뿐만 아니라 아동권리협약에 대한 아동의 이해를 강화하기 위한 활동들도 수행하고 있다. 다양한 출판활동과 아동 및 청소년과의 의사소통, 비정부기관과의 긴밀한 협조들은 이러한 활동의 일환으로 볼 수 있다. 그러나 매우 흥미로운 점은 아동옴부즈맨의 독립성에 대한 문제를 NGO들이 제기한다는 점이다. 심지어 3차 국가 심의에 앞선 사전심의(Pre-Session)에서 NGO들이 아동옴부즈맨과는 따로 유엔아동권리위원회와의 대화를 요구한 적이 있다.

정부는 옴부즈맨의 제안을 사회보장법(Social Services Act), 외국인법(Aliens Act) 등의 개정을 추진하는 것과 같이 적극적으로 받아들이고 있다. 스웨덴 정부가 협약 이행을 위하여 국내법을 개정하고 실행하고 있는 예는 다음과 같다.

- 1991년 정부는 보건복지국가위원회(National Board of Health and Welfare)에서 위험한 상황에서 자라고 있는 아동에 대한 인식을 증진하기 위한 프로그램 제작을 명하였으며, 이에 따라 Children in Focus 프로젝트가 실행되어 1995년 마무리 됨.
- 1993년 시설보호국가위원회(National Board of Institutional Care)를 설립하고 특수아동 가정을 위한 감독의 강화.
- 1994년 7월 국가청년협의회(State Youth Council)는 청년부국가위원회(National Board for Youth Affairs)로 그 명칭을 바꾸고, 아동 및 청년을 위한 보다 나은 환경 제공을 위한 노력의 강화.
- 1994년 기능장애인법(Functional Impairments Act)과 보장법(Assistance Grants Act)을 제정하고 이를 통하여 장애 아동을 위한 권리 보호와 부모를 위한 지원의 실행.

4. 일본

일본은 1994년 4월 아동권리협약을 비준하고 아동권리협약의 추가적 조항인 무력분쟁 시 아동보호에 대한 선택의정서(Optional Protocol to Convention on the Rights of Child on involvement of children in armed conflict)를 2004년 8월에 비준하였다. 또한 2005년 1월에는 아동매매 · 성매매 · 포르노그래피로부터의 보호에 대한 선택의정서(Op- tional Protocol to Convention on the Rights of Child on the sale of children, child prostitution and child pornography)를 비준하였다. 일본은 2006년 5월까지 3차 국가보고서를 제출해야 하나 아직까지 제출하지 못하고 있으며, 1차 국가보고서는 1996년 5월에, 그리고 2차 국가보고서는 2001년 11월에 제출하였다. 일본은 2차 국가보고서 심의를 2004년 2월 9일에 받았다.

일본은 18세 이하의 아동인구가 23,261,000명으로 전체 인구의 18.4%를 차지하고 있다. 그러나 출산율의 급격한 저하와 함께 아동인구 비율이 점차 줄어들고 있어 아동 성매매, 아동 포르노그래피, 왕따, 청소년 비행, 자살 및 아동학대 등과 함께 심각한 사회문제가 되고 있다.

1) 아동 관련 정책

일본은 1999년에는 아동 성매매 및 포르노그래피 관련 처벌과 아동보호에 대한 법률(Law on Punishing Acts related to Child Prostitution and Child Pornography and on Protecting Children)과 2000년에는 아동학대방지법(Child Abuse Prevention Law)을 제정하였다. 2001년에는 아동의 상업적, 성적 착취에 대한 국가행동계획(National Plan of Action against Commercial and Sexual Exploitation of Children)을 수립하였다. 이후 2003년에 청년발달 국가정책(National Youth Development Policy)을 제정하고 실행해 옮기는 등 아동권리협약의 조항에 부합하는 정책을 설립하기 위하여 노력하고 있다. 그러나 본 정책이 효과적이지 못한 국가행동계획이라고 유엔아동권리위원회는 우려한 바 있다.

1947년 제정된 아동복지법(Child Welfare Law)은 일본의 아동권리 보장의 모태가 된다. 아동복지법은 부모, 지역사회 및 학교뿐 아니라 전 사회가 아동의 건강한 발달을 위한 책임이 있으며, 아동의 교육기회의 평등 등을 보장하고 있다. 일본의 아동복지법은 1997

년에 권리적 관점에서 일부 개정되어 아동권리 신장에 매우 큰 영향을 주었다. 지역적 · 사회적 불균형을 해소하기 위해 New Angel Plan을 수립하였다. 이는 육아정책이라 할 수 있으므로, 육아를 위한 질적 및 양적 지원에 목표를 두었다.

이러한 법적, 정책적 발전에 비하여 아동의 법적 절차에 대한 아동권리협약의 조항은 이행되지 않고 있다. 또한 국내 법원에서는 여전히 그 이행 가능성에 대한 언급이 없고, 이러한 적용이 아동권리협약의 목적과 내용과 관련된 상황에 따라 달라질 것이라고 보고 하고 있어 그 이행 의사가 적극적이지 않음을 보이고 있다. 또한 국내법이나 법령에 의한 아동권리협약 조항의 위반에 대한 문제가 법원에 소송된 적은 있으나, 이것이 조항의 위반으로 판결된 적은 없어 아동권리협약 조항의 해석과 이행에 있어 적극적이지 못한 것으로 보인다.

아직 일본은 아동의 권리 신장을 증진하고 감독할 기구가 미비한 상황이다. 인권위원회(Human Rights Committee)라는 명칭의 국가인권위원회를 계획하고 있으나, 독립성과 아동에 대한 구체적인 훈령(mandate)의 부재가 문제점으로 지적되고 있다.

2) 협약 이행을 위한 노력

일본은 아동권리협약을 이행하기 위하여 복지, 교육 및 기타 관련 행정기관들이 협동하여 광범위한 아동문제를 다루고 있다. 중앙 정부와 지방 정부의 관련 기관들로 1998년 구성된 청소년정책발전위원회(Committee for the Promotion of Youth Policy)는 긴밀한 관계를 통해 서로 정보를 주고받고 있으며, 기초적인 정책을 계획하고 아동권리협약이 이러한 국내 정책과 어떻게 관계되는지 설명하는 데에 노력하고 있다.

일본은 지역 단위로 각 지방 정부가 협약에 대한 인식을 증진시키고 아동의 사회참여를 촉진하기 위한 다양한 아동복지정책을 실시한다. 그러나 이것이 각 지역의 특수성에 의하여 협약의 이행이 지역마다 다르게 나타난다. 따라서 일본 내각은 지방 정부 간, 지방 정부와 중앙 정부 간 정보 교환을 증진하고, 각 지방 정부가 아동 및 청소년 정책을 발전시키는 것을 보다 효율적으로 관리하기 위한 업무를 담당하는 협동체제를 마련하고 있다.

중앙 정부와 지방 정부의 협동체제 외에도 정부기관과 비정부기관의 관계를 통해서도 협약 이행을 위한 많은 노력을 하고 있다. 그 예로, 아동권리 보호봉사단(Volunteers for Children' s Rights Protection)과 학교, 아동지도센터, 지역사회, 학부모회, 지역 복지 봉사단 등이 아동권리에 대한 정보를 수집, 정리하고 아동권리 보호를 위한 인력 양성과 인식 증진을 위한 계획을 수립하고 이행하고 있다. 또한 아동지도센터는 공공기관으로서 아동 학대를 모니터하고 신속하고 적절한 조치를 취하고 있다. 정부는 모든 지방 정부 지도자들에게 아동지도센터가 지역의 아동학대 예방과 관련된 지역, 개인, 기관과 협동할 것을 촉구하고 있다.

일본은 아동 및 청소년 관련 정책에 전체 예산의 8.4%를 분배하고 있으며, 건강증진, 모자건강 증진과 스포츠와 같은 건강 관련 분야, 학업 프로그램, 가정교육, 학교교육의 발전과 같은 교육 관련 분야 및 아동양육지원서비스, 모자복지서비스, 장애 아동을 위한 서비스, 아동복지기관의 발전 및 아동 수당 등과 같은 사회사업에 쓰이고 있다.

일본 정부는 사립기관의 아동권리 보호 및 증진을 위한 활동과 이러한 활동 및 협약 이행에 기여하는 중요성에 대하여 매우 지지적이기는 하지만, 이를 감독할 수 있는 옴부즈맨 제도의 실시에 대한 구체적인 계획은 없다. 그러나 여러 지자체에서 조례 제정을 통한 일종의 옴부즈맨 형태의 제도를 도입한 바 있다. 또한 협약 이행에 대하여 정기적으로 평가할 수 있는 체계도 갖추어지지 않아 위원회로부터 정부차원의 아동권리 감독 체제를 수립할 것을 권고받았다.

아동 관련 정책에 할당된 많은 예산은 아동권리와 관련된 교육 및 인력 양성에 매우 적극적으로 활용되고 있다. 학교에서는 아동권리협약을 포함한 인간권리와 관련된 국제법의 중요성과 그 역할에 대하여 교육하고 있으며, 정부는 이러한 권리교육을 담당할 수 있는 교사 양성 프로그램을 강화하고 있다. 교사뿐만 아니라, 경찰관, 인권 보호 및 증진과 관련된 공직자, 이민 관련 공무원, 판사 및 법 행정 관련자, 아동복지 담당자 및 수습기간 중인 공무원들을 대상으로 다양한 인권교육 프로그램이 마련되어 있다.

일본은 최근 많은 새로운 정책들을 통하여 아동의 권리를 신장시키고자 하는 노력을 기울이고 있으며, 특히 교육제도의 개혁, 재정적 지원의 확대는 아동권리위원회로부터 높은 평가를 받았다. 그러나 새롭게 수립된 정책을 적극적으로 실행하고자 하는 정부의 노력 부족과 체계적인 아동권리 감독기관의 부재 등은 일본이 개선해야 할 문제로 남아 있다. 끝으로, 일본이 1차 보고서 심의 때보다 2차 보고서 내용에 의하면 청소년 사법제도를 더 강화하였다는 점이 매우 흥미롭다. 형사책임 연령(Age of criminal responsibility)을 16세에서 14세로 낮추는가 하면, 심리전 구금(pre-trial detention)은 4주에서 8주로 늘인 점에 대해 유엔아동권리위원회는 유감을 표명한 바 있다.

5. 오스트레일리아

오스트레일리아는 1990년 12월, 아동권리협약을 비준하고 1991년 1월에 협약 제49조에 의거하여 오스트레일리아 내에 협약이 발효되었다. 협약은 오스트레일리아 내의 9개의 정부에 의해 이행되므로, 연방 정부, 6개의 주 정부, 2개의 자치 정부에서 이행된다. 2005년 9월 13일에 2차, 3차 보고서를 함께 심의를 받았다.

오스트레일리아가 최근에 이룬 가장 큰 성과는 아동을 위한 기제들, 모니터링과 여러 정책들 사이의 조화를 잘 이루어내었다는 것이다. 그러나 아직 해결되지 못한 채 남아 있는 이슈들이 있는데, 오스트레일리아 내의 각 정부들이 거듭 강조하는 이민가정의 아동들의 권리, 특히 건강, 교육, 가정 폭력, 사법절차 제도에서의 권리가 아직 숙제로 남아 있다. 이것은 오스트레일리아만의 문제가 아니라 모든 국가들이 계속적으로 발전시켜야 하는 과제들이다. 뿐만 아니라, 원주민 또는 토착민들이 존재하는 국가들처럼 이들의 권리가 어느 정도 보호되고 있고, 권리의 실현이 어느 정도 가능한가가 또한 남은 숙제이다.

1) 아동 관련 정책

2002년에 오스트레일리아의 아동 및 청소년부(Minister for Children and Youth Affairs)는 아동 및 청소년들을 위한 정부차원에서의 정책을 국가적 접근을 통해 통합할 것에 대한 책임을 맡았다. 이 외에도 여타의 기관과 부처에서 아동권리협약 이행에 대한 모니터링을 수행하며 아동권리를 위한 정책 및 안건들이 관련 부처 간 서로 협력 하에 이루어지도록 하기 위해 노력하고 있다.

오스트레일리아 연방 정부는 1998년에 가족 · 사회서비스부(Department of Family and Community Services; FaCs)를 설립하고 아동 및 그의 가족과 관련된 논점들에 대한 책임을 가족 · 사회서비스부에 부여하였다. 가족 · 사회서비스부의 목표는 더 건강한 가족과 보다 더욱 확고한 공동체를 수립하고 여러 가지 프로그램을 통하여 이들의 경제적, 사회적 참여를 증진시키는 데 있다. 이들의 정책과 프로그램을 통해, 가족 · 사회서비스부는 가족들을 지지하고 자녀가 있는 가족에게 경제적인 보조를 제공함으로써 아동의 안녕과 건강을 증진시키고 있다. 또한 이 부서는 아동과 관련된 여러 논점들에 대해 전 국가적인 접근 보장을 위임받았으며 여러 기제들을 통해 이를 실천하고 있다.

2002년 9월, 오스트레일리아 연방 정부는 특별전문위원회가 영 · 유아 국가계획(National Agenda for Early Childhood)을 전개해 나갈 것이라고 공포하였다. 이 안건의 목표는 다음과 같다.

- 유아기에 대한 국가 비전(vision) 설립
- 유아기 정책의 우선순위 설정과 범국가적 협력과 논의
- 합의된 국가적 차원의 우선순위에 대한 구체적인 조화
- 위험을 예방할 수 있는 개입의 우선순위와 위험의 관리
- 유아기, 아동기의 제휴된 파트너십을 설립하고 확인
- 국가적 차원에서의 모니터(monitor)와 역량 평가

1986년 국가적 차원에서 인권과 기회균등위원회(Human Rights and Equal Opportunity Commission Act; HREOC Act)로 시작한 HREOC는 아동에게 영향을 미치는 정책과 프로그램을 모니터링하는 데 여전히 중요한 역할을 담당하고 있다. 인권과 기회균등위원회(HREOC Act)는 HREOC에 아동권리협약을 준수하여 그에 대한 증진, 모니터링, 보고의 기능을 부여하였다. 이 기능은 정부의 관행과 관련된 항의 사항을 조사할 수 있는 권한을 포함하는 것이다.

HREOC는 법적제도 내에서 아동, 연령차별, 도서지역 교육, 구금 아동을 포함하여 협약 하에 두드러지고 있는 논점에 대한 많은 조사를 해 왔다. 이 위원회는 협약의 권리와 관련되어 그것의 기능을 충족시키기 위해 아동 및 청소년들을 상대로 직접적이면서도 광범위한 상담 및 자문을 진행하고 있다.

2) 협약 이행을 위한 노력

1998년, 오스트레일리아 정부는 국가인권교육위원회(National Committee on Human Rights Education)을 설립하기 위한 펀드를 제공하였다. 위원회는 비정부기구, 무역연합, 그리고 기업가 및 인권교육과 관련된 개인을 포함한다. 위원회의 목표는 인권교육과 관련된 오스트레일리아 공동체의 욕구 평가와 그러한 욕구를 충족시키기 위한 인권교육의 배포를 위한 전략을 개발하는 것이다. 위원회는 2002년 인권교육에 대한 회의를 개최하

였고 그것은 인권교육에 대한 서로의 생각을 교환하고 논의할 수 있는 기회를 제공하였다. 인권교육의 전략은 공교육 내 학생과 교사 모두를 그 대상으로 잡는 것이다. 이 전략은 학생, 교사, 지역 관계자가 모두 함께 참여할 수 있는 워크숍의 진행을 포함한다. 인권교육에 대한 온라인 상의 접근 역시 매우 중요한 부분인데 HREOC는 인권과 협약에 대한 정보를 가진 구체적인 학교 홈페이지를 포함한 웹사이트를 보유하고 있다.

또한 오스트레일리아 내에 있는 3개의 아동위원회인 퀸스아동위원회(Commission for Children and Young People in Queensland), 뉴사우스웨일스아동위원회(Commission for Children and Young People in New South Wales), 그리고 타스마니아아동위원회(Commission for Children in Tasmania)는 협약 조항과 원칙 장려에 대한 구체적인 시행을 해 왔다. 각 위원회는 아동권리협약 조항과 원칙, 그리고 아동에게 영향을 미치는 법과 정책에 관련된 협약의 조항을 참조하는 것에 그 기반을 두었다. 다른 활동은, 예를 들어 뉴사우스웨일스 주(New South Wales)에서는, 초등학교에서 사용하기에 적합한, 권리협약이 나와 있는 교수-학습 자료를 개발하거나 위원회의 신문인 Exchange에 협약에 대한 정보를 싣는 것을 포함한다.

협약 이행을 장려하기 위해서는 아동과 관련된 전문가를 훈련하는 것 역시 중요하다. 오스트레일리아에서 전문가 훈련은 1997년의 청소년 범죄법(Young Offenders Act) 하에 아동 및 청소년 범죄에 대한 책임을 맡고 있는 모든 경찰관에게 뉴사우스웨일스 주에서 제공된다. 남 오스트레일리아에서, 정부는 아동 및 청소년 정신건강 부분에서의 임상적, 실제적인 시행을 협약의 원칙과 협력시켜오고 있다.

아동권리협약 이행을 증진하기 위한 오스트레일리아의 또 하나의 노력은 국제원조프로그램이다. 이 프로그램의 목적은 지속 가능한 발전을 이루고 빈곤을 퇴치하기 위해 후진국을 도움으로써 오스트레일리아의 국가적 참여를 증진시키는 데 있다. 아동은 빈곤퇴치에 초점을 둔 오스트레일리아의 원조 프로그램으로부터 직접적인 도움을 받는다. 과거 몇 년에 걸쳐, 오스트레일리아는 1990년의 세계원조선언 이행을 위한 아동활동계획 정상회의(World Summit for Children's Plan of Action for Implementing the World Declaration on the Survival) 등에 응하여 여성 및 아동에게 도움 강화를 지속해 왔다. 또한 오스트레일리아의 원조 프로그램은 후진국의 아동들에게 직접적인 혜택을 제공하는 활동을 수행할 수 있는 다각적 조직과 유엔에 펀드를 제공한다. 국제 원조를 위해 설립된 오스트레일리아의 의회(Australian Council for Overseas Aid; ACFOA)는 아동학대의 위험을 최소화하기 위한 구체적인 서비스와 프로그램에 모든 아동이 접근할 수 있게 하는 동시에 그 아동 모두 안전하고 행복할 수 있도록 하기 위한 절차와 정책을 확립하고자 행동수칙(Code of Conduct)를 개발하였다. 오스트레일리아의 국제원조 수준(ODA)은 국제사회에서 권장하는 GDP대비 0.7%에 미치지 못하며(GNI의 0.25%), 22개의 OECD 국가 중 12위를 차지한다.

6. 캐나다

캐나다는 연방 정부 제도를 가지고 있으며, 10개의 주(province)와 2개의 준주(territory)로 구성되어 있다. 각 수준에서 정부는 특정문제에 대하여 관할권을 가지며, 지속적인 의사소통에 근거한 협력적인 연방주의 구조를 가지고 있다. 1982년 인권 및 자유헌장(The Canadian Charter of Rights and Freedoms)은 아동을 권리를 가진 주체로 생각하는 정책으로 변화시키는 주요한 계기가 되었다. 1959년 캐나다는 유엔아동인권선언에 서명하였으며, 1991년 12월 31일에는 유엔아동권리협약에 비준하였다. 2000년에는 무력 분쟁시 아동보호에 관한 아동인권협약의 선택의정서에 가장 먼저 비준하였다. 이후 2차 국가보고서 심의를 2003년 9월 25일에 받았다.

1) 아동 관련 정책

1993년부터 1997년까지, 캐나다 정부는 토착원주민과 아동의 안녕을 강화하기 위한 대책을 채택하였다. 본권리정책(Inherent Right Policy, 1995)은 토착원주민들이 차지하고 있는 영역에 대한 권리를 인정하였다. 역량 모으기: 캐나다의 토착원주민 활동계획(Gathering Strength: Canada' s Aboriginal Action Plan, 1998)은 파트너십을 새롭게 하고, 토착원주민의 지배권을 강하게 하는 방법을 찾고, 토착원주민 정부와 기관들, 그리고 지역사회, 시민 사이의 재정적 관계를 새롭게 발전시키려고 노력하고 있다.

1993년 연방 정부는 캐나다의 모든 공립학교와 도서관을 인터넷으로 연결하는 것을 목표로 하는 캐나다 학교통신망(SchoolNet)을 설립하였다. 캐나다의 지리적인 특성을 고려한 결과이다. 영토의 크기는 매우 방대하여 10개의 주와 준주 영토에 흩어진 인구를 위한 결정이었다. 이 계획은 주, 그리고 준주의 정부를 연결시켜 주고 대학과 교육단체, 정보기술 산업, 그리고 다른 사적 영역의 대표들을 연결시켜 주었다. 학교통신망은 아동이 그들의 안녕과 발달을 촉진시키는 정보에 대한 접근을 강화시켜 주었다.

1994년에 시작된 국가 아동 및 청소년 종단적 연구(National Longitudinal Survey of Children and Youth; NLSCY)는 캐나다 인적자원개발과 통계 차원의 연구 프로그램으로, 장기간에 걸쳐 다수의 캐나다 아동 표본을 대상으로 건강과 안녕에 대해 연구하고 있다. NLSCY는 긍정적 아동발달에 기여하는 요인에 대한 더 나은 이해를 정부에 제공하며, 아동과 청소년을 대상으로 하는 다양한 범위의 정책과 프로그램을 평가한다.

Health Canada 정책 하에 아동 및 청소년과 관련된 전문적 지식, 이슈에 대한 리더십과 협력, 활동과 프로그램을 위한 연방의 중심으로서 아동 및 청소년부(Childhood and Youth Division)가 1995년에 설립되었다. 여기에서는 프로그램을 제공하고, 정책 수립을 지지하며, 미래의 추세에 대한 전략적인 분석을 한다. 또한 아동권리협약과 관련된 정책의 수립과 협력을 제공하는 데 도움을 주고 있다.

1996년 연방-주-준주 정부의 모임에서 제일장관들은 우선권으로써 아동에 대한 투자에 동의하였다. 1997년 연방-주-준주 그리고 다중 영역(multi-sectoral) 의안(initiative)인 국가아동기구(National Children' s Agenda; NCA)는 캐나다 아동의 안녕을 위한 공동의 비전과 목표를 발전시키기 위하여 시작되었다. NCA 의안의 부분으로서, 1997년 연방 예산은 캐나다 정부의 국가아동이익(National Child Benefit; NCB) 제도에 대한 분담액에 대하여 공고하였으며, 경제적 불안 또는 빈곤의 결과로 위험에 처해 있는 아동의 안녕을 증진하기 위한 목표를 가지고 있다. NCB의 목표들은 아동빈곤의 감소 및 예방, 그리고 저소득층 가정의 부모들이 직장에 참여하는 것을 돕는 것이다. 캐나다 정부의 NCB에 대한 기여는 캐나다 아동과세이익(Canada Child Tax Benefit; CTB)에 대한 특별 보충을 통하여 이행되고 있다. 2000년 CTB에서 연방 정부의 투자가 1996년에 비해 약 40% 상승되었으며, 이는 140만의 저소득 가정에 대한 혜택이 증가하는 결과를 가져왔다.

2) 협약 이행을 위한 노력

1997년 5월에는 형법(Criminal Code)을 개정하는 C-27 법안이 통과되었다. 이 법안은 아동을 이용하는 섹스 관광에 종사하는 사람에 대한 고발과 캐나다 내에서 아동의 서비스를 찾는 사람에 대한 체포와 처벌을 가능하도록 한다. 또한 이 법안은 18세 이하의 아동과 관련한 성매매로 이익을 얻는 사람과 이를 이용하는 사람, 그리고 이익을 얻기 위하여 매춘과 관련된 활동을 돕는 사람에 대한 최소한 5년의 강제적인 구형 조항을 포함하고 있다.

1997년에 아동 및 청소년 국무장관(Secretary of State for Children and Youth)을 신설하였으며, 여기에서는 아동과 청소년의 안녕에 영향을 줄 수 있는 태아알코올증후군(Fetal Alcohol syndrome), 청년 실업, 그리고 집 없는 청년과 같은 이슈를 다룬다. 캐나다의 연방-주-준주의 정부는 아동의 건강과 안녕을 지원하기 위하여 서로 공동으로 협력하며 일한다. 1996년 연방-주-준주의 사회정책 재개발부장관(Ministers on Social Policy Renewal) 회의가 설립되었다. 이는 건강, 교육, 사회서비스, 그리고 사법부의 영역으로부터 지지받는 캐나다의 사회 프로그램을 새롭게 하기 위한 것이다. 1999년 사회포장틀(Social Union Framework Agreement)이 퀘백(Quebec)의 주지사를 제외한 모든 제일장관들로부터 승인을 받았으며, 이러한 합의는 캐나다 국민의 요구에 더욱 잘 부합하는 건강 그리고 사회 프로그램을 강하게 하는 협력적인 틀을 제공했다.

정부는 아동의 잠재력을 최대한 발달시키기 위해 다양한 혁신적인 시도를 도입하고 강화하였다. 아동활동 프로그램 위원회(Community Action Program for Children; CAPC), 토착원주민 헤드스타트(the Aboriginal Head Start Program; AHS), 그리고 캐나다 출산전 영양 프로그램(Canadian Prenatal Nutrition Program; CPNP)들과 같은 연방 정부 프로그램들은 초기 아동기의 발달, 부모참여 및 교육, 아동의 안녕을 위한 다 영역적 접근, 그리고 정부, 비정부기구, 지역사회 협력의 중요성을 인식한 것이다. 아동과 청소년에 대한 투자는 국가사회 안전전략과 범죄예방(National Strategy on Community Safety and Crime Prevention)에 우선권이 있으며, 이 전략은 범죄와 그에 따른 희생을 예방하고 아동과 가정을 위하여 필요한 지원과 자원에 대한 조항을 포함하는 안전한 사회를 만들기 위한 혁신적, 지속적인 방법의 발전으로 지역사회를 지지한다.

아동권리는 캐나다의 대외정책 내에서도 우선권을 가진다. 캐나다는 세계에서 아동 권리의 촉진과 착취, 학대로부터 아동을 보호하는 데 있어 선두역할을 해 왔다. 캐나다는 다른 나라들과 관계를 유지하며, 유엔아동기금(UNICEF)과 같은 국제기구와의 협력적인 노력을 통하여 변화를 이루었다.

캐나다국제발달기구(Canadian International Development Agency; CIDA)는 개발도상국과 과도기 국가의 아동의 권리 촉진과 삶의 향상을 증진하기 위한 핵심적인 역할을 한다. 소년, 소녀들의 권리에 대한 보호와 건강, 영양, 그리고 교육을 포함하는 영역에서 기본적 욕구, 학대와 착취로부터 아동보호에 대한 협력, 그리고 아동의 삶에 영향을 주는 모든 결정에 아동참여의 촉진들은 CIDA 권한의 통합된 부분이다.

1996년부터 1997년 사이, CIDA는 아동과 부모의 건강, 면역(예방), 기초적 교육, 영양실조, 아동권리협약에 부합하는 제도적 지위, 그리고 아동의 진보된 보호 영역에서 아동에게 직접적 또는 간접적 영향을 주는 156개의 프로젝트를 지원하였다. CIDA는 국제아동기금(UNICEF) 그리고 세계보건기구(World Health Organization)와 같은 다국적인 단체에 대한 핵심적인 자금을 제공한다. 1997년 외교부는 착취적인 아동 노동을 근절하기 위한 국제적 노력에 기여하기 위한 캐나다 아동노동기금(Child Labour Challenge Fund)의 신설을 표명하였다.

7. 케냐

케냐 정부는 1990년 7월 30일에 유엔아동권리협약을 비준하여, 2007년 1월 16일에 2차 국가보고서를 심의받았다. 케냐의 가장 큰 논점은 빈곤의 문제인데, 경제회복을 위한 전략은 국민의 표준적이고 일반적인 삶을 증진시키며, 빈곤을 줄이기 위해 케냐 정부가 각종의 정책을 실시하는 것이다. 에이즈(HIV/AIDS)에 대한 문제 또한 케냐 정부의 중점과제 중 하나이다. 그러나 여전히 빈곤은 케냐에서 아동권리의 실현을 방해하는 큰 장애물이다.

1) 아동 관련 정책

국제법을 국내법에 현지법화(domestication)하는 노력으로 2003년 3월 1일에 아동법(Children' s Act)을 제정하였다. 케냐 역사상 이 법안이 가장 선천적인 인권법이라고 자체적으로 평가한다. 본 법안은 사회적 · 경제적 · 문화적 권리와 약간의 시민적 권리를 보장하는 유일한 법적 도구이다. 가장 두드러진 성과는 무상기본교육이 법적으로 제공되었다는 점이다. 아동법은 2002년에 국가아동서비스이사회(National Council for Children Service)를 설립하는 성과를 이뤄냈다. 케냐의 부통령은 가정부 장관(Minister of Home

Affairs)과 겸직을 하며 아동법의 규정에 따라 부통령 산하에 아동국(Children's Department)이 설치되었다. 아동국은 아동법에 명기된 아동의 권리를 보장하기 위한 대표적인 정부기관이다. 아동국의 목표는 다음과 같다.

- 정부기관 내에 있는 아동에게 기초적인 필수품 제공을 보장하기.
- 책임과 권리를 가진 시민으로서 아동이 지역사회 안에 재통합될 수 있도록 아동의 사회복귀를 장려하기.
- 자문 및 상담을 통해 특별한 보호가 필요한 아동의 수 증가를 통제하기.
- 재활학교, 자발적 아동 가정과 지역 정기간행물을 포함한 아동 기관의 모든 상황을 조사하기.
- 특별한 조치가 필요하고 법정에서 권고를 받거나 법을 위반한 아동의 사례를 조사하기.
- 부모가 양육을 포기하거나 방임된 아동의 사례를 조사하고 그들에게 도움을 제공하기.

아동법(Children' Act) 하에, 특별한 보호가 필요한 다음과 같이 여러 범주의 많은 아동들은 정부의 보호를 받을 자격이 있다: 에이즈(HIV/AIDS)를 가진 아동을 포함한 모든 고아, 여타의 질병에 의해 감염된 아동, 길거리 아동(street children), 아동 노동자, 빈곤 아동, 발달이 지체된 아동, 자녀를 가진 아동, 장애 아동, 비행 청소년, 부모가 감옥에 구금되어 있는 아동, 성적 학대를 당한 아동, 방임 아동, 부모가 정신 장애를 가지고 있는 아동 등.

케냐 정부가 기아 및 취약 아동(Orphans and Other Vulnerable Children; OVCs)의 입장에서 대응을 해 옴에 따라 두드러진 진보적인 발전이 있다. 대표적인 국가 OVC위원회의 구조는 건강부(Ministry of Health), 가정부(Ministry of Home Affairs), 성 · 스포츠 · 문화부(Ministry of Gender, Sports, and Culture)와 같은 여러 부처가 감당해야 할 역할의 윤곽을 명확하게 규정하였다.

2) 협약 이행을 위한 노력

케냐의 국가인권위원회(The Kenya National Commission on Human Rights: KNCHR)는 현재 아동을 포함한 모든 인간의 권리 위반을 모니터하는 대표적인 기구이다. 2005~2009 전략 계획의 일환으로 설립된 국가아동서비스이사회(National Council for

Children Services; NCCS)는 2001년의 아동법(Children Act)의 이행을 모니터하는 기제로서의 역할을 맡게 되었다. NCCS의 전략 계획은 아동의 권리를 이루기 위해 다양한 전략으로 이행의 효과와 소득, 효율성, 경과 등을 추적하는 과정을 평가하는 모니터링을 담당하는 것이다. 또한 지방 공무원들은 조기 강제혼인으로부터 아동을 보호하기 위하여 비정부기구(NGO), 지역사회공동체조직(Community Based Organization), 신앙조직(Faith Based Organization), 시민사회조직(Civil Society Organization)과 가깝게 일을 하고 있으며, 여성 할례에 의한 해악에 대해 지역사회에 교육을 실시하고 여아들을 위한 대안적인 성인식을 제공하고 있다. 지역 자치구에서 스스로 시행하는 모니터링은 아동을 조기 강제혼인으로부터 보호하고 여아들의 할례에 의한 손상을 줄이며 아동이 교육받을 수 있도록 그들을 학교에 보내는 역할까지 감당하고 있다.

여아들과 빈곤 가정의 아동이 교육의 권리를 찾을 수 있도록 하기 위한 케냐의 장학금 펀드는 아동이 케냐의 어느 지역에서든 교육을 받을 수 있도록 지속적으로 보장하기 위해 재배치되었다. 이는 2007년까지 아동의 초등학교 입학률을 100%까지 늘리고, 교육의 질과 접근성의 불균형을 감소시키고자 하는 케냐 정부의 목표의 일환이다.

8. 프랑스

프랑스는 1990년 7월에 아동권리협약을 비준하였고, 같은 해 9월부터 협약이 프랑스 내에서 효력을 발휘하였다. 2003년 10월 9일에 2차 국가심의를 받았다. 최근 몇 년 동안 프랑스는 아동권리에 대한 확실하고 구체적인 발전이라는 목표를 가지고 많은 변화를 일구어 왔다. 그러나 프랑스 정부는 해석상의 선언서를 덧붙여 시민적 권리 및 소수인종 및 민족에 대한 비차별과 관련된 협약 제30조, 2조, 27조의 이행을 유보하였다. 프랑스 정부는 2차 국가심의를 받을 때까지 이 협약에 대한 유보를 철회할 뜻이 없음을 비추었으며, 이에 대해 아동권리위원회로부터 시정하라는 권고를 받은 바 있다.

1) 아동 관련 정책

프랑스의 아동권리에 관련된 첫 번째 정책은, 아동보호제도이다. 프랑스의 아동보호

제도는 19세기 이래로 사회복지와 아동보호제도의 발전에 대한 소득이다. 가장 중요한 변화는 아동과 모자에 대한 사회복지서비스의 지역 분산화였다. 그럼에도 불구하고 정부는 국제기구와의 협상, 가족정책에 대한 조항 입안, 사회적 발전을 고무하기 위한 평가, 교육, 경찰, 병원과 같은 관할 기관 내에서의 아동에 대한 모든 서비스 적용의 증진에 대한 책임을 지고 있다. 결국 정부는 세금 구제, 학교 관련 사업, 매점의 가격 내리기, 훈련과 교육 보조와 같은 다양한 형태의 도움을 통해 중요한 역할을 수행하고 있다.

더 나아가 1989년 이래로 그 효력을 발휘한 아동학대 예방정책은 최근 아동에 대한 성적 학대에 대한 구체적인 형식의 예방과 처벌을 위한 적정한 참작을 적용하고 있다. 아동의 존엄성을 위반하는 것에 대응하는 국가적 실천 프로그램인 Agir pour la protection des enfants maltrait' s 는 1996년 11월에 시작되었다. 아동학대 보호는 1997년에 국가적 주요 목표로 선정되었으며, 거대한 보호 프로그램은 전문가들을 훈련, 예방에 대한 실천적 발달의 장려, 시민교육 등을 실행하게 되었다.

또한 프랑스 정부는 모든 가족의 아동에 대한 혜택을 회복시키는 반면, 부양가족이 있는 사람들에 대한 세금 최고 한도를 보다 낮추기로 결정하는 등 보다 평등한 가족정책을 내세웠다. 이는 가족의 주택공급 증가를 가능하게 할 것이며 신설 학교 수당을 확대하게 해 줄 것이며 실업가족의 아동과 장애 아동의 가족에 더 많은 혜택을 줄 것이다.

프랑스의 가족정책에도 최근에 변화가 있었다. 2000년 3월에 국무총리는 새롭게 가족과 아동담당 장관직을 신설하여 가족지원에 박차를 가하였다. 프랑스의 가족의 삶을 증진시키기 위해 아동양육시설을 증대하고, 가정과 직장의 양립의 조화가 새로운 가족정책의 목표이다. 그 일환으로, 아동양육시설의 증대는 2000년 6월 개최된 가족에 대한 회의에서 제안된 것 중 하나이다. 프랑스 정부는 아동양육시설을 보장하기 위한 법적인 틀을 마련하는 동시에 양육의 질을 높이고 아동양육에서의 부모의 역할을 격려할 수 있는 제도를 마련하고자 노력 중이다.

우리나라와 마찬가지로 학교에서 학기 초 시행되는 신고식(신입생들에게 행해지는 입회식에서의 괴롭힘을 의미한다)은 프랑스에서도 역시 골칫거리다. 이와 관련하여 1997년 새 학교(New school)의 해를 시작하면서 교육부는 이러한 통탄할 만한 행위를 제거하기 위한 공약을 약속하였다. 신고식의 범죄행위는 1998년 6월 국회에 의해 법령 98~468 조항(Act No. 98-468)에 의해 적용되었고, 이것은 학교나 사회교육기관에서 행해지는 모든 괴롭히는 행위에 적용된다.

2) 협약 이행을 위한 노력

프랑스 정부는 아동권리협약의 이행에 대한 모니터링에 대한 책임을 스스로 맡고 있을 뿐 아니라 옴부즈맨, 국가인권자문위원회, 인권연합에도 모니터링을 담당하게 하였다. 우선 정부의 노동고용부(Ministry of Employment and Solidarity)에 아동권리협약에 대한 행정상의 평가에 대한 책임을 맡겼다. 또한 외무부(Ministry for Foreign Affairs)는 협약의 국제적인 부분의 이행에 대한 모니터링의 책임을 맡고 있다.

프랑스의 모니터링은 여러 단계로 이루어진다는 점이 주목할 만하다. 가장 상위 개념의 모니터링은 정부차원에 있다.

첫째, 1989년에 국무총리의 명에 따라 국내의 협약이행의 책임은 노동고용부에 부여하였다. 그 밖의 국제적 이행 책임은 외무부에 있다.

둘째, 의회 수준에서의 모니터링이다. 법령 27조항(Act 27, 1993년)에 따라, 정부는 협약 이행에 대한 보고서를 매년 11월 20일에 의회에 제출하도록 되어 있다.

셋째, 아동옴부즈맨의 모니터링이 존재한다. 프랑스는 2000년 3월부로 아동권리를 위한 옴부즈맨을 임명하였다. 아동을 위한 옴부즈맨은 국제적으로 인정을 받거나 법에 의하여 설립된, 아동권리 증진과 보호에 대한 독립적이고 공식적인 책임을 지고 있는 제도이다. 이는 낮은 연령의 아동의 개인적인 불만이나, 공적 혹은 사적인 사람이 아동의 권리를 존중하지 않은 것에 관여하는 법적인, 상징적인 대리인이다. 옴부즈맨은 아동권리의 보다 광범위한 보장을 목표로 한 어떠한 법이나 조항을 제안할 수 있다. 궁극적으로 옴부즈맨은 아동의 권리를 증진시키며 이들 권리에 대한 정보와 활동을 조직화한다.

넷째, 국가인권자문위원회(National Advisory Commission on Human Rights)는 여러 아동 관련 정책에 대한 자문을 하는 기구로서 국무총리 산하에 있다. 아동권리의 법적 증진을 목표로 한 프랑스의 국가인권자문위원회는 1994년 7월 프랑스 내의 아동권리협약 이행을 위한 의견을 이슈화한 것을 시작으로 다음과 같은 다양한 활동을 하였다:

- 1996년 4월 소수집단을 포함한 아동의 포르노물 소유에 대한 의견
- 1997년 9월 성적 범죄에 대한 처벌과 예방 그리고 소수집단에 대한 보호
- 1998년 4월 아동을 위한 중재기구 설립
- 1999년 1월 법적조항과 사회적 실천과 관련한 인권에 대한 의견 발표

- 2000년 3월 아동의 놀 권리 의견 발표
- 2000년 9월 불법 체류 외국인 소수집단의 상황에 대한 의견 발표
- 2001년 7월 프랑스 내 아동의 위치에 대한 의견 발표

끝으로, 1998년 이래로 많은 비정부기구(NGO)들이 협약을 공식화하고 증진시키는 움직임을 보이면서 아동권리협약 이행에 관한 모니터링에 대한 주도권을 쥐기 시작하였다. 이러한 NGO들의 노력에 의해 고무되어 유엔협약, 국제 가톨릭 아동국의 프랑스 부서, 프랑스 유니세프들은 훗날의 아동권리협약의 증진과 유포, 연구와 관련된 조직과의 화합을 주도하고 있다.

프랑스에서는 매우 많은 공적 그리고 사적인 기관들이 아동을 지지하는 사업을 책임지고 있는데, 이들 사업 사이의 협조와 아동의 삶에 주는 그들의 영향에 대한 평가는 프랑스 정부에 지속적인 도전을 주고 있다. 대표적인 기관들은 다음과 같다.

(1) 학교

독특한 위치에 있거나 부적응 아동, 그리고 장애를 가지고 있는 아동을 포함한다. 학교는 모든 아동과 청소년의 발달을 동행해 주는 유일한 기관이다. 이 기관에서는 학생들에 대한 건강 증진과 복지서비스가 일반적인 의료적 · 사회적인 예방제도를 보강하고, 이에 대한 불평등을 상대로 투쟁하고 있다.

(2) 사회 안전 조직

가족에 대한 사회적 혜택을 부여해 주는 것과 같은 아동에 대한 다양한 실천계획에 대한 일을 진행한다.

(3) 발달적 아동복지서비스

어려움이 있는 가족과 아동에 도움을 제공하고 예방하는 일반적인 역할을 담당한다.

(4) 사법부

민 · 형사 소송 과정 중의 청소년을 보호하는 역할을 담당한다.

(5) 경찰서비스

아동에 대한 혹은 아동에 의한 범죄에 대한 처벌과 청소년 비행 예방에 대한 역할을 담당한다.

(6) 건강, 사회, 교육적 연합과 공교육 연합

아동의 놀 권리와 교육직 권리 영역에서 중요한 역할을 담당한다.

더 나아가, 1997년 정부는 청소년 스포츠부(Minister of Youth and Sports)에 상설기관인 청소년 부처를 만들도록 하였다. 이 부처의 위임 사항은 프랑스 사회에서 젊은이들의 삶을 증진시키는 것에 대한 모니터링과 청소년 논쟁점에 대한 의견과 권고 사항을 공식화시키는 것이다. 이 부처는 평등, 사회적 상태, 접근성, 고용과 훈련, 건강, 문화/스포츠/여가, 폭력, 그리고 사회에 관여하고 있는 7개의 위원회와 협력 하에 일을 수행하며 청소년 스포츠부(Minster of Youth and Sports)의 후원 아래 있는 자문기관의 업무수행능력을 외적, 내적으로 증진시키는 일을 동시에 수행한다.

이상으로 8개의 국가들의 아동 관련 정책과 아동권리협약 이행을 위한 노력들을 살펴보았다. 다양한 민족, 문화, 종교, 그리고 법적제도 하의 국가들을 살펴보았다. 아동권리 상황은 다르나 근본적인 문제와 풀어나가야 할 숙제는 비슷하다는 결론을 내릴 수 있다.

CRC/C/136/Add.1.

Australia. 29/12/2004. CRC/C/129/Add.4.

Brazil. 17/12/2003. CRC/C/3/Add.65.

Canada. 12/03/2003. CRC/C/83/Add.6.

France. 09/10/2003. CRC/C/65/Add.26.

Japan. 05/08/1996.CRC/C/41/Add.1.

Japan. 24/07/2003. CRC/C/104/Add.2.

Japan. 26/02/2004. CRC/C/15/Add.231.

Kenya. 04/07/2006. CRC/C/KEN/2.

Saudi Arabia. 29/03/2000 CRC/C/61/Add.2.

Saudi Arabia 17/03/2006 CRC/C/SAU/CO/2.

Sweden. 23/09/1992. CRC/C/3/Add.1.

Sweden. 11/02/1998. CRC/C/65/Add.3.

Sweden. 12/07/2004. CRC/C/125/Add.1.

10장

아동권리 모니터링 이행: 옴부즈기구

아동권리 모니터링 활동은 인간이 어떤 상황에 처해 있는지와 상관없이 생존에 필요한 기본 조건들을 국가로부터 제공받을 권리가 있고, 국가는 이를 제공할 의무가 있으며, 아동의 권리는 근본적으로 성인과 동일하게 다루어져야 한다는 개념적 인식에서 출발한다 우리나라는 1991년 유엔아동권리협약을 비준함에 따라 아동권리 이행 상황을 두 차례에 걸쳐 유엔아동권리위원회에 보고하였고, 이에 대한 심의를 받았다. 유엔아동권리위원회는 협약비준국이 중앙 정부로부터 지방 각 시 · 도에 이르기까지 정책입안과정이나 예산집행과정에서 아동 최선의 이익이 가장 중요한 사안으로 고려되고 있는지를 평가한다(Gates, 1999). 협약의 당사국이 되어 매 5년마다 아동권리증진 이행 사항을 담은 국가보고서를 제출하고 심의하는 일은 국제적인 차원의 아동권리 모니터링(monitoring)이다. 아동권리 모니터링 활동은 아동에 대한 국가의 책임이자 국제적인 책임을 이행하는 것이다.

2003년 1월 유엔아동권리위원회는 우리 정부가 낸 보고서(2001년)에 대해 "다양한 정부부처에 의해 운영되는 모든 아동관련 정책과 프로그램을 조정할 권한을 가진 중앙기구가 없음을 우려"(D. 협약의 원칙관련 권고 14)하였고, 특히 협약의 이행 상황을 감시하고 조정하는 등의 모니터링 활동을 하는 별도의 기구를 신설할 것을 우리나라 정부에 권고하였다(D. 협약의 원칙관련 권고 15-16).

본 장에서는 아동권리 모니터링의 의미와 아동권리 모니터링 체제를 검토하고, 각 국의 모니터링기구 설치 사례를 구체적으로 살펴본 다음, 이를 토대로 모니터링기구의 도입 방안을 옴부즈퍼슨 제도를 중심으로 살펴보고자 한다.

1. 아동권리 모니터링의 의미와 효과

1) 아동권리 모니터링의 의미

아동권리 모니터링활동은 인간이 어떤 상황에 처해 있는지와 상관없이 생존에 필요한 기본 조건들을 국가로부터 제공받을 권리가 있고, 국가는 이를 제공할 의무가 있으며, 아동의 권리는 근본적으로 성인과 동일하게 다루어져야 한다는 개념적 인식에서부터 출발한다(Verhellen, & Spiesschart, 1989; Save the Children, 2002; 황옥경, 2002). 아동은 자기의 권리 침해로부터 자신을 보호하기가 어렵고, 기회가 있어도 그것을 활용하지 못할 수도 있다. 성인보다 아동에게 위험한 상황은 많이 있고, 실제로 아동들만이 부딪치게 되는 위험도 있다. 이처럼 아동이 소유한 일부 권리는 성인들의 권리와 다르기 때문에 아동에게는 다른 유형의 인권보호가 필요하다. 이러한 아동의 특수한 상황들이 아동권리 모니터링을 필요로 한다.

아동권리 모니터링은 국가의 아동 관련 정책 및 아동이 생활하고 있는 환경에 대한 평가, 분석, 그리고 제안하는 일련의 모든 활동이다. 아동권리문제에 관한 정보의 수집, 확인, 그리고 활용 등이 모두 포함된다. 아동권리 모니터링 과정에서 사건에 대한 정보 수집, 사건의 관찰, 특정 장소의 방문, 그리고 정보의 확보와 해결 방안을 모색하기 위한 정부 당국과 토론 등을 할 수 있다(UN Office of the High Commissioner for Human Rights, 2001).

아동권리 모니터링은 아동권리 신장을 위한 옹호활동에서부터 아동권리 침해 사례에 대한 보호 모두를 망라한다. 권리를 증진하기 위한 활동은 대규모 캠페인을 벌이고, 아동과 함께 일하는 교사, 사회사업가, 경찰 등의 아동과 관련한 일을 하고 있는 사람들을 대상으로 아동권리협약 내용을 교육하는 권리 이해의 단계가 있다. 이는 아동권리 증진을 위한 일차적인 단계로 권리 이행 정도를 감시하고 평가하는 모니터링의 단계보다 앞선 활동이지만 권리증진 활동의 특성상 이를 아동권리 모니터링과 별도로 구분하기는 어렵다.

대부분 국가의 옴부즈맨들은 개별사례 조사를 하면서 동시에 권리 옹호활동을 한다. 권리옹호활동은 권리를 성취하는 또 다른 중요한 활동으로 일반적으로 아동권리와 관련한 구체적인 이슈를 다룬다(Human Rights Watch, 2002). 이를테면, 에이즈에 감염된 산모가 아기를 출산하는 과정에서 아기한테 에이즈가 감염되는 것을 막기 위해 특정 약물을 사용하는 것을 허락받기 위해 벌이는 로비를 들 수 있다.

옹호활동(advocacy)은 상당히 다양한 형태로 이루어질 수 있는데, 주로 관련법의 개정이나 법 제정을 추진하고, 아동권리에 대한 연구를 하고, 캠페인을 벌이며, 기관 간 그리고 각 부처 간 협조체계를 끌어내는 활동 모두를 포함한다. 법 제정을 추진하는 것은 전형적인 권리옹호활동으로, 옹호활동은 문제의 원인에 접근한다는 점에서 아동권리 증진을 위한 구체적인 노력이다. 이는 중앙이나 각 시 · 도 정부가 정책을 발달시키고, 이의 실행을 추진하도록 하는 핵심적이고 효과적인 기능을 한다. 아동권리가 침해되는 상황에 대응하는 것도 권리를 보호하는 중요한 수단인데, 주로 NGO 등이 권리침해 사례를 다루고 있다.

다음으로 아동권리를 실현하기 위한 가장 핵심적인 활동인 아동권리를 모니터링하고 평가하는 과정이 있다. 아동의 욕구에 근거한 모니터링(needs-based approach)과 아동에 대한 건강보호, 교육환경과 안전한 환경의 제공 등과 같은 아동권에 근거한 모니터링

(rights-based approach)으로 구분된다(Himes, 1998). 과거의 아동복지체계는 아동을 욕구를 충족시키기 위한 시혜의 대상으로 보고, 이를 충족시켜 주는 것을 목표로 하였다. 이에 비해 아동권리중심 접근에서는 도움을 주는 동기가 욕구를 충족시키기 위한 것만이 아니라 아동을 권리의 주체로 보며, 일의 결과와 동시에 일의 과정도 중요한 목표로 여긴다(UNICEF, 1998). 권리의 관점에서 아동의 욕구에 접근함으로써 아동을 위한 모든 행동은 아동에게 단순히 어떤 유형의 도움이 필요하다는 것이 아니라 법에 제시된 아동의 권리를 향유하는 것에 바탕을 둔다(황옥경, 2002).

권리 실행의 과정을 권리 이해의 단계와 옹호활동의 단계, 그리고 모니터링 등으로 나누어 이해할 수 있지만, 이러한 활동을 완전히 개별적인 것으로 이해하기는 어렵다(Himes, 1998). 사실상 이들의 활동은 상호연계되어 운영되고 있기 때문에 아동권리 모니터링의 범주를 정하기가 쉽지 않다. 아동권리협약 당사국 정부와 NGO단체에 의해서 이루어지는 아동권리 실행에 대한 국가보고서에도 당사국의 아동권리 실행을 위한 모든 조치와 활동을 포괄하는 내용을 담고 있다.

아동권리 모니터링은 다양한 수준에서 진행될 수 있다. 국제적 수준에서부터 국가(정부) 수준, 또는 지방자치단체나 공공단체, 민간단체 수준에서 아동권리의 모니터링이 가능하다(이옥, 2003). 실제로 유엔아동권리위원회는 협약당사국의 아동권리협약 이행의 투명성과 아동 정책의 실효성을 증진시키기 위하여 각 국의 아동권리 정책들에 대한 모니터링을 실시하고 있다. 그리고 당사국들이 정부와 지방정부 수준의 아동권리 모니터링 시스템을 지속적으로 운영하도록 권고하고 있다.

2) 아동권리 모니터링의 효과

아동권리 모니터링을 할 때는 아동의 욕구를 사정(Assessment)하고 평가하여 실질적인 유엔아동권리협약의 이행 효과를 도모할 수 있어야 한다. 어떤 정책이 아동에게 실질적인 혜택과 이득을 가져올 수 있는 정책효과(Impact)를 갖고 있는지를 평가한다. 아동권리 모니터링은 아동의 권리가 제대로 보장되고 부여되고 있는지를 지속적으로 조사하고, 감시하여 그 결과가 아동관련 정책의 변화를 유도할 수 있기 때문에 궁극적으로 한 사회에서 아동권리가 신장되도록 하는 데 특별히 기여한다.

아동권리 모니터링의 효과는 다음과 같이 정리될 수 있다. 먼저, 아동권리 모니터링 활동을 통하여 정부 정책에 대한 조정과 견제, 그리고 조화를 통해 아동권리 증진을 위한 국제기준에 부응하는 아동 정책이 개발될 수 있다. 다음으로는 아동권리 모니터링을 통하여 사회환경의 변화가 가능하다. 사회가 아동들이 성장하기에 바람직한 환경이 조성될 타당성과 현실적인 가능성을 높여 나갈 수 있다. 특히 아동권리의 모니터링은 아동권리를 위한 다양한 노력들의 효과를 검증하고, 아동의 권리를 보장하기 위한 경험적이며 객관적인 자료를 제시할 수 있다는 점에서 아동의 권리를 증진시키기 위한 필수적인 과정이다. 이 외에도 아동권리 모니터링을 통하여 문제에 대한 효과적인 해결책을 제안할 수 있다. 실제로 아동 옹호활동이나 지역사회를 모니터링하다 보면 새로운 지식이 나온다. 이러한 지식은 현재 정책이나 실행 프로그램을 계획하는 데 사용될 수 있다. 정부이든 아동관련 전문가이든 아니면 일반 대중은 모두 모니터링 결과로 얻어진 자료들을 신뢰하며, 이 자료들을 토대로 아동과 관련된 문제에 대해 객관적으로 접근한다(http://www.crin.net).

마지막으로 모니터링은 아동의 사안에 대한 인식을 높이고 아동옹호와 서비스 제공자들의 노력을 파악하는 데 도움이 된다. 민간단체의 모니터링은 정부가 아동의 실제적인 욕구에 반응하도록 압력을 가하는 효과적인 수단이 된다. 노르웨이 옴부즈맨은 체벌을 금지하는 법을 채택하는 데 중요한 역할을 하였고, 과테말라와 코스타리카 아동 옴부즈 사무국은 아동법을 마련하는 데 주요한 역할을 하였다(Gates, 1999).

3) 아동권리 모니터링의 체계

아동권리 모니터링을 어떤 것을 준거로 할 것이며, 모니터링 평가 척도는 무엇을 근거로 개발할 수 있고, 어떻게 모니터링을 실행해 나갈 수 있을 것인가, 그리고 모니터링의 실제적인 효과를 어떻게 표현할 수 있어야 하는가의 아동권리 모니터링의 체계에 대한 기본적인 이해가 필요하다. 모니터링 과정은 아동권리 개념자체를 이해하는 데 개입될 수 있는 한 사회의 가치관과 사회구조 등의 영향을 받는다(황옥경, 2002).

아동권리 모니터링 체계를 개발하는 것은 아동권리라는 추상적인 개념의 모호성을 극복하면서 어떻게 한 사회에서 아동권리 이행 상황을 평가할 수 있는지의 과정을 구체적으로 보여 줄 수 있다는 점에서 필요하다. 이재연 · 황옥경(2005)은 아동권리 모니터링의 체계를 '모니터링 준거', '모니터링 실행', '모니터링의 효과'의 세 가지 단계로 구분하여 정리하였다.

아동권리 모니터링을 위한 일차적인 준거는 1989년에 채택된 유엔아동권리협약과 이에 따른 각 국의 아동권리지표이다. 유엔아동권리협약이 아동권리 모니터링 체계의 가장 기본적인 준거가 될 것이라는 데 이견이 없다. 왜냐하면 유엔아동권리협약은 그 어떤 협약보다도 국제사회의 호응이 많았으며, 선언적인 의미에서 그치는 것이 아닌 실천적 노력을 각 나라에 강력하게 요구하고 있는 조약으로 이를 토대로 아동권리 이행 상황을 평가하기 때문이다. 이 협약은 정치와 사회 모든 영역에서 아동의 지위를 개선하도록 요구하고 있으며, 이러한 국제협약의 특성으로 각 국은 아동의 상황을 정기적으로 모니터링해야 할 의무를 지게 되었다. 유엔아동권리위원회는 협약 비준 초기부터 세계 각국에 자국의 상황에 맞는 아동권리지표를 개발할 것을 권고해 왔다.

유엔아동특별총회 결과문서와 행동계획(National Plan of Action) 등도 아동권리 모니터링의 준거로 사용될 수 있다. 2002년 5월에 열린 유엔아동특별총회(United Nations General Assembly Special Session on Children UNGASS)에서도 아동권리 모니터링에 대해 중요한 안내를 하고 있다. 즉 아동특별총회의 결과문서인 아동이 살기 좋은 세상 만들기(Outcome Document: A World Fit for Children: WFFC)를 채택하였다. WFFC는 아동의 건강한 삶의 증진, 수준 높은 교육의 제공, 학대 · 착취 · 폭력으로부터의 아동보호, 에이즈 퇴치의 4가지 주요 사안을 상정하고 각각에 대한 21개항의 구체적인 목표를 제안하였다. 이는 아동권리 이행 상황을 평가하는 준거로 사용될 수 있다.

다음으로 각 국은 협약의 내용을 근간으로 자국의 상황에 맞게 아동권리지표를 개발해야 한다. 아동권리지표의 개발은 아동 상황의 파악과 모니터링 활동에 기본적으로 필요한 작업이다. 아동권리지표는 아동의 권리 보호 상황을 보다 효과적으로 모니터링하기 위한 것이다. 협약의 이행 상황 정도를 평가하는 내용으로 설정된 지표를 통해 이와 관련된 통계자료들을 산출하여 아동의 실제 생활을 평가해 볼 수 있다. 즉 이것은 어느 특정 상황이 아동의 권리에 맞는가 하는 것을 파악하는 방법론적인 도구이자 동시에 아동의 권리를 충족시키지 못한 분야를 찾아내는 도구이기도 하다. 따라서 아동권리지표의 산출은 한 사회의 가치관과 사회구조 등의 영향을 절대적으로 받는다.

그리고 개발된 아동권리지표에 따라 아동관련법령, 정책, 규정 등을 분석, 평가한다. 아동권리 모니터링은 정부와 공공기관의 법이나 정책, 그리고 제도가 아동의 권리에 관한 국제협약 상의 원칙과 내용에 어긋나는지의 여부, 정부행정에 대한 효과적인 평가가 보장되고 있는지의 여부, 아동과 관련된 정책이나 제도에 아동들이 참여하거나 그들의 의견이 존중되는지 등을 평가한다.

아동권리 모니터링을 위해 검토해야 할 관련법과 시행령, 그리고 정책의 범위는 광범위하다. 보건, 복지, 교육, 문화, 노동, 환경, 성, 경제/재정, 정치 등을 포함하며, 각 영역에서의 아동관련 특별법이나 특별조례, 규정이 다수 있음은 물론, 관련 정책의 방향과 정책의 유형도 실로 다양하다(박보희, 2002).

아울러서 아동권리 모니터링은 아동권리지표에서 제시된 영역들에 대한 생산된 통계자료를 분석한다. 아동권리가 심각하게 침해당하는 위험상황에 있거나 그럴만한 가능성이 있는 아동을 대상으로 심층사례 분석방법을 통해 아동권리 침해의 정도를 평가하고 이들이 필요한 서비스를 제공할 수 있어야 한다. 시민단체 등에 의해 실제 아동의 주변 생활환경을 평가하는 과정을 포함한다. 이런 과정이 가장 기본적인 모니터링 활동이 될 것이다. 아동 관련 정책과 법령, 통계수치를 분석하고, 아동 주변환경에 대한 실제적인 평가를 통해 조직적이고도 통합적인 모니터링 체계를 발전시켜 나갈 수 있다.

4) 모니터링 활동

아동권리협약 당사국들이 매 5년마다 유엔에 제출하는 국가보고서는 유엔에 의한 각 국의 아동권리 모니터링 자료이면서 동시에 협약당사국의 아동권리 모니터링을 의무화하기 위한 조치이기도 하다. 정부차원 이외에 유엔의 아동권리위원회는 비정부기구의 모니터링을 중시하고 있다. 정책 시행측과는 달리 보다 경험적인 아동이 삶에 관한 자료들이 민간기구들에 의하여 제시될 수 있기 때문이다. 정부에 의한 아동권리의 상황과 민간기구에 의한 아동권리 상황은 실제로 차이가 있는데, 정부에 의한 보고는 아동권리 실행 현황보고를, 민간기구에 의한 보고는 아동권리 이행에 대한 평가를 중점적으로 다루고 있다.

민간단체는 궁극적으로 정부가 아동을 보호, 육성하는 일에 제대로 헌신하도록 감사하는 역할을 해야 한다. 그렇기 위해서는 아동의 건강과 복리지표를 추적하고, 예산과 활동을 검토하고, 이러한 활동이 서비스와 프로그램에 미치는 영향력을 사정해야 한다. 그리고 단체가 가능한 모니터링 기제의 기능과 그러한 기능을 가능하게 하는 모든 방법들에 대해서도 논의가 필요하다(이재연, 2004). 민간단체는 다음과 같은 영역에서 모니터링활동을 전개하고 실천계획을 수립할 수 있다(표 10-1 참조).

〈표 10-1〉 민간단체의 모니터링 범위 및 실천계획 수립

모니터링 범위	실천계획 수립
· 국가와 지역사회의 정책 추적 · 아동 관련 데이터 산출, 관리 · 아동 관련 활동과 예산결과 추적 및 프로그램 평가 · 아동 관련 활동과 예산결과를 재원지원처에 보고 · 지역사회의 서비스에 대한 욕구 사정 · 인구학적, 사회적, 경제적 요인 평가 · 지역사회 내 서비스 미전달 상태 파악	· 모니터링 동기유발 · 관계부처 간 효과적인 협력적인 체계 구축 · 정치적 의지 · 재정적 후원 유발 · 자료수집 · 옹호 전략 개선 및 증진

2. 아동권리 모니터링 체제의 구축

1) 독립적인 모니터링기구의 필요성

아동권리 모니터링 체제 구축의 필요성은 일차적으로는 아동들의 의견이 거의 대부분 소홀하게 다루어지고 있고, 법체계 내에서 자신을 변호할 수 없으며, 스스로 위험을 벗어날 수 있는 힘이 없고 환경을 조정할 수 있는 역량을 갖추기 어렵다는 데서 제기된다. 여기에다 세계 각국의 모니터링구조나 체제를 일원화하기 어렵다는 아동권리의 특성상 자국에 맞는 모니터링 체제를 마련해야 할 필요성이 대두된다. 아동권리의 개념은 한 사회의 가치관과 사회구조의 영향을 받기 때문에 각 나라가 공통적으로 사용할 수 있는 아동권리 모니터링 지침을 제안하기 어렵다. 실제로 유엔아동권리위원회의 의뢰로 Childwatch International Research Network와 영국 케임브리지대학 가족센터에서 실시한 아동권리 모니터링 체계 개발 연구결과[1] 이들은 아동권리 모니터링 활동은 정부가 주도하여 조직적이고 통합적인 모니터링 체제로 발전시켜 나가야 함을 강조하였다(Childwatch International Research Network, 1998).

게다가 아동권리 실행 단계의 상호 연계성 내지는 복합성은 아동옴부즈맨 제도를 정부

1) 이 프로젝트의 첫 번째 단계는 비정부기구, 국제 비정부기구들, 그리고 학계가 참여하는 가운데 5개국(니카라과, 세네갈, 태국, 베트남, 짐바브웨)에 대한 사례연구를 통해 아동권리 모니터링을 하였고, 1997년 7월부터 첫 번째 단계의 연구결과의 다른 나라 적용 가능성을 탐색하였다.

차원에서 창설할 것을 각국 정부에게 강력하게 요구하게 된 배경이 되었다(Himes, 1998; Voeten, 1994). 아동권리 증진과 관련된 다양한 활동을 포괄해서 다룰 수 있는 기구의 신설이 필요한 것이다. 아동을 위한 독립적인 모니터링기구들의 모임인 유럽아동 옴브즈맨 네트워크(European Network of Ombudsmen for Children)는 현재 23개의 회원국을 가지고 활동하면서 모든 유럽 국가들이 아동 옴브즈맨을 두도록 권장하고 있다.

유럽아동 옴브즈맨 네트워크는 아동의 다음과 같은 특성 때문에 각 국 정부가 독립적인 모니터링기구를 설립할 수 있어야 함을 강조한다(www.ombudsnet.org, 이재연, 2005, 재인용).

- 아동의 건강한 발달과 참여가 어느 사회에서나 건강한 미래사회를 위해 아주 중요하다.
- 아동도 사람이다. 아동도 사회의 일원으로 성인과 동등한 지위를 가진다. 아동은 성인의 소유물이 아니고, 국가의 산물도 아니고, 형성되어 가는 도중의 사람도 아니다. 정부는 아동도 사회의 일원으로 인권을 인식해 줄 책임을 가진다.
- 아동은 전적으로 의존적이다. 아동은 성인의 도움을 통해서만이 독립적으로 성장할 수 있다. 이러한 의존성으로 인해 아동은 자기가 살고 있는 환경이나 빈곤, 특히 빈곤한 주거와 환경오염 등에 취약하다.
- 대부분의 아동은 부모가 일차적이고 가장 중요한 보호자이다. 그러나 부모는 아동의 권리를 침해할 수 있다.
- 아동은 다른 어느 집단보다 국가의 정책에 크게 영향을 받는다. 교육 정책은 아동들의 생활시간을 결정하고, 보건 정책은 성장해 가는 신체와 생활양식을 결정한다.
- 사회변화, 즉 가족구조의 변화나 고용패턴 등의 변화가 아동에게 부정적인 영향을 주고 있다. 아동의 상황은 사회나 경제변화의 영향을 아주 많이 받는 바로미터이다.
- 아동은 투표권이 없기 때문에 아동의 견해가 정책과 연계되지 않는다. 그리고 정치적인 절차에서 어떠한 역할도 하지 못한다.
- 권리를 주장하는 법체계를 이용하는 데 있어서나 혹은 침해당한 권리를 구제하는 데 있어서도 아동은 특별한 어려움을 가지고 있다.
- 아동에 대한 배려를 제대로 하지 못할 때 사회가 져야 할 비용은 아주 크다.

성인에 비해서 아동은 스스로 자신의 권리를 보장할 수 있을 만큼 사회적으로 중요하게 존재하지 않는다. 거의 모든 정책이 아동의 삶에 영향을 미치고 있음에도 불구하고 대체로 정부는 정책수립과 실행과정에서 아동의 요구와 필요를 중요하게 고려하지 않는다. 사회적 약자로 분류되는 이들의 의견은 거의 청취되지도 않는다. 의견을 말한다 해도 반영되는 경우는 거의 없다.

아동관련 정책이 여러 부처에 산재될 수밖에 없다는 사실 또한 아동의 상황에 맞는 정책을 수립하기 어렵게 만드는 요소이다. 한정된 자원으로 정책을 수행하는 과정에서 사회적으로 합의된 정책의 우선순위나 장기계획을 수립하지 않은 상황에서의 아동관련 정책은 위기에 처한 아동을 중심으로 정책이 흐를 가능성이 매우 높은 것이다. 이 역시 우리나라가 예방차원의 아동 정책을 펼쳐 나갈 수 없는 요인이다. 아동이 처한 이와 같은 상황은 아동권리 모니터링을 위한 기구의 중요성을 말해 주고 있다.

실제로 아동권리 이행 상황을 모니터링하기 위해서 마련된 옴부즈맨 제도나 아동커미셔너(children' s rights commissioner) 제도는 몇몇 유럽 국가에서 아동과 관련된 정책의 변화를 이끌어 내었다. 노르웨이의 아동권리 모니터링기구는 정부의 아동관련 정책을 감시하고, 조사권을 부여받은 옴부즈퍼슨에 의해 아동권리 침해 사례에 대해 적극적으로 대처해 나가고 있다. 실제로 노르웨이 옴부즈맨은 체벌을 금지하는 법을 채택하는 데 중요한 역할을 하였고, 과테말라와 코스타리카 아동 옴부즈 사무국은 아동법을 마련하는 데 주요한 역할을 하였다(이재연 · 황옥경, 2004). 법적, 사회적으로 구속력 있는 모니터링 제도를 도입하려는 세계 각국의 노력이 계속되고 있는 가운데 NGO단체들도 아동권리 모니터링 요원을 양성하여 아동권리의 실태를 파악하고 정책의 변화를 유도하는 등 하나의 감시체계로 활동하고 있다(황옥경, 2004).

2) 아동옴부즈맨

아동권리 협약을 실행하고 아동권리 침해 사례에 더욱 효과적으로 대응하기 위해서는 어떤 체계 혹은 기구를 창설해야 한다는 견해(Save the Children, 2002; Verhellen, & Spiesschart, 1989)가 지배적이다. 이러한 기구는 정부의 각 부처나 아동과 관련된 서비스를 제공하는 기관들에 대해 책임이 있는 위원회가 되거나 아동옴부즈맨 제도가 될 것이다. 1993년 12월 20일 국가 유엔총회에서 채택한 파리원칙(Paris Principle), 즉 “국가인권

기구의 지위에 관한 원칙" 에서도 옴부즈맨의 필요성이 강조되었다(조용환, 1998; 이재연, 2005, 재인용).

- 협약을 충실하게 이행하기
- 중앙정부, 지방정부차원에서 그리고 사회에서 아동을 우선순위에 놓고, 아동에 대한 대중의 인식을 증진시키기
- 법, 정책에 영향을 주기
- 여러 수준에서 정부의 효율적인 조정을 도모하기
- 아동을 위한 한정된 자원을 효율적으로 활용하도록 하기
- 아동의 견해를 전달할 통로를 마련하고 정부나 일반이 아동의 관점을 적절하게 존중하도록 격려하기
- 아동의 상황에 대한 자료를 수집하고 출판하기, 정부로 하여금 적절한 데이터를 수집하고 출판하도록 격려하기
- 아동과 성인들이 아동의 인권에 대한 인식을 격려하도록 하기
- 조사권을 행사하거나 연구를 착수 혹은 격려하기
- 다양한 옹호체계나 불평 신고체계에 아동이 접근하게 하고 효율적으로 처리하도록 개선하기
- 아동의 개별 고충을 처리하거나 아동을 대변하고, 아동을 위해 적절한 법적 지원을 하거나 시도하기

3. 외국의 아동옴브즈퍼슨 운영

세계 여러 나라에서 독립적인 국가 아동기구로서 아동커미셔너(commissioner)나 아동옴부즈맨 제도를 도입하고 있다. 옴부즈맨은 개별 시민의 권리 혹은 특정집단의 권리를 보호하는 사람이나 사무국을 지칭하는 말이다(http;//www.ombudsnet.org). 특히 최근 들어 각 국이 옴부즈맨과 같은 아동 모니터링기구를 신설하고 있다. 이는 유독하게도 취약한 집단인 아동의 권리를 보호하기 위한 독립기구의 필요성이 점차 커지고 있기 때문이다.

1981년 노르웨이를 시작으로 1987년에 코스타리카가 뒤이어서 지금은 39개국에서 60개 이상의 독립적인 국가아동권리기구가 설립되었다. 노르웨이와 스웨덴, 프랑스, 그리고 스페인에서는 아동옴부즈맨(Children' s Ombudsman)으로, 영국, 벨기에는 아동커미셔너 혹은 아동권리커미셔너(Commissioner, Commission for Children' s Rights), 덴마크에서는 국가유엔아동권리위원회(National Council for Children' s Rights)로 각 국에서 그 이름이 다양하게 불린다. 그 외에 과테말라와 콜롬비아에는 Defenders of Children이 있고, 루마니아는 Child Advocates가 있다(이재연, 2005).

아동옴부즈맨은 아동의 권리를 보호하고 증진하기 위하며 모니터하기 위한 기구의 의미로 쓰인다. 각 국의 옴부즈맨은 다양한 역할을 수행하고 있지만 서로 많이 비슷하다. 일반적으로 아동학대, 권리 침해, 안내, 지원, 피난민과 이민 아동에 대한 이슈들, 학교교육 상황, 시설보호 상황, 아동의 참여 등과 관련한 일을 담당하고 있다. 정보를 제공하고 조언을 해 주며 만족한 수준에서 아동의 소리를 들어 주는 것은 옴부즈맨의 가장 핵심적인 역할이 된다(황옥경, 2002). 그리고 스웨덴에서 유래한 이 말은 어떤 특정인을 지칭하기보다는 특정 기능이나 그러한 기능을 하는 사람을 일컫는 데 사용된다. 최근 영어단어의 의미가 주는 성별의 의미를 벗어나기 위해 옴브즈퍼슨(ombudsperson)으로 사용되기도 한다.

1) 아동옴부즈퍼슨의 설립 유형

아동커미셔너 혹은 아동옴부즈맨은 일반적으로 의회특별법에 의해 설립된 옴부즈맨, 아동복지법체계를 통해 생긴 옴부즈맨, 기존의 공공기구 내에 설립된 옴부즈맨, 시민단체에 의해 설립된 아동옴부즈맨으로의 4가지 유형으로 분류되고 있다(http : //www.unicef.de/1011.html; 〈표 10-2〉 참조).

(1) 의회 특별법에 의한 아동옴부즈맨

대다수의 아동옴부즈맨은 의회의 특별법 제정으로 설립되었다. 이 기구는 법이 정한 범위 내에서의 영향력과 지위를 갖는다. 이 경우 대체로 정부와는 독립적인 관계에 있다. 아동옴부즈맨의 지위, 재원, 기능은 의회에 의해 결정된다. 이들은 아동에 대한 법령과 정책 서비스를 비판하고, 조사권과 의회에 대한 보고권, 새로운 법을 제안하는 역할을 한다(이재연, 2005).

노르웨이의 옴부즈맨은 1981년 아동옴부즈맨법에 의해 설립되었고, 이들은 아동에게 영향을 주는 사안에 관련된 모든 자료에 대한 접근권과 공공기관에의 접근권 등 광범위한 영역에서 행정적인 권한을 갖고 있다. 아동권리 증진을 위한 모든 활동이 옴부즈 사무국을 중심으로 이루어지며, 노르웨이 왕이 직접 옴부즈맨을 임명하고 임기는 4년으로 8년 이상을 연임할 수 없다. 정부 각 부처와 공 · 사립 아동기관은 아동에 대한 정보를 옴부즈맨에게 제공할 의무가 있다(www.ombudsnet.org).

1993년에 아동옴부즈맨설립법에 의해 설립된 스웨덴의 옴부즈맨은 보건사회부 산하에 있지만 의회에 연례 보고의무가 있다(Sylvander, 1995).

(2) 아동복지 관련법에 근거한 아동옴부즈맨

이는 아동옴부즈맨이 아동복지관련법에 의해 설립되고, 설립의 근거가 되는 법이 이 기구의 이행이나 점검과 관련된 역할을 명시하고 있는 유형이다. 뉴질랜드의 아동커미셔너는 1989년 아동청년가족법(Children, Young person and Family Act)에 근거하여 설치되었고 이들은 이 법의 시행과정에서 아동의 고충사안을 처리하는 역할을 한다. 뉴질랜드 아동청년가족법(Children, Young person and Family Act)은 아동커미셔너가 아동복지 정책과 서비스를 개발하고 아동관련 사안에 대한 시민사회의 의식을 고취시키는 역할을 수행할 것을 명시하고 있다(Hassall, 1995).

영국은 1989년 아동법(Children' s Act 1989)에 지방정부가 아동옴부즈맨제도를 의무적으로 운영할 것을 규정하고 있다. 오스트리아는 1989년 청년복지법(the Youth Welfare Act)을 근거로 18세 이하 아동을 지원하고 상담하기 위한 지역 옴부즈맨 사무국을 창설하였다.

사실상 옴부즈맨 제도가 법에 근거해 창설되는 것이 필수적인 것은 아니지만, 법은 옴부즈맨이 행하게 될 일을 자세하게 정의(Mjaavatn, 1994)할 수 있기 때문에, 관련법에 옴부즈맨 제도의 운영에 관한 내용을 명시하는 것이 필요하다(황옥경, 2003).

(3) 공공기구 내의 아동 옴부즈기구

새로운 입법 추진 과정을 거치지 않고 옴부즈기구와 유사한 역할을 하고 있는 행정부서 내에 아무런 법적 근거 없이 설치되어 있는 옴부즈맨 형태이다. 오스트리아는 1991년에 환경아동청소년가족부(Ministry of Environment, Youth and Families)에 오스트리아 아동옴부즈맨을 설치한 바 있다. 콜롬비아의 아동청소년 옴부즈맨과 과테말라의 아동권리국은 인간권리 부서의 산하기구로 설립되었다. 이 경우 법적지위도 없을 뿐만 아니라 재정적으로 독립하지 못하여 아동과 관련된 정부의 정책이나 서비스에 비판을 가하기 어렵지만 정부 기관에 대한 조사권을 실행할 수는 있다.

덴마크의 경우 국가유엔아동권리위원회는 의회의 결의에 의해 설치되었으나 법적 근거는 없다. 그러나 이 기구는 공적자금을 지원받는 기관으로 3년의 시범 운영 후 공식 운영되고 있다. 그러나 이 위원회는 독립적이지 못하고 협약의 이행도 제대로 하지 못한다는 비판을 시민단체들로부터 받고 있다(이재연, 2005).

아동옴부즈의 활동을 발전시키기 위해서는 이에 대한 법적 근거를 마련해야 하는 것은 필수적인 일이다(Mjaavatn, 1994). 남부 호주의 사례[2]를 보면 옴부즈제도가 발전하면서 독립적인 법을 필요로 하게 됨을 알 수 있다. 온타리오 아동옴부즈맨제도는 1978년 공식적인 근거가 없는 채로 시범 운영되었고 1984년에 법을 제정해 옴부즈맨에게 법적인 권한을 부여하였다(황옥경, 2002).

(4) 시민단체에 의한 아동옴부즈맨

아동옴부즈맨 혹은 커미셔너의 역할을 하는 시민단체는 드물다. 핀란드에서는 1981년에 마너하임아동복지협회(Mannerheim League for Child Welfare)가 아동옴부즈사무소를 설립하였다. 핀란드는 NGO에 의한 옴부즈맨 활동을 보여 주었다. 이 기구는 정부로부터 독립된 재정운영을 할 수 있지만 아동을 도울 수 있는 법적인 권한이 없다는 한계를 갖고 있다. 핀란드는 2005년 6월에 국가 아동옴부즈맨을 임명하였다(이재연, 2005).

---

2) 남부 호주 아동국은 1983년 아동법을 탄생시켰고, 아동에게 법적인 도움을 줄 수 있는 아동 옹호국은 1998년에 법을 제정하면서 설립되었다.

〈표 10-2〉 주요 국가의 아동옴부즈맨 설치 현황

국가	명칭	설립 년도	설립 유형
노르웨이	아동옴부즈맨	1981	의회특별법
벨기에(프랑스어 지역)	아동커미셔너	1991	의회특별법
스웨덴	아동옴부즈맨	1993	의회특별법
아이슬란드	아동옴부즈맨	1995	의회특별법
룩셈부르크	옴부즈위원회	1996	의회특별법
아일랜드	아동옴부즈맨	2001	의회특별법
호주(남부)	가족아동사무소	1995	아동복지관련법
오스트리아(지방)	아동옴부즈맨	1989	아동복지관련법
영국(웨일즈)	아동커미셔너	2001	아동복지관련법
캐나다(온타리오)	부옴부즈맨(아동 담당)	1984	아동복지관련법
프랑스	아동옴부즈맨	2000	아동복지관련법
이탈리아	아동청소년을 위한 공공 후견인	2001	아동복지관련법
뉴질랜드	아동커미셔너	1989	아동복지관련법
일본	아동권리옴부즈퍼슨	2001	지방자치관련법
덴마크	국가아동위원회	1994	기존 공공기구 내
스페인(마드리드)	아동옴부즈맨	1996	기존 공공기구 내
벨기에(프랑드르어 지역)	아동옴부즈서비스	1992	기존 공공기구 내
독일	아동사안커미셔너	1987	기존 공공기구 내
캐나다(브리티시콜롬비아)	부옴부즈맨	1993	기존 공공기구 내
포르투갈	정의를 위한 옴부즈맨	1992	기존 공공기구 내
그리스	아동담당부옴부즈맨	2003	기존 공공기구 내
핀란드	아동옴부즈맨	1981	시민단체

〈자료출처: www.ombudsnet.org.(이재연, 2005, 재인용)〉

2) 아동옴부즈의 역할

옴부즈맨의 역할은 권리 이해나 권리 옹호활동, 그리고 아동권리 증진을 위한 모든 영역을 대상으로 한다. 옴부즈맨은 아동과 관련된 모든 문제를 조사해야 하며, 아동의 최선의 이익을 보호하기 위한 관련 입법을 추진할 수 있고, 아동에게 안전한 환경을 제공하기 위해 필요한 기준과 아동과 사회와의 갈등을 예방하고 해결할 수 있는 방안을 개발하는 일을 한다(Flekkoy, 1993). 아동권리 침해 요소가 있는 정책과 상황들을 해결하고 조정하며, 아동권리 실행 상황을 평가하고 이를 위한 다양한 방안을 개발하는 활동이 옴부즈맨의 역할에 모두 포함된다(황옥경, 2003).

(1) 아동 관련 사례 조사

옴부즈맨들은 아동이 처한 특별한 상황에 대한 사례를 조사할 수 있다. 옴부즈맨의 사례조사는 보편적인 역할이다. 옴부즈맨은 아동의 처우 및 상황에 관심을 갖고 이에 대한 조사를 벌인다.

옴부즈맨의 사례조사 활동과 관련하여 문제가 되는 것은 옴부즈맨에게 조사권한을 어디까지 허용할 수 있는가 이다. 사례조사와 옴부즈맨의 법적권한에 대한 논란은 이 문제와 연관된 것이다. 옴부즈맨에게 사례조사 과정에서 어느 정도의 권한을 부여하는가는 옴부즈맨의 활동내용과 중요하게 관련된다.

옴부즈맨이 조사과정에서 형사처벌의 가능성을 발견하게 되면, 이 사례를 사법부나 경찰에 의뢰하지만 법에 근거한 옴부즈제도를 운영하지 않을 경우에는 옴부즈맨이 직접 제소할 수 있는 권한을 갖고 있지 않다. 핀란드는 옴부즈맨에게 어떤 공식적인 지위를 부여하지 않고 있으며 법적으로도 이들의 권한을 규정하고 있지 않다. 이스라엘 옴부즈맨도 공식적인 행정적 권한을 갖지 않으며 중재가 불가능하다고 판단되는 사례에 대해 옴부즈맨은 단지 법적 조치를 요구할 뿐이다. 사실상 이와 같은 제한된 옴부즈맨의 역할은 아동권리 모니터링에서 옴부즈맨은 주로 조사의 기능을 한다고 볼 수 있다(Verhellen, & Spiesschart, 1989; Himes, 1998).

그러나 법에 근건한 옴부즈기구를 운영하는 국가의 경우는 아동과 관련된 대부분의 조사활동을 허용하고 있다. 노르웨이 옴부즈맨은 가족을 조사할 수 없고 사법적 결정권에 대한 제한 외에 아동과 관련된 모든 문제를 조사할 수 있는 권한이 있다.

옴부즈맨에 대한 법적지위 부여 여부와는 달리 사례를 조사하는 과정에서 시설설비를 이용하고 사례와 관련된 기록과 다른 정보들을 사용할 수 있는 법적 권한은 모든 옴부즈맨들에게 부여되어야 한다(Verhellen & Spiesschart, 1989; Scottish Office, 2002). 어떤 경우에는 공무원이나 사례와 관련된 사람들에게 증언을 명령할 수도 있어야 하고, 필요한 서비스를 위해서 경찰을 소환할 수도 있어야 한다(Himes, 1998). 옴부즈 사무국은 아동과 관련된 정보 누출을 유의해야 한다. 대다수 옴부즈 사무국은 어떤 저항도 받지 않으면서 주도적으로 사례조사를 할 수 있으나 모든 사례가 옴부즈맨에 의해서 다루어지지는 않는 것이 현실이기도 하다. 옴부즈맨에게 사례조사 과정에서 어느 정도의 권한을 부여하는가는 옴부즈맨의 활동 내용과 중요하게 관련되어 있다.

(2) 법과 정책 개발 촉구

옴부즈맨이 아동권리를 옹호하기 위해서는 아동을 위한 정책에서 아동의 권리를 실현하는 데 실패한 점이 무엇인지를 파악하고, 그러한 실패에 대해 주장할 조치를 제안하여야 한다. 국내법이 국제적인 기준과 합치되는 경우 옴부즈맨의 역할은 법안이 이행되었는가 그리고 자원 배분이 효과적으로 이루어졌는가를 평가해야 한다(이재연, 2005). 국내법이 협약과 합치되지 못하는 경우에는 주로 관련법의 개혁이나 법을 제정할 수 있도록 영향력을 행사할 수 있어야 한다.

법 제정을 추진하는 것은 전형적인 권리 옹호활동으로, 이러한 활동을 통해 몇몇 국가의 법이 실제로 제정되었다. 노르웨이 옴부즈맨은 체벌을 금지하는 법을 채택하는 데 중요한 역할을 하였고, 과테말라와 코스타리카 아동 옴부즈 사무국은 아동법을 마련하는 데 주요한 역할을 하였다(Gates, 1999).

(3) 아동권리 관련 연구 수행

옴부즈맨은 아동권리에 대한 연구를 실시하여 유엔아동권리협약과 아동의 실제적인 상황 사이의 차이를 줄일 수 있도록 해야 한다.

(4) 아동권리 인식 증진 활동

유엔아동권리협약 제42조에는, 당사국은 협약의 원칙과 규정을 적절하고 적극적인 수단을 통하여 성인과 아동 모두에게 아동권리에 대해 널리 알릴 의무를 가진다고 명시하고 있다. 따라서 옴부즈 활동의 중심 과제는 아동권리와 그 권리가 어떻게 강화되어야 하는지에 대한 정보를 보급하는 것이다. 남부 호주 아동국(South Australian Children' s Interest Bureau)은 의료인과 법조인을 위해서 아동학대관련 책자를, 아동과 부모를 대상으로는 이혼, 아동학대 사례를 담은 책자를 발행하였다. 대부분의 옴부즈 사무국은 매해 2~3권의 소책자를 발행해서 자신들의 활동을 소개하고, 위탁보호, 입양, 교육 그리고 장애 아동과 관련한 정보를 제공하는 경우도 있고(The Office of the Child Advocate in Rhode Island), 법에 대한 주요 이슈, 상부기관과 일반대중에 대한 옴부즈맨의 견해 등을 전달하고 있다. 많은 옴부즈 사무국은 TV와 라디오를 통해 아동에게 제공되는 서비스와 그들이 갖고 있는 권리가 무엇인지를 알려주기도 하며, 아동의 권리를 인지하도록 돕기 위해 달력, 포스터 등을 제작하기도 한다. 어떤 옴부즈맨들은 아동과 청소년을 대상으로 권리 표현 워크숍을 진행한다.

3) 아동옴부즈맨의 요건

효과적인 아동옴부즈맨이나 커미셔너의 역할을 수행하기 위해서는 다음의 요건을 갖추어야 한다(이재연, 1997; 황옥경, 2003; www.ombudsnet.org).

(1) 독립성 확보

옴부즈맨이 아동의 권리를 보호하기 위해 중요한 역할을 하려면 그들이 기관과 연계되어 있을지라도 옴부즈맨에게 독립성과 자율성을 주어야 한다(Gates, 1999). 옴부즈 사무국이 독립적인 기구로 되어 있으면 옴부즈맨은 정부의 각 부처로부터 독립적일 수 있지만, 부처 산하로 옴부즈기구가 배치되면 사용하는 자원이나 정책 결정에서 자율성을 갖기가 어려울 것이며, 결정 사항이 옴부즈맨을 대표하는 사람의 판단에 의존될 수 있다(Verhellen, 1994). 독립적인 옴부즈맨은 아동에게 매우 귀중한 서비스를 제공하고 동시에, 그것은 정부의 이익이 아닌 아동의 이익을 위해 일할 수 있으며, 필요한 경우 아동에 관한 정부정책에 비판을 가하여 변화를 가져올 수 있다.

(2) 아동참여와 높은 접근성

아동 옴부즈 사무국은 최소한 두 개의 부서로 구성되는데, 이 중 하나는 아동들이 참여하는 부서이다. 아동옴부즈맨은 아동의 견해가 필요한 곳에 충분히 반영될 수 있도록 해야 한다. 이는 아동의 직접적인 참여와 아동옴부즈맨이 아동 견해를 충분히 파악함으로써 가능하다.

아동이 옴부즈맨에게 자신의 의견을 말할 수 있기 위해서는 접근하기가 쉬워야 한다. 사무소는 권위적이거나 관료적이지 않아야 한다. 이를 위해 사무소는 물리적인 환경뿐만 아니라 주고받는 정보나 절차도 변화해 가는 아동의 능력과 아동이 처한 특수한 상황에 맞아야 한다. 장애 아동이나 벽지의 아동, 새터민 가정의 아동 등 특수한 상황에 있는 아동도 옴부즈기구의 활동에 참여할 수 있어야 한다.

(3) 아동에게 집중하기

최근에 옴부즈맨이 성인과 아동의 권리를 같이 다루기보다는 아동에게만 초점을 두는 커미셔너 또는 옴부즈맨을 두는 경우가 세계적으로 우세하다. 왜냐하면 아동옴부즈맨은 아동을 성인의 소유로 보는 전통적 시각에 따라서 아동권리를 보장하기 위한 활동을 할 수 있기 때문이다. 아동은 사회적 지위가 낮아서 성인의 이익과 충돌하게 되면 아동의 이익은 간과될 수 있다. 따라서 아동에게 초점이 맞추어진 옴부즈맨의 역할이 필요하다.

(4) 법적권한 부여

옴부즈맨이 아동권리를 효과적으로 옹호하고 모니터하기 위해서는 조사권을 포함한 법적인 권한이 부여되어야 한다. 관련법에 아동옴부즈 서비스제도의 운영에 대한 규정을 명시하는 것은 옴부즈 사무국이 기능적으로 활동할 수 있는 권한을 부여해 주는 가장 효과적인 방법이며, 옴부즈맨의 의무와 책임을 분명히 할 수 있는 최선의 방법이 된다(Scottish Office, 2002). 옴부즈맨 제도와 관련된 특별법을 마련하면 포괄적인 권한을 갖고 있는 사무국을 창설할 수 있는 기반이 된다. 이는 행정적으로, 정치적으로, 재정적으로 독립할 수 있는 옴부즈 활동을 이끈다.

(5) 필요한 인력의 확보

옴부즈 사무국의 권한이 어느 정도 제한되어 있기 때문에 옴부즈맨의 개인적 역량은 이를 보완해 줄 수 있는 중요한 요소가 된다(Vehellen, 1996). 대부분 아동 옴부즈 사무국은 직원이 비교적 적다. 오스트리아 2명의 전문가와 한 명의 사무직원이 있다. 대다수 사무국의 인력은 지역사회의 교육계, 법조계, 심리학, 사회사업 분야를 대표하는 전문가들로 구성되어 있다.

옴부즈 사무소가 사람들의 신뢰를 얻게 되고, 문제에 적절히 대응하며, 사람들의 현실적인 요구를 만족시킨다고 평가받게 되면 옴부즈 사무국의 직원들이 늘고, 다루어야 할 사례도 많아진다. 영국 콜롬비아의 아동옴부즈는 6명의 직원으로 시작하여 9명으로 늘어났고, 노르웨이 옴부즈 사무국은 4명으로 시작하여 11명이 되었다.

(6) NGO와 옴부즈맨의 관계

대부분의 국가에서 NGO들은 옴부즈기구 설립 추진과정에서 중심적인 역할을 하고 있다. 정부가 광범위한 옴부즈 서비스를 계획한다면 NGO는 정부기구와의 관계에서 자신의 역할을 규정하고, 정부의 공적인 옴부즈 서비스를 보다 더 효과적으로 지원하는 역할을 할 수 있다. 영국 잉글랜드의 Leed지방에서는 Save the Children과 시청의 사회사업과 간의 '협약조약(Partnership Agreement)' 에 따라서 시 아동권리위원을 Save the Children이 고용하였다. 시 정부가 비용의 3분의 2를 지원하고, 나머지를 이 기관에서 조달하고 있다(Elis, Shane Franklin & Annie, 1995). 이러한 동반운영 체계는 아동권리 사무소가 오랫동안 아동권리 활동을 해 온 독립기구 내에 있었기 때문에 가능하였다.

4. 우리나라의 아동옴부즈퍼슨제도 활성화 방안

우리나라의 1, 2차 국가보고서에 대해 유엔아동권리위원회가 상설 아동정책조정기구가 미비함을 우려하고 독립적인 아동권리 모니터링기구를 설립할 것을 권고하면서부터 이의 설립에 대한 요구가 아동관련자들 사이에서 보다 적극적으로 제기되어 왔다(이배근, 2002; 이재연, 1997; 황옥경, 2003). 아동권리 실태를 파악하고 정부의 아동정책을 지속적 · 체계적으로 모니터할 상시기구가 없어서 아동정책에 대한 평가와 제안이 어려웠다.

이러한 배경에서 정부는 2004년에 국무총리실 소속하에 아동정책조정위원회를 신설하였고, 2006년도에는 한국보건사회연구원 산하 「아동권리 모니터링센터」를 개소하고 이 센터 산하에 16명의 옴부즈퍼슨과 10명의 옴부즈 키드를 임명하였다. 아동정책을 조정할 수 있는 기구와 모니터링기구가 설립된 것이다. 그러나 아동정책조정위원회와 「아동권리 모니터링센터」의 아동옴부즈활동이 아직은 형식적인 수준에 그치고 있어 보완해야 할 과제가 많이 있다.

1) 아동정책 조정위원회의 신설과 문제점

2004년 개정된 아동복지법은 종합적인 아동정책을 수립하고 관계부처의 의견을 조정하며 그 정책의 이행을 감독하고 평가하기 위하여 국무총리실 산하에 아동정책조정위원회를 두도록 명시하였다. 아동정책조정위원회가 신설됨에 따라 어린이 보호 · 육성 추진협의회와 어린이안전대책추진협의회와 같은 기존 아동관련 추진협의회는 해체되었다. 아동정책조정위원회는 실무위원회와 위원회로 나누어져 있고, 실무위원회는 아동권리, 아동안전, 빈곤 아동 · 청소년분과위원회로 구성되었다.

제1차 아동정책위원회가 2004년 12월 15일에 개최되었고 2차는 2005년 12월 14일 국무총리 주재로 개최되었다. 이 회의에서 '어린이보호 · 육성 계획', '어린이안전 대책' 및 '빈곤 · 아동 청소년지원 대책'에 대한 부처별 추진상황을 점검하고, 향후 추진방향에 대해 논의하였다(보건복지부, 2004; 보건복지부, 2005). 이 회의에서 관계부처의 아동정책을 조정하고 정책의 이행 상황을 평가하며 정책의 방향을 제시할 수 있는 기제가 마련되어야 함을 논의하였다.

국무총리 주제 관계 장관과 실무자를 포함한 아동정책조정위원회의 기능과 위상에 있어서, 실효성이 부족하다는 지적이 있지만, 정부가 민간단체와 유엔아동권리위원회의 권고를 받아들여 아동정책과 프로그램의 종합조정과 모니터기구의 필요성을 인식하고 이를 설립하기 위해 노력한 점은 의미가 있다(이재연, 2005). 아동정책 조정위원회는 여러 부처에서 추진하고 있는 아동정책에 대한 조정, 정책의 이행 감독 및 평가 등을 담당함으로써 아동정책의 효과성을 제고할 수 있으며, 아동단체장 또는 아동관련 전문가가 위원회에 참여함으로써 아동정책의 수립에서 평가에 이르기까지 민간의 참여가 확대되었다.

그러나 이 기구를 정부 내에 정책조정 기구의 형태로 두게 됨으로써 정부 관련 부처 간의 아동정책에 대한 의견조정이 가능해졌지만, 위원들의 임무와 권한에 대한 분명한 규정이 없어 개괄적인 정책 제안을 내놓은 기구의 역할로 제한되고 있다. 아동정책조정위원회는 출범 초기부터 기구의 효율적 역할에 대한 논란이 있었다. 유엔아동권리위원회는 정책조정 기구의 상시화를 권고하였는데, 사무국 없이 아동 · 청소년 관련 부처와 민간전문가를 참여시켜 연례적으로 정책브리핑이나 정책관련 의견을 개진하는 정도의 위원회 운영을 통해서는 효율적인 아동정책의 개발과 실행이 어렵다는 지적이 계속되었다. 아동정책조정위원회가 명목상의 역할에 그치고 국가아동정책의 계획과 실행과정에서 실질적인 정책논의나 제안, 심의가 제대로 진행될 수 없다. 아동정책조정위원회는 본래 취지와는 달리 아동정책을 조정하는 기구로서의 실질적인 권한과 독립성을 갖는 기구라 하기에는 그 위상과 권한이 미흡하다(황옥경, 2005). 국가유엔아동권리위원회 권고대로 조정기구가 업무를 효율적으로 수행하는 데 필요한 권한과 인적 · 물적 · 재정적 자원이 필요하다.

정책 조정기구의 상시화가 어려운 데에는 정부기구의 축소 요구 내지는 각종 위원회가 난립한다는 현 정부에 대한 일반적인 지적을 뛰어넘기 어려운 현실적인 문제가 있다. 무엇보다도 이 기구의 역할의 필연성에 대한 공감대가 정부부처 내에 형성되지 않았고, 상시화를 이끌어 낼 수 있는 설득력 있는 민간 전문가들의 주장이 적극적으로 표명되지 않았다는 문제도 있다. 아동정책조정위원회의 상징성은 2005년도 아동정책조정위원회가 한차례(2005. 12), 그리고 산하 실무위원회가 3차례 개최되었던 것에서도 확인할 수 있다. 한 차례 개최된 아동정책조정위원회에서 아동정책조정위원회의 역할을 상시화해야 한다는 문제제기가 있었고, 정부가 추진하고 있는 아동정책에 대해 의견을 개진하였다. 또한 정부 내 관련 부처 간의 아동정책에 대한 정책조정이 있었다. 아동정책조정위원회에 민간 전문가가 참여하여 정책을 논의하는 것은 아동 · 청소년 관련 정책의 전문성과 실효성을 높일 수 있는 매우 의미 있는 활동이 될 수 있다. 아동정책조정위원회는 설립 취지와는 달리 '국가아동권리위원회'로서 실질적인 권한과 독립성을 갖는 기구라 하기에는 그 위상과 권한이 미흡하여 이에 대한 개선이 필요하다(황옥경, 2005).

2) 아동권리 모니터링센터의 옴부즈퍼슨제도의 도입

아동권리 모니터링을 위한 상설기구화에 대한 지속적인 요구는 2006년 10월 보건사회연구원 산하에 아동권리 모니터링센터와 아동옴부즈퍼슨제도를 신설하는 결과를 낳았다. 정부는 아동권리 모니터링기구의 설립을 추진하면서 이 기구의 설립유형에 대한 연구용역을 실시하였고, 이 연구의 일환으로 「아동권리 모니터링센터」를 개소하기에 이르렀다. 아동권리 모니터링을 위해 센터에는 16명의 옴부즈퍼슨과 10명의 옴부즈키즈가 임명되었다.

옴부즈퍼슨은 의료, 법률, 사회복지, 아동상담, 아동권리 등 아동관련 전문가들로 구성되었다. 옴부즈키즈 10명은 아동청소년의회 참가자와 인터넷을 통해 참가를 희망하는 아동을 대상으로 선발하였다. 이들은 월 1회 아동과 관련된 사항을 모니터링한 결과를 「아동권리 모니터링센터」에 보고하고 있다. 「아동권리 모니터링센터」는 직접 사례조사를 위한 신고, 접수도 받고 있으며, 상시직원 1명을 두고 있다. 신고접수된 사례에 대해서는 센터장과 직원이 직접조사도 실시하고 있다. 월 1회 옴부즈퍼슨들의 모니터 내용을 보고 필요한 법적 조치를 제안하거나 관련내용을 관계부처에 보고하는 형태로 모니터링을 하고 있다.

그러나 현재의 모니터링은 아동권리 침해사례에 대한 부분적 접근에 그치고 있다. 아동권리 모니터링기구로서의 명실상부한 옴부즈기구가 되기 위해서 보완되어야 할 몇 가지 사항을 다음과 같이 요약할 수 있다.

(1) 아동권리 모니터링센터 운영 보강

현재 「아동권리 모니터링센터」는 소장산하에 상시 직원 1명을 두고 있을 뿐이다. 소장이 다른 업무를 겸직하고 있는 상황에서 사실상 상시 직원 1명이 모니터링을 위한 센터 업무를 수행하고 있으며, 특히 2006년의 경우에는 아동권리 모니터링을 위한 연구외의 별도의 운영비가 책정되어 있지 않았다. 2007년도에도 센터운영을 위해 5천만 원의 예산을 정부로부터 지원받게 되었지만 이는 모니터링을 위한 사례조사, 연구, 홍보 등의 각종의 아동권리 옹호활동을 위해서는 턱없이 부족한 예산이다. 우리나라 전체 아동의 권리증진을 위한 모니터링 센터의 역할을 기대할 때 이런 인력과 재정구조는 한계가 있다.

(2) 옴부즈퍼슨에 대한 법적 규정 마련

옴부즈맨의 의무와 책임을 분명히 할 수 있는 최선의 방법은 관련법에 아동옴부즈 서비스제도의 운영에 대한 규정을 명시하는 것이다. 이는 옴부즈 사무국에게 기능적으로 활동할 수 있도록 권한을 부여해 주는 가장 효과적인 방법이다(Scottish Office, 2002). 법은 옴부즈맨제도의 운영과 관련된 내용을 명시하고 행정적 규제력도 가질 수 있기 때문에 법에 옴부즈맨제도의 운영에 관한 내용을 명시해야 할 것이다.

16명의 옴부즈퍼슨 중 상시 모니터링이 가능한 옴부즈퍼슨은 현재 없고 어떤 역할과 법적권한이 명시되어 있지 않다. 다만 「아동권리 모니터링센터」에 사례가 접수되면 소장과 직원이 현장을 방문조사하고 있을 뿐이다. 물론 16명의 옴부즈퍼슨은 상시 모니터링을 해야 하지만 이에 대한 적극적인 역할을 기대하기는 월 1회 보고하게 되어 있는 현재의 체계로는 한계가 있다. 그리고 16명이라는 옴부즈퍼슨의 수는 활동에 대한 책임을 분산시킨다. 유럽 국가의 대부분이 1명에서 2명 정도의 옴부즈맨을 임명하고 그 외 전문성을 갖춘 사무국 직원을 운영규모에 따라서 배치하고 있는 것을 참고해 볼 필요가 있다. 옴부즈퍼슨이 직접 사례조사에 나서고, 옹호활동을 할 수 있도록 조사권 등의 특정권한을 부여하여 책임 있는 옴부즈퍼슨 제도가 되어야 한다.

Rhode Island 옴부즈 사무소가 법에 제소할 수 권한을 갖게 됨으로써 실제로 아동권리가 향상되었다는 보고는 옴부즈맨들에게 행정적, 포괄적 권한을 부여하는 것의 가치를 보여 준 사례이다. 옴부즈맨에게 부여되어야 할 몇 가지 기본적인 권한을 제안하면 다음과 같다.

- 옴부즈맨은 필요한 영역에 대한 행적적인 권한을 가져야 하며, 최대한 독립성을 유지할 수 있도록 한다.
- 사례조사 과정에서 필요시 조사권을 주어야 한다.
- 아동과 관련된 각 부처나 기구는 옴부즈맨이 요청한 자료를 제공해야 한다.
- 형사처벌의 필요가 있을 경우에 법에 제소할 수 있어야 한다.
- 관련자 증언을 명령할 수 있고, 경찰은 이들이 요청한 도움에 응해야 한다.
- 정책실행을 평가하고, 경우에 따라 법 제정과 법 개정을 추진할 수도 있어야 한다.
- 권리이해를 위한 각종 권리교육을 실시할 수 있어야 할 것이다.

(3) 옴부즈퍼슨의 독립성 확보

아동옴부즈맨의 임명과 기능, 그리고 재정에 있어서 독립성 확보는 중요하다. 옴부즈맨은 일반적으로 상당히 독립적이다(Forrester & Harwin, 2000). 사회복지 등과 같은 특정부처 소속인 경우도 있는데, 이럴 경우에는 옴부즈 사무국의 독립성은 약간 떨어 질 수 있다. 옴부즈맨이 비슷한 업무를 담당하는 부처의 산하기구이면 객관성을 유지하기 어려울 수도 있고, 아니면 오히려 더 기능적으로 잘 할 가능성도 있다(Voeten,1994). 대부분의 국가는 정부 내 독립기구를 창설하고 옴부즈맨들이 정부부처와 신뢰관계를 구축할 수 있어야 한다는 점을 강조한다. 정부가 재정을 지원하거나 정부에 사무소가 있을 수도 있지만 정례화된 정부기구는 아니어야 한다. 아동옴부즈 사무소는 정부뿐만 아니라 시민단체의 아동권리 관련 활동을 모니터해야 한다.

아동을 위한 독립적인 사무소를 설치할 때 아동과 아동의 권리를 보다 잘 드러나게 하고, 아동에게 정치적, 사회적으로 우선권을 두기 위해서 아동만을 위한 단독기구를 설치하는 것이 세계적인 추세이다. 기존의 기구 안에 두었을 때 아동의 관심사가 성인의 사안에 묻혀지거나 아동이 접근하기 어려울 수도 있다는 등의 우려가 있다.

(4) 아동 관련 기관과의 유기적인 협조체제 구축

여러 형태의 아동관련 기관이 생겨났다. 지역아동센터, 아동보호전문기관, 위탁가정지원센터, 건강가정지원센터 등은 아동권리 모니터링센터와 직접적인 협력이 가능한 기관이다. 적어도 법에 근거한 기관들이 아동권리 모니터링센터의 옴부즈 활동과 책임과 역할을 어떻게 분담할 수 있어야 하는가가 명시되어야 한다. 이들 기관들이 협조 체제에 대한 관련규정이 필요하며 경우에 따라서는 이와 관련한 매뉴얼도 개발될 수 있어야 한다.

(5) 아동 접근성의 확대

2000년 3월에 창설된 런던 아동권리 커미셔너(Children's Rights Commissioner for London)의 활동은 눈여겨볼 만하다. 아동과 청소년들이 가능한 모든 영역에 참여할 수 있도록 모든 활동이 계획된다. 15명의 청소년들이 사무실 관리를 하고, 이외 다른 아동들은 이 단체에서 시행하고 있는 각종 프로젝트에 참여하여 자신의 의사를 표현하고 있다.

아동권리센터의 홈페이지 등을 통해 아동의 접근성을 높이거나 아동옴부즈키즈의 활동을 센터를 중심으로 정례화할 수 있는 방안을 마련해야 할 것이다.

창립 12년이 지나 1993년 노르웨이 의회의 요청이 수행된 노르웨이 아동옴부즈맨의 평가결과에 의하면 아동옴부즈맨은 아동과 아동의 상황이 정치적인 관심을 받아 아동문제가 정치적인 사안이 되도록 하는 데 기여해 왔으며, 법적으로도 아동의 지위를 증진시키는 역할을 하였다. 노르웨이의 아동옴부즈맨 운영은 전 세계의 모델이 되고 있다. 국가아동권리 모니터링기구인 아동옴부즈맨의 설치는 시대적인 요청이자 새롭게 증가하고 있는 현상이다. 이것은 아동의 권리 모니터링 과정의 필수 구성 요소이다.

참고문헌

이재연(2005). 아동권리 보호를 위한 아동옴부즈퍼슨제도 연구, **아동권리연구**, 10, 1, 23-47.

이재연 · 이용교 · 강현아 · 김덕순 · 김영지 · 노경주 · 손병덕 · 연홍숙 · 황혜원(2006). 한국의 유엔아동권리협약 이행 모니터링, 보건복지부.

이재연 · 황옥경(2005). 아동권리모니터링 체계, **아동권리연구**, 8, 4, 593-610.

황옥경(2002). 유럽 국가들의 아동권리 모니터링 현황, **한국 아동권리학회 춘계 학술 대회 발표자료집**, 27-41.

_____(2003). 아동권리 증진을 위한 옴부즈맨 수립 방안, **아동권리연구**, 7, 1, 1-24.

Childwatch International Research Network (1998). *Monitoring Children's Rights Indicators for Children's Rights Project*. Childwatch International Research Network: Switzland

Flekkoy, M. G. (1993). *The Norweigian Ombudsman for Children : A practical experience*. Children's Rights Centre

Flekkoy, M. G. (1994). *Working for the Rights of Children in Norway*. Children's Rights Centre

Forrester, D. & Harwin, F. (2000). Monitoring Children's Rights Globally: Can Child Abuse Be Measured Internationally?, *Child Abuse Review, 9, 6, 427-438.*

Gates, C. (1999). Working Toward a Global Discourse on Children's Rights: The Problem of Unaccompanied Children and the International Response to Their Plight. *Individual Journal of Global Legal Studies, 7, 1.*

Himes, J. (1998). Background Note: Global Monitoring of Child Rights. *Indicators for Global Monitoring of Child Rights. International meeting sponsored by UNICEF*. Geneva, Switzerland.

http://www.crights.org.uk/

Human Rights Watch, (2002). *Human Rights Watch World Report 2002: Children's Rights*. Human Rights Watch.

Littlechild, B., (2000). Children' s Rights to be Heard in Child Protection Processes-Law, Policy and Practice in England and Wales, *Child Abuse Review,* 9, 6, 403-415

Mjaavatn, P. (1994). Policy for Children. The Situation in Norway. In Eugeen, V., & Frans, S.(eds.). *Children' s Rights Monitoring Issues,* Children' s Rights Centre.

Save the Children, (1996). *Children' s Ombudsmen and the Promotion of Children' s Rights.* Radda Barnen: Swedish Save the Children.

Save the Children, (1998). *Child Rights Advocacy Project.* Save the Children.

Save the Children, (2000). *Protecting Children, Supporting Parents.* Save the Children: UK.

Scottish Office (2002). *Commissioner for Children.* HMSO: Edinburgh.

Verhellen, E. (1994). Nornitoring of the UN Convention on the Rights of the Child and Its Implications for the States Parties. In Eugeen, V., & Frans, S.(eds.). *Children' s Rights Monitoring Issues,* Children' s Rights Centre.

Verhellen, E. (1996). *Mornitoring Children' s Rights.* Martinus Nijhoff Publishers: UK

Verhellen, E., & Spiesschart, F. (1989). *Ombudswork for Children: A Way of inproving the position of Children in Society.* Children' s Rights Centre.

Voeten, J. J. (1994). The Conference 'Voice of the Children' , a Participation Project of and for Children. In Eugeen, V., & Frans, S. (eds.). *Children' s Rights Monitoring Issues,* Children' s Rights Centre.

11장

아동권리교육 프로그램

'아동이 인권친화적인 환경에서 자신의 일상생활 경험을 통해서 자신과 타인의 권리를 이해하고, 권리의 관점으로 세계를 인식할 수 있도록 돕기 위하여 아동의 참여를 강조하는 교육' 을 아동권리교육이라고 볼 수 있다. 아동권리교육의 핵심은 자신과 타인이 가진 권리를 이해하는 것과 친인권적인 시각을 견지할 수 있도록 하는 것, 그리고 이것을 위한 교육환경이 인권친화적이며, 인권에 기반한 교수-학생, 학생-학생 간의 상호작용이 이루어지도록 하는 것이다.

1. 서론

1946년 유네스코(UNESCO)의 탄생과정에서 기구의 성립목적을 '정의, 법의 지배, 인권, 그리고 기본적인 자유에 대한 보편적인 존중을 함양하기 위하여 교육, 과학 및 문화를 통하여 여러 국민들 간의 협력을 촉진함으로써 평화와 안전에 공헌하는 것' 이라고 밝힘으로써 인간의 권리에 대한 국제적인 관심을 유도하였다. 1948년 유엔은 [세계인권선언]을 제시하였고, 이를 통해 단순히 인간의 권리를 넘어 인간이 되기 위한 권리, 인간이 가져야 하는 당연한 권리로 인권을 강조하였다. 유엔의 노력과 더불어 각 국에서는 인간 권리의 중요성을 이야기하면서 인권과 권리를 위한 다양한 제도를 개선하였으며 인권친화적인 환경에 관심을 갖기 시작하였다. 그럼에도 불구하고 아동의 인권에 대한 관심은, 1987년 유엔총회에서 아동의 권리를 주목하기 전까지는 미약하였다. 1989년 유엔총회에서 '아동권리협약' 을 만장일치로 선택하게 되면서 세계는 아동의 권리에 관심을 갖기 시작하였다.

이 협약 제42조에서 '당사국은 이 조약의 원칙과 규정을 적절하고 적극적인 수단을 통하여 성인과 아동 모두에 널리 알릴 의무를 진다' 고 규정하고 있어서 아동권리협약은 단순히 아동의 권리를 지켜주겠다는 보호의 측면만 강조하는 것이 아니라 아동 스스로 자신의 권리를 알고 이를 주장하도록 하는 것임을 강조한다. "사람들이 자신의 권리를 알고 이를 행사할 수 있을 때 비로소 인권은 권리가 된다"라고 한 Starkey(1991)의 주장을 고려할 때, 아동을 대상으로 하는 권리교육은 그 자체로 아동의 권리이며 아동의 인권이 신장되는 기본 출발점이다.

그렇다면 아동의 권리교육은 무엇을 어떻게 해야 하는 것인가? 이를 이해하기 위해서는 우선 Lister(1984)가 '인권' 이 갖는 의미와 특징에 비추어 인권교육이 단순히 인권 내용을 강조하는 '인권에 대한 교육' (Education about human rights)으로 그쳐서는 안 되며, 동시에 '인권을 위한 교육' (Education for human rights), '인권을 통한 교육' (Education through human rights)이 되어야 한다고 주장한 것을 고려해 보아야 한다. 이 중에서 '인권을 통한 교육' 의 중요성은 아동의 권리교육에서도 강조되어야 한다. 이것은 아동이 자신의 권리를 알고 누리도록 하기 위해서는 학습환경이 충분히 권리 친화적으로 설계되어야 한다는 것을 강조하고 있기 때문이다. 폭력과 억압, 강제적인 행위가 일어나거나 인권에 역행하는 방식으로 교육을 한다면 이미 그것은 인권과 권리를 위한 교육이라 할 수 없다. 따라서 아동을 위한 권리 프로그램을 계획하고 설계하며 진행하는 과정에서 충분히 아동의 권리가 드러날 수 있도록 구성해야 한다. 이러한 관점에서 여기서는 아동의 권리를 위한 교육 프로그램의 구성과 운영에서 고려해야 할 점을 살펴볼 것이다.

2. 아동권리교육의 의미와 필요성

1) 아동권리교육의 의미

권리교육이 무엇인가에 대한 논의는 우리 사회에서 활발하지 않다. 다만 두 가지 점에서 아동권리교육의 의미를 발견할 수 있다. 첫째는 아동권리협약에 나타난 조항이며, 또 다른 하나는 인권교육에 대한 논의를 통해 살펴볼 수 있다.

먼저 아동권리협약[1]에서 아동권리교육과 관련된 내용을 살펴보기 위해서는 협약의 내용 중 권리교육을 강조하는 조항을 살펴보아야 한다. 구체적으로 제29조에서 권리교육의 중요성을 다음과 같이 밝히고 있다.

당사국은 아동교육이 다음의 목표를 지향하여야 한다는 데 동의한다.

- 아동의 인격, 재능 및 정신적, 신체적 능력의 최대한의 계발
- 인권과 기본적 자유 및 국제연합헌장에 내포된 원칙에 대한 존중의 계발
- 자신의 부모, 문화적 주체성, 언어 및 가치 그리고 현거주국과 출신국의 국가적 가치 및 이질문명에 대한 존중의 계발
- 아동이 인종적, 민족적, 종교적 집단 및 원주민 등 모든 사람과의 관계에 있어서 이해, 평화, 관용, 성의 평등 및 우정의 정신에 입각하여, 자유사회에서 책임 있는 삶을 영위하도록 하는 준비
- 자연환경에 대한 존중의 계발

이 표현에 따르면 아동의 권리교육과 관련하여 핵심 초점은 바로 "아동이 자신에 대한

1) 아동권리협약의 경우 한국유네스코위원회 등을 통해 전문이 공식적으로 번역된 경우가 있고, 인권운동사랑방 등을 통해 읽기 쉽게 번역된 것이 있다. 여기서는 공식적으로 사용되는 전문 번역을 사용하였다.

사람됨, 재능, 정신적, 신체적 능력을 충분히 개발할 수 있다는 것, 그리고 이러한 권리를 누릴 수 있어야 하고, 사회와 성인들은 이를 제공해야 할 책임이 있다는 것, 자유로운 사회에서 다른 사람들의 권리를 이해하고 이에 대한 책임 있는 삶을 살아야 한다는 것"이다. 이런 점에서 아동권리교육은 아동이 가진 자신의 권리와 타인의 권리를 이해하고 책임감 있는 삶을 준비하도록 하는 교육활동이라고 볼 수 있다.

이런 점에서 아동권리교육은 인권교육과 그 맥을 같이 한다. 그러나 인권교육이 무엇인가를 논하는 것도 사실 쉬운 일이 아니다. 인권교육을 연구하는 외국의 학자들도 여전히 '인권교육은 무엇인가'에 대한 정리된 논의가 필요하다고 말하며, 유엔이나 유네스코의 인권 및 인권교육 관련 포럼 등에서 인권교육은 무엇이어야 하는가에 대한 개념적 논의를 계속 진행하고 있다(이종태 외, 2005). 특히 이 방면의 연구를 활발히 진행하고 있는 Flowers(2003)는 관련 학자들과의 인권교육 개념에 대한 논의를 행한 후, 인권교육 개념의 문제가 얼마나 복잡한가를 이야기하면서, 인권선언이 있은지 100주년이 되는 2048년에 회의를 열어 이 문제를 논의한다면 그때에는 확실히 알 수 있지 않을까하고 말하고 있다.

그럼에도 인권교육에 대한 개념적 정의는 상당히 많은 편이다. 구체적으로 유엔은 인권교육과 관련하여 국제공식기구로서 다양한 포럼과 권고를 통해 인권교육에 대한 개념적 정리를 수행하고 있다. 우선 1994년에 발표된 [유엔인권교육 10년(The United Nations Decade for Human Rights Education: UNDHRE)]에서 "인권교육은 인권과 기본적 자유를 존중하는 가치와 태도를 습득하여 개개인의 인성과 존엄성이 충분히 습득되도록 하는 교육활동이며, 동시에 이러한 변화를 통하여 인종이나 성별, 국적, 종교나 문화 및 기타 구분에 의한 사람들 간에 차별과 편견이 종식되고 평등한 관계와 관용, 이해와 우호 및 평화가 증진되는 사회 형성에 기여하는 활동이다"라고 인권교육의 개념을 정의하고 있다. 그리고 이를 위해 구체적인 인권교육의 하위 목적을 '인권과 기본적인 자유에 대한 존중의 강화, 인격과 인간존엄성의 완전한 발전 추구, 모든 국가, 원주민, 인종, 지역, 민족, 종교 및 언어집단 간의 이해, 관용, 성의 평등 및 우호관계의 증진, 모든 사람의 효과적인 참여, 평화유지를 위한 유엔활동의 증진에 도달하기 위해 필요한 지식과 기술의 전달 및 태도의 형성을 통하여 보편적인 인권문화를 건설하는 데 목적을 둔 훈련, 보급 및 전달의 노력'이라고 선언하고 있다.

또한 2005년에 유엔의 [세계 인권교육 프로그램 제안의 1차 시기(2005~2007) 수정행동계획 초안]에서 "인권교육은 지식과 기술, 태도 형성을 통해 인권에 관한 보편적 문화를 구축할 목적으로 이루어지는 훈련, 전파, 정보전달과 관련된 노력으로 정의된다. 인권교육을 통해 이루어지는 지식과 기술, 태도 형성은, ① 인권과 기본적 자유에 대한 존중을 강화하는 것, ② 인격과 인간의 존엄성에 관한 의식을 충분히 발달시키는 것, ③ 모든 국민과 원주민, 상이한 인종, 국가, 민족, 종교, 언어집단 사이에 이해와 관용, 양성평등, 우애를 증진시키는 것, ④ 모든 사람이 자유로운 사회에 효과적으로 참여할 수 있도록 하는 것, ⑤ 평화를 건설하고 관리하는 것, ⑥ 인간 중심의 지속가능한 발전과 사회정의를 증진시키는 것을 지향한다"고 하면서, 이를 다시 위에서 언급한 지식과 기술, 태도 등을 다음의 세 차원, '지식: 인권과 인권 보호 장치에 관한 지식 제공', '가치, 신념, 태도: 인권을 지지하는 가치, 신념, 태도의 계발을 통한 인권문화 제고', '행위: 인권을 수호하고 인권침해를 방지하기 위한 실천행위 격려'로 구체화하여 그 내용을 제시하고 있다(국가인권위원회, 2005). 그러나 이러한 유엔의 공식적인 논의와 달리 실제 인권교육을 강조하는 실천가나 학자들이 인권교육과 관련하여 가장 중요하게 여기는 것은 '인권교육의 학습환경, 그리고 교사와 학습자의 상호작용이 인권적인가'라는 점이다.

이런 점에 기초하여 인권교육에서 강조해야 할 몇 가지 원리를 다음과 같이 정리할 수 있다. 첫째, 인권교육에서 학습자의 능동적인 참여를 강조한다. 둘째, 인권교육이 학습자의 참여를 강조한다면 당연히 인권교육은 학습자의 인권 사태와 연관된 내용을 중심으로 교육이 이루어져야 함을 강조한다. 이렇게 인권교육에서 학습자의 인권 맥락이나 침해 상황을 강조하는 것은 인권교육이 지식교육이 아니라 학습자 자신의 인권을 인식하고 개선해 나가도록 하는 측면을 강조하는 것이다. 셋째, 인권교육이 학습자의 인권 사태에 대하여 직접적인 참여를 강조함으로써 인권교육은 그 자체로서 하나의 권리이며, 인권교육 그 자체가 어떤 것을 위한 수단이 아니라 목적이다. 넷째, 인권교육에서 인권친화적 환경에 대한 중요성이 부각된다. 인권교육을 논의하는 과정에서 인권교육의 환경은 부가적인 것이 아니라 인권교육의 본질적인 한 부분으로 강조되고 있다. 다섯째, 인권교육에서는 사회적 약자나 소수자의 관점을 강조한다. 이 점에서 인권교육은 중립적이지 않다. 여섯째, 이러한 인권교육은 궁극적으로 사회변화를 요구하게 된다. 마지막으로, 인권을 학습함으로써 학습자는 '인권민감성'을 갖도록 하는 것에 초점을 둔다. 즉 인권이라는 개념에 대한 이해가 아니라, 사회적 현상에 대하여 인권이라는 시각으로 바라볼 수 있도록 하는 것이 중요하다.

이러한 인권교육의 원리를 기초로 아동의 권리교육을 이해한다면 다음과 같이 개념화할 수 있다. '아동이 인권친화적인 환경에서 자신의 일상생활 경험을 통해서 자신과 타인의 권리를 이해하고, 권리의 관점으로 세계를 인식할 수 있도록 돕기 위하여 아동의 참여를 강조하는 교육' 을 아동권리교육이라고 볼 수 있다. 또한 아동권리교육의 핵심은 자신과 타인이 가진 권리를 이해하는 것과 친인권적인 시각을 견지할 수 있도록 하는 것, 그리고 이것을 위한 교육환경이 인권친화적이며, 인권에 기반한 교수-학생, 학생-학생 간의 상호작용이 이루어지도록 하는 것이다.

2) 아동권리교육 필요성

아동권리협약의 제일 마지막 조항인 제41조에서는 "권리를 배우는 것 그 자체가 권리이다" 라고 규정하고 있다. 또한 유엔에서 발간한 『인권, 새로운 약속』에서도 "인권에 대해 배우는 그 자체가 권리이다. 인권에 대해 무지를 강요하는 것이나 내버려 두는 그 자체는 인권침해이다. 교육은 인권과 자유의 머릿돌이다" 라고 하였다. 이런 의미에서 '인권' 개념 속에 바로 권리교육을 해야 할 필요성이 담겨 있다.

그러나 실제로 모든 사람이 자신의 권리를 잘 알고 누리고 사는 것은 아니다. 이런 측면에서 인권 및 권리교육은 인권을 누리지 못하는 사회적 약자에게 필요한 권리이다. 아동의 권리가 성인에 의하여 제한받기도 하고, 부모가 임의로 대행하기도 하는 측면을 고려한다면, 사회적 약자로서 아동을 대상으로 하는 권리교육은 아동의 인권을 위한 기본이다. 이런 기본적인 필요성에 기초하여 아동을 대상으로 하는 아동권리교육의 필요성을 좀 더 다각적으로 살펴보면 다음과 같다.

첫째, 아동기는 권리에 대한 이해가 시작되는 권리교육의 결정적 시기이다. 일반적으로 어떤 내용을 학습할 때 결정적인 시기를 고려하여 학습 시기를 결정한다. 많은 연구자들은 초등학교 수준인 아동 중기가 일상적인 생활문제와 구체적인 인권문제에 대하여 관심을 가질 뿐만 아니라 권리에 관한 태도를 기르는 데 결정적인 시기라고 말한다. 대표적으로 Branson & Torney-Purta(1982)는 초등학교 아동들이 인간의 권리를 배움으로써 자신에게 남아 있는 자기중심적 사고에서 벗어나서 타인을 고려할 수 있다고 한다. 또한 초등학교 고학년(보통 5~6학년 정도) 아동의 경우 '권리를 강조하는 상황' 이나 '권리의 충돌이 개입된 상황' , 그리고 권리와 관련한 구체적인 이슈에 대한 태도발달이 어느 정도 가능한 시기로 학자들(Schmidt-Sinns, 1980; Torney, 1980)은 이해한다.

아동의 '인권' 개념 형성 및 발달에 관한 Wade(1994)의 연구는 실제 아동들이 인권이나 권리의 개념을 어떻게 이해하는지를 아는 데 도움을 준다. 그는 미국 초등학생들(9세~11세에 이르는 17명의 아동)을 대상으로 '인권' 개념이 구체적으로 어떻게 형성되고 발달하는지를 살펴보았다. 그에 따르면 아동들은 '인권' 개념을 '원하는 것을 자유롭게 하는 것', '모든 사람이 동등한 것', '보호적인 면으로서의 권리'로 인권내용에 대한 인식을 분화·발달시켜 가는데, 그의 연구대상이었던 대부분의 아동들은 인권에 대한 초기적 인식으로서 '자유로움'과 연관된 개념적 인식을 주로 하고 있는 것으로 나타났다.

또한 Torney & Brice(1982: 박성혁, 2001, 재인용)의 연구결과에서도 Wade가 제시한 연구결과와 비슷한 결과를 보고하고 있다. 그들은 9~13세 아동의 대부분이 추상적인 인권이나 권리의 정의는 모르지만, 사람은 인간이기 때문에 당연히 어떤 권리를 갖는다는 신념을 가지고 있다고 주장한다. 즉 초등학교 시기의 아동들은 추상적인 개념인 인권에 대한 정확한 이해는 어렵지만, '인권' 자체에 대한 기본적인 인지는 가능하다는 것이다.

이런 점에서 아동 시기는 자신의 권리에 대하여 이해하고 타인의 권리를 자신의 권리와 같은 맥락에서 바라볼 수 있는 지적인 발달이 가능한 시기이다. 이런 점에서 아동을 대상으로 하는 권리교육은 인간권리에 대한 교육의 출발점이라고 볼 수 있으며, 바로 아동 시기가 권리교육을 시작해야 할 결정적 시기인 것이다.

둘째, 아동의 삶에 권리문제가 게재되어 있다. 일반적으로 아동은 사회적으로 보호받는 존재라고 생각하고 그들의 결정권을 부모에게 위임하는 것이 사회의 일반적인 관행이다. 그러나 아동과 관련하여 나타난 다양한 문제 상황을 보면 아동의 권리가 부모를 포함한 어른에게 위임되어 있으며, 스스로 권리문제를 고려할 수 없는 존재인지에 대한 의문이 생긴다. 아동학대, 아동 간의 폭력 등등의 사건을 보면 아동은 '인간의 권리'와 관련한 문제 상황에서 수동적인 방관자가 아니라, 가해자가 되기도 하고 피해자가 되기도 한다.

Franklin(1986)이나 Freeman(1983)과 같은 학자들은 아동과 청소년의 권리를 설명하면서 '복지권, 보호권, 성인권, 부모에 대응되는 권리'로 나누어 설명한다. 여기서의 복지권은 아동이 생존과 복지를 위하여 갖는 기본권적 권리를 말한다. 보호권은 성장과정에서 부적절한 대우나 환경으로부터 보호받을 권리를 말한다. 또한 성인권은 투표, 노동, 결혼 등에서 성인과 부당하게 차별받지 않을 권리를 말한다. 그리고 부모에 대응되는 권리는 아동이 부모로부터 과도하게 통제받지 않고 자신과 관련한 결정에 대하여 자율성을 가질 수 있는 권리를 말한다.

이 중 성인권의 경우는 우리 사회에서 아동이 생활세계에서 경험하는 권리라고 보기 어렵지만, 복지권과 보호권, 그리고 부모에 대응하는 권리는 아동의 일상생활 경험과 연결되어 있다. 이점에서 아동은 자신이 가진 권리가 무엇인지 알아야 한다. 또한 자신의 삶 중 어떤 점에서 권리 침해를 경험하고 있으며, 또 자신은 타인의 권리를 침해하는 것은 아닌지에 대하여 생각할 수 있는 교육이 필요하다.

셋째, 권리문제는 학교에서 가르치는 다른 내용과 유기적으로 연관되어 있다. 학교에서 아동들이 배우는 내용의 대부분은 사회 공동체 구성원으로서 어떻게 살아가야 하는가를 다루고 있는데, 이러한 내용 전반에 인간의 권리문제는 중요한 가치나 내용으로 연관을 맺고 있다(Banks, 1990). 따라서 아동들이 학교교육과정을 통해 사회생활에서 다양한 활동을 경험하고 그 안에서 일반적인 인간애를 이해하는 데 권리교육이 큰 도움을 줄 수 있다.

특히 정규교육체계의 교과과정에서 행하는 권리교육은 공동체나 국가 그리고 세계에서의 '지적이며 행동하는 시민'을 육성하는 데 도움을 주는 통합적인 요인으로서 역할을 수행한다. 즉 유치원이나 초등학교와 같은 학교에서의 권리교육은 아동 시기부터 인권에 대한 지식과 관점을 배움으로 인해 '자신의 권리에 대한 인식'을 높일 뿐만 아니라 '자신이 속한 공동체, 국가, 그리고 상호의존적인 세계에서 견문을 넓히고 활동적인 시민이 되도록 하는 다양한 노력에 한 획을 긋는 중요한 부분'으로 작용하게 될 것이다.

넷째, 아동권리교육은 아동권리협약과 세계인권선언의 권고이다. 세계인권선언의 전문에 '모든 개인과 사회구성원은 교육을 통해 인권과 자유에 대한 존중을 증진시키도록' 요구하고 있으며, 제26조에서는 교육의 권리를 주장하면서 교육의 목적은 바로 '인권과 기본적인 자유에 대한 존중을 강화하는 것'이라고 밝히고 있다. 이런 의미에서 학교에서의 인권교육은 선택이 아니라 당연히 이루어져야 할 인권교육의 기본적인 과정이다. 이에 따라 유엔경제이사회는 1950년 결의 314(XI)호에서 학교 그리고 성인교육 프로그램과 신문, 라디오 및 기타 미디어를 통해 세계인권선언에 관한 교육을 장려하도록 하고 있다. 그리고 앞에서도 이야기하였지만, 아동권리협약에서는 아동에게 권리를 교육하는 것 그 자체가 권리라는 것을 협약의 조문으로 설정하여 권리교육의 필요성을 법으로 정하고 있다(구정화 외, 2004).

마지막으로, 권리교육은 아동에게 비폭력적으로 갈등을 해결하는 기술을 습득하고 사회적 타자에 대한 권리를 존중하는 기회를 갖도록 도와준다. 일반적으로 유치원이나 초등학교 교사들은 아동의 권리교육을 반대하는 경향을 보인다. 교사들은 학생들과 권리에 대해 이야기하고 이를 수업으로 다룰 경우 자신들의 권위가 약해질까 걱정이 되어 수업에 적용하지 않으려 하기 때문이다. 그러나 런던의 한 중학교에서 행한 권리교육의 결과를 보면, 권리에 대한 수업을 하게 되면서 학생들은 교사를 포함한 다른 사람의 권리를 이해하게 되었고, 자신의 책임감 또한 알게 되어 교사와의 관계가 더 개선되었다. 그리고 학교에서의 갈등에 대한 대응방식도 비폭력적으로 변하였다고 보고한다(Hudson, 2005). 이런 측면에서 권리교육은 아동에게 자신과 타인의 권리를 더욱 잘 이해하게 하고 타인과의 사회적 관계를 긍정적으로 보도록 하는 데 도움을 준다.

3. 아동권리교육을 위한 환경

1) 아동을 보는 시각 바꾸기

우리는 아동을 어떤 존재로 보는가? 이 질문은 아동을 대상으로 하는 모든 어른이 아동과 무슨 일을 함께 하기 전에 먼저 생각해 보아야 할 질문이다. 아동이 경험하는 모든 생활세계에서 아동의 권리를 고려해 주고 있는지 질문해 보는 것이다. 이점에서 아동권리교육의 기본적인 조건으로서 아동권리를 보장해 주는지를 확인해 볼 필요가 있다.

사회적 복잡성이 가중되고, 아동의 양육을 온전히 가족에게만 맡기지 않게 되면서 아동은 이전과 다른 사회적 대우를 받게 되었다. 기본적으로는 과거와 같이 아동을 미성숙한 존재로 보고, 가정에서나 학교에서 그들이 어른이 되어서 필요하다고 생각되는 지식을 가르치려고 한다. 그러면서 사회는 종종 아동을 지지하고 보호하는 환경으로 작용하기보다는 이윤을 추구하거나 소비 행위를 행하도록 유혹하는 환경으로 작용하기도 한다. 또한 전통적으로는 유교적 가치체계와 수직적 인간관계를 강조하는 우리 사회에서 학습자인 아동들은 미성숙한 '어린 사람'으로 취급당하고, 온전한 한 인간으로서 인격이나 인간으로서의 자기 결정권을 무시당하는 경향이 크다. 뿐만 아니라 아동은 미래의 삶을 위해 보호받아야 할 존재이며, 그들의 삶은 사회로부터 일정 거리를 두도록 설정하는 경우가 대부분이다.

그러나 아동권리의 관점에서 보면, 사회의 주변인이나 수동적인 인간으로 아동을 위치지우는 것은 매우 부당한 조치이다. 아동 또한 동등하게 자신의 권리를 가지며 자신의 권리에 대해 주장할 권리가 있다. 또한 아동은 미래를 준비하는 미래지향적인 인간이면서, 현재의 자신의 삶의 위치와 방식을 이해하고 자신의 삶을 결정하는 당당한 현재적 삶의 주도권을 가진 인간이다. 따라서 아동을 수동적인 사회적 행위자로서 보는 현재의 시각을 교정하지 않는다면, 아동의 권리 중심 프로그램의 구성과 실현은 여전히 이론 수준에 한정될 수밖에 없다.

따라서 교사는 자신이 가르치는 아동을 대상으로 수업을 진행하는 과정에서 다음과 같은 질문을 통해 자신이 바라보는 아동에 대한 시각을 확인해야 한다(구정화 외, 2004). 이러한 질문은 교사가 아동을 볼 때 권리를 가진 한 인간으로 바라볼 수 있는 기본적인 시각을 갖도록 도움을 준다. 또한 이러한 질문은 딱히 아동권리교육 프로그램을 실시하지 않더라도 아동권리를 존중하기 위해 교사가 항상 자기반성의 과정에서 자문해야 할 질문이다.

〈아동권리교육 프로그램의 환경 확인을 위한 교사의 자기 질문〉

- 아동에게 폭력이나 따돌림 행위를 하지 않았는가?
- 특정 아동에 대한 편견을 가지고 있지 않은가?
- 아동들 간에 폭력이 있을 때 적절한 조치를 취하는가?
- 규칙을 정하는 과정에 아동들의 의견을 반영하는가?
- 아동들에게 굴욕감을 일으키는 말이나 행동을 하지 않는가?
- 아동을 부를 때 이름으로 부르는가?
- 아동들에게 가능하면 존댓말을 사용하는가?
- 모든 아동들을 평등하게 대하는가?

2) 민주적인 학습환경 만들기

권리교육에서 무엇보다도 중요한 것은 권리 존중의 분위기를 경험적으로 학습하는 것이다. 권리 존중이라는 가치 · 태도는 활동과정에서 '내가 존중받고 있다' 는 것을 체험하는 데에서 시작된다. 권리교육이나 프로그램의 진행이 권위적이고 비민주적인 분위기에서 이루어진다면, 아동들은 권리에 대한 기본적인 시각을 갖지 못하게 된다. 이 경우 권리교육은 단순히 활동 자체를 위한 프로그램으로 전락하게 된다.

이를 위해서는 무엇을 해야 할까? 민주적인 학습환경은 물리적인 측면과, 교사와 학생이라는 인적인 측면, 그리고 교실문화 측면을 고려해야 한다. 학습을 위한 민주적인 환경 요소에 관한 연구는 Dewey에서 시작되어 70년대에 상당히 활발하게 이루어졌다. Dewey를 비롯한 여러 학자들이 분류한 민주적인 교실 수업환경의 요소를 살펴보면 다음의 〈표 11-1〉과 같다.

〈표 11-1〉 학자들이 분류한 민주적인 학습환경 요소

Dewey(1916/1966)	Dreikurs, Granwald, & Pepper(1971)	Kohlberg(1975)
	교실의 물리적 장치	
· 활동 학습을 위한 도구와 재료 · 상호작용을 유도할 수 있는 공간	· 각 학생의 능력에 적합한 개인화 자료	· 교실 사용의 탄력성
	교실에서의 인간적 유대: 교사	
· 학생의 자기 주도성 강조 · 의사소통과 협동에 초점을 둠 · 학생을 협동활동에 참가하도록 고무함	· 학생 행동의 사회적 목표 이해 · 활동 목적을 이해하도록 구성 · 자기 주도성을 고무 · 참된 공동체 삶을 촉진	· 도덕적 발달단계의 이해 · 도덕적 발달을 위한 조건 만들기 · 집단의 도덕적 관심 드러내기 · 공동체 형성에 참여하기
	교실에서의 인간적 유대: 학생	
· 학생들의 다양성 고려	· 모든 수준의 학생들이 같이 활동	· 다양한 특성을 고려한 학생들
	교실의 사회적 분위기	
· 지적인 자유로움 · 자유롭고 평등한 상호작용 · 교실과 다른 사회와의 다양한 연계 · 진정한 공동체적 삶을 나타낼 수 있는 사회협동의식	· 회의를 통한 의사결정에 학생 참여 · 교사와 학생의 동등한 목소리 · 학생이 자유롭게 자기 의사를 표현하도록 격려 · 다양한 관점 제시 · 관점 채택을 위한 역할 놀이 · 협동적 관계의 가치 강조	· 공동체 유지에 학생들이 실질적으로 참여 · 교사와 학생이 동등한 권리를 가짐 · 공동체적 책임을 고무 · 인지 도덕적 갈등에 초점 · 감정이입을 위한 토론과 역할 놀이 · 친사회적 행위의 강조

〈자료출처: Angell, A. V. (1991, pp. 245-246)〉

학자들의 분류를 보면, 민주적인 학습환경 요인으로 교사와 학생 간의 의사소통의 개방성, 학생의 다양성을 인정하는 것, 그리고 교실에서의 공동체성과 자율성의 조화 등에 초점을 두고 있다. 이렇게 볼 때, 아동권리교육을 위한 민주적인 학습환경의 몇 가지 조건을 다음과 같이 정리할 수 있다(송현정, 2003).

첫째, 아동권리교육을 위한 교수자는 아동의 권리를 존중하며, 또한 아동들 간에도 서로의 권리를 존중하도록 하는 민주적 분위기 속에서 전체적인 교육을 진행해 나가야 한다. 민주적인 교육환경을 만드는 것은 교수자의 몫이다. '가르치는 자-배우는 자' 라는 수직적 관점을 갖거나 '학생에게 전달하는 자' 로서 교사인 자신을 규정하는 것은 아동권리교육을 실시하는 교사가 버려야 할 자세이다. 이를 위해서는 스스로 자신이 아동의 권리를 존중하고 있는 사람인가에 대한 교사의 자기 판단이 가장 먼저 되어야 할 것이다.

둘째, 아동권리교육 수업이 아동참여 중심의 활동으로 이루어져야 한다는 점이다. 아동들의 활동이 수동적이거나 참여가 약한 활동은 아동의 권리를 충분히 드러내지 못하는 학습이다. 교사가 아동에게 자신이 가진 지식이나 행동을 그대로 받아들이도록 강제하거나 주입하는 등의 활동은 그 내용이 아무리 아동권리와 관련하여 탁월할지라도 권리교육이라고 보기 어렵다. 가능하면 아동이 주도적으로 자신의 권리문제와 관련하여 자료를 수집하며 원인을 분석하고 문제를 해결하는 방식으로 활동이 진행되어야 한다. 아동의 인지발달과 관련하여 이러한 활동이 어렵다고 생각할 수도 있으나, 아동의 수준에서 그 나름대로 자기 인식과 판단이 가능하도록 도우면 충분히 가능하다. 아동은 참여 중심의 프로그램을 통해 자신이 삶의 주체이며 사회의 주체임을 인식하게 되고 좀 더 주체적으로 자신의 권리를 인식하게 되며, 이러한 기반이 나중에 사회의 주체라는 확신을 갖도록 도와줄 것이다.

셋째, 교사의 실천과 본보기가 강조되어야 한다. 활동 프로그램의 '드러난 주체' 는 아동일 수 있지만, '숨은 주체' 는 바로 교사이다. 아동권리교육의 진정한 성패는 사실상 교사에게 달려 있다고 해도 지나치지 않다. 아동은 자신의 권리를 명확하게 모른다는 점에서 아동의 권리라는 '멍석' 을 교사가 깔아 주면서 교육이 시작되어야 한다. 이때 교사는 아동의 권리를 실천하는 모델이 되지 않으면 역효과가 나기 쉽다. 따라서 교사는 교실에서 아동과 관계맺는 과정에서 아동의 권리를 존중해야 하며 이를 통해서 스스로가 아동권리, 아니 더 확장해서 인권존중의 바람직한 모델이 되어야 한다. 필요한 경우 교사는 아동의 권리를 지켜주기 위해 교실에서 학생과 학생, 교사와 학생 간의 권리 존중을 위한 합의서를 작성할 수도 있다. 다음에 제시하는 사례는 영국의 한 학교에서 유니세프의 '권리존중학교' 프로그램을 적용하면서 작성한 것으로, 10세 아동들과 교사가 맺은 합의서이다(Covell and Howe, 2005).

권리, 책임감 및 존중에 기반한 학급 행동 규범 합의서[2)]

우리는 모든 학생이 다음의 권리를 지니고 있음을 인정한다.

- 교육에 대한 권리: 우리는 학생들의 학습 기회를 존중함으로써 모든 학생이 교육을 받을 수 있도록 할 책임이 있다.
- 견해를 표현하고 전달되도록 할 권리: 우리는 모든 학생에게 말할 수 있는 기회를 주어야 할 책임이 있다. 또한 우리는 다른 학생들의 의견을 경청함으로써 타인을 존중하는 태도를 보인다.
- 종교 및 문화를 실행에 옮길 수 있는 기회에 대한 권리: 우리는 다른 학생의 종교 및 문화적 행위를 존중하여야 할 책임이 있다.
- 차별로부터 보호받을 권리: 우리는 어떤 사람이 다르다는 이유로 불쾌한 언사나 행동을 하는 행위는 삼가야 할 책임이 있다. 우리는 모든 사람의 차이를 존중할 것이다.
- 학대와 무시로부터 보호받을 권리: 우리는 다른 학생들이 괴롭힘을 당하지 않도록 하여야 할 책임이 있다. 우리는 다른 사람들이 자신만의 시간을 갖는 것을 존중하는 한편, 소외되는 사람은 없도록 해야 할 책임이 있다.
- 안전한 놀이터와 환경에 대한 권리: 우리는 학교와 놀이터 설비를 모든 사람이 사용할 수 있도록 안전하고 깨끗한 상태로 유지하여야 할 책임이 있다. 그리고 우리는 모든 사람들이 즐거운 놀이 시간을 보낼 수 있는 기회를 존중할 것이다.

우리 모두는 이 행동 규범에 합의하며, 모든 학생들이 자신의 권리를 누릴 수 있도록 우리에게 책임이 있음을 인정한다.

이러한 합의서는 교사가 아동권리교육 프로그램을 실시하기 전에 아동과 협의를 통해 만들어 적용할 수 있다. 특히 아동권리협약에 관하여 아동들이 학습한 후 우리 학급에 적

2) 이 자료는 2006년 국가인권위원회에서 마련한 인권교육 국제 워크숍에서 행한 Starkey의 발제 자료에 기초한 것임.

용할 수 있는 협약서를 만드는 교육 프로그램으로 활용할 수 있다. 즉 이 합의서는 그 자체로 아동의 권리를 지켜 주는 기본환경을 만들어 가는 것이면서 아동권리교육 프로그램이 되는 이중적 효과가 있다.

4. 아동권리교육 프로그램의 내용과 교수법

실제로 아동권리교육을 실시하는 데 있어서 교사가 중요하게 고려해야 할 것은 교수 내용과 교수 방법이다. 일반적으로 아동권리교육의 내용 구성을 위해서는 먼저 권리교육의 목표를 설정해야 하는데, 인권교육에서 강조하는 몇 가지 교육목표를 빌려올 수 있다. 인권교육에서는 기본적으로 세 가지 측면에서 인권교육의 목표를 설정한다(구정화 외, 2004). 첫째는 지식 및 이해 측면에서 '인권 알기' 이다. 그 다음은 가치와 태도 측면에서 '인권 감수성 높이기' 이며, 기능과 행동 측면에서 '인권 친화적으로 행동하기' 이다. 이러한 세 가지 목표에 기초하여 궁극적으로는 학습자가 자신의 일상 삶에서 인권 감수성을 갖도록 하는 것이다. 이렇게 보면 아동권리교육에서도 아동이 권리를 알고, 자신의 주변 생활문제에 대하여 권리에 기초한 감수성을 기르며, 이를 토대로 하여 권리친화적인 삶을 꾸며나가도록 교육하는 것을 목표로 내세울 수 있다.

이런 목표에 기초하여 아동의 권리교육을 위한 내용 구성에서 고려해야 할 하나의 준거는 유엔인권고등판무관실에서 제시한 학년을 고려한 인권교육에 대한 총괄적인 내용이다. 이것은 유치원과 초등학교 시기의 아동이 아동의 권리를 포함한 인간의 권리로서 인권에 대하여 무엇을 배워야 하는지와 관련하여 목표와 내용을 고려하여 내용을 제시한다는 점에서 도움이 된다.

〈표 11-2〉 유엔인권고등판무관실에서 작성한 인권교육 목표와 내용

수준	목표	핵심 개념	행위 목표	관련 인권문제	관련 법 · 제도
유아기 • 유치원, 초등학교 저학년 • 3~7세	• 자기존중 • 부모와 교사 존중 • 타인 존중	• 자아 • 공동체 • 개인적 책임 • 의무	• 공평 • 자기표현/경청 • 협동/공유 • 소집단 작업 • 개별 작업 • 원인/결과의이해 • 공감 • 민주주의 • 갈등 해소	• 인종차별 • 성차별 • 불공평 • 타인에 대한 상해(정서적, 신체적)	• 교실에서의규범 • 가족생활 • 공동체규범 • 세계인권선언 • 아동권리협약
아동기 • 초등학교 고학년 • 8~11세	• 사회적 책임 • 시민권 • 욕구, 필요, 권리의 구분	• 개인의 권리 • 집단의 권리 • 자유 • 평등 • 정의 • 법규 • 정부 • 보안	• 다양성의 존중 • 공평 • 사실과 의견의 구분 • 학교혹은공동체 내에서의봉사 • 시민적 참여	• 차별/편견 • 빈곤/기아 • 부정의 • 자민족중심주의 • 자기중심주의 • 수동성	• 인권의 역사 • 지역, 국가 수준에서의 법체계 • 인권의 관점에서 본 지역적, 국가적 역사 • 유네스코, 유니세프 • 비정부조직(NGO)들

〈자료출처: United Nations High Commissioner for Human Rights(2003)〉

이러한 내용을 아동권리교육과 연결시키면 아동권리협약에 제시된 아동의 권리를 가르치는 것을 통해 '자신과 타인이 가진 권리 알기, 권리에 대한 침해와 보호에 대한 민감성 갖기, 권리를 고려한 행동하기' 와 같은 것을 학습할 수 있도록 내용을 구성할 수 있다.

그렇다면 아동권리교육에서 수업방법은 어떻게 해야 할까? 이미 민주적인 환경의 중요성을 강조하였기에 여기서는 학생과 상호작용을 강조하는 수업방법 위주로 살펴볼 것이다. 전통적으로 권리를 강조하는 수업방법으로 권리에 대한 감수성을 길러 주기 위해서는 기존의 수업 이론 중에서 가치명료화, 감정이입, 행동화 등의 방법을 제시한다.

아동권리교육이 기본적으로 인권교육과 같은 맥락이므로 인권교육을 연구하는 기관에서 제시한 인권교육 수업방법은 아동권리교육 프로그램의 개발과 운영에도 도움이 된다.

미국의 미네소타대학교 인권교육센터와 국제사면위원회의 자료, 그리고 인권운동사랑방에서 제시한 인권을 위한 수업방법은 다음의 〈표 11-3〉과 같다.

〈표 11-3〉 인권교육을 위한 교수방법

제안한 기관	제안된 수업방법	
미국 미네소타대학 인권교육센터의 [The Human Rights Education Handbook]	• 브레인스토밍 • 토론 • 영화와 비디오 • 청문회와 재판 • 대중매체 활용	• 사례연구 • 극화 • 현장 견학 • 영상재료 해설 • 관련인사 초청 등
국제사면위원회의 [First Steps]	• 역할 놀이 • 브레인스토밍 • 프로젝트 수업 • 만화	• 소그룹활동 • 집단 토론 • 사진 등의 자료 활용 • 낱말 연상놀이 등
인권운동사랑방의 [인권운동워크숍자료집]	• 시, 그림, 음악 등 예술활동의 활용 • 시청각 자료 활용 • 창조적 글쓰기 • 모의 실험 • 도표나 통계 활용	• 게임 • 탐방 또는 현지 답사 • 드라마, 역할놀이 • 사례연구 • 기념일 행사, 캠페인 기획

〈자료출처: 구정화 외(2004)〉

일반적으로 제안된 수업방법을 보면 크게 두 가지로 나누어 볼 수 있다. 하나는 대중매체를 활용하는 것이고, 다른 하나는 학습자의 활동중심 수업을 통해 인권을 배우도록 하는 것이다. 대중매체를 이용한 교육방법은, 1987년 몰타에서 열린 [인권교육, 정보 및 문헌에 관한 국제회의]에서 교사의 강의에 의존하는 전통적인 교수방법보다는 시청각 자료의 활용이 효과적이라는 논의에 힘입어 인권교육의 한 방법으로 중요하게 여겨진다. 또한 학습자의 활동중심 인권교육은 '인권' 의 특성상 스스로 자신의 인권에 대한 문해력과 민감성을 갖는 것이 목적이라는 점에서 학습자 주도적으로 학습할 수 있도록 문제 상황을 만들어 주어야 한다는 점에서 지속적으로 강조되고 있다(문용린 외, 2003).

또한 1995년 아시아지역 민간단체들이 참여한 인권교육 워크숍에서 ARRC(Asian Regional Resource Center for Human Rights Education)는 인권교육을 위한 'ADIDAS' 기법을 소개했다. 각 활동과정의 두음으로 이루어진 이 프로그램은 다음과 같은 활동을 강조한다(인권운동사랑방, 1999).

> 첫째, 활동성(Activity)으로 학습자에게 새로운 경험을 제공하거나, 자신의 경험을 재창조, 재해석할 수 있도록 도와주는 다양한 활동 프로그램을 제시한다.
> 둘째, 토론(Discussion) 활동을 통해 학습자가 갖게 된 느낌과 생각, 자신의 이전 지식이나 경험과의 비교를 할 수 있도록 질문과 토론을 구성한다.
> 셋째, 투입(Input) 과정에서는 학습자가 기존에 알고 있던 인권 관련 지식이나 개념 가운데 잘못된 내용을 수정해 주고, 제시된 문제 상황과 관련된 다양한 정보를 제공한다.
> 넷째, 심화(Deepening) 활동을 통해 제시된 정보를 통해 학습자가 자신의 경험과 이전 지식을 재평가하고 새로운 관점을 가질 수 있도록 한다.
> 다섯째, 분석(Analysis) 활동을 통해 '왜' 라는 질문을 던짐으로써 학습자 자신이나 주변의 제한된 경험에서 벗어나 거시적 수준의 관점을 획득할 수 있도록 한다.
> 여섯째, 종합(Synthesis) 활동을 통해 지금까지 나온 정보와 생각을 요약하고 종합하는 데서 끝나는 것이 아니라, 앎을 실천으로 변화시키도록 구성한다. 그러므로 '어떻게' 라는 질문을 던짐으로써 갈등과 문제의 해결방안을 모색할 수 있도록 한다.

이러한 인권교육의 교수법과 교육 원리에 기초하여 아동권리교육에서 교사가 고려해야 할 교수원리를 정리하면 다음과 같다.

첫째, 아동의 활동을 중심으로 구성해야 한다. 권리교육을 통해 아동의 권리에 대한 지식 · 이해, 가치 · 태도, 기능 · 행동적 측면의 목표를 모두 달성하기 위해서는 교수학습과정이 학생들의 활동을 중심으로 이루어질 필요가 있다. 학생들은 직접적인 활동을 통해 권리 침해의 현실을 더욱 실감할 수 있으며, 권리 침해 상황에 대해 문제를 제기하고 원인을 분석하며 해결방법을 모색하는 과정을 통해 권리를 존중하는 가치를 내면화하고 인권 친화적 행동을 습관화할 수 있다.

둘째, 일상생활 속의 소재와 자료를 활용하여야 한다. 즉 아동의 권리를 보장하는 프로그램에서 아동이 소외되지 않도록 아동이 경험하는 내용을 소재로 활용하여야 한다. 따라서 가장 좋은 프로그램의 소재는 바로 아동들 자신과 그들이 접하는 세계이다. 가정, 학교, 학원, 지역사회에서 학생들이 실제로 보고 듣고 느끼고 경험하는 것들을 소재로 삼는 것은 문제인식 및 해결에 동기와 호기심을 유발하는 데 있어서 매우 적절하다.

셋째, 상생적(相生的) 학습문화 만들기이다. 아동권리교육을 통해 인권을 강조할지라도 수업이 진행되는 과정에서 타인과의 경쟁을 강조한다면 권리의 상호적인 면을 학습하기가 어렵다.

따라서 학습 상황에서 다른 사람과 이기적인 '나' 보다는 남과 더불어 공부하는 '우리'를 강조하는 상생적인 학습문화를 기반으로 하여 수업이 이루어져야 한다. 이런 점에서 아동권리교육을 위해서는 타인을 배려할 수 있는 프로그램 운영이 필수적이다. 즉 경쟁적이거나 개인적 학습구조가 아니라, 협동적 구조에 기초한 상생적 학습문화를 기반으로 프로그램을 운영해야 한다.

5. 아동권리교육 프로그램의 실제

아동의 권리교육 프로그램은 아동권리협약 이후로 상당히 많이 개발되어 자료집의 형태로 보급되기도 하고, 아동을 대상으로 하는 수업 활동에 활용되기도 한다. 여기서는 이러한 자료 중에서 실제 프로그램으로 적용할 수 있는 두 가지를 소개하려고 한다. 먼저 소개하는 '아동권리협약 알기' 는 호주에 개발된 프로그램을 변형한 것이며, '권리선언문 만들기' 는 국가인권위원회에서 초등학교 아동을 위해 개발한 프로그램을 변형한 것이다.

프로그램 1. 아동권리협약 알기[3)]

- 대상: 초등학교 수준의 아동
- 방식: 주사위를 이용한 게임
- 목표

1. 아동권리협약의 내용을 파악할 수 있다.
2. 아동의 권리에 관하여 자신의 주장을 시, 노래, 즉흥극으로 표현할 수 있다.

- 준비물: 주사위판, 주사위, 말(모둠 숫자만큼), 질문지, 간단한 즉흥극 주제, 아동의 권리에 관한 협약 조문

- 진행

1. 4명씩 4개의 모둠을 구성하고 나머지 학생들은 배심원 역할을 맡는다.
2. 순서를 정하여 주사위를 던지고 나온 수만큼 말을 이동한다(1→64).
3. ? ♥ ♬ ▦ ·_· 등의 그림이 있는 칸에 들어가면 아래의 해설을 따른다.
4. 배심원들은 각 모둠의 시, 노래, 즉흥극, 질문에 대한 답을 평가하고 점수를 기록한다. 게임이 끝날 때까지 각 모둠이 획득한 점수를 합산하여 승자를 가린다.
5. 게임이 끝나려면 정확히 GOAL 칸에 들어가는 수를 던진 팀이 나와야 한다. 이 칸을 넘는 수가 나오면 다시 뒤로 돌아간다. 예를 들어, GOAL 칸에서 2칸 뒤에 있는 팀이 주사위를 던져서 5가 나왔으면 GOAL에서 다시 3만큼 뒤로 가야 한다.

- 즉흥극 주제(예시)

놀 권리, 먹을 권리, 옷 입을 권리, 자기 표현의 권리, 학교에 다닐 권리, 의료 서비스를 받을 권리, 관용에 대한 권리, 성(性)에 대한 권리, 인종에 대한 권리, 가족을 구성할 권리, 좋아하는 곳에 갈 권리, 교사를 존중할 의무, 부모를 존중할 의무, 싸우지 않을 의무 등

3) 이 프로그램은 유네스코(2000), 구정화 외(2004)를 참조한 것임.

- 질문지(예시)

1. 유니세프는 무엇인가?
2. 학대받는 어린이들이 도움을 받을 수 있는 전화번호는?
3. 어린이들이 배고픔에 시달리고 있는 나라들은?
4. 어린이들이 공부 대신 일만 하고 있는 나라들은?
5. 어린이들이 전쟁의 피해로 고통 받고 있는 나라들은?

- 자료: 주사위판

1 →	2 ?	3 ♥	4 ♬	5	6 ▦	7 ·_·	8 ↓
28 →	29 ·_·	30	31 ▦	32 ♥	33 ?	34 ↓	9 ?
27	48 →	49 ♬	50 ♥	51 ▦	52 ↓	35	10 ♬
26 ♬	47 ?	60 →	61 ·_·	62 ↓ ?	53 ·_·	36 ♬	11
25	46	59 ▦	GOAL	63 ←	54	37 ·_·	12 ♥
24 ?	45 ·_·	58 ↑	57 ?	56 ♬	55 ←	38	13 ·_·
23 ▦	44 ↑	43 ?	42 ♬	41 ♥	40 ▦	39 ←	14
22 ↑	21 ♥	20 ·_·	19	18 ♬	17 ?	16 ▦	15 ←

- 그림 해설

? - 어린이의 인권에 관한 질문에 답한다.

♥ - 방금 나온 수만큼 앞으로 간다. 예를 들어, 어떤 모둠이 주사위 3이 나와서 ♥에 도착했다면, 3만큼 더 간다.

♬ - 어린이의 권리에 관한 노래를 부른다.

▦ - 어린이의 권리에 관한 시를 낭독한다.

·_· - 어린이의 인권에 관한 즉흥극(1분)을 공연한다.

프로그램 2. 권리선언문 만들기[4)]

- 대상: 초등학교 수준의 아동
- 방식: 토론을 통한 선언문 작성
- 목표
  1. 아동의 생활 가운데 필요한 권리를 찾아내어 선언문 형태로 만들 수 있다.
  2. 생활 속에서 아동의 권리를 자율적으로 실천할 수 있는 태도를 기른다.
- 준비물: 종이, 사진기, 풀, 사인펜, 신문지

- 진행
  1. 모둠 별로 자리를 앉게 한 후 자신도 모르게 다른 사람을 속상하게 한 일이 있었는지를 생각하게 한다.
  2. 일상생활 가운데 다른 사람의 행복이나 권리를 존중해 주기 위해 지킬 수 있는 약속을 2가지씩 생각하게 한다.
  3. 모둠 별로 자신의 약속을 소개한다.
  4. 자신과 친구들이 제시한 약속을 모아서 권리선언문을 만든다.
  5. 친구들 앞에서 자신의 모둠이 만든 권리선언문을 발표하면서 이것을 지킬 것을 맹세하도록 한다.
  6. 학생들의 권리선언문을 각각 복사, 코팅하여 나누어 주고, 학교 벽에도 부착한다.

4) 이 프로그램은 이양희(2005)를 참조한 것임.

| 참고문헌 |

구정화 · 송현정 · 설규주(2004). 교사를 위한 학교인권교육의 이해. 서울: 국가인권위원회.

국가인권위원회(2005). 세계인권교육 프로그램. 서울: 국가인권위원회.

문용린 외(2003). 유 · 초 · 중 · 고 인권교육과정 개발 연구. 서울: 국가인권위원회.

박성혁(2001). 인권 교육의 사적 발달과 초등 사회과 인권교육의 원리에 관한 연구. 초등교육연구(전주교육대학교 초등교육연구원), 12. pp. 71-88.

송현정(2003). 현대시민교육의 목표로서 인권에 관한 연구. 서울대학교 대학원 박사학위논문.

유네스코(2000). 모든 인간은…. 서울: 사람생각.

이양희(2005). 누구나 행복할 권리가 있어요. 서울: 국가인권위원회.

이종태 외(2005). 인권 교육 개념 및 방향 정립 모색 연구. 2005년도 국가인권위원회 용역 연구결과보고서.

인권운동사랑방(1999). 인권교육 길잡이. 서울: 사람생각.

Angell, A. V.(1991). Democratic climates in elementary classrooms: A review of theory and research, *Theory and Research in Social Education*, 14(3), pp. 241-266.

Banks, J. A.(1990). *Teaching strategies for the social studies, 4th ed.* New York: Longman.

Branson, M. S. and Torney-Purta, J.(1982). *International human rights, society, and the schools.* Washington, DC: National Council for the Social Studies.

Covell, K and Howe, B.(2005). Variation in support for children's rights among Canadian youth, *International Journal of Children's Rights, 3(2), pp. 189-196.*

Dewey, J.(1916/1966). *Democracy and education.* New York: The Free Press.

Dewey, J.(1933). *How we think.* Boston: Heath and Company.

Flowers, N.(2003). *What is human rights education?* www.hrea.org.

Franklin, B.(1986). *The rights of children.* Oxford: Basil Black.

Freeman, M. D. A.(1983). *The rights and wrongs of children.* London: Frauces Printer.

Hudson, A.(2005). Citizenship education and students' identities: A school-based action research project, in A. Osler(Ed.). *Teachers, Human Rights and diversity: Educating citizens in multi-cultural societies*. Trent: Trentham.

Lister, I.(1991). The challenge of human rights of education, in H. Starkey(Ed.). *The challenge of human rights education(pp. 245-255)*. London: Cassell.

Schmidt-Sinns, D.(1980). How can we teach human rights? *International Journal of Political Education, 21, pp. 143-155.*

Starkey, H.(1986). Teaching and learning about human rights in school. *World Studies Journal*, 6, pp. 177-185.

Starkey, H.(ed.)(1991). *The challenge of human rights education*. London: Cassell.

Starkey, H.(2006). HRE in Europe, 유럽 · 미국의 인권 교육 실천과 한국 인권교육의 방향. **인권교육 국제워크숍자료집**. 서울: 국가인권위원회.

Torney, J.(1980). The elementary years as an optimal period for learning about international human rights, in L. C. Falkenstein and C. Anderson(Eds.), *Law and the humanities in the elementary school(pp. 94-100)*. Chicago: American Bar Association.

United Nations High Commissioner for Human Rights(2003). *ABC: Teaching Human Rights-Practical activities for primary and secomdary school*. Geneva: United Nations High Commissioner for Human Rights.

Wade, R. C.(1994). Conceptual change in elementary social studies: A case study of fourth graders' understanding of human rights. *Theory and Research in Social Education, 22(1), pp. 74-95.*

12장

사회 속의 아동: 아동권리 옹호를 위한 접근

환경의 문제, 경제적 곤란, 교육관을 비롯한 부모 및 사회의 가치관의 혼란, 세계화로 인한 무한 경쟁 돌입, 유전자 복제로 인한 새로운 생명의 탄생에 대한 기대 등 매우 다양하고, 중대한 변화들이 그 어느 때보다 아동들의 삶에 직접적인 영향을 주고 있다. 이러한 모든 변화들은 아동들의 발달과 삶에 위기이기도 하고 한편으로는 기회이기도 하다.

1. 서론

우리사회에서 아동들이 처한 상황은 어떠할까? 최근의 사회 변동과 상황은 영유아를 포함한 아동들을 위험에 빠뜨릴 수 있고, 이것은 아동의 발달에 심각한 문제를 일으킬 수 있다. 여기에는 대도시의 대가족, 만성적인 빈곤, 가정 파괴의 압력, 편부모 양육, 노숙, 농촌지역의 빈곤층, 미성숙아, 부모의 술/약물 남용, 그리고 아동학대를 포함한 양육 상의 문제 등이 최근 커다란 사회 문제로 되고 있다. 이 외에도 환경의 문제, 경제적 곤란, 교육관을 비롯한 부모 및 사회의 가치관의 혼란, 세계화로 인한 무한 경쟁 돌입, 유전자 복제로 인한 새로운 생명의 탄생에 대한 기대 등 매우 다양하고, 중대한 변화들이 그 어느 때보다 아동들의 삶에 직접적인 영향을 주고 있다. 이러한 모든 변화들은 아동들의 발달과 삶에 위기이기도 하고 한편으로는 기회이기도 하다.

이 장에서는 한국아동권리학회에서 연구한 아동권리지표를 중심으로 아동들의 위기 상황을 점검해 보고, 그에 대해 논의를 하고자 한다.

2. 영역별 아동의 위기

1) 아이들이 줄어들고 있어요(인구)

최근 국내에서 출산율이 급격히 낮아져 OECD국가 가운데 가장 낮은 1.17명의 출산율을 보이자 많은 사람들이 경제 활동력을 가진 인구 비율의 저하에 의한 국가 경제력의 저하, 차세대에서 고령 인구에 대한 지나친 부담, 국방을 담당할 젊은 세대의 부족 등 여러 문제점뿐 아니라, 한편으로 외동아이로 자란 세대의 이기적인 성격이나 정신적인 문제에 대해 우려하고 있다(장혜경, 2004). 하지만 이같은 저출산에 의한 외동아이의 문제는 단지 국내에 최근에 일어난 문제가 아니고, 이미 다른 국가들에서 오래 전부터 발생하여 논의해 왔을 뿐 아니라, 국내에서도 일부 학자들이 우려해 오고 있던 문제이다. 세계에서 가장 인구가 많은 국가인 중국은 폭발하는 인구 문제로 골치를 썩이던 중 1967년 인구성장률-제로정책(zero population growth, ZPG)을 선언하고, 12년 후인 1979년부터 이 목표를 달성하기 위한 일가구-일자녀정책(one-child-per-family)을 시행하였다(Ping, 1983). 그들은 이 정책이 성공하면 2004년에는 10억 5천만 명, 2028년에는 9억 6천만 명, 2080년에는 3억 7천만 명까지 줄일 수 있을 것으로 추산하였다. 중국에서 이런 정책이 강력히 추진되면서 외동자녀를 둔 가정에서의 심리사회적인 측면에 대한 연구의 필요성이 강력히 제기되었고(Ching, 1982), 이후 약 10년이 지나 많은 연구 결과가 발표되었다. 이러한 현상은 최근 우리나라의 경우도 마찬가지로 예상되고 있다. 〈그림 12-1〉과 같이 낮은 출산율로 인해 아동 연령층은 점차 줄고, 노인 인구는 점차 증가하는 역피라미드형이 될 것으로 전망되고 있다.

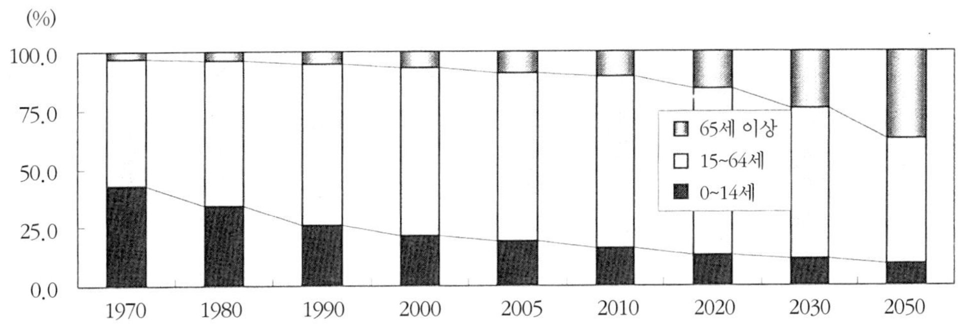

〈그림 12-1〉 연령계층별 인구 구성비 추이

〈자료출처: 통계청, 2005〉

외동자녀에 대해서 중국을 비롯해 미국, 영국, 네덜란드 등 여러 나라에서 연구된 결과를 종합해 보면 대개 비슷한 결론을 내리고 있다. 즉, 외동아이들은 부모와 온 가족의 기대 속에 자라기 때문에 자극이 많고, 과보호되는 경향이 있지만, 언어능력이 뛰어나고, 머리가 좋으며 공부를 잘한다(Falbo & Poston, 1993; Wan 등, 1994). 신체적으로 건강하고 키가 크고 체중이 더 나가지만(Falbo & Poston, 1993), 병원이나 치과를 더 많이 찾아가는 경향(Richards & Goodman, 1996)이 있다. 자아개념을 포함한 또래관계에서는 차이가 없지만(Meredith 등, 1992), 행동 문제가 있을 가능성이 있다(Tao, 1998).

반면에 이들이 다소 자율성이 부족하고(Byrd 등, 1993), 두려움, 불안 및 우울감의 수준이 높고(Yang 등, 1995), 운동이나 신체적 활동을 기피하는 경향이 높고, 이런 이유로 또래들과 잘 어울리지 못하고, 또래 아이들에게 인기가 적다(Veenhoven & Verkuyten, 1989). 자라면서 사회성이 없는 것은 아니지만, 다른 사람들에게 도움을 청하거나 다른 사람들과 협력을 잘 하지 못하는 경향이 높다. 이같이 외동자녀의 경우 부모, 심지어 조부모 및 외조부모의 기대를 한 몸에 받으며 자라기 때문에 양육에 혼선이 빚어지거나, 과잉 기대를 하거나, 걱정이 많아 발생하는 문제들이다. 이것이 장점으로 작용할 경우 건강 상태가 좋거나, 성취도 높거나 어른들 속에서 자라다보니 조숙하는 경우, 풍부한 어휘에 말을 잘하는 것 등이 있다. 한마디로 잘 먹고, 건강하게 똑똑한 아이로 커 나간다. 반면에 이것이 지나치게 되면 부모들의 걱정으로 인해 병원을 많이 찾게 되고, 잘 먹는 데 비해 움직이지 않으려 하고 운동을 싫어하여 과체중 경향이 있고, 사회성이 부족한 것은 아니지만 혼자 지내는 데 익숙하여 친구를 필요로 하지 않는 경향이 높다. 현대사회는 인터넷 등 다양한 의사소통 수단이 더욱 발전하고, 세계화가 더욱 진행하면서 지역 간의 소통이 더 필요해지는 등 변화가 빠르게 일어나기 때문에 사람들과 의사소통하고 어울리는 대인관계가 더욱 중요해진다. 이런 가운데 외동아이들이 사회생활에서 남들과 협력하고 다른 사람의 도움을 청하는 것이 서투르다는 것은 주목할 만한 일이다. 비록 머리가 좋고, 말도 잘하고, 건강하다고 해도 사람들과 잘 어울리지 못해 고립된다면 문제가 아닐 수 없다. 더욱이 또래로부터 배척받거나 공부를 잘하지 못해 실패하거나 하게 되면 외동아이의 결점은 더욱 커질 수 있다. 저출산율과 외동아이의 증가는 피할 수 없는 추세이다. 하지만 이런 문제점을 잘 알고 사전에 예방하는 것이 필요할 것이다. 특히 외동아이는 핵가족, 그 가운데서도 편부모가정의 위험이 높기 때문에 이에 대한 고려가 필요하고, 또한 3세대 가정의 가능성도 높기 때문에 이들을 함께 고려할 필요가 있다.

이러한 외동자녀를 갖는 저출산과 함께 많은 청년기에 속한 사람들이 결혼을 하지 않거나 결혼 후에도 자녀를 갖지 않으려 하는 비율이 전 세계적으로 급격히 증가하고 있다. 이에 비해 일부 사람들은 자녀를 가지려고 갖가지 노력을 하기도 한다. 예를 들어 불임부부의 경우 수년에 걸쳐 수천만 원의 비용을 지불하고 자녀를 가지려고 하거나, 심지어 대리모 등 불법적인 방법을 통해 자녀를 가지려고 한다. 혹은 동성애부부의 경우 생식능력이 없기 때문에 입양이나 인공수정방법을 통해 자녀를 가지려고 하기도 한다.

사람들은 왜 자녀를 가지려고 하는가? 그것은 종족을 보존하기 위한 본능적인 욕구, 자기만족 내지 자기완성, 사랑의 징표, 사회적 압력 등이 거론된다. 이에 반해 자녀를 갖지 않으려는 동기로는 자녀 양육에 대한 경제적 부담, 여성의 자기개발에 대한 제한, 신체적 및 정신적 문제, 여성 역할에 대한 거부 등을 거론하기도 한다(Pohlman, 1970). 저출산 및 무자녀부부의 문제는 전 세계적으로 커다란 문제가 되고 있는데, 최근 유엔의 보고서를 보면 저출산 유형으로 세 가지를 제시하였다(장혜경, 2004). 첫째가 서유럽형으로 동거의 장기화로 첫 자녀 출산이 지연되는 유형, 둘째가 동유럽형으로 첫 자녀 출산연령은 이르지만 둘째 자녀확대가 어려움을 겪는 유형, 그리고 셋째가 남유럽과 동아시아형으로 결혼진입 자체가 늦어져 첫 자녀출산이 지연되는 유형이다. 우리나라는 세 번째 유형에 속하는 것으로 볼 수 있는데, 최근 급속하게 결혼 연령이 늦어짐에 따라 자녀 출산에 대한 부담도 커지고 있다. 그렇기 때문에 첫째 자녀 출산 이후의 자녀 출산에 대한 부담도 또한 커진다고 볼 수 있다. 여하튼 무자녀의 원인에 대한 자세한 논의는 여기서 생략하고, 대신 무자녀가 부부 혹은 개인에게 미치는 영향이 무엇일까?

이것은 급속도로 결혼을 하지 않은 채로 사는 독신 남녀, 무자녀부부가 증가함에 따라 관심이 증가하게 된 이유이다. 최근의 몇몇 연구를 보면 Wenger(2001)는 65명의 독신남녀, 그리고 무자녀부부를 장기 추적하여 연구한 결과, 독신남자는 남성들만이 일하는 작업장에서 혼자 일하며 주로 친척 여성에, 무자녀 남성은 전적으로 아내에게 의존하는 것을 발견하였다. 반면에 독신여성은 보다 독립적이고 외향적이며 여러 사람들과 접촉하는 일을 하고 있었다. 다소 차이가 있지만 무자녀 여성은 결혼 후에 직업을 갖지 않고 남편과 밀접한 관계를 맺고 있지만, 과부가 되더라도 독립적이고 혼자 스스로 자족하는 생활을 하고 있어 뚜렷한 남녀 간의 차이를 보고하였다. 이후에 Jeffries & Konnert(2002)은 캐나다에서 72명의 자발적인 무자녀, 불임으로 인한 무자녀, 그리고 자녀를 가진 여성을 대상으로 연구하여 불임에 의한 무자녀 여성에 비해 자발적인 무자녀 여성들이 보다 자율적이고 환경에 더 잘 대처해 나가는 것을 보고하였다. 하지만 이와는 반대로 Aykan(2003)은 무자녀부부의 경우 가정(home health care)보다 양로원(nursing home health care)에서 지내는 비율이 높아짐을 보고하면서 전후 베이비붐 세대의 장기적인 노후 계획에 대해 조언하기도 하였다. 홍콩에서는 2,003명의 노인들을 대상으로 조사한 결과 무자녀 노인들의 경우 여러 요인들을 보정한 후에 고독(loneliness)과 우울(depression)이 두드러짐을 보고하였다(Chou & Chi, 2004). 이러한 연구결과들은 현재 증가하는 무자녀부부들의 장래에 대한 문제는 외동자녀와 함께 앞으로 이들에게 닥칠 중대한 문제로 이에 대한 대비책을 세우는 것은 현재 아동들의 미래에 대한 부모 세대의 책임이 아닐 수 없다.

〈표 12-1〉 부양비 및 노령화 지수 추이(인구 백 명당)

	1970	1980	1990	2000	2005	2010	2020	2030	2050
총 부양비	83.8	60.7	44.3	39.5	39.3	37.3	39.4	54.7	86.1
유년 부양비	78.2	54.6	36.9	29.4	26.7	22.3	17.6	17.4	16.7
노년 부양비	5.7	6.1	7.4	10.1	12.6	14.9	21.8	37.3	69.4
노령화 지수	7.2	11.2	20.0	34.3	47.4	66.8	124.2	214.8	415.7

〈자료출처: 통계청, 2005〉

이같은 저출산 혹은 무자녀 문제는 김승권(2004)의 전망대로 국가경제력 저하, 노동력 부족, 노인부양비 급증, 지역 내 여러 변화들을 거시적으로 초래할 것이다. 이와 함께 앞에서 논의한 개인 혹은 부부에게도 고독 및 우울, 양로원 거주 등 여러 문제를 야기할 것이다. 따라서 아동정책 수립에 있어서 단지 현재의 문제뿐 아니라 이들의 수십 년 이후의 장래에 대한 문제이지만 이런 점을 심각하게 고려해야 한다. 인구 영역에서 다루는 중요한 부분으로 출생성비, 사망, 인구 이동, 혼인 및 이혼, 가족 등에 관한 사항은 일부는 생명 및 생존에서, 그리고 일부는 가족에서 논의한다.

2. 안전하게 놀고 싶어요(생명 및 생존)

2002년 한국인의 사망 원인을 보면 〈표 12-2〉에서와 같이 1위가 암, 2위 뇌혈관질환, 3위 심장질환, 4위 당뇨병, 5위 만성하기도질환 순이다. 하지만 아동들의 사망 원인은 0~1세의 영아를 제외한 모든 아동 연령에서 교통사고에 의한 사망이 월등히 높게 1위를 차지한다(서문희 등, 2004). 이것은 우리나라가 아직도 아동들에게 안전한 환경을 제공하고 있지 못함을 말해 주고 있다.

〈표 12-2〉 연령별 사망원인 순위(2002년)

순위	1세 미만	1~9세	10~19세	인구 전체
1위	주산기질환 (259.4)	운수 사고 (8.0)	운수 사고 (7.4)	악성신생물 (130.7)
2위	선천성기형 (121.8)	악성신생물 (3.4)	악성신생물 (4.0)	뇌혈관질환 (77.2)
3위	영아급사증후군 (17.7)	선천성기형 (2.6)	자살 (3.5)	심장질환 (37.2)
4위	심장질환 (5.6)	익수 사고 (2.4)	익수 사고 (1.5)	당뇨병 (25.1)
5위	기타 급성하기도감염 (4.4)	추락 사고 (2.0)	심장질환 (1.2)	만성하기도질환 (22.6)

〈자료출처: 서문희 등(2004)에서 인용; 원출처: 통계청(2003), '2002년도 사망원인 통계연보'〉

서문희 등(2004)은 아동백서에 관한 연구보고서에서 생명과 생존에 관한 영역을 크게 안전과 건강으로 나누어 제시하였는데, 여기서도 유사하게 분류하여 논의한다. 그녀는 안전을 안전사고, 교통안전, 시설 및 아동용품 안전, 음식의 안전의 4개 영역으로 나누었는데, 여기서는 이 가운데 일부만 논의하도록 한다.

우리나라의 경우, "사고공화국"이라는 별칭으로 자조하듯이 안전과 관련하여 무심하게 지내 왔다. 하지만 1999년 씨랜드 화재에 의한 유치원생들 사망, 인천호프집 화재사건 등을 계기로 국무총리실 산하에 안전관리대책기획단을 설치하여 2000년 안전관리종합대책으로 7개 분야 100대 과제를 마련하였으며, 이후 '안전관리개선기획단'이 설치되어 범정부적 차원의 업무를 추진하고 있다. 이와는 별도로 '어린이 보호 · 육성 5개년 계획'과 관련하여 '어린이안전대책추진협의회'도 구성되었다. 이같은 종합 대책에 이어 아동의 사망 원인 중 높은 비율을 차지하는 교통안전에 대해 도로교통안전관리공단을 중심으로 건설교통부, 경찰청 등 여러 기관에서 노력하여 교통사고 사망자 수를 획기적으로 감소시켰으나, 아직도 다른 OECD국가들에 비해 월등히 높은 수준이다. 이에 대한 정부부처들의 법적, 제도적 정비 및 철저한 시행과 같은 노력과 함께 시민운동으로도 아동들의 안전을 지키기 위한 노력이 있어야 할 것이다. 여기에는 부모들이 아동들을 안전하게 자동차에 태우기(예로 운전석에 데리고 타는 습관 고치기 등), 건널목 및 교통신호 지키기 등 다양한 것들이 있을 수 있다.

사망 원인으로 가장 중요한 것이 교통사고에 의한 것이지만, 그 외에 아동들이 손상되는 안전관련 영역으로 가정 내에서 발생하는 각종 안전사고들이 있다. 특히 5세 미만 아동의 경우 발생하는 안전사고의 66.5%(한국소비자보호원, 2003)가 가정 내에서 발생한다. 이러한 사고는 종종 발생하는 '아파트 베란다 추락사고'와 같이 주택에 관한 법규에 의해 개선할 수 있는 것도 있고, 또한 끓는 물에 화상을 입는 것과 같은 많은 안전사고는 부모교육을 통해 개선될 수 있는 것도 있다. 소비자보호원의 자료에 의하면 6~14세 아동들의 경우 바깥 활동이 많기 때문에 이들의 경우 주로 놀이터, 학교시설 등과 관련하여 사고가 발생한다. 또한 이들은 각종 놀이를 하다가 사고를 당하는 수가 많고, 학교 주변의 불량식품 섭취 혹은 학교 집단급식과 관련한 집단식중독 등을 당하기도 한다. 따라서 아동들의 안전과 관련한 각종 관련 법규의 재정비 및 엄격한 시행, 꾸준한 모니터링이 요구된다.

3. 건강하게 자라고 싶어요(건강 및 보건)

우리나라 아동들의 건강 및 보건 수준은 비교적 높은 수준으로 거의 선진국 수준에 근접해 있다. 그 한 예로 가장 중요한 아동지표 가운데 영아사망률(infant mortality rate)의 경우 2003년에 1,000명당 5명으로 선진국 수준에 도달하였는데, 이것은 1960년 90명에 비해 획기적인 발전을 이룬 것이라고 할 수 있다. 이 지표는 한 국가나 특정 지역의 전반적인 보건수준, 사회경제적 수준 등을 평가할 수 있는 종합지표로 매우 중요하게 사용되고 있다. 마찬가지로 또 다른 주요 지표 가운데 하나인 5세 미만 아동사망률도 5로서 이미 선진국 평균 6을 앞지르고 있는데, 이는 1960년 127에 비해 놀라운 변화로 독일, 핀란드, 룩셈부르크 등과 함께 세계 170위에 해당한다(UNICEF, 2004). 이와 함께 아동 건강 및 보건의 주요 지표인 예방접종률은 99.6%로 선진국 수준에 이미 도달하였다.

아동들의 성장 및 영양에 관한 사항으로 아동들의 체격(키, 몸무게, 가슴둘레, 앉은키), 체력, 영양소 섭취, 식사 실태 등은 상당히 개선된 것을 알 수 있다. 하지만 여기에서도 체격 향상에 비해 체력이 부족한 점, 균형 잡힌 영양소 섭취가 여전히 부족한 점, 외식하는 비율이 높은 점 등이 문제점으로 지적되고 있다.

이러한 주요 지표에서 아동들의 건강 및 보건 수준은 이미 선진국 수준에 근접 내지 도달했음에도 불구하고 매우 미흡한 영역이 여전히 남아 있음은 물론이다. 특히 질병 이환 상태, 정신건강, 장애 등에 대해서는 전국적인 실태 조사조차 제대로 된 적이 없고, 현재 장애인 실태조사에 의한 장애아동 출현율은 국제적인 비율에 비해 턱없이 낮아(예로 정신지체 출현율이 0~9세가 0.33%로 발표되었는데, 국제적으로는 약 1~3%로 알려져 있다. 따라서 국제적인 출현율에 비해 1/3내지 1/10의 출현율을 신뢰할 수 없다) 그 신뢰성을 공인받지 못하고 있다. 따라서 이에 대해서는 신뢰할 수 있는 전국적인 실태 조사가 가장 시급한 실정이다.

그 밖에 아동권리학회 안에서는 생존 영역에서 다루었지만, 보건 영역에서 다루기도 하는 안전한 식용수 공급에 관한 비율을 보면 우리나라의 경우 전체 92%(도시 97%, 농촌 71%)로 아직 선진국 100%에 상당히 미치지 못하는 것으로 나타나고 있다. 이 비율은 선진제국에는 말할 것도 없고 헝가리(99%), 과테말라(95%), 말레이시아(95%), 자메이카(93%), 이란(93%)에도 못 미치고, 겨우 요르단(91%), 멕시코(91%) 수준에 불과하다(UNICEF, 2004). 이 지표는 서문희 등(2003)의 연구에서 전문가 조사결과 그 중요도가 3.8로 매우 낮게 나왔을 뿐 아니라, 서문희 등(2004)의 아동백서 연구에서는 아예 제외되고 있다. 하지만 이같이 국제적 기준에 매우 중요한 국가의 보건지표 가운데 하나로 간주되고 있으므로, 아동백서의 주요 지표 가운데 하나로 다시 추가함은 물론 이에 대한 관심이 촉구된다고 하겠다.

4. 잘 돌봐 주세요(보육)

보육을 한 영역으로 두느냐 혹은 사회복지 영역의 한 세부 영역으로 두는가 하는 점은 논란의 여지가 있지만, 여기서는 한국아동권리학회의 안을 따르기로 한다. 하지만 그 내용에 있어서는 서문희 등(2003), 서문희 등(2004)의 내용을 참조하였다. 즉, 보육에서 가장 중요한 것은, 특히 취업모를 포함한 취약 계층의 보육수요를 적절하게 충족하고 있는지, 보육서비스 이용은 어떠한지, 보육료 지원은 어떤지, 보육시설의 프로그램 및 보육교사의 질적인 면에 관리가 이루어지고 있는지, 취약한 계층에 대한 보육지원이 적절하게 이루어지고 있는지 등의 여부이다.

이 영역에 대해서는 교육인적자원부, 보건복지부, 노동부 등 여러 부처로 나뉘어 있던 보육 관련 법규들을 종합하여 영유아보육법이 2004년 1월 전면 개정되고, 그 주관 부처로 여성부가 선정되면서 많은 변화가 일어날 것으로 기대한다. 우선 예산에서 약 4,000억 원에서 48.2%가 증가된 6,000억 원으로 대폭 증가하였다. 그 예산 가운데 가장 많은 증가를 보인 것으로 장애아 무상보육료, 차등보육료, 만 5세아 무상보육료, 두 자녀 보육료(신설)가 있고, 그 외에 보육시설 기능강화(신축 포함), 보육시설 운영지원(보육시설 차량운영 등), 보육인프라 구축(보육정책개발원 설치, 보육정보센터 운영 등), 어린이집 운영 등이 있다(여성부, 2005).

이러한 획기적인 투자로 그동안 약 60%에 머무르던 보육수요의 충족률(서문희 등, 2004, 재인용)이 다소 증가할 것으로 보인다. 하지만 보육시설 현황을 보면 2003년 현재 공공성이 비교적 강한 국·공립 및 법인보육시설은 각각 5.5%, 6.8%에 불과하여 그 수가 매우 제한적이다. 물론 보육시설의 대다수를 차지하는 개인(46.5%), 가정(37.0%) 시설의 경우 그 규모가 작아 시설 내 보육아동 수의 비율은 각각 53.8%, 12.1%인데 비해 국·공립 및 법인보육시설의 경우 12.1%, 16.4%로 시설 수에 비해 보육아동 수는 상대적으로 많다(보건복지부, 2003). 따라서 보육시설의 대다수를 차지하는 개인 및 가정보육시설의 장점을 살리면서 공공성을 확보하는 문제가 상당히 중요함을 알 수 있다. 이와 함께 전업주부 혹은 미취업모를 포함한 동거 조부모, 혈연 혹은 비혈연 양육자 등 가정 내에서 이루어지고 있는 보육에 대해서도 적절한 지원 대책이 이루어져야 할 것이다.

지난해 개정 발효된 영유아보육법에 근거한 보육정책은 올해 그 첫 단계가 시작했다고 할 수 있는데, 앞으로 그 시행 및 성과를 모니터링하여 미비점 혹은 개선점을 제시해야 할 것이다. 특히 주요 개정안 가운데 보육시설의 인가제 전환, 부모협동보육시설 신설, 영아·장애아·저소득계층의 자녀 등 보육시설 우선이용 자격강화, 보육교사 자격제도 도입 등이 주요 관심이 되고 있다.

5. 잘 가르쳐 주세요(교육)

아동의 교육 영역에서는 한국아동권리학회(2001), 서문희 등(2003), 서문희 등(2004)에서 이미 제시한 것들을 참조하여 교육기회, 교육여건, 교육결과로 나누어 볼 수 있다.

먼저 교육기회와 결과를 종합적으로 살펴볼 수 있는 우리나라의 성인 문자해독률(adult literacy rate)은 2000년 남자 99%, 여자 96%로 선진국 수준에 이미 도달하였다. 이와 함께 취학률은 한 국가나 지역의 교육기회를 나타내는 가장 기본적인 척도로 알려져 있다. 초등학교 취학률(primary school enrollment ratio)도 100%에 달하지만 중등학교 취학률은 91%에 그쳐 다소 떨어지는 상황이다(UNICEF, 2004). 일반적으로 교육은 유아교육, 초등교육, 중등교육 및 고등교육으로 나눌 수 있다. 이러한 교육기회에서 아동들은 누구나 국가가 제공하는 교육을 받을 권리가 있고, 또한 그 기회는 신앙, 성별, 신분, 경제적 지위, 장애 여부 등에 의한 차별 없이 그 능력에 따라 교육을 받을 수 있어야 한다. 우리나라의 경우도 초등교육 6년과 중등교육 3년을 의무교육으로 규정하고 있다. 유아교육은 이미 보육에서 논의하였는데, 우리나라의 경우 만 5세아의 교육기관 이용률이 68.7%로 미국 73.8%, 이탈리아 97.6%, 노르웨이 80.5% 등과 비교하여 선진국에 비해 상당히 낮은 수준이다(서문희 등, 2003). 앞으로 영유아보육법의 개정으로 많은 변화와 개선이 기대된다.

가장 기본적이고 중요한 초등 및 중등교육은 우선 취학률을 보면 2003년 초등학교 99.5%, 중학교 96.4%, 고등학교 95.2%로 비교적 높은 편이다(교육인적자원부, 2003). 이처럼 높은 취학률에 대학교 진학률도 고등학교 졸업자의 79.7%(인문계 90.1%; 실업계 57.6%)로 매우 높은 편이다. 이렇게 높은 진학률에도 불구하고 중학교에서는 0.9%, 고등학교에서는 2.2%의 학생이 중도탈락하고 있다. 이들의 중도탈락 사유를 보면 품행 및 부적응이 중학교 25%, 인문계 고등학교 25.6%, 실업계 고등학교 52.3%를 차지한다. 이와 비슷한 비율로 유학 혹은 이민에 의한 것이 중학교 40.6%, 인문계 고등학교 26.1%, 실업계 고등학교 1.4%를 차지하고, 그 외에 높은 비율이 가사 등에 의한 것이다. 특히 이 가운데 주목할 것이 유학 혹은 이민에 의한 중도탈락 비율이, 특히 2001년부터 2003년까지 중학생에서 30.2% → 35.7% → 40.6%, 인문계 고등학생에서 20.0% → 23.9% → 26.1%로 급격하게 늘고 있다는 사실이다. 우리나라 중고등학생들이 청소년 시기에 부모와 떨어져 조기 유학을 하는 현상이 구체적 자료로 입증되고 있는 것인데, 이들의 정상적인 발달을 지원할 수 있는 구체적인 방안들이 강구되어야 할 것이다. 이 외에 특수교육, 영재교육, 대안교육, 직업교육 등 다양한 수요에 맞춰 교육기회의 다양화를 추진하고 있는데, 이에 대해 아직 많이 미흡한 것이 사실이다.

두 번째는 교육여건에 관한 사항이다. 이 가운데 가장 대표적인 척도가 교사 1인당 학생 수인데, 1970년에 비해 2003년은 많은 발전이 이루어졌다. 즉 초등학교의 경우 56.9명에서 27.1명으로 무려 2.11배나 감소하였으며, 중학교도 42.3명에서 18.6명, 고등학교도 29.7명에서 15.3명으로 호전되었다. 이러한 교육여건의 개선은 1980년에 비해 2003년을 비교할 때 도서관 좌석당 학생 수가 초등학교의 경우 75.6명에서 19.7명, 중학교 28.1명 → 13.6명, 고등학교 15.4명 → 9.2명으로 학생 1인당 장서 수가 초등학교 0.5권 → 5.9권, 중학교 1.4권 → 6.2권, 고등학교 2.3권 → 7.1권 등으로 호전된 것을 봐도 명확하게 드러난다. 교육예산의 경우도 마찬가지로 국내 총생산(GDP) 대비 공교육비 총액의 비율이 1980년 3.9%에서 2003년 4.9%로 증가되었고, 1인당 공교육비가 약 30배 가량 증가하여 물가상승 등을 고려하더라도 상당히 증가한 것을 알 수 있다. 2003년 초 · 중등학교의 공교육비 총액이 약 29조 9740억 원(초등학교 45.2%, 중학교 25.1%, 고등학교 29.7%)으로 외형적으로는 많은 증가를 이루었음에도 불구하고 이들의 사교육비 총액은 공교육비의 45.5%에 해당하는 약 13조 원을 넘는 것으로 추산되고 있다. 이와 함께 학생들의 평균 학습시간은 평일을 기준으로 초등학생 7시간 20분, 중학생 8시간 52분, 고등학생 10시간 7분으로 매우 긴 학습시간을 가지고 있음을 보여 준다(통계청, 1999, 재인용; 서문희 등, 2003). 이러한 교육여건은 양적인 확대에도 불구하고 교육여건의 개선이나 발전이 질적인 발전을 이루고 있는지 여부에 대해 회의적이다.

마지막으로 교육결과에 대해서는 한국아동권리학회(2001)는 진학, 졸업, 학교교육 이수기간 년수, 학업성취도, 신체적 성장을 제안하고 있고, 서문희 등(2003)은 교육의 인격형성 효과, 교육의 지식 및 기술습득 효과, 학교생활 만족도 정도를 제시하고 있다. 이에 비해 영국은 교육성취도(educational achievement)로 핵심과목(예, 수학)의 도달 수준, 전국수학능력평가(General Certificate of Secondary Education; GCSE)의 등급별 분포, 학생들의 중도탈락 및 결석률을 제시하고 있다(UK, 2002). 한편 미국은 수학 및 읽기능력 점수, 고등학교 졸업생의 수학, 과학, 영어, 외국어 합격생 비율, 고등학교 졸업 및 탈락, 대학 이상 졸업생 비율을 제시하고 있다(FIF, 2002). 따라서 우리나라도 구체적인 자료를 공개하고 지역 간, 과목 간, 사회계층 간 그 결과를 분석할 수 있어야 한다.

우리나라는 그 높은 교육열로 인하여 많은 국가적 성장의 원동력을 마련한 것도 사실이지만, 이에 못지 않게 부작용도 경험하고 있다. 최근 고등학교 1학년 학생들의 내신강화 방침에 반발하여 '광화문 촛불시위' 에 대한 움직임이 일어나자 범정부적 차원에서 광화문 일대에 수백 대의 경찰 차량과 수천 명의 시위진압 경찰이 삼엄한 경계를 피는 웃지 못할 일이 일어나기도 하고, 경제부총리를 역임한 인사가 교육부총리로 취임하여 경제

논리로 교육정책을 풀어가려고 시도하기도 한다. 이러한 문제들은 유엔아동권리위원회에서도 우리나라 아동들의 정상발달을 저해하는 국가적 차원의 문제로 이에 대한 개선 권고안을 국가보고서에 대해 제시하기까지 이르렀다. 이에 대한 아동권리 옹호를 위한 접근 방식에서 대안을 마련하도록 하여야 할 것이다.

6. 행복하고 안정된 가정을 원해요(가족)

결혼 및 가족 형태의 급격한 변화는 아동양육에 많은 영향을 미치고 있고, 이것은 아동을 상당한 위기로 몰아 넣고 있다. 이 가운데 이미 이러한 결혼 및 가족 형태의 변화를 경험한 국가들의 예를 보면 우리의 변화를 예견할 수 있다. 예로 영국을 비롯한 유럽의 경우, Utting & Pugh(2004)는 다음과 같이 요약하였다.

① 결혼 비율의 감소가 1999년에 30년 전에 비해 약 절반이 되었다. ② 결혼을 하지 않는 동거 비율이 20년 사이에 3배 이상(1976년 9%에서 1998년 29%로 증가) 증가하였다. ③ 자녀의 출산 연령이 점차 늦어져 1971년 26세에서 1999년 29세로 늦어지고 있다. 1979년에는 약 70%가 20대에 출산을 하였는데, 1999년에는 그 비율이 48%로 감소하고 42%는 30대에 출산하였다. ④ 결혼 외 출생의 비율이 증가하여, 1999년 미혼모 출생이 약 40%로 1971년에 비해 5배 증가하였다. ⑤ 이혼 비율이 급격하게 증가하여 1999년 이혼율은 1960년 초에 비해 6배 증가하였고, 결혼한 부부에서 출생한 아동의 약 1/4은 16세 이전에 부모의 이혼을 경험한다. ⑥ 편부모에 의해 양육되는 아동의 비율이 증가하는데, 1971년 7%에서 2000년 21%로 추계되었다. ⑦ 7명 중 1명의 아동은 계부모와 살게 되었다. ⑧ 일하는 어머니의 비율이 증가하여, 1973년 47%에서, 1993년 59%로 증가하였고, 2000년 21%는 전업, 39%는 파트타임 직업에 종사하고 있다. ⑨ 빈곤층의 아동들이 증가하고 있다. 즉, 10명 중 3명의 아동은 상대적 빈곤계층에 속한다.

이러한 영국 등 유럽의 변화에서 보듯이 우리나라 가족형태도 그 규모의 축소와 다양한 유형이 나타난다는 점에서 동일하다. 이미 앞에서 저출산과 연관하여 일부 논의하였지만 2000년 현재 가구당 평균 가구원 수는 3.1명으로 1960년 5.6명, 1970년 5.2명, 1980년 4.6명, 1990년 3.7명에서 더욱 감소하였는데. 이것은 조부모와 동거 감소, 저출산, 1인 가구의 증가 등에 의한 것이다.

이와 함께 평균 초혼 연령은 2003년 현재 남자 30.1세, 여자 27.3세로 1981년에 비해 남자 3.7세, 여자 4.1세 늘어났다. 이것은 결국 자녀 출산이 늦어지는 결과로 이어지고, 저출산의 주요 원인이 된다.

〈표 12-3〉 평균 초혼 연령 추이(세)

	1981	1990	1995	2000	2001	2002	2003
남자	26.4	27.8	28.4	29.3	29.6	29.8	30.1
여자	23.2	24.8	25.4	26.5	26.8	27.0	27.3

〈자료출처: 통계청, 2005〉

〈표 12-4〉 주요국 평균 초혼 연령 비교(세)

	일본(2003)	네덜란드(2002)	오스트리아(2002)	스웨덴(2002)
남자	29.4	30.7	29.9	32.5
여자	27.6	28.2	27.4	30.1

〈자료 출처: http://epp.eurostat.ceo.au.int,「일본 인구동태통계연보」 2004; 재인용, 통계청, 2005〉

결혼이 줄고, 초혼 연령이 늦어지고, 자녀 출산이 적어지고, 동거 비율이 증가하고, 이혼 및 재혼이 증가하면서, 편부모양육도 증가한다. 그와 함께 어머니의 취업도 증가한다. 이 모든 현상들, 즉 현대가족 혹은 가정의 특징을 세 가지로 요약한다면, ① 가족 크기의 감소, ② 가족의 안정성 저하, ③ 가족 유형의 다양화로 귀결되고, 이러한 특성은 결국 아동의 양육에 중대한 영향을 미친다. 이러한 가족형태 및 아동양육의 변화가 앞으로 아동들의 삶에 어떤 영향을 미치고, 여기서 파생할 수 있는 문제를 최소화하기 위한 방안들은 무엇일까?

아래 사회보장에서 소위 '요보호 아동' 에 대한 사항은 다루도록 하고, 여기서는 일반적으로 부모, 혹은 부 또는 모 등 혈연관계에 의해 양육되는 아동들을 대상으로 논의한다. 이미 외국의 선례들을 볼 때, 이혼이 급증하다가 이혼에 따른 부작용을 감당하기가 어려워지기 때문에 법적 혼인관계가 아닌 동거 비율이 증가할 것으로 예상되는데, 동거부부의 경우 그 특징 가운데 하나가 관계의 불안정성이다. 물론 일부는 결혼으로 이어져 안정된 관계로 발전하기도 하지만, 대개 2~3년을 넘지 않고 종결지어지는 경우가 대부분을 차지한다. 그리고 이런 높은 동거비율, 이혼의 증가에 다른 편부모양육의 증가, 이혼은 대개 수년 이내에 2/3 가량이 재혼을 하기 때문에 많은 재혼가정이 탄생하여 그 자녀들의 이질성을 극복하는 데 많은 시간과 노력을 요하게 된다. 이혼 과정을 극복하고 안정을 찾는 기간이 대략 2~3년이고, 재혼가정이 안정을 찾는 데는 그보다 훨씬 긴 5~7년 정도 소요되는 것으로 알려져 있다. 또한 어머니의 취업 증가와 초혼 연령의 증가로 인한 고령 출산에 따른 문제들도 많이 발생할 것으로 예상된다. 이와 함께 외동자녀, 핵가족 내지 편부모에 의한 양육 등으로 인하여 아동양육에 대체할 양육자 혹은 보조 인력이나 자원의 부족이 절대적으로 부족해질 것이다.

이같은 여러 변화를 어떻게 정책적으로 해결할 것인지하는 점이 매우 중요하다. 따라서 현재까지 아동에 관한 정책이 주로 '요보호 아동' 에 초점을 맞추었다면 이제는 이런 '일반가정' 의 아동들에게로 정책의 방향이 변화해야 할 것이다. 그런 것을 목표로 최근 제정된 '건강가정기본법' 과 같은 법령은 매우 시의적절하다고 할 수 있다. 이 법의 목적은 "건강한 가정생활의 영위와 가족의 유지 및 발전을 위한 국민의 권리 · 의무와 국가 및 비방자치단체 등의 책임을 명백히 하고, 가정 문제의 적절한 해결방안을 강구하며 가족 구성원의 복지증진을 이바지할 수 있는 지원정책을 강화함으로써 건강가정 구현에 기여하는 것" 을 목적으로 하고 있다. 이 법령에서는 각 개인뿐 아니라 국가 및 지방자치단체의 책임을 명시하고 있는 점이 강조되고 있다. 여기 아동을 개별적으로 규정하고 있지는 않지만, 가족 혹은 가정이라는 개념 속에서 아동의 적절한 보호, 양육에 대한 지원을 제시하고 있기 때문에 상당히 진일보하고 있다. 이 법은 금년(2005년) 1월부터 시행하여 이제 막 시작단계에 있기 때문에 앞으로 구체적으로 어떻게 그 목적 달성을 구현하기 위한 정책과 수행을 면밀히 살펴볼 필요가 있다.

7. 내 말 좀 들어주세요(사회성 발달/시민적 권리)

여기에는 서문희 등(2003), 서문희 등(2004)의 보고서의 문화와 여가/사회문화 활동 및 시민적 권리를 함께 포함한다. 한국 아동권리학회(2001)의 안에서는 이 두 가지를 친사회적 행동과 시민의 권리와 자유의 두 가지 관심 영역을 포함하였던 것에 비해, 그녀들은 이것을 크게 둘로 구분하여 제시하고 있다.

먼저 친사회적 행동(혹은 사회문화 활동, 문화와 여가) 영역을 살펴보면, 서문희 등

(2003)은 ‘문화’ 항목에서 ‘공연장 및 전시장 관람률’, ‘여행경험률’, ‘독서량’을, ‘여가’ 항목에서는 ‘여가활동 시간’, ‘여가활동 이용방법’, ‘레저시설 이용률’, ‘여가활동 만족도’를 제시하고 이를 지표화하고 있다.

이에 비해 한국 아동권리학회(2001)안에서는 ‘사회적 유능감’ 항목에 ‘친구의 수’, ‘자신에 대한 만족감’, ‘긍정적 스트레스 대처방식 비율’, ‘아동의 생활만족도’ 등 다소 객관화하기 어려운 부분이지만 중요한 주관적 사항들을 지표화할 것을 제안하였다. 이처럼 객관화가 어려운 주관적 지표에 대해서는 앞으로 보다 많은 논의와 연구가 필요하다고 할 수 있다. 현재 논의되고 있는 문화 항목의 여러 지표들도 주로 문화관광부에서 발간한 ‘청소년백서’ 혹은 ‘문화예술통계’, 통계청의 ‘사회통계보고서’ 등을 이용한 자료로 대개 15세 이상의 청소년 층에 대한 조사가 대부분이다. 따라서 구체적으로 아동들의 현황에 대해서는 알려져 있지 않다.

박보희 · 강미연(2005)이 주장하듯이, 청소년 수련시설에 대한 현황은 나와 있지만 시설에서의 청소년들의 활동내용을 말해 주는 정보는 통계상에 나와 있지 않을 뿐더러, 학원에 좇아다니느라 바쁜 아동 및 청소년들이 과연 얼마나 이들 시설을 활용할 수 있을 것이며, 시설을 통해 제공되는 서비스의 내용 또한 어떠한 것인가하는 의문이 든다. 이러한 주장이 설득력 있는 것은 여가활동에 대한 현황자료들을 보면 통계청의 ‘생활시간조사보고서, 1999’에서 조사된 전체 평균 여가 시간이 초등학생 4시간 59분(평일 4시간 2분), 중학생 4시간 19분(평일 3시간 15분), 고등학생 3시간 31분(평일 3시간 16분)이었고, 이들의 주요 여가활동 내용을 보면 TV 시청이 대략 40% 이상이다. 이와 유사한 다른 조사(통계청, 사회통계보고서, 2000) 역시 15~19세 인구에서 TV 시청 65.1%, PC 관련 활동 46.4%, 사교 관련 46.4%, 휴식/수면 41.3%, 감상/관람 18.4%, 스포츠 12.3%(복수 응답) 순이다. 이런 것을 볼 때 이런 시설들의 활용도는 매우 낮을 것으로 추정되고 있다.

최근 한국 아동단체협의회(2005)가 수원 영통지구 초등학교 6학년 1,000여 명을 대상으로 조사한 아동생활실태를 보면 학교생활을 제외한 아동들의 생활에서 평균적으로 수면 8.6시간(일요일 9.3시간), 놀이 6.6시간(TV 시청 1.9시간, 컴퓨터 게임 1.8시간, 친구와 놀기 1.7시간; 일요일 8.5시간), 학교 외 학습 4.7시간(학원 1.9시간, 학습지 1.4시간, 과외 1.4시간; 일요일 3.9시간), 심부름 등이 0.9시간을 소요하는 것으로 나타나고 있다. 따라서 아동 및 청소년들이 학업, TV 혹은 PC 게임 외에 보다 건강한 형태의 여가활동을 보다 효율적으로 즐길 수 있도록 적극 노력하는 것이 필요하다.

두 번째로 아동 및 청소년들의 시민적 권리와 자유의 영역에서는 종교, 표현, 결사 및 집회의 자유, 비인도적 취급으로부터의 보호, 정보접근이 제시되고 있다. 종교의 자유의 경우, 문제가 되는 것이 얼마 전 '대광고등학교' 3학년 학생이 종교의 자유를 내세워 서울시교육청 앞에서 1인 시위를 하며 사회적 문제로 떠오른 적이 있듯이 아직도 종교기관에서 설립한 많은 중 · 고등학교 가운에 무조건 종교과목을 이수하도록 하고 있다는 비율이 43%에 이른다(서문희 등, 2003).

그 외에 청소년들이 학교운영위원회에서 의사표현이 가능한지, 두발 및 복장 자율 허용 여부에 대해 학생들의 의견이 어느 정도 반영되는지 등이 표현의 자유에서 다루어지고 있는데, 1998년도 조사(청소년보호위원회, 1998)에서는 선생님 앞에서 의견을 거의 말할 수 없다는 비율이 42.1%로 나타났으나, 2003년 자료(서문희 등, 2003)에서는 비교적 자유롭게 이야기할 수 있다는 비율이 59.3%로 제시되어 많은 차이를 보이고 있다. 물론 이 조사는 서로 다른 대상에 대해 다른 조사 방법을 사용한 자료이기 때문에 직접 비교할 수 없지만 다소 변화하는 것으로 판단된다.

결사 및 집회의 자유에서는 학생대표의 피선출권 제한 여부, 동아리 및 단체 가입 여부가 주요 지표가 되는데 비교적 높은 비율로 허용되고 있다. 하지만 최근에 '고 1학생들의 내신성적에 관한 광화문 촛불집회' 시도가 범정부적 차원에서 강압적인 물리력에 의거하여 차단된 사례, 그리고 전국고등학생연합회의 출범 등에서 보듯이 학교 외 결사 및 집회의 자유는 앞으로 첨예한 이슈로 등장할 가능성이 매우 높다. 또한 얼마 전 국적관련법 변경에 따른 국적 포기 문제로 사회적 문제가 발생하였을 때, 아동의 국적 결정 문제를 부모가 결정하는 것에 대해 몇몇 우려의 목소리가 있었지만 별 다른 주목을 받지 못하고 넘어가 버리고 말았다. 병역기피 시비로 인해 논의에서 중요하게 다루어지지는 않았지만, 아동이 자신의 국적 선택에 있어 어느 정도 의견 표명을 했고, 후일 아동이 성장하여 성인이 된 후, 부모에 의해 포기된 국적을 재취득하고자 할 때 갈등이 발생할 수 있다.

정보접근에 대한 점에서는 우리나라가 세계에서 인터넷 보급률이 가장 높고, 휴대전화 보급률도 매우 높아 그 기회는 놀라울 정도이다. 하지만 오히려 이렇게 높은 정보접근성에 비해 그 이용 실태를 보면 주로 게임, 채팅, 인터넷 surfing 등에 활용하고 인터넷의 순기능인 정보 이용, 소프트웨어 개발 등은 소홀한 편이다. 그리고 정보 이용 등에서도 지나친 경쟁, 무절제 등에서 오는 인터넷 중독 현상, 사이버섹스 혹은 폭력, 가상현실과의 혼란에서 발생하는 범죄, 인터넷 혹은 휴대전화의 무절제한 사용에 따른 각종 폐해들이 거의 속수무책으로 아동 및 청소년들에게 노출되고 있다. 따라서 이러한 높은 정보접근 및 이용을 잘 활용하기 위해 국가를 포함한 범국민적 노력이 요망된다. 이에 대해서는 청소년보호위원회, 정보통신부, 경찰청 등 다양한 정부 부처뿐 아니라 수많은 민간단체들도 참여하고 있다.

마지막으로 비인도적 처우로부터의 보호에서는 체벌 허용 여부와 소년범죄 혹은 피해사건의 처리에서 얼마나 아동들이 보호를 받거나 부당한 대우를 받지 않도록 하는가 여부가 중요하다. 아직도 우리나라에서는 학교 내에서 교사의 학생체벌 금지 여부에 대해 사회적 공감대가 형성되고 있지 못하다. 이에 대해서는 앞으로 보다 광범위한 합의 도출 과정이 있어야 할 것이다.

다른 한편으로 최근 경찰, 검찰, 법원, 여성부, 국가인권위원회 등에서 '성 학대 피해아동' 의 조사에서 특별한 보호 조치를 취하는 노력이 시행되고 있다. 여기에는 비디오 촬영으로 조사 횟수를 줄이는 방안, 아동조사 시 신뢰할 수 있는 자의 동석 허용 등 여러 가지가 시행되고 있어 그 결과를 기다리고 있다. 이와 함께 많은 범죄 혹은 우범 청소년 및 아동들이 조사, 보호, 처벌 과정에서 부당한 처우를 받지 않을 뿐 아니라, 이들의 보호 및 교정 과정에서 실질적인 도움을 받을 수 있도록 하는 노력이 이루어져야 할 것이다.

8. 부모와 함께 사회도 양육을 함께 책임진다(사회보장)

아동에 관한 사회보장 영역에서는 크게 공공부조, 사회보험, 아동복지 서비스로 나누어볼 수 있다. 공공부조 가운데 가장 중요한 것이 재정으로 여기서는 'GNP 대비 아동관련 총예산 비율' 과 'GNP 대비 사회보장예산 비율' 을 들 수 있다. 하지만 전자의 경우 아직 국내에서는 집계한 통계가 없기 때문에 어느 정도 차지하는지 알 수가 없다. 이것을 생산하기 위해서는 '아동 관련 예산' 을 어디까지 설정할 것인가 하는 합의가 도출되어야 할 것이고, 이에 따라 범정부적으로 전 부처가 협력하여야 한다. 'GNP 대비 사회보장예산 비율' 은 보건복지부에서 매년 생산되고 있고, 2002년 현재 2.0%로 집계되고 있다. 여기에서도 사회보장예산 가운데 아동복지 부문이 차지하는 비율이 어느 정도인지 하는 것이 밝혀져야 할 것이나, 이 또한 아직 구체적으로 밝혀져 있지 않다. 다만 보건복지부 내부 자료에 의하면 1985년 18.5%에서 1990년 25.8%까지 증가하였다가 1998년 10.4%로 급격하게 감소하였다(한국아동권리학회, 2001, 55쪽). 다음으로 '저소득계층에 속하는 아동의 비율'이 어느 정도 되는가 하는 여부이다. 여기에는 두 가지 지표가 있는데, '아동인구 대비 국민기초생활보장 아동비율'은 전체 2.8%(남자 2.7%, 여자 2.9%)이고, '국민기초생활보장 수급자 중 아동비율'은 24.7%(남자 29.7%, 여자 21.1%)이다. 이 비율은 일일 1달러 미만으로 살아가는 비율이 2%로 유엔에 보고된 것과 비슷하다(UNICEF, 2005). 즉 절대 빈곤에 처해 있는 아동의 비율이 전 아동 인구의 2~3%에 해당하고 있어 이들에 대한 대책이 요구된다고 하겠다.

〈표 12-5〉 아동 중 국민기초생활보장 수급자 비율(2001년)

	전체	남	여
총 아동인구(A)	11,878,517	6,271,030	5,607,487
전체 수급자 수(B)	1,345,526	567,025	778,501
18세 미만 수급자 수(C)	332,574	168,406	164,168
비율(C/BX100)	24.7	29.7	21.1
비율(C/AX100)	2.8	2.7	2.9

〈자료출처: 보건복지부, 보건복지통계연보, 2002〉

두 번째는 사회보험으로 아동의 육아를 위한 육아휴직, 출산수당, 아동수당에 관한 사항들이다. 전자의 두 가지는 주로 여성정책과 관련하여 다루어지고 있는데, 아동의 관점에서 이에 관한 상세한 자료가 제시되어야 할 것이다. 이와 함께 가장 중요한 것이 아동수당인데, 이는 "아동양육에 소요되는 일정비용을 아동을 위해 지원하는 복지제도로, 아동양육자가 바뀌어도 해당 아동 위주로 지급된다(한국아동권리학회, 2001)." 우리나라의 경우 봉급생활자에게 주어지는 가족수당 속에 아동수당이 들어 있기는 하지만 모든 아동을 대상으로 주어지지 않아 그 일부만이 시행되고 있다. 아동수당을 지급하는 영국, 프랑스, 스웨덴, 일본 등을 보면 부모 혹은 양육자의 경제적 수준, 기여 여부와 관계없이 첫째 아동부터 혹은 둘째 아동부터 대개 차등으로 지급되고 대개 12세~16세까지 지급한다. 우리나라의 아동복지제도는 요보호 아동 위주의 정책으로, 출생 전부터 제도적 교육을 마치기까지 전체 일반 아동을 위한 지원시스템이 절대 부족하다(한국아동권리학회, 2001)고 지적하고 있다. 따라서 이들을 대상으로 하는 아동복지제도로의 전환이 시급하다고 할 수 있다.

마지막으로 사회적 아동복지 서비스 영역으로 많은 항목들이 포함된다. 또한 지금까지 우리나라의 아동복지가 여기에 집중해 왔기 때문에 이에 관한 자료는 비교적 많이 축적되어 있다. 우선 '요보호 아동' 으로 여기에는 '요보호 아동의 발생', '대리보호 아동', '시설보호 아동' 등이 있다.

〈표 12-6〉 요보호 아동 발생 및 보호 내용 (단위, 명)

	계	발생 유형					보호 내용			
		기아	미혼모 아동	미아	비행, 가출, 부랑아 등	빈곤 실직 학대 등	시설 보호	위탁 보호	입양	소년소녀가장 등
1999	7,693	1,432	3,058	216	2,987	-	4,683	1,249	1,181	580
2000	7,760	1,270	2,938	144	3,363	-	4,453	1,406	1,337	564
2001	12,086	717	4,897	98	728	5,646	6,274	3,090	1,848	874
2002	10,057	634	4,337	79	749	4,263	4,663	2,177	2,544	673
	비율	6.3%	43.1%	0.8%	7.5%	42.4%	46.4%	21.7%	25.3%	6.7%

〈자료출처: 보건복지부, 보건복지통계연보〉

〈표 12-6〉에 나타난 흥미로운 것이 2000년과 2001년 사이에 비행/가출/부랑아 등으로 유형 구분되던 많은 아동들이 빈곤/실직/학대 등 유형으로 분류된 것으로 추정되는 통계가 제시되어 있다. 아마도 이것은 2000년 아동복지법이 개정되면서 학대 아동의 존재, 그리고 경제위기 등으로 인한 절대 빈곤의 문제를 인식한 것으로 판단된다. 이와 함께 기아, 미아 등 다른 유형은 줄어드는 대신 미혼모에 의해 출산된 아동 수와 빈곤/실직/학대 등에 의한 요보호 아동이 급증하고 있다는 사실이다. 이와 함께 시설보호 아동의 수나 비율은 다소 감소하며 위탁보호 혹은 입양이 증가하는 것은 바람직하다고 여겨지지만 아직도 시설보호 아동의 비율이 46.4%를 차지하는 것으로 보아 앞으로 더 감소시키기 위한 노력을 해야 할 것이다. 그리고 그 비율을 줄여나가는 것과 함께 시설을 가정적인 분위기에서 지낼 수 있도록 하는 질적인 변화를 유도해야 할 것이다.

이 외에 사회복지서비스와 관련한 영역들로 '아동상담', '입양', '장애 아동', '학대아동', '저소득가정의 아동', '편모, 조부모양육 가정 및 소년소년가장 아동' 등이 있다. 이에 관해서는 상담의 경우 교육인적자원부의 서울시 교육청의 12개 청소년상담센터를 위시한 여러 상담기관들, 문화관광부(금년 5월부터는 청소년위원회) 산하의 한국청소년상담원 및 16개 시 · 도청소년종합상담실, 125개 시 · 군구청소년상담실(2002년 10월 기준) 등, 보건복지부 산하의 60개 아동상담소 등의 많은 기관들이 있다. 하지만 서문희 등(2003)에 의하면 청소년상담소를 이용하는 비율은 0.3%, 상담전문가와의 상담경험률은 1.7%에 불과하다. 대략 아동 및 청소년들이 정서 및 행동상의 문제를 갖는 비율은 대략 10~15% 정도로 알려져 있는데 비해, 실제 전문가의 도움을 요청하거나 받는 비율은 지극히 낮다고 할 수 있다. 따라서 이들 상담소의 활성화 및 아동/청소년들과의 실질적 연계 방안을 적극적으로 모색해야 할 것이다.

'입양' 에서는 우리나라가 세계적인 '고아수출국' 이라는 오명을 벗어나고 있지 못한데, 국내 입양이 매우 저조한 형편이다. 여기에는 정부가 나서서 할 역할도 있지만 전국민들의 혈연에 대한 인식이 바뀌지 않는 한 극복하기 어려운 점이 많다.

'장애 아동' 에 대한 영역에서는 우선 정부에서는 매 5년마다 전국적으로 장애인실태조사를 통하여 실태를 파악하고 있다. 하지만 아동에 대한 별도의 자료를 제시하고 있지 않을 뿐더러 현재까지 실시된 장애인 실태조사는 신뢰성을 얻지 못하고 있다. 또한 '장애아동의 장애인 등록 비율', '치료 서비스를 받는 장애 아동 비율' 에서도 10세 미만 장애아동의 경우 등록 비율이 74.7%, 치료 여부는 60.8%로 제시되고 있다(변용찬 외, 2000년도 장애인실태조사). 교육인적자원부에서도 별도로 특수교육 요구 아동에 대한 조사를 시행한 바 있는데, 앞으로 꾸준히 보다 신뢰할 수 있는 자료들이 작성되어야 할 것이다.

학대 아동에 대한 조치는 2000년 아동복지법 개정 이후 가장 괄목할 만한 성장을 이룬 분야이다. 전국 20여 개의 거점 아동보호전문기관이 설치되고, 소규모의 지역아동학대예방센터가 약 40여 개 설립되어 아주 활발히 활동하고 있다. 하지만 민간기관에게 위탁되어 운영하고 있고, 앞으로는 중앙정부가 아닌 지방자치단체로 업무가 이관되며, 학대 가해자에 대한 보호 혹은 치료를 강제하는 규정의 미비, 지속적인 치료를 담당할 전문가의 부족 등으로 인하여 많은 발전에도 불구하고 그 한계를 드러내고 있는 실정이다.

마지막으로 저소득 및 편부모가정의 아동에 대한 지원은 전국적인 결연사업의 실시, 모자복지법을 모 · 부자복지법으로 개정(2002년 12월)하여 2003년 6월부터 시행하여 편부가정까지 확대 적용, 결식아동의 급식지원(교육인적자원부 및 보건복지부) 등의 시행으로 어느 정도 그 대책이 이루어지고 있다고 볼 수 있다. 이에 대해서는 양적인 확대 적용도 필요할 뿐 아니라, 최근 인터넷을 통한 '부실 도시락' 사건으로 물의를 빚은 것과 같이 질적 향상이나 감시가 필요하다.

9. 너무 가난한 것은 싫어요(경제적 안정)

아동의 정상적 발달을 위해 가정의 경제적 안정이 중요한 것은 두말할 나위 없다. 아동이 필요로 하는 적절한 식사, 안전한 주거 공간 및 환경, 의료 및 보건 서비스, 양질의 교육, 여가 및 문화생활 등을 제공하기 위해서는 적절한 경제력을 바탕으로 하기 때문이다. 여기에는 크게 두 영역으로 나누어 가구(혹은 부모)의 경제적 능력과 아동 자신의 경제력으로 나누어 볼 수 있다. 물론 아동 자신의 경제력이란 원칙적으로 18세 미만의 아동의 근로는 인정하지 않기 때문에 이들에 대한 근로를 포함한 별도의 통계는 작성하고 있지 않다. 18세 미만의 아동근로 비율은 1998년 자료에서 전체 근로자의 0.2%를 차지하고 있는 것으로 발표되었으며, 비정규 시간제(소위 아르바이트) 근로 비율이 2000년도 조사에서 중·고등학생이 3.1%를 차지하는 것으로 집계되었다. 최근 아르바이트 청소년들에게서 부당행위(예: 임금 체불, 성적 착취 등)가 발생됨에 따라 그 실태가 일부 조사되기도 했는데(청소년보호위원회, 2002), 앞으로 정확한 실태를 파악하여 이들에게 적절한 근로 여건 마련과 건전한 근로 경험을 가질 수 있도록 대책을 수립해야 할 것이다. 이같이 아동 자신의 고용 관련 사항과 함께 아동 자신의 구매력, 즉 평균 용돈액수, 용돈 중 본인조달비율, 아동들의 저축금액 등을 중요한 항목으로 제시하기도 하였다(한국아동권리학회, 2001).

서문희 등(2003)은 경제적 안정에 대해 간략히 '국민기초생활보장 수급자 중 아동 비율'과 '아동인구대비 국민기초생활보장 대상 아동 비율'만을 언급하였는데, 한국아동권리학회(2001) 안에서는 빈곤 아동 비율을 중요한 사항으로 제시하였다. 여기에는 두 가지 개념이 제시되는데 하나는 빈곤선(우리나라의 경우 최저생계비에 해당)에 의한 개념과 최저아동양육비(아동의 정상적인 성장에 필요한 최소한의 영양, 보건서비스, 교육을 위한 지출)로 평가하는 개념이다. 우리나라의 경우 이미 앞에서 논의한 '국민기초생활보장 수급자 중 아동 비율'과 '아동인구대비 국민기초생활보장 대상 아동 비율'로 그것을 대신하고 있다. 미국의 경우 1980년 이래 현재까지 계속 빈곤 아동 비율이 20% 내외에 머무르고 있다. 이 가운데 결혼한 부부가구의 경우 그 비율이 10% 미만인데 비해, 편모가구의 경우는 49%로 급격히 증가한다. 이러한 자세한 통계들이 제시되는 것이 정책을 수립하는데 매우 중요하다.

이와 함께 소득계층별 아동 비율의 파악도 필요하다. 이것은 빈곤선을 기준으로 50% 미만은 극빈가구, 50~100%는 빈곤가구, 100~200%는 저소득가구, 200~400%는 중간소득

가구, 400% 이상은 고소득가구로 분류하는데, 미국의 경우 1980년에 비해 1996년에 고소득가구 아동 비율은 17%에서 24%로 증가한 반면, 극빈가구는 7%에서 8%로 소폭 증가하였고, 중간소득가구 아동 비율은 34%에서 41%로 급락하였다. 이것은 아동에 있어서 소득계층 간 격차가 커지고 있음을 시사하는데, 우리나라에서는 전체 가구에 대한 소득계층별 분포만 한국개발연구원 등에서 추계되고 있을 뿐 아동 비율은 별도로 보고되고 있지 않다. 우리나라의 경우도 1998년 경제위기를 거치면서 소득의 양극화와 중간소득계층의 붕괴가 급격하게 이루어진 것으로 미루어 비슷한 현상이 일어나고 있을 것으로 추정된다. 따라서 이같이 자세한 통계 자료의 작성과 함께 소득 양극화 및 중간소득계층가구의 아동들에서 나타나는 상대적 박탈감의 해소에 대한 정책적 배려가 필요하다.

10. 좋은 환경에서 잘 자라고 싶어요(문제행동 및 사회적 환경)

아동들의 문제 행동에 무엇을 포함시키는가 여부는 국가별로 다소 다를 수 있다. 흔히 비행 행동으로 폭력, 음주/흡연/기타 약물 사용, 일탈 성행동, 가출을 제시한다. 그 외에 아동 및 청소년들에 저질러지는 범죄 행위, 그리고 이외의 문제행동(발달, 행동, 정서, 및 학습 관련 문제행동)들이 포함될 수 있다. 따라서 이들의 발생 및 발생과 연관된 요인들을 파악하고, 이들의 처리과정이 적절한지, 대책이 적절하게 수립되어 있는지 여부가 논의 대상이다.

우선 학교폭력과 함께 집단따돌림("왕따", 이지메)이 가장 관심의 대상이 되고 있다. 물론 이 둘은 서로 상이한 개념이지만 집단따돌림의 상당 비율이 학교폭력의 형태로 나타나기도 하기 때문에 함께 논의할 수도 있다. 청소년보호위원회(2002)의 조사에 의하면 일반 중고등학생들이 지난 1년간 욕설 및 협박을 당한 비율이 9.8%, 물품을 빼앗긴 경우가 4.3%, 폭력 경험 4.1%, 집단따돌림을 당한 경험이 2.9%로 나타나고 있다. 상당히 많은 학생들이 교내에서 이러한 시달림을 당하는 것으로 조사되었지만 막상 이를 단기간에 근절하는 것은 불가능하다. 따라서 꾸준히 접근하는 것이 필요한데, 교육인적자원부, 검찰청("자녀안심하고학교보내기운동") 등이 중심이 되어 노력을 하고 있고, 2003년 12월 '학교폭력 예방 및 대책에 관한 법률' 이 제정되어 2005년 1월부터 시행되고 있다. 이 법에 따라 학교에 상담실을 설치하고 전문상담교사를 두며, 학교폭력문제를 담당하는 책임

교사를 두고 정기적 예방교육을 실시하고, 학교폭력 신고를 의무화하고, 교육인적자원부 및 각 학교에 위원회를 설치하는 등의 일들이 이루어진다. 미국의 경우 학교폭력과 함께 총기난동(shooting)으로 인한 수많은 인명살상의 문제로 골머리를 앓고 있는 등 세계 각국이 청소년들의 폭력으로 어려움을 겪고 있다. 이러한 폭력으로부터 아동들을 보호하기 위한 노력, 이와 함께 피해자-가해자들을 함께 보호하고 치료하기 위한 적절한 대책 수립들이 함께 이루어져야 한다.

이 외에도 음주/흡연/기타 약물 사용, 일탈 성행동, 가출 등 아동 및 청소년들의 문제행동을 줄이고 적절하게 대처하기 위한 여러 노력들이 이루어지고 있다. 과거 청소년보호위원회는 범정부적으로 청소년들의 이러한 문제를 전담하기 위한 정부기구로 지난 수년간 활동해왔으며, 많은 민간단체, 개인들도 이에 대한 활동을 지속하고 있다. 음주/흡연/약물 사용 등에 대한 대책으로 지역 내 약물협의회를 구성하여 지역 내 관련기관들이 함께 청소년들의 음주/흡연예방 사업들을 시행하고 있다(강남구약물협의회, 2004). 일탈 성행동에 대해서는 여성부, 청소년보호위원회 등 정부기관뿐 아니라, 여러 여성단체들을 중심으로 이들을 위한 쉼터, 성매매여성 자립자활지원센터 등을 통해 이들의 문제를 해결하기 위해 노력하고 있다. 또한 인터넷 등을 통한 새로운 일탈 성행동에 대해 여러 기관들이 노력하고 있다. 이와 관련한 법률로 최근에 '청소년 성보호에 관한 법률' 등을 통해 적극적으로 일탈 성행동을 제한하기도 한다.

두 번째 영역으로 사회적 환경으로부터 아동들의 건강한 발달을 적극적으로 지원하고 혹은 보호하려는 노력들이 있다. 먼저 '청소년보호법' 에서 유해환경이라고 규정하고 있는 유형들을 보면 유해업소, 유해행위, 유해구역, 유해매체물, 유해약물 및 물건이 있다. 앞에서도 이미 논의하였지만 청소년위원회(구, 청소년보호위원회)가 범정부적 차원에서 이러한 유해환경으로부터 아동 및 청소년들을 보호하기 위해 마련한 전담기구로 국무총리실 산하에서 정부부처 간의 정책을 조율하면서 활동하고 있다. 이러한 범정부적 차원의 노력에도 불구하고 아동들에 대한 유해환경은 아직도 여전히 아동들을 위협하고 있다.

최근 청소년보호위원회와 문화관광부 청소년국이 일원화되어 청소년 관련정책이 통일된 것을 계기로 단순히 보호-육성이라는 대립 차원이 아닌 진정한 발전을 기대한다. 이렇게 보면 환경도 유해환경뿐 아니라 좋은 환경을 아동들에게 제공하는 것 또한 중요한 정책 방향일 것이다. 그리고 아동들에게 좋은 환경이란 과연 어떠한 것인가에 대한 보다 구체적인 논의가 있어야 할 것이다. 이미 앞에서 언급하였지만 많은 청소년 관련시설들이 있음에도 불구하고 그 구체적 내용이나 활용에 대한 자료도 밝혀져 있지 않을 뿐더러, 그 이용 현황 또한 매우 낮은 것을 알 수 있다. 따라서 유해환경의 차단도 중요하고, 이와 함께 좋으면서도 효율적이고 많이 활용될 수 있는 환경을 발굴하고 제공하는 것도 매우 중요하다.

참고문헌

교육인적자원부(2003). 2003년도 교육통계연보.

박보희 · 강미연 · 한국사회정보연구원(2005). 통계로 본 한국아동상황 2004. 서울: 한국아동단체협의회.

보건복지부(2003). 2003년도 보육통계.

여성부(2005). 2005년도 보육사업안내.

장혜경(2004). 저출산의 현황과 원인 및 대책, 그리고 전망. 지방행정. 53, 16-24.

전광희(2002). 한국의 저출산: 추이와 전망. 사회과학연구(충남대학교 사회과학연구소). 13, 305-323.

서문희 · 안현애 · 이삼식(2003). 아동권리지표 개발에 관한 연구. 서울: 한국보건사회연구원.

청소년보호위원회(2002). 청소년 유해환경접촉 종합실태조사(통계자료집).

통계청(2005). 장래인구 특별추계. www.nso.go.kr

한국아동권리학회(2001). 한국의 아동지표. 서울: 학지사.

한국아동단체협의회(2005). 아동권리모니터링 결과보고서-2004. 서울: 한국아동단체협의회.

Ching CC(1982). China and the one-child family. The one-child family in China: the need for psychosocial research, *Stud Fam Plann*. 13, 208-212.

Chou KL, Chi L(2004). Childlessness and psychological well-being in Chinese older adults. *Int J Geriatr Psychiatry*. 19, 449-457.

Chen B(1994). A little emperor. One-child family. *Integration*. 39, 27.

Falbo T, Poston DL Jr.(1993). The academic, personality, and physical outcomes of only children in China. *Child Dev*. 64, 18-35.

Federal Interagency Forum on child and Family Statistics(2002). America' s Children: Key National Indicators of Well-Being 2002.

Patel RM(2000). *Family life in historical and sociological perspective*. IN: Marital and Family Therapy, 4th ed., Ed. by Glick ID et al., Washington DC, American Psychiatric Press, Inc., pp. 29-51.

Ping L(1983). A future perspective of one-child family norm in China. *IIPS Newl*. 24, 1-12.

UK National Statistics(2002). Social Focus in Brief: Children 2002.

UNICEF(2004). *The State of the World's Children: Childhood Under Threat.* United Nations Children's Fund, www.unicef.org

UNICEF(2002). UNICEF's Prorities for Children 2002-2005, 2nd edition. UNICEF, New York. www.unicef.org

Utting D, Pugh G(2004). *The social context of parenting.* IN: Handbook pf Parenting: Theory and research for practice. Ed. by Hoghughi M and Long L, London, SAGE Publications, pp. 19-37.

색인

집필진

구정화 경인교육대학교 사회과교육과 교수

설동훈 전북대학교 사회학과 교수

안동현 한양대학교 소아정신과 교수

우남희 동덕여자대학교 아동학과 교수

이부미 경기대학교 유아교육학과 교수

이양희 성균관대학교 아동학과 교수

이재연 숙명여자대학교 아동복지학과 교수

정채옥 아세아연합신학대학교 기독교교육학과 교수

정현숙 상명대학교 가족복지학과 교수

조흥식 서울대학교 사회복지학과 교수

황옥경 서울신학대학교 보육학과 교수

아동과 권리

초판 1쇄 인쇄 2007년 4월 16일
초판 1쇄 발행 2007년 4월 20일

지 은 이 | 이재연 외 10인
펴 낸 이 | 김기섭
책임편집 | 고수연
펴낸곳 | 창지사 www.changjisa.com
121-809 서울시 마포구 대흥동 161
전화 (02) 719-2211~3
팩스 (02) 701-9386
등 록 | 1977년 4월 28일 · 제1-421호

ISBN 978-89-426-0443-2 (93370)

값 15,000원